John Dominic Crossan
Wer tötete Jesus?

JOHN DOMINIC CROSSAN

Wer tötete Jesus?

Die Ursprünge
des christlichen Antisemitismus
in den Evangelien

Aus dem Englischen von
Peter Hahlbrock

VERLAG C. H. BECK MÜNCHEN

Der Übersetzung liegt folgende Ausgabe zugrunde:
John Dominic Crossan: Who Killed Jesus? Exposing the Roots
of Anti-Semitism in the Gospel Story of the Death of Jesus.
Published by arrangement with HarperSanFrancisco, a division
of HarperCollins Publishers, Inc.
© 1995 John Dominic Crossan

For Sarah

Die Deutsche Bibliothek – CIP-Einheitsaufnahme

Crossan, John Dominic:
Wer tötete Jesus? : die Ursprünge des christlichen Antisemitismus in
den Evangelien / John Dominic Crossan. Aus dem Engl. von Peter
Hahlbrock. – München : Beck, 1999
  Einheitssacht.: Who killed Jesus? ⟨dt.⟩
  ISBN 3 406 44553 5

ISBN 3 406 44553 5

Umschlagentwurf: Fritz Lüdtke, München
Umschlagabbildung: Detail aus Grünewalds «Kreuztragung»,
Staatliche Kunsthalle Karlsruhe
© C. H. Beck'sche Verlagsbuchhandlung (Oscar Beck), München 1999
Satz: Fotosatz Janß, Pfungstadt
Druck und Bindung: Freiburger Graphische Betriebe
Gedruckt auf säurefreiem, alterungsbeständigem Papier
(hergestellt aus chlorfrei gebleichtem Zellstoff)
Printed in Germany

Inhalt

4. KAPITEL
Beschimpfung

5. KAPITEL
Hinrichtung

6. KAPITEL
Begräbnis

7. KAPITEL
Auferstehung

EPILOG
Geschichte und Glauben

ANHANG

Vorwort

Antisemitismus hat sechs Millionen Juden auf Hitlers Liste gebracht, aber nur zwölfhundert auf Schindlers Liste kommen lassen. Dieses Buch handelt vom Antisemitismus, allerdings nicht von seiner spätesten europäischen Obszönität, sondern von seiner frühesten christlichen Latenz. Gegenstand sind die Passionsberichte, jene schrecklich wohlbekannten Geschichten über die Verhaftung und Verurteilung, Verspottung und Kreuzigung Jesu, über sein Begräbnis und seine Auferstehung. Es geht dabei um die Sachlichkeit, Genauigkeit und Ehrlichkeit christlicher Gelehrsamkeit, die um die beste Rekonstruktion dieser langvergangenen, doch immer gegenwärtigen Ereignisse bemüht ist. Biblische Exegese und historische Analyse muten oft wie fernes Gemurmel aus dem Elfenbeinturm an. Was sollen gewöhnliche Leute die Diskussionen und Debatten unter Gelehrten kümmern? Zwei Beispiele, ein sehr kleines und ein sehr großes, mögen andeuten, weshalb die Frage, wie sich die Passionserzählungen zur Realität der Geschichte verhalten, nicht allein Gelehrte und Experten, sondern jeden Menschen, der Herz und Gewissen hat, beschäftigen sollte.

Im Markusevangelium wird Jesus vor ein jüdisches und vor ein römisches Gericht gestellt und am Ende eines jeden Gerichtsverfahrens verhöhnt und verspottet. Nach dem Verhör vor dem jüdischen Hohen Rat, sagt Markus, 14, 65, spuckten einige ihn an, «verhüllten sein Gesicht, schlugen ihn» und verspotteten ihn als falschen Propheten. Nach der Verhandlung vor dem römischen Statthalter Pilatus verspotteten ihn, wie Markus 15, 16–20a berichtet, die römischen Soldaten als Pseudo-König: «Sie schlugen ihn mit einem Stock (Rohr) auf den Kopf und spuckten ihn an, knieten vor ihm nieder und huldigten ihm.» Angesichts der dem Verurteilten bevorstehenden Auspeitschung und Kreuzigung mag man geneigt sein, solche Beleidigungen für vergleichsweise unbedeutend zu halten. Doch wie Pater Raymond E. Brown S. S. in seinem jüngst veröffentlichten Werk *The Death of the Messiah: From Gethsemane to the Grave – A Commentary on the Passion Narratives in the Four Gospels* (*Der Tod des Messias: Von Gethsemane bis zum Grab – Ein Kommentar zu den Passionsberichten in den vier Evangelien*) uns zu bedenken gibt, wurden diese Verspottungen «bei den Passionszeremonien vom 9. bis zum 11. Jahrhundert stets dergestalt vergegenwärtigt, daß ein Jude in die Kathedrale von Toulouse geführt wurde, wo ihm der Graf einen symbolischen Schlag versetzte, was als Ehre galt!» (S. 575, Anm. 7) Es fällt auf, daß diese Ehre keinem Römer zuteil wurde.

Brown erklärt, sein «Kommentar lasse nicht außer acht, wie Schuld und

Strafe für die Kreuzigung Jesu von den Christen den Juden aufgebürdet worden sei, «nicht zuletzt in unserer eigenen Zeit» (S. 7). Doch trotz dieser Erklärung und eines langen Abschnitts über Antijudaismus (S. 383–397) weiß er zur Frage der Historizität der Berichte über das Anspucken Jesu durch Juden und Römer nur hinsichtlich der Juden zu sagen: «Solche Beschimpfungen sind historisch keineswegs unwahrscheinlich», während er hinsichtlich der Römer sagt: «Ob das historisch so geschah, ist nicht zu ermitteln; bestenfalls kann die Frage der Wahrscheinlichkeit erörtert werden ... Der Inhalt dessen, was in den Evangelien von der Verspottung durch die Römer gesagt wird, ist nicht unwahrscheinlich, gleichviel ob der Bericht den Tatsachen entspricht oder nicht» (S. 874, 877). Ist das wirklich alles, was die historische Wissenschaft zu bieten hat?

Es ist dies keine Frage der «Gewißheit» – ein Wort, das Brown stets anführt, wenn es gilt, letztlich einer Entscheidung auszuweichen. «Methodenprobleme und der Gegenstand selbst setzen unserer Fähigkeit, uns über diese Geschichte Gewißheit zu verschaffen, enge Grenzen ... Gewißheit hinsichtlich der Historizität von Einzelheiten ist verständlicherweise nur selten zu erlangen» (S. 22). Oder, anders ausgedrückt: «Absolut negative Aussagen (z. B., daß ein Bericht jeder historischen Basis entbehrt) gehen meist weiter, als die der Bibelwissenschaft zugänglichen Quellen rechtfertigen» (S. 1312). Doch wird absolute Gewißheit von der Geschichtswissenschaft ja gar nicht gefordert, vielmehr soll diese ja nur die Vergangenheit rekonstruieren und ihre Rekonstruktionen sachlich, ehrlich und öffentlich begründen. Selbst beim Schwurgericht, wo es um Leben oder Tod geht, sind wir ja nur aufgerufen, bei unserem Urteil jeden *vernünftigen* Zweifel auszuschließen. *Jeden* Zweifel ausschließen können wir nur sehr selten. Letztendlich müssen Urteile aber gefällt werden, und historische Rekonstruktionen beruhen gewöhnlich nicht auf absoluter Gewißheit, finden nicht die Richtigkeit von diesem oder die Falschheit von jenem zweifelsfrei bewiesen, sondern halten dieses für wahrscheinlicher als jenes. Der Mangel an absoluter Gewißheit gestattet uns aber nicht, uns hinter doppelten Negationen zu verkriechen, dies oder das nur «nicht unwahrscheinlich» oder «nicht unmöglich» zu finden. Die vorliegende Erörterung der Frage «Wer tötete Jesus?» zeigt, wie man diese Sackgasse vermeiden kann, indem man zum Beispiel bei einem biblischen Text wie dem nachfolgend zitierten beginnt:

> «Ich hielt meinen Rücken denen hin, / die mich schlugen, / und denen, die mir den Bart ausrissen, / meine Wangen. / Mein Gesicht verbarg ich nicht / vor Schmähungen und Speichel.»
> (Jesaja, 50, 6)

Haben wir es bei der Beschimpfung Jesu mit erinnerter Geschichte oder mit in Geschichte überführter Prophetie zu tun? Ist der Bericht also das Ergebnis christlicher Quellenforschung in dem Bemühen festzustellen, was geschah, oder einer Lektüre der Heiligen Schrift in der Absicht zu beweisen, daß deren Prophezeiungen erfüllt wurden?

Vergegenwärtigen wir uns also die von Markus berichteten Beschimpfungen und dann die folgende, wesentlich schrecklichere Szene:

«Als Pilatus sah, daß er nichts erreichte, sondern daß der Tumult immer größer wurde, ließ er Wasser bringen, wusch sich vor allen Leuten die Hände und sagte: Ich bin unschuldig am Blute dieses Menschen. Das ist eure Sache! Da rief das ganze Volk: Sein Blut komme über uns und unsere Kinder!»
(Matthäus 27, 24–25)

Auch hier zeigt sich Brown des latenten Antisemitismus der zitierten Stelle durchaus bewußt. «Bei der Erläuterung dieser Stelle kann man von ihrer tragischen Wirkung, insofern sie christlichen Judenhaß entflammte, nicht absehen», schreibt er (S. 831), und ich nehme an, daß er der von ihm zitierten Kennzeichnung dieser Stelle als «einer derjenigen Sätze, die für Ozeane vergossenen Menschenbluts verantwortlich sind und einen nicht enden wollenden Strom von Elend und Verwüstung nach sich gezogen haben», auch seinerseits zustimmen würde (S. 831 Anm. 22). Dennoch kann er die Szene gleich darauf den «wirkungsvollsten theatralischen Auftritt bei den Synoptikern» nennen, «in dieser Hinsicht übertroffen nur von dem johannäischen Meisterwerk» (S. 832). Und zu einem historischen Urteil läßt er sich nur insoweit hinreißen, als er sagt, es handele sich bei der Szene um «eine Komposition des Matthäus auf der Grundlage einer Volksüberlieferung, die das Thema von Jesu unschuldigem Blut und der Verantwortung für dessen Vergießen zum Gegenstand hat ... Es mag darin ein kleiner historischer Kern liegen; diesen aber mit Genauigkeit nachzuweisen sind wir nicht imstande» (S. 833). Ich frage noch einmal: Ist das wirklich alles, was wir sagen können? Dieses Buch über die Frage «Wer tötete Jesus?» widerspricht Browns Darstellung in seinem Buch über den Tod des Messias und behauptet, daß wir sehr viel Entschiedeneres sagen können und müssen. Wenn wir, wie mein erstes kleines Beispiel zeigt, die Mitwirkung der Prophetie bei der Schöpfung von Geschichte zu berücksichtigen haben, müssen wir desgleichen auch, wozu das zweite, schwerwiegendere Beispiel herausfordert, die Mitwirkung von Apologetik und Polemik bei der Fortsetzung und Ausweitung dieser Geschichtsschöpfung recht einzuschätzen suchen.

Hier ist die Kernfrage meines Buches. Jesus steht vor einem römischen Statthalter, der ihn unschuldig findet und freisprechen möchte, während eine jüdische Menge ihn schuldig spricht und gekreuzigt sehen will. Die Menge kriegt ihren Willen. Ist diese Szene römische Geschichte oder christliche Propaganda? Von Christen spreche ich übrigens, wenn von denjenigen der ersten Jahrhunderte der christlichen Ära die Rede ist, ohne sie vor Essäern, Pharisäern, Sadduzäern oder Zeloten zu privilegieren. Es waren dies sämtlich immer jüdische Gruppen, die unterschiedliche Vorstellungen vom besten Weg zur Sicherung der Zukunft des Judentums in einer sehr gefährlichen Zeit verfolgten. Geschichte oder Propaganda, das also ist die Frage. Der Beantwortung dieser Frage ist mein ganzes Buch gewidmet. Zum Abschluß dieses Vorworts will ich jedoch zwei Abschnitte aus meinen späteren Darlegungen zitieren, um deren Bedeutung schon jetzt hervorzuheben:

Für Christen sind die Texte des Neuen Testaments und die Evangelistenberichte von Gott inspiriert, doch auch göttliche Inspiration muß notwendig ihren Weg durch ein Menschenherz und einen sterblichen Geist nehmen, durch persönliche Vorurteile und gemeinschaftliche Auslegung, durch Furcht, Abneigung und Haß ebenso wie durch Glauben, Hoffnung und Liebe. Sie kann sich auch als inspirierte Propaganda äußern, und die Inspiration nimmt der Propaganda dann nichts von ihrer Eigenart. Ursprünglich und anfänglich war diese christliche Propaganda ziemlich unschuldig. Jene ersten Christen waren relativ machtlose Juden, und ihnen stellte sich die jüdische Obrigkeit als eine gefährliche und bedrohliche Macht dar. Solange die Christen eine unterprivilegierte Randgruppe waren, schadeten ihre Passionserzählungen, welche die Juden als schuldig am Tode Jesu hinstellten, die Römer aber von jeder Schuld daran entlasteten, im Grunde niemanden. Doch als dann das römische Reich christlich wurde, wurde die Fabel mörderisch. Im Lichte des späteren christlichen Antijudaismus und schließlich des völkermörderischen Antisemitismus können wir auch im Rückblick die Fabel von der Kreuzigung Jesu durch die Juden nicht länger als verhältnismäßig harmlose Propaganda durchgehen lassen. Mögen die Ursprünge der Erfindung auch erklärlich sein und die Motive ihrer Erfinder verständlich, so hat doch das Beharren auf dieser Fabel noch Jahrhunderte und Jahrhunderte nach der Situation, in welcher sie den Christen beim Kampf ums Überleben beistand, sie zu einer langandauernden Lüge gemacht, und um unsrer eigenen Integrität willen müssen wir Christen sie endlich als solche bezeichnen.

Von außen begannen die Verachtung und Hochachtung des Judentums durch die Heiden ziemlich gleichzeitig, sobald die griechische Kultur und die römische Macht das östliche Mittelmeer als ein in gewissem Maße einheitliches Ganzes zusammengefaßt hatten. Im Inneren bekämpften sich während der gleichen Jahrhunderte unterschiedliche jüdische Gruppierungen auf jede Weise – von der bewaffneten Auseinandersetzung über rhetorische Attacken bis zur gegenseitigen Beschimpfung. Man lese zum Beispiel Josephus über irgendeinen ihm mißliebigen Juden oder die als Schreiber der Schriftrollen vom Toten Meer berühmten Essäer über ihre jüdischen Gegner. Das Christentum begann als Sekte des Judentums und trennte sich von diesem hier allmählich, dort plötzlich, um schließlich zu einer eigenständigen Religion zu werden. Wenn diese Auseinandersetzungen im religiösen Rahmen geblieben wären, hätten die Parteien einander, ohne großen Schaden anzurichten, in Ewigkeit beschuldigen und herabsetzen können. Doch im 4. Jahrhundert wurde das Christentum die offizielle Religion des römischen Reichs, und mit dem Aufstieg des christlichen Europa wurde der Antijudaismus, bisher ein Vorurteil theologischer Debatten, zur potentiell mörderischen Lehre. Man bedenke nun, wie jene Erzählungen von der Passion und Auferstehung Jesu in einer vorwiegend christlichen Welt wirken mußten. Haben diese Erzählungen gewisse Leute aufgehetzt zum Morden?

Geschichte und Prophetie

Erinnerte Geschichte und historisierte Prophetie

Als kürzlich Peter Steinfels einen Bericht über das soeben erschienene zweibändige Werk von Pater Raymond E. Brown *The Death of the Messiah* für die Sonntagsausgabe der *New York Times* vorbereitete, bat er angesichts der Tatsache, daß ich in meinem Buch *The Cross that Spoke: The Origins of the Passion Narrative (Das Kreuz, das sprach: Ursprünge der Passionserzählung)* bei der Interpretation der Quellen schon 1988 zu ganz anderen Schlüssen gelangt war als der Autor dieses neuen Werks, mich um eine Stellungnahme zu Browns Buch:

> «Im Grunde geht es um die Frage, ob die Passionsberichte historisierte Prophetie oder erinnerte Geschichte sind», sagt John Dominic Crossan, der an der De Paul University in Chicago Religionsgeschichte lehrt. «Ray Brown entscheidet zu 80 Prozent in Richtung erinnerter Geschichte. Ich zu 80 Prozent in der entgegengesetzten Richtung.»
> *(New York Times, 27. März 1994)*

Dieses Zitat gibt den Unterschied zwischen unseren Anschauungen korrekt wieder. Als ich es dann aber schwarz auf weiß las, habe ich mich gefragt, wie viele Leser auch nur einen blassen Schimmer von der Bedeutung dieses Unterschieds haben mögen. Denn was ist «erinnerte Geschichte» und was «historisierte Prophetie»? Was bedeutet es, zu 80 Prozent für das eine oder das andere zu sein? Und weshalb sollten Debatten zwischen Gelehrten über solche Gegenstände das große Publikum kümmern?

Sonnenfinsternis

Ein Beispiel mag verdeutlichen, wie meine zu Peter Steinfels gemachte Äußerung zu verstehen ist. Es gibt fünf unterschiedliche Berichte über die Kreuzigung Jesu in den Evangelien des Matthäus, Markus, Lukas, Johannes und Petrus, deren Texte ich im folgenden mit den Namen der Autoren bezeichne. Die ersten vier sind Teile des christlichen Neuen Testaments, der letztere nicht. Zur Erörterung aller fünf Quellen werde ich im folgenden Abschnitt kommen (den Text des Petrusevangeliums findet man im Anhang dieses Buches). Hier will ich nur hervorheben, daß vier dieser Evangelien von einer Sonnenfinsternis während der Hinrichtung Jesu sprechen. Ich zitiere die betreffenden Stellen, wobei ich Schlüsselwörter, die später erklärt werden sollen, durch Kursivdruck hervorhebe.

1. Markus 15, 33: Als die sechste Stunde kam, brach über das ganze Land eine *Finsternis* herein. Sie dauerte bis zur neunten Stunde.
2. Matthäus 27, 45: Von der sechsten bis zur neunten Stunde herrschte eine *Finsternis* im ganzen Land.
3. Lukas 23, 44: Es war nun die sechste Stunde, als eine *Finsternis* über das ganze Land hereinbrach. Sie dauerte bis zur neunten Stunde. Die *Sonne* verdunkelte sich.
4. Petrus 5, 15 und 6, 22: Es war aber *Mittag*, und eine *Finsternis* bedeckte ganz Judäa. Und sie gerieten in Angst und Unruhe darüber, daß die *Sonne* schon untergegangen sei ... Da leuchtete die *Sonne* (wieder), und es fand sich, daß es die neunte Stunde war.

Zu den Stundenangaben der Evangelisten ist zu bemerken, daß sie sich der Stundeneinteilung des Wachzyklus des römischen Militärs bedienten. Danach dauerten die

Erste Tageswache: von Tagesanbruch bis zur dritten Stunde, nämlich von sechs Uhr bis neun Uhr früh.
Zweite Tageswache: von der dritten bis zur sechsten Stunde, neun Uhr früh bis Mittag.
Dritte Tageswache: von der sechsten Stunde bis zur neunten Stunde, von Mittag bis drei Uhr nachmittag.
Vierte Tageswache: von der neunten Stunde bis zum Abend, von drei Uhr nachmittag bis sechs Uhr nachmittag.

Alle vier Quellen stimmen jedenfalls in der Aussage überein, daß während der Hinrichtung Jesu von Mittag bis drei Uhr nachmittags eine Sonnenfinsternis herrschte.

Wenn man diese Berichte nun als «erinnerte Geschichte» erklärt, nimmt man an, daß die Gefährten Jesu die Finsternis wahrnahmen, sie im Gedächtnis behielten, die Nachricht davon überlieferten und sich ihrer erinnerten, als sie ihre Berichte über die Kreuzigung niederschrieben. Die Annahme, daß es sich so verhielt, liegt natürlich nahe, und meine abweichende Deutung ist nur zu rechtfertigen, wenn sie etwas trifft, was die Autoren beabsichtigten, nicht etwa, was wir erwarteten.

Die Deutung dieser Berichte als «historisierte Prophetie» bedarf eingehenderer Erläuterung. Die ersten Christen waren sämtlich Juden, und in dem Bemühen zu verstehen, was Jesus geschehen war, griffen sie zu ihren heiligen Schriften, den hebräischen heiligen Schriften, die sie allerdings in griechischer Übersetzung lasen, also denjenigen Schriften, die später, im Unterschied zu dem von ihnen selbst verfaßten Neuen Testament, als das Alte Testament bezeichnet werden sollten. In diesem Alten Testament lasen sie also etwa das Buch des Propheten Amos. Irgendwann in den fünfziger

Jahren des achten vorchristlichen Jahrhunderts tadelte dieser bäuerliche Prophet den während der vierzigjährigen Regierungszeit König Jeroboams II. im nördlichen Teil des jüdischen Siedlungsgebiets herrschenden Wohlstand. Dies, weil der Adel seine Handelsgeschäfte wichtiger nahm als die Werke der Nächstenliebe und liturgischen Gottesdienst wichtiger als soziale Gerechtigkeit. So sprach er zu den Reichen und Mächtigen:

«Hört dieses Wort, die ihr die Schwachen verfolgt / und die Armen im Lande unterdrückt.
Ihr sagt: Wann ist das Neumondfest vorbei? / Wir wollen Getreide verkaufen.
Und wann ist der Sabbat vorbei? / Wir wollen den Kornspeicher öffnen, das Maß kleiner und den Preis größer machen / und die Gewichte fälschen.
Wir wollen mit Geld die Hilflosen kaufen, / für ein paar Sandalen die Armen.
Sogar den Abfall des Getreides / machen wir zu Geld.»
(Amos 8, 4–6)

Den Herrschenden, die sich während der langen Regierungszeit Jeroboams II. auf diese Weise großen Wohlstand verschafften, droht Amos die kommende Strafe Gottes an, dies aber in Worten, die auf die von mir in den Texten hervorgehobenen vorauszuweisen scheinen (Amos 8, 9–10):

«An jenem Tag – Spruch Gottes, des Herrn – / lasse ich am Mittag die Sonne untergehen und breite am hellichten Tag über die Erde Finsternis aus.
Ich verwandle eure Feste in Trauer / und alle eure Lieder in Totenklage.
Ich lege allen ein Trauergewand um / und schere alle Köpfe kahl.
Ich bringe Trauer über das Land / wie die Trauer um den einzigen Sohn, und das Ende wird sein / wie der bittere Tag (des Todes).»

Unter der Sonnenfinsternis war natürlich ein kosmischer Kataklysmus zu verstehen, eine schreckliche Umwälzung und Zertrümmerung der vertrauten Welt wurden damit angedroht. Und von denen, die des Propheten Drohungen hörten, lebten noch manche, als das nördliche Königreich Israel der Verwüstung durch den brutalen Militarismus des assyrischen Imperiums anheimfiel. Eine Sonnenfinsternis galt in der Antike, gleichviel ob sie nun prophezeit wurde oder tatsächlich eintraf, jedenfalls als sehr böses Vorzeichen. Autoren des 1. Jahrhunderts wie Josephus, Plutarch und Plinius der Ältere haben denn auch versichert, es sei bei der Ermordung Julius Caesars am 15. März des Jahres 44 v. Chr. zu einer Sonnenfinsternis gekommen.

Wenn ich also den Bericht der Evangelisten über die Sonnenfinsternis bei der Kreuzigung Jesu als «historisierte Prophetie» bezeichne, meine ich damit, daß eine solche Finsternis am Tage seines Todes nicht real beobachtet wurde, daß vielmehr gelehrte Christen in den hebräischen heiligen

Schriften diese Prophezeiung einer zukünftigen göttlichen Bestrafung der sündigen Menschheit fanden, die sich ihnen vielleicht wegen der Erwähnung der «Trauer um den einzigen Sohn» besonders empfahl, und dann von einer Sonnenfinsternis am Tage der Kreuzigung Jesu erzählten, um deutlich zu machen, daß Jesus in Erfüllung einer Prophezeiung starb. Hierbei handelt es sich natürlich nur um ein einziges Beispiel, doch gehe ich bei den Untersuchungen, von denen dieses Buch berichtet, überhaupt von der Hypothese aus, daß bestimmte Einheiten, wie die betrachtete, ganze Szenen, wie die der Beschimpfung des Verurteilten, und sogar der allgemeine Zusammenhang von Passion und Rechtfertigung das Ergebnis ähnlich gelenkter Prozesse sind. Und so lautet denn die erste These dieses Buchs: *Die Einheiten, Sequenzen und Rahmen der Passionserzählung sind nicht von erinnerter Geschichte abgeleitet, sondern in Erzählung überführte Prophezeiung, historisierte Prophetie.* Dabei ist die Frage nicht, ich betone das hier ein für allemal, ob ich oder meine Leser so denken, ob ich oder sie solche exegetischen Entdeckungen überzeugend oder irreführend finden, ob sie oder ich historische Einzelheiten erfüllten Prophezeiungen vorziehen. Die Frage ist vielmehr, ob es das – die Erfüllung von Prophezeiungen – war, was die ersten Christen interessierte, und ob sie also dafür sorgten, daß es dazu kam. Und, wie schon im Vorwort betont, heute ist es eine Gewissensfrage, ob wir die Passionsgeschichte als historischen Bericht oder eingetroffene Prophetie lesen wollen angesichts der Folgen, die es hatte, daß man sie so lange für einen einfachen Tatsachenbericht hat halten wollen.

Andauernde treue Liebe oder sich ausbreitende Ansteckung

Das erklärt, was ich unter den Bezeichnungen «erinnerte Geschichte» und «historisierte Prophetie» verstehe, aber wie komme ich zu der Quote von 80 Prozent? Wollte man die Passionsgeschichte zu 100 Prozent für erinnerte Geschichte halten, müßte man glauben, daß sich alles genau der Erzählung entsprechend zugetragen hätte, so als habe man in dieser ein Protokoll der Gerichtsverhandlung gegen Jesus und den sachlichen Bericht eines Journalisten über die damit in Verbindung stehenden Ereignisse. Hielte man im Gegenteil dafür, daß die Passionsgeschichte zu 100 Prozent «historisierte Prophetie» sei, stünde es einem frei zu behaupten, daß Jesus überhaupt nicht existiert habe oder jedenfalls doch nie gekreuzigt worden sei. Da die ersten Christen einer solchen Gestalt und einer solchen Passion bedurften, um die Erfüllung von Prophezeiungen behaupten zu können, hätten sie also zu diesem Zweck die Gestalt und die Passion erfunden. Raymond Brown behauptet nicht, daß die Passionsgeschichte zu 100 Prozent historischer Tatsachenbericht sei. Ich andererseits behaupte nicht, daß sie von Tatsachen gar nicht berichtet. Wenn ich unsere Meinungsverschiedenheit mit der Angabe, daß Brown in ihr 80 Prozent erinnerte Geschichte zu haben glaubt, ich dagegen 80 Prozent historisierte Prophetie finde, so ist das natürlich nicht rechnerisch zu verstehen, sondern als Andeutung dessen, was in unseren Auffassungen überwiegt. Doch da ich 20 Prozent der Geschichte, die von den Evangelisten erzählt wird, demnach als historische Tatsache gelten lasse, bin ich dem Leser auch die Auskunft schuldig, was denn von dem, das uns über Jesu Weg von Gethsemane zum Grab oder vom ihm vorgeworfenen Verbrechen über die Verhaftung, das Gericht, die Verspottung und die Hinrichtung bis zum Begräbnis erzählt wird, meines Erachtens und meiner Rekonstruktion der Ereignisse zufolge als historisch gelten kann.

Daß Jesus unter Pontius Pilatus tatsächlich hingerichtet wurde, ist uns so gut verbürgt ,wie ein historisches Ereignis nur irgend sein kann. Denn selbst wenn keiner seiner Nachfolger während des Jahrhunderts nach seinem Tod auch nur eine Zeile geschrieben hätte, wüßten wir doch von ihm aus den Schriften zweier Autoren, die nicht zu seinen Anhängern zählten, nämlich Flavius Josephus und Cornelius Tacitus. Die nähere Erörterung ihrer Zeugnisse wird man im nächsten Abschnitt finden. Inzwischen soll es uns genügen, zur Kenntnis zu nehmen, daß wir für das Wirken und Sterben Jesu nicht nur christliche Zeugen haben, sondern auch einen bedeutenden jüdischen und einen bedeutenden heidnischen Geschichtsschreiber, deren Aussagen über Jesus in dreierlei Hinsicht übereinstimmen. Beide sagen nämlich, daß es eine *Bewegung* gab, daß es dieser Bewegung wegen eine *Hinrichtung* gab und daß trotz dieser Hinrichtung die Bewegung *Fortsetzung* fand.

In seinen *Jüdischen Altertümern* erwähnt Josephus bei der Beschreibung der inneren Unruhen in Judäa während der Jahre 26 bis 36 der christlichen Ära Jesus und dessen «Christen» genannte Anhänger. Die *Jüdischen Altertümer* sind uns nun freilich von Christen überliefert, die es offenkundig für nötig gehalten haben, die Aussagen des jüdischen Historikers zu verdeutlichen. Ich habe bei meinem Zitat diese offensichtlichen Interpolationen hervorgehoben, so daß man bei der Lektüre leicht von ihnen absehen kann.

«Um diese Zeit lebte Jesus, ein weiser Mensch, *wenn man ihn überhaupt einen Menschen nennen darf.* Er war nämlich der Vollbringer ganz unglaublicher Thaten und der Lehrer aller Menschen, die mit Freuden die Wahrheit aufnahmen. So zog er viele Juden und auch viele Heiden an sich. *Er war Christus* [d. h.: der Gesalbte, der Messias]. Und obgleich ihn Pilatus auf Betreiben der Vornehmsten unseres Volkes zum Kreuzestod verurteilte, wurden doch seine früheren Anhänger ihm nicht untreu. *Denn er erschien ihnen am dritten Tage wieder lebend, wie gottgesandte Propheten dies und tausend andere wunderbare Dinge von ihm vorher verkündigt hatten.* Und noch bis auf den heutigen Tag besteht das Volk der Christen, die sich nach ihm nennen, fort.
(*Jüdische Altertümer*, 18, 3, 3 = 18, 63)

Tacitus kommt auf die Christen – und so auf den Stifter dieser Sekte – zu sprechen bei seinem Bericht über den schrecklichen Brand, der Ende Juli des Jahres 64 n. Chr. neun Tage lang in Rom wütete:

> Der Stifter dieser Sekte, Christus, ist unter der Regierung des Tiberius durch den Prokurator Pontius Pilatus hingerichtet worden. Der unheilvolle Aberglaube wurde dadurch für den Augenblick unterdrückt, trat später aber wieder hervor und verbreitete sich nicht bloß in Judäa, wo er entstanden war, sondern auch in Rom, wo alle furchtbaren und verabscheuungswürdigen religiösen Gebräuche, die es in der Welt gibt, sich zusammenfinden und geübt werden.
> (Tacitus, *Annalen*, 15, 44)

Trotz des sehr unterschiedlichen Tons, in dem die beiden Historiker von den Ereignissen berichten – Josephus läßt Jesus ja als weisen Menschen gelten, während Tacitus ihn als Stifter eines unheilvollen Aberglaubens beschimpft –, stimmen hinsichtlich der stattgehabten Bewegung, Hinrichtung und Fortsetzung beide überein. Übereinstimmend leiten sie die Bezeichnung «Christen» von dem griechischen Wort ab, das der Messias, der Gesalbte, bedeutet. Tacitus spricht nur von «Christus», aber Josephus kannte auch dessen Namen, denn an einer späteren Stelle der *Jüdischen Altertümer* (20, 200) spricht er von Jakobus, dem «Bruder des Jesus, der Christus genannt wird». Anders als Tacitus spricht Josephus auch von der Mitwirkung der jüdischen Obrigkeit bei der Hinrichtung Jesu.

Als historisch verbürgte Tatsachen der Geschichte Jesu nehme ich also den Zusammenhang von Bewegung, Hinrichtung und Fortsetzung. Doch alle Einzelheiten der Passions- und Auferstehungsgeschichte müssen daraufhin untersucht werden, ob aus ihnen erinnerte Geschichte spricht oder in die Geschichte eingeführte Prophetie.

Grundsätzlich verschiedene Interpretation

Mit diesem Buch möchte ich über den Kreis der Fachleute hinaus einem breiteren Publikum so deutlich wie möglich bewußt machen, daß schon vor dem Erscheinen von Raymond Browns *The Death of the Messiah* eine radikal von der dort gebotenen verschiedene Interpretation der Passionsgeschichten vorlag. Diese unterschiedliche Interpretation beruht auf sechs grundlegenden Meinungsverschiedenheiten zwischen Brown und mir. Doch ehe ich auf diese sechs Meinungsverschiedenheiten eingehe, will ich sechs Meinungen nennen, in denen ich mit Brown übereinstimme.

Erstens sind wir einer Meinung hinsichtlich der besonderen Bedeutung des Markusevangeliums unter den synoptischen Evangelisten. Obwohl Brown den «Kommentar» (zu den Botschaften der Evangelisten) von der «Analyse» (den Quellen der Evangelisten) trennt, stellt er doch stets Markus an die erste Stelle sowohl bei den Übersetzungen der zu erörternden

Textabschnitte zu Beginn der Detailuntersuchungen als auch bei den Übersetzungen der gesamten Texte am Ende seiner beiden Bände. Dabei handelt es sich um eine Änderung der kanonischen Priorität (im Neuen Testament steht ja Matthäus an erster Stelle) zugunsten einer historischen, mit welcher die «Analyse» dem «Kommentar» vorweggenommen wird, was die Schwierigkeit sichtbar macht, die künstliche Trennung dieser beiden Kategorien aufrechtzuerhalten. Auf jeden Fall zeigt sich dabei, daß wir übereinstimmend das Markusevangelium als die Quelle der Passionsberichte bei Matthäus und Lukas ansehen.

Zweitens sind wir übereinstimmend der Meinung, daß das Petrusevangelium ernst genommen werden muß und nicht unberücksichtigt gelassen werden darf. Obwohl Brown einen «Kommentar zu den Passionserzählungen in den vier Evangelien» schreibt, gibt er doch auch eine neue Übersetzung des Petrusevangeliums, berücksichtigt es an allen passenden Stellen bei seinem Kommentar und gibt einen ausführlichen Anhang dazu (S. 1317–1349). Das Petrusevangelium, auf das später noch näher eingegangen werden soll, gehört nicht zu den vier kanonischen des Neuen Testaments, gilt also als außerkanonisch oder apokryph.

Drittens stimmen Brown und ich in der Meinung überein, daß, wie immer man nun das Verhältnis zwischen den kanonischen Evangelien und demjenigen des Petrus erklären mag, das Abhängigkeitsverhältnis zwischen Petrus und den anderen nicht einfach durch kopierendes Übernehmen von Elementen in der einen oder anderen Richtung zu bestimmen ist. «Hypothesen literarischer Abhängigkeit in der einen oder anderen Richtung» stoßen auf Schwierigkeiten, meint auch Brown (S. 1325). Es sei jedoch gleich darauf hingewiesen, daß direkte Abhängigkeit, so daß ein Autor den anderen ausschreibt (wie sich etwa Matthäus und Lukas an Markus hielten, wovon später noch mehr zu sagen ist), nicht die einzige mögliche Form der Abhängigkeit ist. Sie ist nur am leichtesten nachzuweisen. Das spezifische Vokabular gibt in diesem Fall keine unzweideutigen Hinweise in diese oder jene Richtung. Wenn man bei Petrus das eigentümliche Vokabular, die charakteristische Syntax, den unverkennbaren Stil eines kanonischen Evangeliums nachweisen könnte, wäre daraus auf eine Abhängigkeit des Petrusevangeliums zu schließen. Anhaltspunkte dieser Art fehlen aber. Diesbezüglich gebe ich Brown viertens recht.

Fünftens stimmt Brown in einem Punkt sehr frappierend mit mir überein. Brown gibt zu, daß es eine zusammenhängende, von den kanonischen Passionserzählungen unabhängige Quelle geben muß, welche die Geschichten des bewachten Grabs und der sichtbaren Auferstehung enthält (S. 1305–1307; siehe auch S. 1301). Doch eine solche unabhängige Erzählung muß notwendig zuvor auch von der Verurteilung und der Kreuzigung gehandelt haben. Der Erzähler hätte nicht mit der Grablegung anfangen können. Deshalb muß es also neben den kanonischen Evangelien einen unabhängigen und (wie Brown sagt) «fortlaufenden» Bericht gege-

ben haben, der mindestens drei Hauptteile hatte: 1. Verurteilung und Kreuzigung, 2. Grablegung und Wachen, 3. Auferstehung und Bericht von dieser. Das aber ist, wie man sehen wird, genau, was ich mit der Annahme
eines (von mir so bezeichneten) «Kreuzevangeliums» postuliert habe (siehe den Anhang dieses Buches). Brown nimmt also nun seinerseits die Existenz von mindestens zwei Dritteln dieses Kreuzevangeliums an und wird
logischerweise auch dessen erstes Drittel als existent voraussetzen müssen.

Sechstens ist aber festzustellen, daß Brown, nachdem er die Meinung
dargelegt hat, daß der Verfasser des Petrusevangeliums dieses aus unge-
nauer Erinnerung der einst gelesenen oder gehörten Texte der kanonischen
Evangelien niedergeschrieben habe, in einer Fußnote klagt: «Wie kann ich
jemals hoffen, die genaue Zusammensetzung eines Abschnitts des Petrusevangeliums zu ermitteln?» (S. 1334, Anm. 29) Es wäre ein leichtes, sich
über diese Spitzfindigkeit lustig zu machen, zumal der Autor gleichzeitig
meine von seiner Annahme abweichende Hypothese verwerfen zu können
glaubt. Ich muß zugeben, daß mich die Heftigkeit, mit der Brown meine
Annahmen verwirft, amüsiert, wenn er sie schon auf den ersten Seiten
seines zweibändigen Werks «unvorstellbar» und «absurd» findet (S. 14–
15), um am Ende deren «Unverständlichkeit» und «gänzliche Unwahrscheinlichkeit» zu beklagen (S. 1333, S. 1342). Aber davon abgesehen, stimme ich Brown zu, daß auch auf Grund meiner – der seinen entgegengesetzten – Hypothese die Einzelheiten des Prozesses, der die Abhängigkeit
der kanonischen und des Petrusevangeliums voneinander konstituiert,
nicht mehr nachzuweisen sind. Ob man nun von den kanonischen Evangelien zu Petrus geht (wie Brown) oder von Petrus zu den kanonischen
Evangelien (wie ich), so ist jedenfalls der Übertragungsprozeß nicht so
leicht zu rekonstruieren wie der von Markus zu Matthäus und Lukas.

Damit sind unsere sechs grundsätzlichen Übereinstimmungen genannt.
Vier unserer sechs grundlegenden Meinungsverschiedenheiten werde ich
in diesem Kapitel erörtern, die fünfte viel später, wenn ich im dritten Ka-
pitel bei der Behandlung des Gerichts über Jesus von «Herodes und dem
Volk» spreche, die sechste bei der Erörterung der Hinrichtung Jesu im 5.
Kapitel unter dem Titel «Verantwortung für unschuldiges Blut».

Ich komme nun zu der ersten und wichtigsten Meinungsverschiedenheit zwischen Brown und mir in bezug auf die Passionserzählungen. Dabei
geht es um die Frage, ob diese überwiegend historisierte Prophetie oder
erinnerte Geschichte sind. Vorauszuschicken ist jedoch eine Warnung. Die
verschiedenen Abschnitte von Browns umfangreichem Werk sind stets in
Kommentar und Analyse unterteilt, und in dieser Reihenfolge erfolgt auch
die Gewichtung.

«Der KOMMENTAR versucht herauszufinden und zu erklären, was der
Evangelist der besprochenen Stelle mitteilen wollte. Er ist bei weitem
der wichtigste Teil meiner Darlegung, und ihm vor allem galt meine

Aufmerksamkeit ... Die viel kürzer gefaßte ANALYSE ... untersucht die mögliche Abhängigkeit eines Evangeliums von anderen, die Annahmen von präevangeliaren Überlieferungen und auf die Historizität bezügliche Faktoren – unvermeidliche Fragen, die zwangsläufig nur theoretisierend zu beantworten sind, jedoch kaum im Mittelpunkt eines Kommentars stehen können.» (S. IX–X)

Das ist erfreulich klar, offen und ehrlich. Browns wesentliches Anliegen ist der Kommentar, und diesem stellt er eine durchaus positive Aufgabe.

«Der Hauptzweck dieses Buches ist eine ins einzelne gehende Erklärung dessen, was die Evangelisten mit ihren Erzählungen vom Leiden und Sterben Jesu ihrem Publikum vermitteln wollten und vermitteln.» (S. 4)
«Mein Hauptanliegen ist die gründliche Erklärung der Botschaft, welche die Evangelisten selbst im 1. Jahrhundert übermitteln wollten und übermittelten, und die Bereitstellung von Material, an Hand dessen heutige Leser die Passionsgeschichte selbst reflektierend deuten können.» (S. 7)

Eher negativ dagegen wird das Anliegen des historisch forschenden Analytikers bestimmt. Da ist von «spekulativem» Verfahren, von «Spekulieren» die Rede (S. 5), auch von einer «Besessenheit vom Historischen» und «von der besessenen Jagd nach dem Historischen» (S. 24). Bei meinem Streit mit Brown geht es nicht um den *Kommentar*, sondern um das *Historische*. Sein Kommentar ist massiv, monumental und meisterhaft und wird noch weit ins nächste Jahrtausend hinein als Standardnachschlagewerk dienen. Doch bei Fragen der Geschichtlichkeit führt er meines Erachtens ein Rückzugsgefecht gegen die unvermeidlichen Folgen aus seinen eigenen erklärten Prinzipien. Ich betone, daß ich in dieser gegen sein Buch gerichteten Schrift in voller Absicht im Gegensatz zu ihm dem *Historischen* den Vorzug vor dem *Kommentar* gebe, weil ich der Meinung bin, daß deren Rangordnung in diesem Fall umgekehrt werden sollte.

Der Untertitel seines Buchs lautet: Ein Kommentar zu den Passionserzählungen der vier Evangelien. Man kann mit gutem Recht Kommentare aller Art verfassen, zum Beispiel historische oder geographische, literarische oder strukturelle, philologische oder theologische oder unter den Gesichtspunkten aller genannten Wissensgebiete im Verein konzipierte. Brown wollte einen theologischen Kommentar liefern, was ein durchaus legitimes Anliegen ist und oft durchführbar, ohne daß Fragen der Historizität dabei berührt werden müssen. Aber *kann* das, und wichtiger noch, wie ich im letzten Abschnitt unten frage, *sollte* das hinsichtlich der Passionserzählungen auf diese Weise, ohne Berücksichtigung der Frage nach der Geschichtlichkeit der berichteten Ereignisse, durchgeführt werden?

Es gibt vier kanonische Fassungen der Erzählung, und diese sind in der christlichen Kunst und Vorstellungsweise, Liturgie, Predigt, Andacht und

Theologie zu einem harmonischen Ganzen verschmolzen worden. Und dieses Ganze hat man sich als einen im wesentlichen zuverlässigen historischen Bericht zu nehmen gewöhnt. Doch je überzeugender Brown die verschiedenen Berichte zergliedert, desto dringlicher stellt sich die Frage nach deren Geschichtlichkeit. Diese wird von ihm, wo immer sie ihr Haupt erhebt, jedoch stets als «Spekulation» oder «Besessenheit» disqualifiziert (S. 5, 8, 24). Er glaubt wohl, sich das leisten zu können, weil er hinsichtlich der Historizität der Passionserzählungen eine klare Meinung hat, zu der er sich schon auf den ersten Seiten seines zweibändigen Werks bekennt.

«Es ist unvorstellbar, daß, was Jesus nach seiner Verhaftung widerfuhr, sie (nämlich die zwölf Jünger) nicht *gekümmert* hätte. Allerdings behauptet kein Christ, daß sie bei den Gerichtsverhandlungen gegen ihn seitens der jüdischen oder römischen Obrigkeit zugegen gewesen wären; doch anzunehmen, daß ihnen hinsichtlich der Gründe, derentwegen Jesus ans Kreuz gehängt wurde, überhaupt keine Informationen zugänglich gewesen wären, ist offensichtlich absurd ... So *könnte* von den frühesten Tagen an zugängliches historisches Rohmaterial zu einer von der Verhaftung bis zur Grablegung reichenden Passionserzählung entwickelt worden sein, wie immer der Gebrauch, den die Evangelisten davon machten, dieses Material gestaltet haben mag und was auch immer die christliche Einbildung ihm verschönernd hinzugefügt haben mag.» (S. 14, Hervorhebungen von mir)

Ich habe den Ausdruck *gekümmert* hervorgehoben, weil er die Frage verfälscht. Geht es doch nicht um die Anteilnahme der Jünger, sondern um deren Kenntnis. Was *wußten* die Gefährten Jesu von den Ereignissen der Passion? Man verfälscht die Frage auch, wenn man, wie es Brown später tut, erklärt, man wolle «nicht zu der nihilistischen Annahme hinabsteigen, daß kein Autor von dem, was Jesus in der Passion erlitt, *wußte* oder *betroffen war*» (S. 1361, Anm. 20, Hervorhebung von mir). Denn Gegenstand der Auseinandersetzung ist nicht *Betroffenheit*, sondern *Wissen*. Ich habe auch die Verbform *könnte* hervorgehoben, denn bei der Auseinandersetzung steht nicht zur Debatte, ob etwas hätte geschehen sein können, sondern ob etwas tatsächlich geschah. Trotz dieser beiden Details scheint jedoch Browns Stellungnahme so einleuchtend und vernünftig, daß man sich fragen kann, was denn daran zum Widerspruch herausfordere. Doch auf der nächsten Seite nennt er zwei zeitgenössische Widersacher seiner Position:

«Die Frage des Schrifthintergrunds wird problematischer bei Anschauungen wie denjenigen Kösters und Crossans, die ... jede Verwurzelung der Passionsgeschichte im christlichen Gedächtnis bestreiten. Köster behauptet mit Gewißheit, daß zu Anfang nur geglaubt wurde, daß Jesu Passion und Auferstehung sich ereignet hätten der Schrift gemäß, also daß die allerersten Erzählungen von Jesu Leiden und Tod um Erinnerung des tatsächlichen Geschehenen gar nicht bemüht gewesen wären [Köster, 1980, 127; siehe auch 1990, 216–240]. Crossan geht sogar noch weiter: ‹Ich halte es für das Wahrscheinlichste, daß selbst diejenigen, die Jesus am nächsten standen, von den Einzelheiten der Ereignisse so gut wie gar nichts *wußten*. Sie wußten nur, daß Jesus gekreuzigt worden war, draußen vor Jerusalem zur Zeit des Passahfests, mutmaßlich in irgendeinem Zusammenhang der imperialen und der priesterlichen Autorität› [Crossan, 1988, 405]. Er erklärt nicht, weshalb er das für das ‹Wahrscheinlichste› hält angesichts der wohlbegründeten Überlieferung, daß die, die Jesus am nächsten waren, ihm schon seit langem bei Tag und Nacht gefolgt waren. Haben sie plötzlich jedes Interesse verloren und sich nicht einmal die Mühe gemacht, sich nach den Umständen des Ereignisses zu erkundigen, das schließlich das traumatischste ihres Lebens gewesen sein muß?» (S. 15–16, Hervorhebung von mir)

Da hat man gleich zu Anfang von Browns umfangreicher Untersuchung die beiden Grundpositionen der zeitgenössischen kritischen Beschäftigung mit den Passions- und Auferstehungserzählungen. Doch auf den Gesichtspunkt seiner Gegner kommt Brown dann nie wieder zurück. Bemerkt sei übrigens der Fairneß halber, daß Brown seine Position deduktiv begründet, indem er die gegnerische schon auf den *ersten Seiten* seines Buchs für «unbegreiflich» und «absurd» erklärt. Er zitiert meine, der seinigen widersprechende Meinung aus den *letzten Seiten* meines Buchs *The Cross That Spoke (Das Kreuz, das sprach)*, wo ich zusammenfaßte, was ich induktiv ermittelt hatte. Denn der Erklärung, weshalb ich für das Wahrscheinlichste hielt, was Brown so sehr befremdet, diente ja das ganze Buch. Aber was halten nun Köster und ich tatsächlich für das Wahrscheinlichste, und warum?

Unsere Position umfaßt drei Behauptungen. In den ersten beiden, weitaus bedeutendsten, stimmen wir überein. Hinsichtlich der dritten, vergleichsweise geringfügigen, sind wir verschiedener Meinung.

1. Passionserzählungen sind nicht erinnerte Geschichte, sondern historisierte Prophetie.
2. Es gibt für die uns vorliegenden Passionserzählungen nur eine einzige unabhängige Quelle.
3. Die einzige unabhängige Quelle ist
   a) verschollen, doch wurde sie von Markus, Johannes und Petrus benützt, die alle voneinander unabhängig sind (Köster).
   b) das von mir so bezeichnete Kreuzevangelium, von dem sich Teile bei Petrus erhalten haben und das von Markus, Matthäus, Lukas und Johannes benützt worden ist, von denen die drei letztgenannten auch von Markus abhängig sind (meine Auffassung).

Der Grund meiner Auffassung, die in diesem Punkt von derjenigen Kösters abweicht, ist meine Überzeugung, daß Johannes bei seinem Passions-

und Auferstehungsbericht von Matthäus, Markus und Lukas abhängig ist. Ich werde diese Überzeugung im 3. Kapitel bei der Behandlung des Gerichtsverfahrens gegen Jesus im einzelnen begründen. Abgesehen davon ist der Unterschied zwischen einer Markus und Petrus gemeinsamen verschollenen Quelle (wie Köster sie annimmt) und einer Markus und Petrus gemeinsamen Quelle, die (wie ich meine) bei Petrus noch teilweise in ihrer Eigenart nachzuweisen ist, für den hier zu prüfenden Zusammenhang fast unerheblich.

Weshalb stimmen wir in den beiden ersten Behauptungen überein und sind in einem dritten Punkt (abgesehen von der Frage nach der Stellung des Johannesevangeliums) immerhin im wesentlichen fast der gleichen Meinung? Ich werfe diese Frage auf, weil die von uns vertretene Meinung den gesunden Menschenverstand zu beleidigen scheint. Die Passionsgeschichte bietet die ausführlichste Wort für Wort, Stunde für Stunde erzählte Ereignisfolge, die man in den vier Evangelien findet. Die Folge von Verbrechen, Verhaftung, Verurteilung, Beschimpfung, Hinrichtung und Grablegung entspricht genau unseren Erwartungen für einen solchen Fall. Und das Neue Testament bietet vier unterschiedliche Fassungen der Erzählung, die im allgemeinen Ablauf des Geschehens und dessen spezifischem Gehalt bemerkenswerte Ähnlichkeiten aufweisen. Es müsse sich dabei also um erinnerte Geschichte handeln und um sehr gut erinnerte Geschichte sogar, möchte man meinen. Wie kommt man also zu der befremdenden Behauptung, daß diese so plausible Erzählung um ein äußerst dürres Tatsachengerüst ganz aus historisierter Prophetie zusammengesetzt sei? Ich nenne im Folgenden unsere allgemeinen Gründe.

– Die zusammenhängende Passions- und Auferstehungsgeschichte scheint einzig den Evangelisten bekannt gewesen zu sein. Wenn es sich dabei um von Anfang an erinnerte Geschichte gehandelt hat, weshalb findet sich in den anderen Überlieferungssträngen keine Spur davon?
– Alle vier Evangelisten berichten in bemerkenswerter Übereinstimmung, bis Markus 16, 8 am leeren Grabe innehält; aber wo Markus endet, gehen dann die anderen alle sehr verschiedene Wege. Was wurde also aus der erinnerten Geschichte, wo Markus stille schwieg und die anderen sich selbst überließ?
– Es ist äußerst schwierig, unabhängige Zeugen dieser frühesten, vorgeblich der historischen Tatsachen gedenkenden Passionsgeschichte zu finden. Selbst Brown kann nur zwei anführen, Markus und Johannes, obwohl er von volkstümlichen Passionsüberlieferungen spricht. Denn wenn die Geschichte so wichtig genommen und so früh aufgezeichnet wurde, weshalb ist sie dann nicht in mehr unabhängigen Fassungen überliefert?
– Einzelne Einheiten, allgemeine Sequenzen und umfassende Rahmen

der Passions- und Auferstehungsgeschichten sind so eindeutig als Erfüllung von Prophezeiungen konzipiert, daß, wenn man von ihnen abstrahiert, nur ein nacktes Handlungsgerüst übrigbleibt, das kaum detaillierter ist als die Berichte der Geschichtsschreiber Josephus und Tacitus.

Der letzte Beweis unserer Behauptungen liegt natürlich bei der gründlichen Untersuchung der Erzählungen im einzelnen. Ich habe diese Untersuchung in *The Cross That Spoke (Das Kreuz, das sprach)* geführt, doch hat die wissenschaftliche Kritik dieses Werks sich vorzüglich mit der Frage befaßt, ob ich die Quelle der Passions- und Auferstehungsgeschichte zutreffend identifiziert hätte oder nicht (den oben unter 3. b behandelten Punkt). Jetzt, wo ich diese Themen für ein breiteres Publikum behandle, werde ich ausführlicher auf die ersten beiden Thesen eingehen, insbesondere auf die erste und entscheidende. Denn wenn man die erste These annimmt, ist man zur Annahme der zweiten fast genötigt, da sie gewissermaßen notwendig aus der ersten folgt. Ich beginne also mit der Behauptung des Tatherganges, wie er sich mir darstellt.

Die Königreichbewegung Jesu innerhalb der *analphabetischen* Bauernklasse als lokales oder regionales Phänomen hätte innerhalb einer oder zweier Generationen aussterben können, hätte sich nicht eine *schriftgelehrte* Führung wenigstens aus den unteren Rängen der Schreiber- oder Gefolgsklasse gleichfalls schon früh engagiert. Man beachte die Bedeutung dieser Unterscheidung zwischen der analphabetischen Bauernklasse und der schriftgelehrten Gefolgsklasse. Die Bauern kannten wohl die wichtigsten Geschichten ihrer Überlieferung und konnten zweifellos die Geschichte von David und Goliath mit zeitgemäßer Anwendung auf den römischen Goliath und den jüdischen David ihrer Tage packend erzählen. Doch die Quelle dieser Geschichte bei 1. Samuel, 17 konnten sie nicht kennen, nicht finden und nicht lesen. So konnten sie wohl die *Geschichte* erzählen, aber die *Quelle* nicht lesen.

Man erinnere sich des früher genannten Beispiels der Sonnenfinsternis bei Amos 8, 9. Wer *diesen* Text finden und korrekt zitieren will, muß schriftgelehrt sein, das heißt lesen können und die Schrift auszulegen wissen. Schriftgelehrtheit ist nicht jedermanns Sache und braucht das auch nicht zu sein. Schriftgelehrte aber waren zweifellos auch unter Jesu Nachfolgern, und diese denke ich mir in den Tagen, Monaten und Jahren nach seiner Hinrichtung mit ernster Bibelforschung beschäftigt. Sie suchten damals in der Schrift nicht apologetische und polemische Argumente zur Verteidigung ihrer eigenen Lehrmeinungen oder Widerlegung derjenigen ihrer Gegner – das wird erst viel später geschehen. Ihnen stellen sich vielmehr die Fragen: War der Tod Jesu ein Gottesurteil gegen sein Programm? Hat Gott Jesus zerstört? Wie stehen die Dinge jetzt zwischen Jesus und Gott? Die wichtigste Frage aber, auf welche die Antwort zu suchen war, lautete:

Haben *wir* eine Zukunft? Wie jeder, der wissen will, ob er eine Zukunft hat, gingen auch sie auf die Vergangenheit zurück in der Hoffnung, dort einen Hinweis zu finden. Die Bibelforschung war auch nach innen konstitutiv für ihren Glauben und ihre Identität, nicht bloß äußerlich nützlich bei ihren Auseinandersetzungen und Beweisführungen. Sie wußten natürlich, was sie in der Schrift suchten. Konnte der von Gott Geheiligte (gleich unter welchem Titel) getötet werden? Und welche Genugtuung würde Gott für ihn erhalten? Doch, ich wiederhole, dabei handelte es sich um die anspruchsvolle und schwierige Arbeit gelehrter christlicher Exegeten, die für die Vorstellungen des christlichen Volkes nicht viel hergab. Doch irgendwo, irgendwann machte irgend jemand etwas ziemlich Außerordentliches aus den Dutzenden von Stellen des Alten Testaments, die Jesu Passion und Rechtfertigung «voraussagten». Er verband diese Stellen zu einer zusammenhängenden Geschichte, als deren verborgenes Substrat nur der gelehrte Leser sie noch nachzuweisen vermag. Das war ein religiöser Geniestreich, denn wenn erst das Gedächtnis des analphabetischen Volkes sich die Geschichte eingeprägt hatte, konnten Lehrer und Prediger leicht von der Geschichte ihrer «Erfüllung» auf die Prophezeiungen des Alten Testaments zurückverweisen. Von diesem Augenblick an floß die Überlieferung in zwei Strömen, die sich stellenweise berührten und gegenseitig verstärkten. Einerseits wurde jene ursprüngliche Erzählung, welche die Prophetie ein für allemal in Geschichte übertrug, zur Quelle aller Passionsgeschichten, die wir haben. Andererseits wurde aber die gelehrte Erforschung der Schrift auch weiterhin fortgesetzt, und die Resultate dieser Forschungen werden uns im folgenden noch ausgiebig beschäftigen. Am Anfang war die Prophezeiung der Passion, dann folgte die Passionserzählung. Darauf setzten beide, Erzählung und Prophezeiung, sich fort als sich einander gegenseitig beeinflussende Überlieferungsströme. Wenn Dutzende von unterschiedlichen Passions*prophezeiungen* nur ein einziges Mal zu einer einheitlichen und zusammenhängenden Passions*erzählung* zusammengefaßt wurden, erklärt das sehr befriedigend, daß eine ältere Passionserzählung als die uns vorliegende nicht nachzuweisen ist und daß die uns vorliegende nur in einer einzigen unabhängigen Fassung überliefert ist.

Abhängige und unabhängige Passionsgeschichten

Im vorigen Abschnitt habe ich die wichtigsten Quellen dieses Buchs erwähnt: Die Geschichtsbücher des Josephus und des Tacitus sowie die Evangelien des Matthäus, Markus, Lukas, Johannes und Petrus. Hier sei in Kürze zusammengefaßt, was man von diesen Werken (und zwei weiteren Evangelien) wissen sollte, nicht nur hinsichtlich der Zeiten und Orte ihrer Niederschrift, sondern, was viel wichtiger ist, auch in bezug auf die Annahmen, Voraussetzungen und Vorurteile ihrer Verfasser. Von meinen eigenen werde ich im Epilog behandeln (den der Leser schon jetzt konsultieren kann, um sich zu vergewissern, ob und inwieweit meinem Urteil zu trauen ist). Zu bedenken ist dabei, daß auch da, wo ich immer von *Passionsgeschichte* spreche, die *Auferstehungsgeschichten* immer mit gemeint sind, denn anders als Brown in seinem Buch *The Death of the Messiah* weigere ich mich strikt, die kritische Erörterung der Passionsgeschichten von derjenigen der Auferstehungsgeschichten zu trennen. Keines der Evangelien läßt die Trennung des Berichts über die Hinrichtung von demjenigen über die Rechtfertigung begründet erscheinen, und wenn Josephus von der andauernden Liebe der Anhänger Jesu spricht und Tacitus von der um sich greifenden Infektion des Volkes mit seinen Ideen, so bieten sie damit für eine solche Trennung auch keine Handhabe.

Josephus

In seiner der eigenen Rechtfertigung dienenden Autobiographie behauptet der jüdische Geschichtsschreiber Josephus seine Abstammung aus dem königlichen Priestergeschlecht der Hasmonäer und berichtet von seiner Geburt in einer zum Adel des Tempels von Jerusalem gehörigen Familie in einem Jahr, dessen Datum dem Jahr 37 der christlichen Ära entspricht. Er bemerkt auch:

«So kam es, dass ich schon als Knabe von etwa vierzehn Jahren meiner Wissbegierde wegen von jedermann gelobt wurde, und dass selbst die Hohepriester und Vornehmen der Stadt mich besuchten, um eine besonders gründliche Auslegung des Gesetzes von mir zu erfahren.» (Josephus, *Selbstbiographie*, 2 = 9)

Ich zitiere diese Angabe nur, um zur kritischen Würdigung *aller* unserer Quellen einzuladen, und will sofort gestehen, daß ich solche Angaben über jugendliche Glanzleistungen nicht allzu wörtlich nehmen will, gleichviel ob nun Josephus sie dem vierzehnjährigen Knaben zuschreibt, der er im Jahre 52 n. Chr. war, oder Lukas, 2, 42−47, dem zwölfjährigen Jesus im Tempel. Später, während des ersten römisch-jüdischen Krieges, leitete Josephus mehr oder weniger verantwortlich den jüdischen Aufstand in Galiläa und ergab sich schließlich im Jahre 67 n. Chr. dem römischen General Vespasian. Auf Grund seiner Prophezeiung, daß der siegreiche General zum Kaiser erhöht werden würde, entließ Vespasian ihn aus der Gefangenschaft, als diese Prophezeiung sich im Jahre 69 erfüllte. Als Dolmetscher für Vespasians Sohn Titus war er Zeuge der Belagerung, Eroberung und Zerstörung Jerusalems durch die Römer und begab sich dann nach Rom, wo er das Patronat der neuen flavischen Dynastie unter den Kaisern Vespasian, Titus und Domitian von 69−96 genoß. Sein erstes historisches Werk, den *Jüdischen Krieg*, das er dort Mitte der siebziger Jahre in Angriff nahm, vollendete er in den frühen achtziger Jahren. Ein zweites und wesentlich umfangreicheres Werk, die *Jüdischen Altertümer*, beschäftigte ihn während der frühen neunziger Jahre. Da er in seinem ersten Werk die jüdische Geschichte etwa der von 175 v. Chr. bis 74 n. Chr. reichenden Periode behandelte, während die *Jüdischen Altertümer* die Ereignisse von der Schöpfung der Welt bis zum Jahre 66 n. Chr. behandeln, besitzen wir für die Ereignisse des ersten Jahrhunderts der christlichen Ära zwei Darstellungen aus der Feder dieses Geschichtsschreibers. Der kritische Vergleich der beiden Darstellungen bietet sich mithin an und ist auch geboten. Dieser Vergleich erhellt nicht so sehr, daß Josephus von einer prorömischen zu einer antirömischen Einstellung gelangt wäre oder von einer antijüdischen zu einer projüdischen, denn er war, auf seine eigene Weise, immer sowohl prorömisch als auch projüdisch und blieb dieser Haltung zeitlebens treu. Doch begann er als Apologetiker der Römer bei den Juden und endete als Apologetiker der Juden bei den Römern.

Gerechterweise muß in der Tat darauf hingewiesen werden, daß Josephus seine eigenen Vorurteile sehr offen und ehrlich bekennt, wie zum Beispiel in dem folgenden Appell an seine in Jerusalem belagerten Landsleute, denen er von einem «Ort, wo er außer Schußweite und doch deutlich vernehmbar war», dringend empfahl, sich den Römern zu ergeben.

«Überall sei das Glück ihr Begleiter gewesen, und der Gott, der die Herrschaft bei den einzelnen Nationen umgehen lasse, sei jetzt auf Italiens Seite ...», rief er nach seinem eigenen Bericht (*Jüdischer Krieg* 5, 9, 3 = 5, 367) den Belagerten zu, und später (5, 9, 4 = 5, 378): «Aber hört mir zu, damit ihr erkennt, daß ihr nicht nur gegen die Römer, sondern auch gegen den Gott kämpft.» Und weiter: «Ich muß daher annehmen, daß die Gottheit aus dem Allerheiligsten geflohen ist und jetzt auf Seiten derer steht, die ihr bekämpft.» (5.9. 4 = 5, 412)

Seine religionspolitischen und sozioökonomischen Vorannahmen bestimmen Josephus zu der Überzeugung, da es Gottes Wille sei, daß das jüdische Land von einem Priesteradel unter römischer Oberherrschaft regiert werde, verstoße jeder jüdische Aufstand gegen die Römer oder der jüdischen Unterklassen gegen die jüdischen Oberklassen gegen den ausdrücklichen Willen Gottes und könne nur Unheil über das jüdische Volk bringen. Diese Grundüberzeugung muß man bei der Lektüre der Geschichtsbücher des Josephus zu deren rechtem Verständnis immer im Auge behalten.

Tacitus

Josephus und Tacitus waren beide aristokratische Historiker. Wie Josephus der jüdischen Priesterelite angehörte, war Tacitus Angehöriger des römischen Konsularadels. Beide lebten bis in ihre frühen sechziger Jahre, aber der um 55 n. Chr. geborene Tacitus war etwas jünger als sein jüdischer Zeitgenosse. Beide standen treu zu ihrer Herkunft, Tacitus zu den Idealen des Senats der römischen Republik, Josephus zu den Idealen der Priesterschaft der jüdischen Theokratie. Doch beide hätten der Kollaboration mit kaiserlicher Tyrannei beschuldigt werden können, und darauf hätten beide erwidert, daß solche jedenfalls dem Selbstmord vorzuziehen sei. «Selbst die Erinnerungskraft hätten wir mit der Stimme verloren, stände es ebenso in unserer Macht, zu vergessen wie zu schweigen», sagt Tacitus (*Agricola* 2). «Ich aber werde nie in meinem Leben so ganz Kriegsgefangener sein, daß ich mein Volk verleugnete und mein Vaterland vergäße», erklärte Josephus, als er in Titus' Auftrag die Verteidiger des Tempels von Jerusalem zur Übergabe aufforderte (*Jüdischer Krieg* 6, 2, 1 = 6, 107). Die beiden hätten einander in Rom sogar begegnet sein können, denn unter der neuen flavischen Dynastie begann dort während der siebziger bis neunziger Jahre Tacitus seine Laufbahn zu der Zeit, als Josephus auf den Höhepunkt der seinigen gelangte.

Tacitus interessierte sich als Historiker für dynastische Entartung, kaiserliche Verderbnis und die Herzen der Tyrannen, wo man, könnte man in sie blicken, sehen würde, «wie zerfleischt sie seien und voll Wunden, weil, wie der Leib von Geißelhieben, so von Grausamkeit, von Wollust, argen Plänen die Seele zerrissen» werde (*Annalen* 6, 6). Er sah die offenen und an der Oberfläche liegenden Übel von Personen und Individuen, doch nicht das verborgene und tiefere Übel von Strukturen und Systemen. Und deshalb suchte er die Ursachen des römischen Niedergangs nicht in der Verfassung des Imperiums, sondern bei den Personen der Imperatoren, ohne zu begreifen, daß die letzteren nur Personifikationen des ersteren waren. In den während des ersten Jahrzehnts des 2. Jahrhunderts verfaßten *Historien* beschrieb er den Niedergang und Fall der Flavier, der zweiten kaiserlichen Dynastie des römischen Imperiums, von 69 bis 96 n. Chr. Die im folgenden Jahrzehnt verfaßten *Annalen* schildern den gleichen Vorgang bei der Julisch-Claudischen, der ersten imperialen Dynastie Roms, von Augustus bis Nero während der Jahre 14 bis 68. Zweimal war mit großen Hoffnungen von einem Augustus, einem Vespasian, ein neuer Anfang gemacht worden, zweimal war das neu Begonnene verkommen und heruntergekommen auf einen Nero und einen Domitian. Das erste Mal im Laufe von einhundert Jahren, das zweite Mal in nur einem Viertel dieser Zeit. Die düstere Stimmung, die aus der glänzenden Prosa des Tacitus spricht, zeugt nicht nur von Nostalgie nach Roms republikanischer Vergangenheit, sondern auch von der Furcht oder der Gewißheit, daß die gegenwärtig abermals mit großen Hoffnungen neu beginnende Dynastie nicht besser enden werde als die vorigen.

Man lese Tacitus als Historiker aristokratischer Politik, dynastischer Intrigen und imperialer Kriege. Über sozioökonomische Realitäten, über die unteren Klassen, über alles, was Tacitus und dessen wenige tausend aristokratische Standesgenossen nicht interessiert, ist bei ihm nichts zu lesen. Dabei lebte er in einer Reichshauptstadt von nahezu einer Million Einwoh-

nern und in einem Reich, das deren 50 oder 60 Millionen hatte. Auch für
orientalische Religionen, ja vielleicht für alles Orientalische hatte er nur
Verachtung. Wenn er Josephus begegnet wäre zum Beispiel, wären die
beiden einander wohl kaum sympathisch gewesen, selbst wenn ihnen der
aristokratische Ehrenkodex und die Rücksicht auf die kaiserliche Patrona-
ge die offene Verachtung verboten und höflichen Respekt empfohlen hätten. Tacitus, der nicht nur allgemein ethnozentristisch, sondern auch speziell antijüdisch empfand, behauptete, daß die Juden «zwar untereinander
selbst hartnäckige Treue, bereitwillige Barmherzigkeit beweisen, gegen alle
übrigen aber Feindeshaß» (*Historien* 5, 5,1). Sein Widerwille gegen die Juden schloß natürlich auch das Christentum ein. Die Christen qualifizierte
er als ein wegen seiner Schandtaten verhaßtes Geschlecht (*Annalen* 15, 44).
Hätte er die Zukunft Roms tatsächlich voraussehen können, sein Ton wäre
noch düsterer und untröstlicher gestimmt gewesen.

Matthäus

Wie Josephus und Tacitus waren Matthäus, Markus, Lukas, Johannes und
Petrus wirkliche Menschen, hatten aber anders als die ersteren die ihnen
zugeschriebenen Schriften wohl nicht selbst verfaßt. Ursprünglich liefen
die Evangelien des Matthäus und der anderen Evangelisten anonym um
und wurden wohl in Umlauf gebracht kraft der Autorität der Gemein-
schaften, für die sie verfaßt waren, nicht derjenigen ihrer Verfasser. Schließlich jedoch, im 2. Jahrhundert, wurde jedes der Evangelien unmittelbar
oder mittelbar einer bedeutenden apostolischen Autorität zugeschrieben,
da inzwischen der Anspruch auf ununterbrochene Überlieferung immer
wichtiger geworden war. Wenn ich also von Matthäus, Markus, Petrus
usw. spreche, meine ich immer die diesen Autoritäten zugeschriebenen
Bücher, deren Inhalt uns vorliegt. Während wir über die Verfasser der
Evangelien nur Mutmaßungen anstellen können, müssen wir Zeit, Ort und
Grund ihrer Abfassung ebenso wie die Parteilichkeiten ihrer Verfasser
ganz aus dem Text selbst erschließen (was übrigens wohl ein gutes allge-
meines Prinzip ist, dessen Anwendung sich selbst für Fälle empfiehlt, wo
wir den Verfasser zu kennen glauben). Wir haben keine außertextlichen
Informationen, auf die wir zurückgreifen könnten. Matthäus und die übrigen Evangelisten gelten uns also nur als die fiktiven Verfasser der uns
bekannten Bücher.

Das Matthäus zugeschriebene Evangelium wurde wahrscheinlich zwischen 85 und 90 n. Chr. und vielleicht in Antiochien verfaßt, der Hauptstadt der römischen Provinz Syrien und der drittgrößten Stadt des Reichs.
Doch Auseinandersetzungen über Zeit und Ort der Abfassung verblassen
zu relativer Bedeutungslosigkeit angesichts einer Annahme, in der sich
jetzt die Forschung weitgehend einig ist: *Daß nämlich Matthäus bei der Abfassung seines Evangeliums als eine seiner beiden wichtigsten Quellen Markus*

benützte. Diese hier kursiv hervorgehobene Feststellung verdient größte Beachtung, denn sie gibt uns das Prinzip der kritischen Untersuchung der Evangelien. Denn wenn man, von der genannten Erkenntnis geleitet, Matthäus und Markus parallel liest, wird man sehen, wie Matthäus mit seiner Quelle bei Markus verfahren ist. Er hat sich nicht gescheut, wegzulassen, zu verändern und hinzuzufügen, und nimmt sich bei der Verwertung seiner Quelle eine dichterische Freiheit, von der man nicht glauben würde, daß ein Evangelist, aus dem Evangelium eines anderen schöpfend, sie zu beanspruchen wagen würde, wenn einen nicht der textkritische Befund zu der Einsicht nötigte, daß er von einer solchen Freiheit tatsächlich durchgehend Gebrauch gemacht hat.

Während des ersten römisch-jüdischen Kriegs wurde nach seiner Eroberung durch die Truppen des Titus im Jahre 70 n. Chr. der Tempel von Jerusalem zerstört. Der jüdische Priesteradel der Sadduzäer wurde ein für allemal entmachtet, und in das so entstandene Vakuum an der Spitze der jüdischen Gesellschaft rückten nun die Schriftgelehrten und Gesetzesausleger oder Pharisäer ein. Diese hielten in Jabneel, einer westlich von Jerusalem zum Meer hin gelegenen Stadt, Rat miteinander, wie das Judentum zu retten sei. Sie empfahlen nicht nur strenge Gesetzestreue und moralische Lebensführung, sondern machten auch jedem jüdischen Haushalt die rituelle Reinheit des zerstörten Tempels zur Pflicht. In jedem jüdischen Haus und bei jeder Mahlzeit sollten die Reinheitsgebote gelten, die einst im Tempel und bei den Opfermählern dort beachtet worden waren. Diesen Verfügungen widersetzten sich die jüdischen Christen, so auch die Gemeinschaft, für die das Matthäusevangelium sprach, denn für sie galten als rechte Auslegung des göttlichen Gesetzes die Worte und Taten Jesu, nicht die Entscheidungen und Verfügungen der Rabbiner. Das Matthäusevangelium läßt an Deutlichkeit diesbezüglich nichts zu wünschen übrig:

«Ihr aber solltet euch nicht Rabbi nennen lassen; denn nur einer ist euer Meister, ihr alle aber seid Brüder. Ihr solltet auch niemand auf Erden euren Vater nennen; denn nur einer ist euer Vater, der im Himmel. Auch sollt ihr euch nicht Lehrer nennen lassen, denn nur einer ist euer Lehrer, Christus.»
(Matthäus 23, 8–10)

Aber das Beispiel läßt noch wenig von der schrecklichen Erbitterung ahnen, mit der anderswo der Verfasser dieses Evangeliums von den «Pharisäern und Schriftgelehrten» spricht, was als Hinweis auf die Tatsache gelten kann, daß zu dieser Zeit die Rabbiner schon die Oberhand gewannen und die Juden in der Mehrzahl nicht den Christen, sondern den Pharisäern zu folgen gewillt waren, während den Christen der Gemeinschaft, für die Matthäus schrieb, der endgültige Ausschluß aus der jüdischen Gemeinschaft drohend nahe bevorstand. Man achte also bei der Lektüre des Matthäusevangeliums und insbesondere seiner Passionsgeschichte auf zweierlei. Zunächst achte man auf jede Veränderung der Vorlage dieses Evangeliums, nämlich des Markusevangeliums, in der Bearbeitung durch Matthäus und dann, besonders sorgfältig, auf jedes Anzeichen dafür, daß solche Veränderungen und Zusätze Erbitterung gegen die Juden ausdrücken, die sich der Führung durch die Nachfolger Jesu verweigern.

Markus

Auch der Autor dieses später Markus zugeschriebenen Evangeliums ist unbekannt, doch wurde das sogenannte Markusevangelium schon bald nach dem von 66 bis 73/74 n. Chr. währenden ersten römisch-jüdischen Krieg niedergeschrieben. «Wenn ihr aber den unheilvollen Greuel an dem Ort seht, wo er nicht stehen darf – der Leser begreife – ...», heißt es bei Markus (13, 14). Der «unheilvolle Greuel» ist die siegreiche Armee des Titus, und der «Ort, wo er nicht stehen darf», ist der Tempel von Jerusalem, der bei seiner Eroberung durch die Römer im Jahre 70 zerstört wurde. (Die Leser, für die Markus schrieb, werden das ohne Mühe begriffen haben.) Die Vermutungen hinsichtlich des Orts der Niederschrift dieses Evangeliums gehen von der Hauptstadt Rom bis ins ländliche Syrien. Für Rom spricht aber wenig, denn wir kennen keine frühchristlichen römischen Schriften, die Bekanntschaft mit dem Markusevangelium verraten.

Aus dem Text selbst sind zwei der Hauptanliegen des Verfassers klar ersichtlich. Zunächst ist deutlich, daß er für eine Gemeinschaft schreibt, die lebensbedrohende Verfolgung erduldet hat (nicht nur soziale Diskriminierung oder politische Opposition). Bei ihm prophezeit Jesus eine ferne Zukunft, die seinen Lesern als jüngste Vergangenheit beängstigend gegenwärtig ist:

> «Ihr aber, macht euch darauf gefaßt: Man wird euch um meinetwillen vor die Gerichte bringen, in den Synagogen mißhandeln und vor Statthalter und Könige stellen, damit ihr vor ihnen Zeugnis ablegt ... Und wenn man euch abführt und vor Gericht stellt, dann macht euch nicht im voraus Sorgen, was ihr sagen sollt; sondern was euch in jener Stunde eingegeben wird, das sagt! ... Brüder werden einander dem Tod ausliefern und Väter ihre Kinder, und die Kinder werden sich gegen ihre Eltern auflehnen und sie in den Tod schicken. Und ihr werden um meines Namens willen von allen gehaßt werden.»
> (Markus, 13, 9–13)

Wenn die Zeit des ersten römischen Krieges im jüdischen Land schon für die Juden schrecklich war, so dürfte sie für jüdische und sogar für heidnische Christen sogar noch schrecklicher gewesen sein. Denn wo paßten diese hin in einer Situation, in der nationale und religiöse Identität mit Blut gezeichnet und behauptet wurde?

Noch auffälliger tritt ein zweites Anliegen des Verfassers hervor. Überall und mit eher zunehmender als abnehmender Heftigkeit tadelt Markus die zwölf Apostel, dann die besonderen drei, die unter ihnen zuerst genannt und mit besonderen Vorrechten ausgestattet werden, und schließlich vor allem Petrus, der deutlich ihr Führer ist. Getadelt wird anscheinend hauptsächlich einerseits ihr Mangel an Einsicht und Einwilligung in das Jesus verhängte Schicksal des Leidens, andererseits die Aufnahme von Heiden in die christliche Gemeinschaft. Zwei Beispiele mögen genügen. Jesus vermehrt wunderbar Brote und Fische, einmal (Markus 6, 32–44) am jüdischen Ufer des galiläischen Meers, dann das zweite Mal (Markus 8, 1–10) an dessen heidnischem Ufer, was sinnfällig beweist, daß das gleiche Brot allen gemein und für alle genug ist. Dann aber, in einem Schiff auf dem See, zwischen diesen beiden Ufern, schilt er die kleingläubigen Jünger – «Ist denn euer Herz verstockt?» – und warnt sie – «Hütet euch vor dem Sauerteig der Pharisäer und dem Sauerteig des Herodes» (Markus 8, 14–21). Die drei nächsten Jünger Jesu dürfen Zeugen seiner Verklärung werden (Markus 9, 2–10). Das imponierte ihnen («Petrus sagte zu Jesus: Rabbi, es ist gut, daß wir hier sind. Wir wollen drei Hütten bauen, eine für dich, eine für Mose und eine für Elija»). Aber von Jesu bevorstehendem Tod wollen sie nichts hören. Petrus macht, als Jesus ganz offen darüber redet, diesem insgeheim Vorwürfe (Markus 8, 3). Jakobus und Johannes ignorieren, was Jesus von den ihm bevorstehenden Leiden sagt (Markus 10, 37). Man hat diese Tendenz des Markusevangeliums dahingehend gedeutet, daß der Verfasser mit dem Nachweis des Versagens der nächsten Jünger des Herrn zu jener Zeit diejenigen Angehörigen seiner Gemeinde, die in der jüngsten Vergangenheit unter dem Druck der Verfolgung versagt hatten, entlasten wollte. Andererseits wird aber wohl zutreffender angenommen, daß Markus mit deren Tadel gewisse Gesichtspunkte bekämpfen wollte, die bei den Christengemeinden seiner Zeit im Namen des Petrus, der Drei und der Zwölf vertreten wurden. Die beiden genannten Anliegen des Verfassers sind überall in seinem Evangelium zu erkennen, besonders deutlich aber bei seiner Passionsgeschichte.

Lukas

Unbekannt ist auch der Autor des Lukasevangeliums, das gleichfalls erst in späterer Zeit Lukas zugeschrieben wurde. Verfaßt wurde es wahrscheinlich um die gleiche Zeit wie das Matthäusevangelium, also zwischen 85 und 90 n. Chr., in irgendeiner griechischen Stadt des römischen Reichs, vielleicht sogar in Griechenland selbst. Doch sind Meinungsverschiedenheiten über Zeit und Ort der Abfassung auch in diesem Fall vergleichsweise unbedeutend gegenüber dem heute ziemlich allgemeinen wissenschaftlichen Konsens, *daß auch Lukas das Markusevangelium als eine seiner beiden Hauptquellen benützte.* Die Tatsache der Abhängigkeit auch des

Lukas wie des Matthäus von Markus ist für die Evangelienforschung von fundamentaler Bedeutung. Denn der ins einzelne gehende Vergleich der Texte, aus dem deutlich wird, wie Matthäus *und* Lukas unabhängig voneinander und mit ganz unterschiedlichen Verfahren und Auswahlkriterien ihre Vorlage kürzten, veränderten und erweiterten, nötigt uns zu der Erkenntnis der unerhörten schöpferischen Freiheit, welche die Verfasser der Evangelien ihren Quellen gegenüber in Anspruch nahmen, sogar und insbesondere, wo sie von den Worten und Taten Jesu handeln. Man sollte also, wenn man die Passionsgeschichte des Lukas liest, sich stets vergegenwärtigen, daß sie nach der Darstellung im Markusevangelium bearbeitet ist.

Zum richtigen Verständnis dieses Evangeliums ist jedoch eine weitere Beobachtung noch wichtiger. Der unbekannte Verfasser unseres Lukasevangeliums wäre gewiß sehr überrascht, wenn er in unserem Neuen Testament ein «Lukasevangelium» durch ein «Johannesevangelium» von einer «Apostelgeschichte» getrennt fände, denn geschrieben hat er ein einziges zweiteiliges Werk, dessen beide Teile jeder auf eine der gebräuchlichen Buchrollen paßten. Das Ende des ersten Teils (unser Lukasevangelium) weist den Leser auf den Anfang des zweiten Teils hin (unsere Apostelgeschichte). Das Ende des Lukasevangeliums und der Anfang der Apostelgeschichte stellen die Verbindung der beiden Teile miteinander ausdrücklich her.

«Und ich werde die Gabe, die *mein Vater verheißen hat*, zu euch herabsenden. Bleibt in der Stadt, bis ihr mit der *Kraft aus der Höhe* erfüllt werdet.» (Lukas 24, 49, Hervorhebungen von mir)

«Beim gemeinsamen Mahl gebot er ihnen: Geht nicht weg von Jerusalem, sondern wartet auf die *Verheißung des Vaters*, die ihr von mir vernommen habt. Johannes hat mit Wasser getauft, ihr aber werdet schon in wenigen Tagen mit dem *Heiligen Geist getauft* ... Aber ihr werdet *die Kraft des Heiligen Geistes empfangen*, der auf euch herabkommen wird; und ihr werdet meine Zeugen sein in Jerusalem und in ganz Judäa und Samarien und bis an die Grenzen der Erde.» (Apostelgeschichte 1, 4–5, 8, Hervorhebungen von mir)

Der erste Teil endet mit der Erwartung des Lesers zu erfahren, was der *Vater verheißen* hat und worin die *Kraft aus der Höhe* besteht. Er erfährt am Anfang des zweiten Teils, daß diese Kraft der *Heilige Geist* ist. Am Ende des ersten Buchs warten die Jünger auf die Ausgießung des Heiligen Geistes am Pfingsttag zu Beginn des zweiten Buchs. Das Evangelium, die frohe Botschaft, spricht aus beiden Teilen der Schrift, und während wir im ersten lesen, wie der Heilige Geist Jesus von Galiläa nach Jerusalem führt, erfahren wir im zweiten, wie die Kirche von Jerusalem nach Rom geführt wurde. Frohe Botschaft: Der Heilige Geist hat sein Hauptquartier von Jerusalem nach Rom verlegt.

Als weiteres Beispiel dafür, wie beide Teile aufeinander bezogen sind, vergleiche man die letzten Sätze des Lukasevangeliums und der Apostelgeschichte:

«Dann kehrten sie in großer Freude nach Jerusalem zurück. Und sie waren immer im Tempel und priesen Gott.» (Lukas 24, 52–53)

«Er [Paulus, der in Rom unter Hausarrest stand] blieb zwei volle Jahre in seiner Mietwohnung und empfing alle, die zu ihm kamen. Er verkündete das Reich Gottes und trug ungehindert und mit allem Freimut die Lehre über Jesus Christus, den Herrn, vor.» (Apostelgeschichte 28, 30–31)

Der Höhepunkt des Lukasevangeliums wird nicht bei der Darstellung des Wirkens der Jünger und der Kirche in Jerusalem erreicht, sondern bei der Schilderung der Taten des Paulus und der Gründung der Kirche in Rom. Um dieses Höhepunkts willen verschweigt der Verfasser, wie es Paulus – dessen Weg vor die Schranken eines kaiserlichen Gerichts er doch schon vom 21. Kapitel der Apostelgeschichte an beschreibt – letztlich erging. Wir erfahren von ihm nicht, daß Paulus unter Nero schließlich hingerichtet wurde, denn nicht auf seinen Tod in Rom kommt es Lukas an, sondern auf seine Anwesenheit und sein Wirken daselbst. Er schließt deshalb mit dem Bilde des «ungehindert und mit allem Freimut» das Reich Gottes in der Hauptstadt des römischen Reichs verkündenden Paulus. Und der Bericht von dieser Verkündung ist die wahrlich frohe Botschaft des zweiteiligen Werks. So muß denn auch die Passionsgeschichte des Lukas im Hinblick auf dieses Ende der Apostelgeschichte gelesen werden.

Johannes

Das früheste bisher aufgefundene Dokument der neutestamentlichen Schriften ist ein Papyrusblatt, auf dessen einer Seite fragmentarische Reste von Johannes 18, 31–33 zu lesen sind, auf der anderen Verse 37–38 des gleichen Kapitels. Nach dem Stil der Handschrift datiert man diese um das Jahr 125. Die Verse enthalten die Gerichtsverhandlung gegen Jesus vor Pilatus und dessen berühmte (freilich von dem Evangelisten erfundene) Frage: «Was ist Wahrheit?» Der größte Teil der Fragen, die dieses Evangelium aufwirft, harrt noch einer endgültigen Beantwortung oder wenigstens eines Konsens der Forschung. Matthäus, Markus und Lukas werden gern die Synoptiker genannt, weil man diese Evangelien nebeneinander stellen und mit einem Blick zugleich erfassen kann. Johannes fügt sich da nicht ein. Dieses Evangelium wird oft das vierte genannt, und auch diese Bezeichnung hebt seine Besonderheit hervor (selten spricht man von den übrigen drei Evangelien als dem ersten, zweiten oder dritten). Es ist eher Johannes zugeschrieben als tatsächlich von ihm verfaßt. Man glaubt heute nur zu wissen, daß es wohl um das Jahr 90 irgendwo in Kleinasien oder

Syrien verfaßt wurde. Die Gemeinschaft, für die es geschrieben wurde, war jedenfalls bereits viel entschiedener als diejenige, an die das Matthäus-evangelium sich wandte, den Synagogen der vorherrschenden pharisäischen Rabbiner entfremdet.

Bei der Lektüre zumal der Passions- und Auferstehungsgeschichte des Johannesevangeliums sind zwei Hauptzüge der johannäischen Theologie im Auge zu behalten. In erster Linie die von Johannes gemachte Voraussetzung, daß Jesus nichts erleidet, was er nicht will. Wenn Markus Jesus als leidenden Menschen schildert, sehen wir den Herrn bei Johannes in heiterer Transzendenz dargestellt. Gott ist zwar auch für Johannes der Produzent des Dramas, doch erscheint Jesus mehr als dessen leitender Regisseur denn als sein geleiteter Protagonist. Des weiteren ist auffällig, daß in diesem Evangelium ein geliebter Jünger stets über Simon Petrus erhoben wird. Der geliebte Jünger oder der Jünger, den Jesus liebte, ist für Johannes das ideale Muster des Führers der christlichen Gemeinde, und zwischen dieser Gestalt und Simon Petrus, welcher der synoptischen Tradition als ideales Muster der christlichen Führerpersönlichkeit gilt, zumal seit der Übernahmen aus dem Markusevangelium in die Evangelien des Matthäus und Lukas, gibt es starke Spannungen. Beide Eigentümlichkeiten dieses Evangeliums sind bemerkenswert, zumal wenn, wie ich glaube, Johannes bei der Abfassung seiner Passions- und Auferstehungsgeschichte aus der synoptischen Tradition geschöpft hat. Bei seiner äußerst eigenwilligen Bearbeitung des synoptischen Materials traten diese beiden von Johannes gemachten Voraussetzungen gerade dort mit besonderer Deutlichkeit hervor.

Doch bleibt die Frage: Ist Johannes von den synoptischen Evangelien abhängig oder unabhängig? Die Frage ist von entscheidender Bedeutung, denn da Matthäus und Lukas von Markus abhängig sind, haben wir *bis jetzt* für die Passionsgeschichte nur eine einzige unabhängige Quelle. Was gibt uns also Johannes? Eine dritte abhängige oder eine zweite unabhängige Fassung? Wie oben erwähnt, besteht hinsichtlich der Benutzung des Markusevangeliums durch die Verfasser des Matthäus- und des Lukas-evangeliums in der Forschung weitgehende Übereinstimmung. Über die Beziehungen des Johannes zu den Synoptikern besteht gegenwärtig solche Einmütigkeit nicht, vielmehr wird von den verschiedenen Forschern sehr unterschiedlich geurteilt. In großen Zügen läßt sich feststellen, daß während des ersten Drittels dieses Jahrhunderts die Gelehrten auch den Johannes überwiegend für abhängig hielten; daß im folgenden Drittel des Jahrhunderts die Meinung der Mehrheit sich zur Annahme der Unabhängigkeit dieses Evangelisten bekehrte; während es seitdem diesbezüglich gar keine allgemein angenommene Meinung mehr gibt!

Im Folgenden komme ich auf die zweite der zwischen Brown und mir hinsichtlich der Passionserzählungen bestehenden sechs Hauptmeinungs-verschiedenheiten zu sprechen. Diese betrifft das Verhältnis zwischen Johannes und den drei synoptischen Evangelien. Brown hält Johannes für nicht abhängig von den Synoptikern. «Ich werde unter der Voraussetzung an die Arbeit gehen, daß Johannes seine Passionserzählung unabhängig von derjenigen des Markus verfaßte», sagt er (S. 82). Doch diese durchaus mögliche These wird ernsthaft geschwächt, wenn Brown auf der nächsten Seite erklärt, es sei hochgradig unwahrscheinlich, daß der johannäische' Evangelist die Passionserzählung des Markus zur Hand gehabt und dann durch Dutzende von mutmaßlichen Veränderungen der Erzählfolge und einzelner Wörter die ganz andere Passionserzählung, die im Johannesevangelium erscheint, geschaffen haben sollte (S. 83). Das synoptische Abhängigkeitsmuster, dem entsprechend Matthäus und Lukas direkt und unmittelbar den ihnen vorliegenden Text des Markusevangeliums bearbeiteten und redigierten, ist jedoch, und das scheint Brown nicht zu bedenken, nur ein mögliches Muster literarischer Abhängigkeit. Auch ich glaube nicht, daß Johannes nach diesem Muster verfuhr, denn seine Abhängigkeit ist durch Lehre, Predigt, Kult und Liturgie einer glänzend unabhängigen Kreativität vermittelt. Mein eigenes Urteil über das Verhältnis des Johannesevangeliums zu den synoptischen ist deshalb komplizierter, als es die einfache Feststellung von Abhängigkeit oder Unabhängigkeit wäre.

In einem ersten Stadium hatte Johannes Überlieferungen von Wundern und Sprüchen Jesu, die von den Synoptikern ganz unabhängig waren. Er konnte da auf die Synoptiker sehr wohl verzichten. Die ihm vorliegenden Überlieferungen verband er auf eine höchst schöpferische und originelle Weise, so daß physische Wunder, die Jesus wirkte (an Brot und Wein, an Licht und Leben), zu *Zeichen* von geistlichen Realitäten, die Christus bietet, werden («Ich bin das Brot des Lebens» oder «Ich bin der wahre Weinstock», «Ich bin das Licht der Welt» oder «Ich bin die Auferstehung und das Leben»). In diesem ersten Stadium stehen die Taten Jesu hinter seinen Worten zurück, und die Darstellung zeigt drei charakteristische Eigentümlichkeiten. Viele Einheiten könnten umgestellt werden, ohne daß dadurch die Gestalt des Ganzen verändert würde, fast jede einzelne enthält das ganze Johannesevangelium im kleinen, und immer wieder trifft Jesus auf Widerstand in Jerusalem. Aber kann das letztere als Beweis dafür gelten, daß Jesus verschiedene Male nach Jerusalem ging oder daß jede Einheit, als ein Evangelium im kleinen, die tödliche Möglichkeit enthalten muß, die sich in jener Stadt nur einmal verwirklicht hat?

In einem zweiten Stadium gerät die johannäische Gemeinde zunehmend unter Druck sowohl seitens der Tradition der synoptischen Evangelien als auch seitens der Autorität des Petrus in ihrer Umgebung. Der johannäische Stil eines leiblich-geistlichen Symbolismus, entwickelt in kraftvollen Monologen und dramatischen Dialogen, mußte sich der synoptischen biographischen Erzählweise anpassen, wovon nun die dem Anfang hinzugefügten Überlieferungen von Johannes dem Täufer und die Ostergeschichte der Passion und Auferstehung Jesu am Ende zeugen. Er bewahrte dabei jedoch seine Eigentümlichkeit, indem er die den Synoptikern entnommenen Angaben seinem eigenen Wesen entsprechend umgestaltete. Wie schon oben erwähnt, werde ich meine Gründe für die Annahme der Abhängigkeit der johannäischen Ostergeschichte von den Synoptikern und Markus im 3. Kapitel dieses Buches über die Gerichtsverhandlung gegen Jesus ausführlich entwickeln.

Aus meiner Auffassung der Zusammensetzung des Johannesevangeliums folgt, daß ich den Verfasser, wo er von den Wundern und Sprüchen Jesu berichtet, unabhängig von den Synoptikern finde, nicht aber, wo er die Passions- und Auferstehungsgeschichte erzählt. Mir ist bewußt, daß das komplizierter ist als die einfache Entscheidung für die Annahme totaler Abhängigkeit oder Unabhängigkeit, aber für mich läßt der Befund keine andere Diagnose zu. Immerhin folgt daraus, daß ich nur eine einzige unabhängige Quelle der Passionsgeschichten des Neuen Testaments anerkenne, nämlich die Erzählung des Markus. Ich erinnere bei dieser Gelegenheit, daß Journalisten und Historikern große Vorsicht und Zurückhaltung empfohlen wird, wo sie auf eine einzige unabhängige Quelle angewiesen sind. Bei der Würdigung der Passions- und Auferstehungsgeschichte des Johannesevangeliums sollte man zugleich deren Abhängigkeit von denen der Synoptiker und die Schöpferkraft des Verfassers des vierten Evangeliums stets berücksichtigen.

Petrus

Jetzt vermehren sich die Schwierigkeiten und verlängert sich die Erörterung. Das Petrusevangelium hat keinen Eingang in das Neue Testament gefunden, und der älteste Hinweis auf seine Existenz liegt uns vom Ende des 2. Jahrhunderts aus Syrien vor. Unsere diesbezüglichen Kenntnisse sind aber in den vergangenen hundert Jahren durch zwei faszinierende Entdeckungen bereichert worden. Die antike Stadt Panopolis, am östlichen Nilufer südlich von Kairo an der Stelle der heutigen Stadt Akhmîm gelegen, enthielt mehrere im 4. Jahrhundert von Pachomius gegründete christliche Klöster. Während der Grabungskampagne des Winters 1886–1887 entdeckte die französische archäologische Mission in Kairo im Grab eines Mönchs auf dem Friedhof von Panopolis ein kleines Papyrusbuch. Dieses kostbare Taschenbuch für die Ewigkeit enthielt mehrere Textfragmente, unter diesen eins, das mitten im Satz eines Berichts über die Gerichtsverhandlung gegen Jesus beginnt und mitten im Satz bei einer Beschreibung wohl einer Erscheinung des auferstandenen Jesus am See von Genezaret endet (siehe den Anhang). Der Text versichert (7, 26): «Ich aber trauerte mit meinen Genossen» und (14, 60): «Ich aber, Simon Petrus, und mein Bruder Andreas nahmen unsere Netze und gingen ans Meer», weshalb denn die Forschung angenommen hat, damit in den Besitz eines Fragments des lang verschollenen Petrusevangeliums gelangt zu sein. Die

Handschrift dieses Fragments war zwar nicht früher als aus dem 7. Jahrhundert zu datieren und mochte erst im 9. geschrieben worden sein – was natürlich sehr, sehr spät war –, doch hat dann eine zweite Entdeckung eine wesentlich ältere Handschrift zweier Fragmente des gleichen Texts geliefert.

Das antike Oxyrhynchus, das am westlichen Ufer des Nils auf halbem Wege zwischen Akhmîm und Kairo an der Stelle der heutigen Stadt El-Behnesa lag, war eine der bedeutendsten christlichen Siedlungen des alten Ägypten. Unter den Tausenden von Papyri, die seit 1897 von dem Londoner Egypt Exploration Fund aus den Abfallhaufen der versunkenen antiken Stadt geborgen wurden, waren zwei winzige Fragmente, auf denen Petrus 2, 3–5a zu entziffern war, allerdings mit erhellenden Abweichungen von dem in Panopolis gefundenen Text. Die als Papyrus Oxyrhynchus 2949 inventarisierten Fragmente wurden offiziell 1972 veröffentlicht. Auf Grund des Stils der Handschrift datiert man sie ins späte zweite oder frühe dritte Jahrhundert.

Wieder stellt sich nun die Frage: Ist Petrus von den Evangelien des Neuen Testaments abhängig oder nicht? Im Falle des Johannesevangeliums sahen wir, daß man dieses zunächst ziemlich allgemein für abhängig, dann eine Zeitlang ebenso übereinstimmend für unabhängig hielt, während jetzt die diesbezüglichen Meinungen weit auseinandergehen. Hinsichtlich des Petrusevangeliums sind die Meinungen von Anfang an auseinandergegangen, und wahrscheinlich tun sie das noch. Einige Interpreten halten das Petrusevangelium nur für eine unmittelbar oder mittelbar von den kanonischen Evangelien ausgehende Zusammenfassung des Inhalts derselben, für eine Art *Readers Digest*, eine Bearbeitung der anderen Evangelien. Andere halten wenigstens gewisse Teile des Petrusevangeliums für ganz unabhängig von den vier kanonischen. Man lese den (im Anhang abgedruckten) Text und stelle sich die Fragen, zu denen er herausfordert: Wenn Petrus denn von den anderen *abhängig* ist, weshalb hat er so viel geändert? Zum Beispiel wird bei Petrus die Kreuzigung Jesu von Herodes und dem Volk ins Werk gesetzt, nicht von Pilatus und den römischen Soldaten. Spricht Antijudaismus aus dieser Veränderung? Wenn Petrus *abhängig* ist, weshalb hat dann sein Evangelium Abschnitte, die in den übrigen nicht vorkommen, zum Beispiel die Auferstehungsszene, bei der die jüdischen und römischen Autoritäten zuschauen? Andererseits, wenn Petrus *unabhängig* ist, weshalb ist dann diese Grablegungsszene denen der anderen Evangelien so ähnlich? Etwa darin, daß Josef von Arimathäa Herodes und dann Herodes Pilatus um den Leichnam bittet? Wenn er *unabhängig* ist, weshalb scheint er dann bei dem Bericht von den Frauen am Grabe Markus 16, 1–8 ausgeschrieben zu haben? Kein einfaches Entweder-Oder scheint diesen Fragen gerecht zu werden, und wofür immer sich einer entscheidet, liegen die Gründe, ihm zu widersprechen, doch jedenfalls auf der Hand. Nur ist letzten Endes nach allen diesbezüglichen Auseinander-

setzungen der Text noch immer vorhanden und unverändert erklärungsbedürftig. Und das bringt mich zur dritten der fundamentalen sechs Meinungsverschiedenheiten, die meine Deutung der Passionsgeschichten von
derjenigen Browns trennen.

Diese betrifft das Verhältnis des Petrusevangeliums zu den vier kanonischen Evangelien. Brown hält dafür, daß der Verfasser des Petrusevangeliums die kanonischen Evangelien (wenigstens Matthäus, Lukas und Johannes) in *ferner* Vergangenheit *gehört oder gelesen* hatte und seinen eigenen
Bericht aus der Erinnerung dieser Bekanntschaft schrieb und mit gewissen
Elementen der von diesen Schriften unabhängigen Volksüberlieferung an-
reicherte (zum Beispiel, wo von den Wachen am Grabe und von der Auferstehung die Rede ist). Brown ist also überzeugt von der Abhängigkeit
des Petrusevangeliums von den anderen. Ich dagegen behaupte im Gegenteil, daß die kanonischen Evangelien von einem Abschnitt des Petrusevangeliums abhängig sind.

Ich erinnere daran, daß meines Erachtens die johannäische Überlieferung und Gemeinde unter Druck gerieten, sich der synoptischen Orthodo-
xie anzupassen und die Autorität des Apostels Petrus anzuerkennen, was
die hybride Gestalt des Johannesevangeliums zur Folge hatte, das die
Wunder und Sprüche Jesu aus *unabhängigen* Quellen schöpft, in der Wiedergabe der Passions- und Auferstehungsgeschichte jedoch *abhängig* ist.
Etwas Ähnliches veranlaßte die Gestaltung des hybriden Petrusevangeliums (zu dessen Kompositionsschichten siehe den Anhang). Dabei wurde
ein originaler und unabhängiger Bericht, den ich das «Kreuzevangelium»
nenne und der die Kreuzigung Jesu durch *Feinde*, dessen Grablegung
durch *Feinde* sowie dessen Auferstehung und Erscheinung vor den Augen
der *Feinde* behandelt, später erweitert durch die Erzählung von einer Grablegung durch *Freunde*, vom Fund des leeren Grabs durch *Freunde* und zuletzt (wo der Text abbricht) von der Erscheinung des Auferstandenen mutmaßlich für seine *Freunde*. Das Kreuzevangelium selbst, jene unabhängige
Passions- und Auferstehungsgeschichte, könnte bereits in der Mitte des
1. Jahrhunderts verfaßt worden sein, mußte aber dann in Übereinstimmung mit den um die zweite Hälfte des 2. Jahrhunderts in den Rang or-
thodoxer Schriften gelangten noch heute kanonischen Evangelien gebracht
werden und das gewachsene Ansehen des Petrus in Rechnung stellen.
Auch Brown findet, wie schon oben bemerkt, für zwei Episoden der fragmentarischen Erzählung des vorgeblichen Petrus, für die Wachen am Grabe und die Auferstehung Jesu, mithin für zwei Drittel meines hypotheti-
schen «Kreuzevangeliums», keinen Nachweis der Abhängigkeit des Verfassers von anderen bekannten Quellen (S. 1307). Aber wie hätten diese
zwei Drittel existiert haben und dem Verfasser des Petrusevangeliums
überliefert worden sein können, wenn ihnen nicht ursprünglich ein ebenso
unabhängiger Bericht über die Gerichtsverhandlung und die Kreuzigung
vorausgegangen wäre?

Und damit kommen wir zu einer weiteren wichtigen Frage: Wenn das jetzt in das Petrusevangelium eingebettete Kreuzevangelium nicht von den kanonischen Evangelien des Neuen Testaments abhängig ist, sind diese nicht vielleicht von ihm abhängig? Im einzelnen gefragt: Hat Markus es benützt? Haben es Matthäus und Lukas ebenso benützt, wie sie Markus benützt haben? Oder hat gar auch Johannes das Kreuzevangelium und die drei Synoptiker benützt? Ich bin der Meinung, daß alle vier Evangelisten es benützt haben, und zwar auf Grund der Beobachtung (deren Einzelheiten ich in den folgenden Kapiteln darzulegen hoffe), daß jede Einheit, die das Kreuzevangelium mit den vier kanonischen gemeinsam hat, in dem ersteren *original oder ursprünglich zu sein scheint und in den vier anderen in dieser oder jener Richtung ausgearbeitet und weiterentwickelt.* Die Annahme eines entsprechenden Abhängigkeitsverhältnisses scheint mir demnach die ökonomischste Arbeitshypothese. Diese stellt weniger Probleme als jede denkbare Alternative und löst mehr Probleme, als sie stellt. Ich habe keine Ahnung, ob der Text des Kreuzevangeliums, der uns vorliegt, identisch ist mit demjenigen, der den anderen Evangelisten bekannt war, und ich weiß auch nicht, wie und auf welchen Wegen dieser Text zu ihrer Kenntnis gelangte. Browns Einwände gegen meine Auffassung setzen durchweg die Methode des direkten Ausschreibens voraus, die den Synoptikern nachgewiesen werden kann. Ich könnte mich aber verteidigen, indem ich seine eigene Bestimmung des Abhängigkeitsverhältnisses, in welchem er Petrus von den kanonischen Evangelisten sieht, umdrehte (nicht, daß ich im Ernst daran dächte). Vielleicht, könnte ich sagen, hatten sie alle in ferner Vergangenheit Petrus gelesen und schrieben nieder, was sie aus dieser Lektüre im Gedächtnis behalten hatten. Mit anderen Worten und im Ernst ist festzustellen: daß, gleichviel ob nun Petrus von den kanonischen Evangelien abhängig ist (Browns These) oder die kanonischen Evangelisten von Petrus (meine These), das Verfahren des abhängigen Autors jedenfalls nicht das der Synoptiker war, die einen ihnen vorliegenden Text einfach ausschrieben. Das ist auch im einzelnen schwer vorzustellen. Ich komme auf diese Problematik zurück bei der Erörterung der beiden Räuber als Musterbeispiel im 5. Kapitel, das von der Hinrichtung handelt. Und jedenfalls gibt mir meine Arbeitshypothese der Abhängigkeit der kanonischen Evangelium vom Kreuzevangelium (das innerhalb des Petrusevangeliums überliefert ist) eine zweite Hauptthese: *Es gibt nur eine einzige unabhängige Quelle für die Passionserzählung, so daß die historisierte Prophetie aus dem Kreuzevangelium über Markus, Matthäus und Lukas auf Johannes kam.* Übrigens, selbst wenn ich von Petrus ganz absehen würde, hätte ich als Quelle der Passionserzählungen der kanonischen Evangelien einzig den Bericht des Markus.

Das Q-Evangelium

Die Forschung stimmt, wie schon oben bemerkt, weitgehend darin überein, daß Matthäus und Lukas bei der Niederschrift ihrer Evangelien das
Markusevangelium als eine ihrer wichtigsten Quellen benützten. Es wurde
dann aber des weiteren bemerkt, daß Matthäus und Lukas noch an anderen Stellen aus der gleichen Quelle geschöpft zu haben scheinen als an
denen, wo sie offensichtlich Markus folgen, sie demnach also noch mindestens eine weitere gemeinsame Quelle hatten. Wie war diese Quelle beschaffen? Die allgemeine Folge und der spezifische Gehalt dieser nicht bei
Markus nachzuweisenden, jedoch Matthäus und Lukas gemeinsamen Stellen veranlaßte die Forschung zu der Annahme der Existenz einer neben
Markus von den beiden synoptischen Evangelisten gemeinsam benützten
weiteren griechischen Quellenschrift, die, da man sie nur als Quelle kennt,
als Spruchquelle Q bezeichnet worden ist. Ich bezeichne sie jedoch als das
Q-Evangelium, um auf die Eigenständigkeit eines Texts hinzuweisen, der
schließlich nicht nur zu dem Zweck aufgezeichnet wurde, anderen als
Quelle zu dienen. Die Annahme, daß Matthäus und Lukas als Hauptquellen ihrer Evangelien Markus und dieses Q-Evangelium benützten, wird als
Zwei-Quellen-Theorie bezeichnet. Das Q-Evangelium ist wahrscheinlich in
Galiläa oder in unmittelbarer Umgebung, wohl in zwei Hauptstadien, bis
zur Mitte des 1. Jahrhunderts vollendet worden.

Dem Q-Evangelium zufolge kam die göttliche Weisheit zur Erde und
sprach vor alters aus den Propheten, sprach noch jüngst aus Johannes dem
Täufer und Jesus und spricht noch gegenwärtig aus der Q-Gemeinde. Aber
man höre deren Stimme, wie sie jetzt bei Lukas 11, 49–51, spricht:

> «Deshalb hat auch die Weisheit Gottes gesagt: ich werde Propheten und
> Apostel zu ihnen senden, und sie werden einige von ihnen töten und
> andere verfolgen, damit das Blut aller Propheten, das seit der Erschaf-
> fung der Welt vergossen worden ist, an dieser Generation gerächt wird,
> vom Blut Abels bis zum Blut des Zacharias, der im Vorhof zwischen
> Altar und Tempel umgebracht wurde. Ja, das sage ich euch: An dieser
> Generation wird es gerächt werden.»

Die Q-Gemeinde war augenscheinlich vertraut auch mit lebensbedrohender Verfolgung. Doch es gibt keinen Hinweis, daß Matthäus und Lukas
eine Passions- und Auferstehungsgeschichte im Q-Evangelium überliefert
gefunden hätten.

Dieses Fehlen einer Passions- und Auferstehungsgeschichte im Q-Evan-
gelium muß immer bedacht werden bei der Lektüre der fünf Evangelien
Matthäus, Markus, Lukas, Johannes und Petrus, die eine solche erzählen.
Denn wenn es sich bei der Passionserzählung um erinnerte Geschichte
handelt, warum findet sich keine Spur davon unter den überlieferten
Bruchstücken des Q-Evangeliums?

Thomas

Nun kehren wir noch einmal in das antike Oxyrhynchus zurück und zu den Bruchstücken antiker Handschriften, die der Egypt Exploration Fund aus den Abfallhaufen dieser Stadt geborgen hatte. Die Oxyrhynchus Papyri 1654 und 655, die zwischen 1897 und 1904 gefunden wurden, enthalten auf Blättern, deren ältestes man auf das Jahr 200 und deren jüngstes man auf das Jahr 250 datiert, eine Sammlung von Sprüchen Jesu. Es war zunächst nicht bekannt, daß man mit diesen Blättern drei Fragmente dreier verschiedener Fassungen eines Thomasevangeliums in Händen hielt. Das wurde erst offenbar, als im Jahre 1945 ein viertes, vollständiges, wenn auch in Einzelheiten von dem bisher bekannten abweichendes Exemplar des Texts entdeckt wurde (Unterschiede bestehen ja auch, wie man sich in Erinnerung rufen möge, zwischen den beiden bekannten Exemplaren des Petrusevangeliums). Dieses vollständige Exemplar gab zudem nicht den griechischen Originaltext, sondern eine koptische Übersetzung des Thomasevangeliums wieder, war also in ägyptischer Sprache abgefaßt, allerdings mehr oder weniger mittels des griechischen Alphabets aufgezeichnet. Entdeckt wurde die Handschrift als Teil einer kleinen Bibliothek in einem Tonkrug, der einem Grab unterhalb der Klippen des Nilufers in der Nähe des Städtchens Nag Hammadi in Mittelägypten beigegeben war.

Judas Didymus Thomas ist ein Mann namens Judas, der in zwei Sprachen den Beinamen «Zwilling» hatte («Didymus» ist das griechische, «Thomas» das syrische Wort für «Zwilling»). Am besten bekannt ist er als der zweifelnde Thomas, von dem Johannes 20, 24−28 spricht. Die ihn betreffenden Überlieferungen gehen von Edessa im östlichen Syrien aus, und man kann deshalb annehmen, daß sein Evangelium dort, jenseits des Euphrats, abgefaßt wurde. Weniger leicht zu bestimmen ist die Zeit der Abfassung. Wie das Q-Evangelium ist es vielleicht in zwei Stadien vollendet worden. Im ersten Stadium, das in den fünfziger und sechziger Jahren des 1. Jahrhunderts aufgezeichnet worden sein wird, nahm es viele Sprüche auf, die auch im Q-Evangelium überliefert sind, und gestand Jakobus, dem im Jahr 62 n. Chr. als Märtyrer gestorbenen Bruder Jesu, besondere Autorität zu.

> «Die Jünger sagten zu Jesus: Wir wissen, daß du uns verlasen wirst; wer ist es, der groß über uns werden wird? Jesus sagte zu ihnen: Da, wo ihr hingegangen sein werdet, werdet ihr auf Jakobus, den Gerechten, zugehen, für den Himmel und Erde gemacht worden sind.»
> (Thomasevangelium, 12)

Im zweiten Stadium der Abfassung, das man zwischen 70 und 90 n. Chr. ansetzt, nahm das Thomasevangelium viele Sprüche auf, die man nur dort überliefert findet, und betonte nun die Autorität des Thomas insbesondere gegenüber Petrus und Matthäus.

«Jesus sagte zu seinen Jüngern: Vergleicht mich, sagt mir, wem ich gleiche. Simon Petrus sagte zu ihm: Du gleichst einem gerechten Engel.
Matthäus sagte zu ihm: Du gleichst einem weisen Philosophen. Thomas
sagte zu ihm: Meister, mein Mund wird es absolut nicht zulassen, daß
ich sage, wem du gleichst.»
(Thomasevangelium 13 a)

Dieses Bekenntnis wird vom Herrn mit geheimen Offenbarungen belohnt,
deren Inhalt den anderen zu offenbaren Thomas sich weigert, weil er
fürchten muß, deswegen von ihnen gesteinigt zu werden.

Das Thomasevangelium besteht ausschließlich aus Sprüchen, Gleichnis-
sen und Zwiegesprächen Jesu, überliefert also nur Worte, keine Taten. Von
der Geburt, den Wundern, der Passion und Auferstehung des Herrn wird
nichts berichtet. Die Sprüche Jesu sind auch nicht in einen erkennbaren
Zusammenhang gebracht. Das Thomasevangelium gleicht dem Q-Evangelium, indem es wie dieses von der Herausforderung der Welt durch die
göttliche Weisheit berichtet – und von der Ablehnung dieser Herausforderung seitens der Welt.

«Jesus sagte: Ich stand in der Mitte der Welt, und ich habe mich ihnen
im Fleisch offenbart. Ich habe sie alle betrunken gefunden; ich habe
niemanden unter ihnen durstig gefunden, und meine Seele wurde betrübt über die Seele des Menschen; denn sie sind blind in ihren Herzen,
und sie sehen nicht, daß sie leer in die Welt gekommen sind, leer auch
die Welt zu verlassen suchen. Aber nun sind sie betrunken. Wenn sie
ihren Wein abschütteln, so werden sie bereuen (Buße tun).»
(Thomasevangelium 28)

Im Gegensatz zum Q-Evangelium ist jedoch das Thomasevangelium zutiefst antiapokalyptisch eingestellt, die böse Gegenwart soll nicht durch
eine ideale Zukunft überwunden werden, sondern im Rückgriff auf eine
vollkommene Vergangenheit, wobei durch asketisches Zölibat der paradie-
sische Zustand wiederhergestellt werden könnte, in welchem sich das an-
drogyne Eine befand vor seiner Spaltung in Adam und Eva, in ein männ-
liches und weibliches Wesen. So könnte das Reich Gottes hier und jetzt
verwirklicht werden.

Ich führe das Thomasevangelium hier vor allem deshalb an, weil wie
das Q-Evangelium auch dieser relativ frühe Text nicht die mindeste Bekanntschaft mit einer Passions- oder Auferstehungsgeschichte verrät.
Wenn, wie behauptet wird, die Passionserzählung als der früheste und
beste Fall erinnerter Geschichte gelten kann, ist doch festzustellen, daß sich
bei Thomas keine Erinnerung daran finden.

Quellen und Theorien

In welcher Beziehung steht diese Diskussion von Quellen und Theorien zu der vorangehenden über historisierte Prophetie bzw. erinnerte Geschichte?

Die synoptischen Evangelien. Diesbezüglich sind Brown und ich vollkommen einer Meinung: Die Passionsgeschichten des Matthäus und des Lukas hängen unmittelbar von der bei Markus überlieferten Erzählung ab. Das ist besonders deutlich im Falle des Matthäus, der Markus sehr treu, fast steif, aufs Wort folgt, weshalb die Stellen, wo er von dieser Vorlage abweicht, auf den ersten Blick zu erkennen sind. Weniger leicht ist Lukas die Abhängigkeit von dieser Vorlage nachzuweisen, denn er macht bei seiner Benutzung des Markus sowohl hinsichtlich des allgemeinen Handlungsablaufs als auch des spezifischen Inhalts von sehr viel mehr schöpferischer Freiheit Gebrauch. Dennoch kann gesagt werden, daß, weil offensichtlich Matthäus und Lukas Markus in ganz direkter Weise ausgeschrieben haben, die Forschung ziemlich übereinstimmend die unabhängige Priorität des Markusevangeliums annimmt. Die Auseinandersetzung der beiden Evangelisten Matthäus und Lukas mit dieser Vorlage ist unmittelbar nachvollziehbar, und der Gebrauch, den der eine und der andere von ihr macht, folgt erkennbaren Neigungen.

Nichtsdestoweniger handelt es sich bei der Annahme der Abhängigkeit der beiden anderen Synoptiker von Markus um eine Theorie, eine gut zu bekannten Tatsachen stimmende zwar, jedoch nicht um absolute Gewißheit, die in diesen Dingen *niemals* zu erlangen ist. Es gibt zum Beispiel einen starken Einwand gegen diese Theorie. Was ist von den Fällen zu halten, wo Matthäus und Lukas anscheinend Markus ausschreiben, aber dabei beide etwas bei Markus nicht Genanntes mit zur Sprache bringen, also ein über das bei Markus Vorliegende hinausgehendes Element der Erzählung miteinander gemeinsam haben? Die Forschung spricht in diesen Fällen von den *minderen Übereinstimmungen zwischen Matthäus und Lukas gegen Markus.* Hier zwei Beispiele aus den Berichten über Jesu Verhör vor dem jüdischen Hohen Rat.

Das erste findet sich in dem Bericht über die Mißhandlungen, die Jesus, nachdem der Schuldspruch gegen ihn ergangen war, von den Umstehenden erdulden mußte:

1. Markus 14, 65: «Und einige spuckten ihn an, verhüllten sein Gesicht, schlugen ihn und riefen: Zeig, daß du ein Prophet bist! Auch die Diener schlugen sein Gesicht.»
2. Matthäus 26, 67: «Dann spuckten sie ihm ins Gesicht und schlugen ihn. Andere ohrfeigten ihn und riefen: Messias, du bist doch ein Prophet! *Sag uns: Wer hat dich geschlagen?*»
3. Lukas 23, 63: «Die Wächter trieben ihren Spott mit Jesus. Sie schlugen ihn, verhüllten ihm das Gesicht und fragten ihn: Du bist doch ein Pro-

phet! *Sag uns: Wer hat dich geschlagen?* Und noch mit vielen anderen Lästerungen verhöhnten sie ihn.»

Matthäus und Lukas haben beide ihre eigenen Änderungen der Vorlage vorgenommen, und das stellt kein theoretisches Problem dar. Wie ist aber die von mir hervorgehobene, diesen beiden Evangelisten gemeinsame Stelle zu erklären, die man bei Markus nicht findet?

Das zweite Beispiel findet sich in den Berichten über das Verhalten des Petrus nach seiner dreimaligen Verleugnung Jesu.

1. Markus 14, 72: «Gleich darauf krähte der Hahn zum zweitenmal, und Petrus erinnerte sich, daß Jesus zu ihm gesagt hatte: Ehe der Hahn zweimal kräht, wirst du mich dreimal verleugnen. Und er begann zu *weinen.*»

2. Matthäus 26, 75: «Und Petrus erinnerte sich an das, was Jesus gesagt hatte: Ehe der Hahn kräht, wirst du mich dreimal verleugnen. *Und er ging hinaus und weinte bitterlich.*»

3. Lukas 22, 61: «Da wandte sich der Herr um und blickte Petrus an. Und Petrus erinnerte sich an das, was der Herr zu ihm gesagt hatte: Ehe heute der Hahn kräht, wirst du mich dreimal verleugnen. *Und er ging hinaus und weinte bitterlich.*»

Auch hier liegt das Problem auf der Hand. Wenn Matthäus und Lukas hier von Markus abschreiben, sind Veränderungen, die sie an ihrer Vorlage anbringen, nicht weiter erklärungsbedürftig, solange sie dabei nicht übereinstimmen. Wie erklärt sich aber die von mir hervorgehobene Stelle, an der sie beide übereinstimmen, obwohl dieselbe nicht durch Markus verbürgt ist? Brown postuliert eine mündliche Überlieferung und meint, daß zur Zeit der beiden Evangelisten noch andere Fassungen dieser Geschichten umliefen, denen sie solche nicht durch Markus verbürgten übereinstimmenden Aussagen verdanken könnten. Das stimmt aber mit keiner mir bekannten Theorie mündlicher Überlieferung und menschlicher Erinnerung überein, und so glaube ich nicht, daß Matthäus und Lukas dem Text eines *schriftlich* fixierten Markusevangeliums gehorsam folgten, um dann an einigen wenigen, vergleichsweise unbedeutenden Stellen einer abweichenden *mündlichen* Überlieferung den Vorzug zu geben. Wahrscheinlicher ist die Annahme, daß der ihnen vorliegende Text des Markusevangeliums von dem uns bekannten an den fraglichen Stellen abwich. Ist diese Annahme spitzfindig? Man erinnere sich der oben erwähnten Unterschiede zwischen den verschiedenen Handschriften des Petrus- und des Thomasevangeliums und bedenke, daß, während Matthäus und Lukas den Text des Markus in den achtziger Jahren des 1. Jahrhunderts lasen, die älteste uns vorliegende Handschrift des Markusevangeliums nicht früher als um das Jahr 250 zu datieren ist. Spitzfindig wäre es, den Beweis führen zu wollen, daß der von Matthäus und Lukas benützte Text des Markusevangeliums bis in die geringfügigsten Einzelheiten mit dem uns bekannten viel späteren identisch war, daß der uns bekannte nicht im mindesten durch Irrtümer und willentliche Änderungen der Abschreiber von der Quelle des Matthäus und Lukas abweicht.

Worauf kommt es aber dabei in dem hier interessierenden Zusammenhang an? Wie immer man auch diese minderen Übereinstimmungen erklären mag, läßt doch die Forschung diese nicht als Beweise gelten, die geeignet wären, die Zwei-Quellen-Theorie insgesamt zu entkräften. Daraus aber ist eine wichtige Lehre zu ziehen: Eine Theorie braucht nicht vollkommen zu sein, ja nicht einmal imstande, allen Einwänden, die gegen sie erhoben werden können, überzeugend zu begegnen. *Eine Theorie muß einfach besser sein als die mit ihr konkurrierenden Theorien; sie muß quantitativ und qualitativ mehr Probleme lösen, als sie aufwirft.*

Das Johannesevangelium. Brown und ich stimmen überein in der Annahme, daß Johannes in seinem Bericht von den Sprüchen und Wundern Jesu von den synoptischen Evangelien unabhängig ist. Geteilter Meinung sind wir jedoch hinsichtlich des Verhältnisses der Passions- und Auferstehungserzählungen des Johannes zu denen der Synoptiker. Man stelle sich vor, man hätte über eine Plagiatsklage zu urteilen. Je enger sich der Beklagte an das Buch des Klägers angelehnt hätte, sowohl was dessen Gegenstände als auch was deren Anordnung betrifft, desto leichter fiele es einem, den Schuldspruch zu fällen. Wenn die Passionsgeschichten zur Debatte stünden, würden sich die Richter wahrscheinlich darauf einigen, daß Matthäus von Markus abgeschrieben habe; hinsichtlich des Plagiatsvorwurfs gegen Lukas würden sie vielleicht zu einer einstimmigen Entscheidung nicht kommen. Johannes würden sie wohl freisprechen. Der Grund dafür ist, daß Johannes seine mutmaßliche Vorlage so schöpferisch umgestaltet hat, daß mit einer gründlichen Verwandlung der theologischen Tiefendimension auch eine dementsprechende Umbildung der narrativen Oberfläche einhergeht. Doch wenn man die theologische Verwandlung des schmerzhaft menschlichen Jesus bei Markus in den unangreifbar transzendenten Jesus bei Johannes stets berücksichtigt, wird man auch bei Johannes nichts finden, das zu der Annahme nötigt, daß er aus einer unabhängigen Passionsüberlieferung geschöpft hätte. Doch wenn man demnach auch bei Johannes von einer Abhängigkeit von Markus sprechen kann, muß doch eingeräumt werden, daß es sich dabei um Abhängigkeit in einem ganz anderen Sinne handelt. Matthäus und Lukas haben ihre Vorlage mutmaßlich direkt kopiert. Man kann sich diese beiden mit einem Exemplar des Markusevangeliums auf ihrem Schreibtisch bei der Arbeit vorstellen. Johannes dagegen wird kaum wie die Synoptiker verfahren sein. Bei ihm findet man die synoptischen Passions- und Auferstehungsüberlieferungen bereits gefiltert und verwandelt durch die Lehre, Predigt, Liturgie und Meditation einer Gemeinde, deren eigene Überlieferung bereits so originell und schöpferisch war wie irgend sonst etwas im Neuen Testament. Abhängigkeit und selbst abhängige schöpferische Tätigkeit können vielerlei Gestalt annehmen. Doch auf den Hauptgrund meiner Annahme der Abhängigkeit auch der Passions- und Auferstehungsgeschichten des Johannes von denen der Synoptiker werde ich erst im 3. Kapitel bei der Erörterung der Gerichtsverhandlung gegen Jesus zu sprechen kommen.

Das Petrusevangelium. Hier wird es dem gutwilligen Schöffen vermutlich am schwersten fallen, seine Stimme abzugeben. Das ist denn vielleicht auch der Grund, weshalb die Mehrzahl der Forscher sich entschlossen hat, das fragliche Evangelium zu ignorieren oder dessen Abhängigkeit von den Evangelien des Neuen Testaments im allgemeinen anzunehmen, ohne zu versuchen, sie im besonderen nachzuweisen. Ich nenne noch einmal die beiden unterschiedlichen Annahmen, die diesbezüglich gemacht werden können:

1. Petrus ist abhängig von den Passions- und Auferstehungsgeschichten des Neuen Testaments (Brown, im allgemeinen).
2. Die Passions- und Auferstehungsgeschichten der vier Evangelien des neuen Testaments sind abhängig von Petrus (das ist, im allgemeinen, meine Meinung).

Beide Annahmen begegnen erheblichen Schwierigkeiten bei dem Versuch, *genau* zu erklären, wie einerseits der Verfasser des Petrusevangeliums die vier Evangelien des Neuen Testaments benutzte oder andererseits deren Autoren sich des Petrusevangeliums bedienten. Jedenfalls war der Übertragungsprozeß verwickelter als der des einfachen Aus- und Abschreibens bei den Synoptikern. Brown bietet im Anhang I zu seinem Buch *The Death of the Messiah* eine detaillierte Analyse dieses Problems. Ich zitiere zwei Formulierungen der Meinung, zu welcher er dabei gelangt:

«[Das Petrusevangelium] zehrt von den kanonischen Evangelien (nicht unbedingt vom schriftlichen Text, sondern oft wohl aus der Erinnerung an das in mündlichem Vortrag daraus *Gehörte).*» (S. 1001, Hervorhebung von mir)

«[Das Petrusevangelium] ist (wie ich in meinem Kommentar durchgehend behauptet habe) nicht das Werk eines Schriftstellers, der schriftliche Quellen zur Hand hatte, sondern vielmehr verfaßt von einem Autor, der sich erinnerte, was er *gelesen und gehört* hatte (Kanonisches und Unkanonisches), wozu er selbst Vorstellungskraft und Sinn für dramatische Handlung beitrug.» (S. 1336, Hervorhebung von mir)

Es ist gewiß nicht leicht zu erklären, wie Petrus von den vier Evangelien des Neuen Testaments zu seiner eigenen, recht eigentümlichen Fassung der Erzählung gelangt sein soll. Vorauszusetzen wären dabei Erinnerungen an vor vielleicht langer Zeit gehörte (und vielleicht gelesene) Geschichten. Man versuche, sich die eigenen allgemeinen Erinnerungen an die christliche Passionsgeschichte aus Filmen, Romanen und der Bibel ins Gedächtnis zu rufen, dann lese man die Übersetzung des Petrusevangeliums im Anhang zu meinem Buch. Wir wissen jetzt, daß die Erinnerung, wenn sie nicht durch einen auswendig gelernten, geschriebenen Text programmiert ist, eine plausible Rekonstruktion des allgemeinen Umrisses einer Struktur bietet, nicht aber die genaue Wiederholung einer spezifischen Ereignisfolge. Erklärt diese Theorie der Erinnerung den Text des Petrus? Und, wenn nicht, welche Theorie der Erinnerung würde diese Erklärung leisten?

Ich habe nicht die Absicht, mich zur Erklärung des Petrusevangeliums auf die Erinnerung des Autors Petrus an früher von ihm gehörte oder gelesene Evangelientexte zu berufen. Doch will ich nicht behaupten, daß Browns Annahme Probleme mit sich bringt, meine eigene dagegen ganz unproblematisch sei. Der Haupteinwand, der gegen meine Annahme gemacht werden kann, ist der folgende: Wenn die Verfasser aller vier kanonischen Evangelien Petrus kannten, weshalb haben nicht wenigstens zwei von ihnen jemals das gleiche Element von ihm übernommen? Zum Beispiel spricht nur Matthäus von den Wächtern am Grabe Jesu; Lukas allein gedenkt des neben Jesus gekreuzigten guten Schächers; nur Johannes erwähnt, daß Jesus (wie Petrus sagt) während der Kreuzigung die Beine gebrochen wurden. Ich habe auf diesen Einwand keine besonders gute Erwiderung. Ich wiederhole aber, daß, wie schon oben bemerkt, eine Theorie nicht vollkommen zu sein braucht. Es genügt, wenn sie besser ist als ihre Konkurrenz. Der Leser wird selbst beurteilen müssen, ob seines Erachtens das Petrusevangelium eher als ein Potpourri von Motiven aus kanonischen und außerkanonischen Evangelien, gefiltert durch Erinnerung, zu verstehen ist oder aber, wie ich meine, als die ursprüngliche Passions- und Auferstehungsgeschichte, aus der die Verfasser aller Evangelien des Neuen Testaments geschöpft haben. Jedenfalls werde ich meine Auffassung im weiteren Verlauf meiner Darlegungen noch an zahlreichen Fällen zeigen.

Schließlich bitte ich zu bedenken, daß, wie immer man im Falle des Petrusevangeliums entscheiden mag, von den im letzten Abschnitt erwähnten drei Theorien die ersten beiden diejenigen von ausschlaggebender Bedeutung sind, nämlich erstens, daß wir es bei den Passionserzählungen nicht mit erinnerter Geschichte zu tun haben, sondern mit historisierter Prophetie, und zweitens, daß es nur eine einzige unabhängige Fassung dieser zusammenhängenden Erzählung geben dürfte (ob man dafür nun mit mir das Kreuzevangelium im Petrusevangelium halten will oder die von Markus, Johannes und Petrus gemeinsame benützte Quelle oder Markus selbst).

Antijudaismus und Antisemitismus

Zu Beginn dieses Kapitels habe ich die Frage gestellt, auf die ich nun zurückkomme: Was steht bei alledem auf dem Spiel? Weshalb sollte es den Leser, der kein gelehrter Spezialist der neutestamentlichen Forschung ist, überhaupt kümmern, wie viele Quellen wir für die Passions- und Auferstehungsgeschichten haben, ob diese auf Prophetie oder historischer Erinnerung beruhen und inwiefern in dieser oder jener Hinsicht Brown und ich verschiedener Meinung sind? Die bereits in meinem Vorwort gegebene Antwort auf diese Frage besagt, daß diese Fragen von Interesse nicht nur für Spezialisten sind, weil man in den Passions- und Auferstehungsgeschichten den Nährboden des christlichen Antijudaismus hat, auf dem letztlich der europäische Antisemitismus erwuchs. Ich unterscheide zwischen diesen beiden Begriffen, weil der Antisemitismus zu seiner Begründung des Rassismus bedurfte. Der Antijudaismus ist ein religiöses Vorurteil. Ein Jude kann ihm ausweichen, indem er sich taufen läßt. Antisemitismus ist ein rassisches Vorurteil. Ihm kann ein geborener Jude auf keine Weise entgehen. Beide Vorurteile sind gleich verachtungswürdig. Doch auf verschiedene Weise.

Geschichten, die zum Morden anstiften

Das letzte Werk des Josephus, am Ende des 1. Jahrhunderts verfaßt, ist eine Verteidigungsschrift gegen die «bösartigen Verleumdungen ... die bösartigen und absichtlich verbreiteten Unwahrheiten ... die beleidigenden und verlogenen Behauptungen über uns» (*«Gegen Apion»*). Von außen gesehen, zeigt sich, daß das Judentum die Heiden zu heftigen Reaktionen herausforderte, sobald diese ihm begegneten. Sobald die griechische Kultur und die römische Macht das östliche Mittelmeer zu einem gewissermaßen einheitlichen Lebensraum gestaltet hatten, äußerten sich, wie die Zeugnisse beweisen, bei den Heiden sowohl Verachtung als auch Hochachtung für das Judentum. Im Inneren des Judentums kam es gleichzeitig zu heftigen Auseinandersetzungen zwischen Gruppen unterschiedlicher Anschauungen, bei denen die Kontrahenten sich keineswegs immer auf den Gebrauch harter Worte beschränkten, sondern oft auch mit Waffengewalt ihren Standpunkt zu behaupten trachteten. Man lese nur bei Josephus über jüdische Gruppen, deren Anschauungen und Verhalten er mißbilligte, oder die als Verfasser der Schriftrollen vom Toten Meer berühmt gewordenen Essäer von Qumran über die nicht zu ihrer Gemeinschaft gehörigen Religionsgenossen. Das Christentum begann als jüdische Sekte und trennte sich dann, hier langsamer, dort schneller, vom Judentum, um schließlich zu einer eigenständigen Religion zu werden. Wenn all das auf der religiösen Ebene verblieben wäre, hätte, ohne großen Schaden anzurichten, jede Seite die andere in alle Ewigkeit weiter beschuldigen und anschwärzen können. Doch im 4. Jahrhundert wurde das Christentum die Staatsreligion des Römischen Reichs, und als nun das christliche Europa sich auszubilden begann, verwandelte sich der Antijudaismus aus einem Gegenstand theologischer Diskussionen in eine für die Juden lebensgefährliche Leidenschaft. Man bedenke nun, wie die Passions- und Auferstehungsgeschichten in einer schon überwiegend christlichen Welt gewirkt haben müssen.

Ist nicht anzunehmen, daß diese Geschichten gewisse Leute zum Morden
angestiftet haben?

Man denke noch einmal an jene von Amos 8, 9 prophezeite Sonnenfinsternis am Mittag und erinnere sich, wie die Androhung des Propheten
sich bei der Hinrichtung Jesu «erfüllte». Ich zitiere nun zwei hochberühmte
christliche Gelehrte, die gegen Ende des 2. Jahrhunderts beiderseits des
Mittelmeers wirkten. Zunächst den zu Lyon in Gallien tätigen Irenäus:

> «Jene überdies, die sagten: ‹An jenem Tag – Spruch Gottes des Herrn – /
> lasse ich am Mittag die Sonne untergehen und breite am hellichten Tag /
> über die Erde Finsternis aus. Ich verwandle eure Feste in Trauer /
> und all eure Lieder in Totenklage› [Amos 8, 9–10], kündigten deutlich jene
> Sonnenfinsternis an, die zur Zeit Seiner Kreuzigung zur sechsten Stunde
> begann und daß nach diesem Ereignis jene Tage, die ihrem Gesetz zu-
> folge Feste waren und ihre Gesänge in Trauer und Totenklage verwan-
> delt werden würden, da sie den Heiden ausgeliefert werden sollten.»
> (*Gegen die Häresien* 4.33.12)

Demnach erfüllte sich nicht nur beim Tode Jesu die Prophezeiung der Sonnenfinsternis am Mittag, sondern bei der Zerstörung Jerusalems durch die
Römer auch die der Verwandlung der Feste in Trauer.

Mein zweiter Zeuge ist der in Karthago im römischen Afrika tätige Tertullian, der die Prophezeiung des Amos ebenfalls auf den Tod Jesu und
die Zerstörung Jerusalems deutet, aber zur Deutung der von Amos prophezeiten Sonnenfinsternis die Finsternis der Nacht der ersten Passahfeier
aus dem Buche Exodus heranzog.

> «Denn was bei Seiner Passion geschah, daß der Mittag sich verfinsterte,
> kündigt der Prophet Amos an, wo er sagt: An jenem Tag – Spruch Gottes
> des Herrn – / lasse ich am Mittag die Sonne untergehen und breite am
> hellichten Tag / über die Erde Finsternis aus. Ich verwandle eure Feste
> in Trauer / und all eure Lieder in Totenklage. Ich lege allen ein Trauer-
> gewand an / und schere alle Köpfe kahl. Ich bringe Trauer über das
> Land / wie die Trauer um den einzigen Sohn, und das Ende wird sein /
> wie der bittere Tag.
> Denn daß ihr so tun würdet zu Beginn des ersten Monats eurer neuen
> (Jahre) hat selbst Moses prophezeit, als er vorhersagte, daß die ganze
> Gemeinde der Söhne Israels zur Abendzeit ein Lamm schlachten soll
> und dieses feierliche Opfer dieses Tages (des Paschafests der ungesäu-
> erten Brote) ‹mit Bitterkeit› essen; und hinzufügte, daß dieses sei ‹*die
> Paschafeier für den Herrn*›. [Tertullian bezieht sich auf Exodus 12, 1–11:
> ‹Der Herr sprach zu Mose und Aron in Ägypten: Dieser Monat soll die
> Reihe eurer Monate eröffnen; er soll euch als der erste unter den Mona-
> ten des Jahres gelten. Sagt der ganzen Gemeinde Israel ... soll jeder ein
> Lamm für seine Familie holen ... Gegen Abend soll die ganze versam-

melte Gemeinde Israel die Lämmer schlachten … Noch in der gleichen
Nacht soll man das Fleisch essen … zusammen mit ungesäuertem Brot
und Bitterkräutern soll man es essen … Es ist die Paschafeier für den
Herrn.›] Das heißt [fährt Tertullian fort] die *Passion Christi*, welche Vorhersage auch darin erfüllt wurde, daß ihr am ersten Tag der ungesäuerten Brote Christus erschlugt; und (auf daß die Prophezeiungen erfüllt
würden) eilte der Tag einen Abend zu machen, das heißt, Finsternis zu
verursachen, die am Mittag gemacht wurde; und so verwandelte Gott
eure Feste in Trauer und all eure Lieder in Totenklage. Denn nach der
Passion Christi wurde sogar Gefangenschaft und Zerstörung euer Los,
wie dies der Heilige Geist vorausgesagt.»
So Tertullian in einer *Antwort an die Juden* (Hervorhebungen von mir)

Es sollte mich nicht wundern, wenn der Leser Mühe gehabt hätte, dieser
Beweisführung zu folgen. Solche gelehrte Schriftauslegung ist keine sonderlich leichte Lektüre, aber so sah die *Passionsprophetie* aus, ehe sie – und
auch nachdem sie – für ein breiteres, ungelehrtes Publikum in *Passionserzählung* umgewandelt worden war. Denn die Schriftexegese ist eine Sache
der Experten, der Schriftgelehrten – Geschichten aber sind für alle und jeden.

Ich zitiere diese Texte, um auf Entscheidung der ethischen Frage nach
der Geschichtlichkeit zu drängen, der moralischen Notwendigkeit, ein Urteil zu fällen, ob ein berichtetes Ereignis tatsächlich stattgefunden hat oder
nicht. Gab es bei der Kreuzigung Jesu eine Sonnenfinsternis oder nicht?
War diese Sonnenfinsternis ein historisches Ereignis, oder wurde ihre Erscheinung nur behauptet, um den christlichen Glauben zu bestätigen, daß
Jesus nach der Schrift starb, das heißt dem Willen Gottes entsprechend?
Nicht mehr und nicht weniger?

Die beiden zitierten Texte wurden geschrieben, als das römische Reich
noch heidnisch war und Christen den Juden noch nicht anders als mit
Argumenten und Beschuldigungen zusetzen konnten. Ich zitiere nun aber
aus einer Fastenpredigt des Cyrillus, der von 349 bis 387 Bischof von Jerusalem war:

«Allein du möchtest ganz genau wissen, in welcher Stunde sich die
Sonne verfinsterte, ob in der fünften oder achten oder zehnten? Sag, o
Prophet, den tauben Juden ganz genau, wann die Sonne untergeht. Der
Prophet Amos sagt also: ‹Und es wird geschehen an jenem Tage, spricht
Gott, der Herr, da wird die Sonne am Mittag untergehen› –, denn von
der sechsten Stunde an entstand eine Finsternis –, ‹und am hellen Tage
wird das Licht verdunkelt werden auf Erden.› Was für eine Zeit ist dieß,
o Prophet, und was für ein Tag? ‹Und ich werde eure Feste in Trauer
verkehren.› Denn zur Zeit der ungesäuerten Brote geschah das und am
Osterfeste. Hierauf sagte er: ‹Denn ich werde ihn machen zur Trauer wie
um einen Geliebten und die Seinen wie zu einem Tag des Schmerzes.
Denn am Tage der ungesäuerten Brote und am Feste wehklagten ihre

Frauen und weinten; die Apostel aber, die sich verborgen hatten, hätten vor Schmerz vergehen mögen. Es ist dies also eine bewunderungswürdige Prophezeiung.›

(*Des heiligen Cyrillus, Erzbischofs von Jerusalem und Kirchenvaters Katechesen, 25*)

Die Exegese des Cyrillus geht inhaltlich über diejenige der beiden älteren Kirchenväter nicht hinaus, aber Zeit und Umstände dieser Fastenpredigt gaben den gleichen Argumenten ein erheblich verändertes Gewicht. Denn sie wurde in Jerusalem gehalten in der Mitte des 4. Jahrhunderts, als das Christentum schon imperiale Macht über «die tauben Juden» beanspruchte.

Darum aber geht es in diesem Buch, das sich eben deshalb an ein breites Publikum wendet. Es mag wohl einige Geschichten im Neuen Testament geben, die man, ohne sein bestes historisches Urteil walten zu lassen oder ihre diesem entsprechende Rekonstruktion zu unternehmen, als «möglicherweise historisch» gelten und in Frieden lassen kann. Aber die Passions- und Auferstehungsgeschichten sind anders, weil sie der Nährboden des christlichen Antijudaismus wurden. Und ohne diesen christlichen Antijudaismus wäre der tödliche und völkermörderische europäische Antisemitismus entweder unmöglich oder doch wenigstens nicht so erfolgreich gewesen. Was also bei diesen Passionsgeschichten in der langen Perspektive der Geschichte letztlich auf dem Spiel stand, war der jüdische Holocaust.

Die Ethik der Wahrscheinlichkeit

Ich komme nun zu der vierten meiner grundsätzlichen Meinungsverschiedenheiten mit Brown bezüglich der Passionsgeschichten. Sie betrifft die Ethik der historischen Rekonstruktion. Browns Werk *The Death of the Messiah* zeigt, daß ihm das Problem des Antijudaismus bewußt ist, und die Frage nach der «Verantwortlichkeit und/oder Schuld an Jesu Tod» behandelt er in einem besonderen Abschnitt (S. 383–397). Wer dieses Kapitel gelesen hat, wird Brown weder des Antijudaismus noch des Antisemitismus beschuldigen können. Er stellt ganz zutreffend fest:

«*Man muß verstehen, daß religiöse Leute Gründe gehabt haben könnten, Jesus nicht zu mögen.*» (S. 391)

«Wenn man die Evangelien für bare Münze nimmt (und selbst wenn man sie durch das Mikroskop der historischen Kritik untersucht), begegnet man einem Jesus, der imstande war, heftige Abneigung hervorzurufen.» (S. 392)

«Das Bild, das die Evangelien von Jesus zeichnen, läßt erkennen, daß Jesus von der befangenen religiösen Mehrheit jedes Alters und jeder Herkunft schuldig gefunden worden wäre.» (S. 393)

«Zu Jesu Zeit führte religiöse Gegnerschaft oft zu Gewalttätigkeit.» (S. 393)
«Zu jeder Zeit und an jedem Ort sind diejenigen, die an der Hinrichtung eines Angeklagten teilnehmen, für dessen Tod verantwortlich. Sie sind nur schuldig, wenn sie wissen, daß der Angeklagte eine solche Strafe nicht verdient, oder versäumt haben, seine Unschuld zu erkennen.» (S. 395–396)
«Der religiöse Streit mit Jesus war ein Streit innerhalb des Judentums.» (S. 396)

Ich finde nirgends in Browns Buch irgendwelche ungerechten, ungerechtfertigten oder unhaltbaren Vorwürfe gegen die jüdischen Glaubenslehren, und ich betone das mit großem Nachdruck, um möglicherweise Mißverständnissen vorzubeugen. *Woran er es jedoch fehlen läßt, ist an einer gerechten, gerechtfertigten und haltbaren Kritik an den Passionsgeschichten des Christentums.* Und dieser Mangel berührt die Ethik der öffentlichen Rede.

Ich frage hier ausdrücklich nicht nach der Ethik von Personen oder Individuen (so wie derjenigen Browns oder meiner selbst), aber mit Nachdruck frage ich nach der Ethik von Prozessen und Verfahrensweisen. Die Passionserzählungen sind Teil des christlichen Neuen Testaments, wo sektiererische innerjüdische Polemik (wo «die Juden» getadelt wurden, wenn von all jenen *anderen* jüdischen Gruppen außer *unserer* jüdischen Gruppe die Rede war) den Boden für einen theologischen Antijudaismus bereitete, aus dem zum schrecklich passenden Zeitpunkt der völkermörderische Antisemitismus erwuchs. Brown weiß das nur zu gut und kommt ausdrücklich und direkt darauf zu sprechen:

«Dieser Kommentar wird nicht verschweigen, auf welche Weise Schuld und Strafe für die Kreuzigung Jesu von den Christen den Juden aufgebürdet worden ist, und das nicht zuletzt in unserer eigenen Zeit.» (S. 7)
«Ein christlicher Kommentator muß mit Bestürzung den schädlichen Mißbrauch zur Kenntnis nehmen, der mit den Passionserzählungen zum Nachteil der Juden getrieben worden ist; und christliche Leser müssen mit Nachdruck auf die feindseligen Elemente in ihrem eigenen Verständnis der Passionserzählungen hingewiesen werden.» (S. 386)

Aber die Frage ist nicht, wie die Passionserzählungen mißbraucht oder mißverstanden wurden, sondern was sie eigentlich von Anfang an waren. Was ist in jenen Geschichten tatsächlich geschehene Geschichte, was erfinderische Polemik? Wenn ein römischer Statthalter sich von Jesu Unschuld überzeugt gibt und das Volk von Jerusalem auf seiner Kreuzigung besteht, ist das tatsächliche Geschichte oder christliche Propaganda? Man kann mit einer kleinen und machtlosen jüdischen Sekte sehr wohl sympathisieren, wenn sie zu ihrer eigenen Verteidigung Fiktionen vorbringt und versucht, die Geschichte umzuschreiben. Doch als dann diese jüdische Sekte das

Christliche Römische Reich wurde, sollte aus dieser Verteidigungsstrategie die langlebigste Lüge werden. Die Passionserzählungen müssen als Herausforderung sowohl an die Ehrlichkeit christlicher Geschichtsschreibung als auch an die Integrität des christlichen Gewissens verstanden werden.

Ich komme nun zu einigen Beispielen, die zeigen, wie Brown mit Fragen der Historizität der Passionserzählungen umgeht. Er spricht von «Wahrscheinlichkeit», worunter er verstanden wissen will, daß etwas hätte geschehen können, ohne damit sagen zu wollen, daß es tatsächlich geschehen sei (S. 18, Anm. 24). Das versteht sich von selbst – aber weshalb verwendet er einen solchen Ausdruck, wenn nicht, um anzudeuten, daß etwas tatsächlich geschehen sein möchte, ohne das ausdrücklich behaupten und den Beweis dafür antreten zu müssen? Gern bedient er sich auch doppelter Verneinungen, um etwas «nicht unwahrscheinlich» oder «nicht unmöglich» zu finden. Da jedoch bei den meisten historischen Rekonstruktionen nicht absolute, sondern nur vergleichsweise Unwahrscheinlichkeit zur Debatte steht, dienen solche Urteile kaum der Wahrheitsfindung. Man betrachte die folgenden Beispiele:

Die Anwesenden ohrfeigen oder schlagen Jesus nach seinem Verhör vor dem jüdischen Hohen Rat: «Solche Mißhandlungen sind historisch keineswegs unwahrscheinlich.» (S. 586)
Pilatus fragt Jesus, ob er der König der Juden sei: «An dieser einleitenden Frage ist nichts Unmögliches.» (S. 719)
Pilatus fragt Jesus, weshalb er nicht antwortet: «Das ist an sich keine unwahrscheinliche richterliche Reaktion.» (S. 719)
Die Menge fordert Jesu Kreuzigung: «Ob es während der Verhandlung gegen Jesus vor Pilatus zu einer solchen Forderung der Menge kam, können wir nur auf Grund von Wahrscheinlichkeitserwägungen entscheiden.» (S. 721)
Die Soldaten verspotten Jesus als König der Juden: «Ob das historisch geschah, ist mit Sicherheit nicht festzustellen. Man kann diesbezüglich bestenfalls Wahrscheinlichkeitserwägungen anstellen.» (S. 879) «Der Inhalt dessen, was die Evangelisten vom römischen Spott sagen, ist, gleichviel ob historisch oder nicht, jedenfalls nicht unwahrscheinlich.» (S. 877)
Simon trägt Jesu Kreuz: «Es ist nicht an sich unwahrscheinlich, daß es zur Zeit des Todes Jesu in Jerusalem einen kyrenischen Juden namens Simon gegeben habe und daß dieser Christ geworden sein könnte.» (S. 915)
Jesus wird Wein angeboten: «Was Markus beschreibt, entbehrt nicht gänzlich jeder Wahrscheinlichkeit.» (S. 940)
Soldaten bewachen den gekreuzigten Jesus: «Dafür spricht die Wahrscheinlichkeit.» (S. 962)

Soldaten verspotten den gekreuzigten Jesus: «Das ist nicht unwahrscheinlich.» (S. 1027)

Vorübergehende verspotten den gekreuzigten Jesus: «Das ist nicht unwahrscheinlich ... es ist aber unmöglich zu entscheiden, ob die von Markus und Matthäus beschriebene Szene auf eine spezifische Erinnerung an die Vorgänge auf Golgatha zurückgeht.» (S. 1027)

Anwesenheit von Angehörigen des Sanhedrin am Kreuz: «... ist keineswegs unwahrscheinlich.» (S. 1027)

Reaktionen auf den Tod Jesu: «Mit wenigen Ausnahmen ist bei dem Beschriebenen wenig Unwahrscheinlichkeit, so daß man von einer allgemeinen Wahrscheinlichkeit sprechen kann.» (S. 1192)

Schließlich gibt es in diesem Werk zwei Erklärungen, die ausdrücklich artikulieren, was ich schon als die leitenden Prinzipien von Browns Verfahren vermutet hatte. Denn da heißt es einerseits: «Was logisch als Tatbestand vorausgesetzt wird, ist des öfteren, was tatsächlich geschehen ist» (S. 1274). Anders ausgedrückt: Nur weil man eine Geschichte selbst erfunden hat, darf man noch nicht annehmen, daß sie sich nicht tatsächlich zugetragen hat. Ich lehne dieses Prinzip nicht aus erkenntnistheoretischen, sondern aus ethischen Gründen ab. Die Aussage ist als solche nicht bestreitbar, doch wenn man sie als Prinzip gelten läßt, zerstört man jede Disziplin historischer Rekonstruktion und jeden Schutz vor gerichtlicher Verfolgung. Die zweite Erklärung sagt: «Die Historizität sollte nicht beurteilt werden auf Grund dessen, was wir für möglich oder glaubwürdig halten, sondern auf Grund des Alters und der Zuverlässigkeit der Zeugnisse.» (S. 1469) Doch sind im *öffentlichen* Diskurs auch Möglichkeit und Glaubwürdigkeit Faktoren. Wenn das nicht so wäre, wie könnten wir hoffen, bei Berichten von einer Hinrichtung in Jerusalem im ersten oder von einem Mordanschlag in Dallas im zwanzigsten Jahrhundert Fakten von Fiktionen zu unterscheiden?

Man überlege die ethischen Konsequenzen einer Haltung, die sich damit begnügt, über Ereignisse auf Grund von Wahrscheinlichkeitserwägungen zu befinden, oder denke über die Moral nach, die Geschehnisse mit doppeltem Negativen, wie daß sie «nicht unwahrscheinlich» seien, zu einer Existenzgrundlage verhilft. Wenn man uns vor Gericht zöge und nach diesen Prinzipien aburteilte, würde keiner von uns dem Gefängnis entrinnen. Historiker sollten bereit und gewillt sein zu sagen: Dies ist, meiner gewissenhaften Rekonstruktion der Ereignisse zufolge, «was geschah», das aber ist «nicht geschehen». Und wenn wir uns bei anderen Gegenständen um die Entscheidung darüber, ob ihnen die historischen Tatsachen entsprechen oder nicht, auch ohne Schaden anzurichten, unserer Bequemlichkeit zuliebe herumdrücken mögen, so dürfen das doch hinsichtlich der Passionserzählungen christliche Exegeten, Theologen und Historiker nicht tun. Nicht nur dessentwegen, was damals geschah, sondern wegen all dessen, was seitdem geschehen ist.

Inzwischen ist klar, daß es zwei große Weggabelungen gibt, zwei in verschiedene Richtungen voneinander abweichende Paare von Straßen, denen die Christen in ihrem Verständnis der Bibel, in der sie das Wort Gottes erkennen, gefolgt sind. Der erste und offenkundigste dieser Scheidewege trennte die fundamentale von der kontextuellen Interpretation. Die *fundamentale* Interpretation hält im allgemeinen dafür, daß was irgend wörtlich und historisch genommen werden kann, so genommen werden muß. Die *kontextuelle* Interpretation behauptet dagegen, daß alle biblischen Texte im Zusammenhang ihres Kontexts gewürdigt werden müssen. Dabei müssen als engster Kontext nicht nur die Intentionen des Autors und die Eigentümlichkeiten des literarischen Genres, in dem er sich äußert, berücksichtigt werden, sondern auch als weitester eine gespannte Dialektik zwischen Vernunft und Offenbarung. Doch nun kommt es innerhalb der kontextuellen Interpretation zu einer zweiten großen Spaltung. Der *selektive Kontextualismus* erkennt das kontextuelle Prinzip zwar an, macht aber, wie man es bei Brown sieht, auf höchst selektive Weise davon Gebrauch. Dabei wird manchmal das Prinzip theoretisch anerkannt, aber kaum je praktisch angewandt. Oder es wird bei der Exegese des christlichen Alten Testaments angewandt, nicht jedoch bei derjenigen des christlichen Neuen Testaments. Oder man bringt es in Anwendung zwar bei der Exegese des frühen Lebens Jesu, indem man die Jungfrauengeburt symbolisch versteht, nicht aber bei derjenigen des Endes seines Lebens, indem man etwa auch die Berichte von der physischen Auferstehung des Gekreuzigten symbolisch erklärte. Die Alternative zu diesem Verfahren ist der *durchgängige Kontextualismus*. So helfen uns die Naturwissenschaften zu der Einsicht, daß der Anfang des Buches Genesis symbolisch zu verstehen ist, nicht weil sie etwa an sich unfehlbar wären, sondern weil sie, in jener Dialektik von Vernunft und Offenbarung, unsere Vernunft mit der Theorie der Evolution disziplinieren. Dabei wird auch deutlich, was in Genesis I eigentlich Offenbarung ist. Gott beobachtete bei der Schöpfung der Welt den Sabbat, so daß dieser größer als die Schöpfung und fast, möchte man meinen, größer als Gott selbst ist. Genesis I bietet also keine rational faßbare Information über den Anfang der Welt, sondern offenbart herausfordernd die Wichtigkeit des Sabbats. Ich nehme den Kontextualismus nicht nur in diesem Fall in Anspruch, sondern versuche, das Prinzip unter dem Blickwinkel der Natur-, Sozial- und Geisteswissenschaften auf die ganze Bibel anzuwenden, vom Anfang bis zum Ende, ohne dabei irgendwelche Schutzgebiete auszusparen. Die Bibel liefert mir keine Informationen über die physischen Tatsachen des Anfangs oder des Endes der Welt. Sie liefert mir auch keine Informationen über die physischen Tatsachen des Anfangs und des Endes vom Leben Jesu. Brown und ich praktizieren beide im Rahmen der kontextuellen Schriftauslegung. Doch fügen wir uns diesem Rahmen nicht im gleichen Maße. Ich bin der Meinung, daß Brown in seinem Werk *The Death of the*

Messiah die Frage der Historizität der Passionserzählungen mit selektivem Kontextualismus behandelt. Ich selbst dagegen bemühe mich mit dem vorliegenden Buch um die Alternative, nämlich um strengen oder durchgängigen Kontextualismus.

1. KAPITEL

Verbrechen

Auf dem Gebiet des Antipas

Über dreißig Jahre lang regierte Herodes der Große als König der Juden das gesamte jüdische Land. Nach seinem Tod teilte der römische Kaiser Augustus das Herrschaftsgebiet des verstorbenen Souveräns auf. Als Herrscher über Galiläa und Peräa nordwestlich und östlich des Jordans setzte er Herodes Antipas mit dem Titel eines Tetrarchen ein, Samaria, Judäa und Idumäa, die Gebiete westlich und südwestlich des Jordans, unterstellte er der Verwaltung eines römischen Statthalters, der den Titel eines Präfekten führte.

Warum erhoben sich die beiden Bauernbewegungen Johannes des Täufers und Jesu nicht in Samaria, Judäa oder Idumäa, sondern in Peräa und Galiläa? Warum erhoben sie sich unter dem herodianischen Kleinkönig Antipas und nicht zu Zeiten von dessen Vater, den man den Großen nennt und der das ganze Land von 37 bis 4 v. Chr. regiert hatte, oder aber unter dessen Halbneffen Agrippa I., der von 41 bis 44 n. Chr. ebenfalls das ganze Land regierte? Und da Antipas von 4 v. Chr. bis 39 n. Chr. regierte, muß man sich fragen, weshalb sich diese Bewegungen in den späten zwanziger Jahren und nicht zu anderer Zeit seiner langen Regierung erhoben. Weshalb erhoben sich zwei Bewegungen, die Täuferbewegung des Johannes und die Königreichbewegung Jesu, in den späten zwanziger Jahren jenes ersten Jahrhunderts der christlichen Ära in zwei getrennten Gebieten des Herrschaftsbereichs des Tetrarchen Antipas, diejenige des Johannes in Peräa östlich des Jordans und diejenige Jesu in Galiläa nordwestlich des Flusses? Warum genau da, warum genau damals?

Dieses Land gehört Gott

Die römische Welt war eine aristokratische Gesellschaft, ein vorindustrielles Imperium, in welchem die Bauernschaft einen großen landwirtschaftlichen Überschuß erzeugte. Doch wie in jedem agrarischen Imperium, hielt eine kleine Minderheit von politischen und religiösen Eliten zusammen mit ihren Unterstützern und ihrem Gefolge die Bauern auf der Subsistenzebene und konnte sich so einen Luxus gönnen, von dem jene ausgebeuteten und unterdrückten Bauern kaum eine Vorstellung hatten. Doch das römische Reich war nicht mehr ein *traditionelles*, sondern schon ein *kom-*

merzialisiertes Agrarimperium, und die jüdische Bauernschaft wurde in einem früher unerhörten Maße in Schuldknechtschaft gedrängt und von ihrem Land vertrieben, denn unter der kommerzialisierenden römischen Wirtschaftsform wurde das einst als nie zu verlassendes Ahnenerbe genommene Land zu einer Ware, aus der es möglichst schnell Profit zu ziehen galt. In einem traditionellen oder nichtkommerzialisierten Agrarimperium drängen sich Geschäftsinteressen oder Investitionen des Handelskapitals, wenn überhaupt, nur in geringem Maße *zwischen* Aristokraten und Bauern. Unter diesen Umständen besteht zwischen den Klassen eine nahezu statische Wirtschaftsbeziehung, in der die Bauern produzieren und die Aristokraten nehmen, die den Anschein eines unabänderlichen, wenn nicht gar natürlichen Zustands hat. Natürlich widersetzen sich die Bauern der Ausbeutung, doch auf die gleiche fatalistische Weise, in der sie anderem unausweichlichen Mißgeschick, wie Stürmen, Überschwemmungen, Krankheiten, widerstehen. Da ihnen jedoch im Zuge der Kommerzialisierung der Landwirtschaft auch die Besitzgarantie für ihr hochbesteuertes Familienerbe an Land genommen wird, beginnen die Bauern unter diesen Umständen und angesichts der Erkenntnis, daß ihre Lage sich noch verschlechtern kann, auf den Gedanken zu kommen, daß sie sich schließlich auch verbessern, ja sogar zu idealer, utopischer Vollkommenheit verbessern könnte. Wenn in ein agrarisches Imperium kommerzialisierende Tendenzen eindringen – ganz zu schweigen von der Kraft der in die gleiche Richtung wirkenden modernen Industrialisierung –, steigt der Innendruck des Systems in einem Maße, das die Bereitschaft der Bauern zu politischer und sozialer Revolution provoziert. Genau diese Situation aber war im ersten Jahrhundert der christlichen Ära in der mittelmeerischen Welt gegeben. Die römischen Bürgerkriege, von Julius Caesars Kampf gegen Pompeius bis zu Oktavians Feldzügen gegen Antonius, hatten mit der Niederlage des letzteren, bei welcher Oktavian als siegreicher Augustus den Augusteischen Frieden stiftete, ein Ende gefunden, und dieser Frieden eröffnete dem römischen Reich eine Periode schnellen Wirtschaftswachstums. Doch wuchsen dabei dessen Früchte nicht jedem im gleichen Maße zu.

Nun war die jüdische Bauernschaft in noch höherem Maße als jede Bauernschaft unter einer Kolonialherrschaft geneigt, gegen erdrückende Besteuerung, Schuldknechtschaft und Vertreibung vom eigenem Land aufzubegehren. Die Gesetze der Heiligen Schrift bestärkten ihr diesbezügliches Rechtsgefühl. Wie das Volk Gottes am siebenten Tag oder Sabbattag ruhen sollte, sollte im siebenten oder Sabbatjahr diesen Gesetzen entsprechend auch das Land ruhen.

> «Sechs Jahre kannst du in deinem Land säen und die Ernte einbringen; im siebten sollst du es brachliegen lassen und nicht bestellen. Die Armen in deinem Volk sollen davon essen, den Rest mögen die Tiere des Feldes

fressen. Das gleiche sollst du mit deinem Weinberg und deinen Ölbäumen tun.»
(Exodus 23, 10–11)

«Wenn ihr in das Land kommt, das ich euch gebe, soll das Land Sabbatruhe zur Ehre des Herrn halten. Sechs Jahre sollst du dein Feld besäen, sechs Jahre sollst du deinen Weinberg beschneiden und seinen Ertrag ernten. Aber im siebten Jahr soll das Land eine vollständige Sabbatruhe zur Ehre des Herrn halten. Dein Feld sollst du nicht besäen und deinen Weinberg nicht beschneiden.»
(Levitikus 25, 2–4)

In jenem siebenten oder Sabbatjahr sollten überdies jüdische Schulden erlassen und jüdische Sklaven entlassen werden.

«In jedem siebten Jahr sollst du die Ackerbrache einhalten. Und so lautet eine Bestimmung für die Brache: Jeder Gläubiger soll den Teil seines Vermögens, den er einem anderen unter Personalhaftung als Darlehen gegeben hat, brachliegen lassen. Er soll gegen den anderen, falls dieser sein Bruder ist, nicht mit Zwang vorgehen; denn er hat die Brache für den Herrn verkündet. Gegen einen Ausländer darfst du mit Zwang vorgehen. Wenn es sich aber um deinen Bruder handelt, dann laß deinen Vermögensteil brachliegen! ... Wenn dein Bruder, ein Hebräer – oder auch eine Hebräerin – sich dir verkauft, soll er dir sechs Jahre als Sklave dienen. Im siebten Jahr sollst du ihn als freien Mann entlassen. Und wenn du ihn als freien Mann entläßt, sollst du ihn nicht mit leeren Händen entlassen. Du sollst ihm von deinen Schafen und Ziegen, von deiner Tenne und von deiner Kelter so viel mitgeben, wie er tragen kann. Wie der Herr, dein Gott, dich gesegnet hat, so sollst du ihn bedenken.»
(Deuteronium 15, 1–3, 12–14)

Schließlich gab es noch ein Jubeljahr, das Jahr nach sieben mal sieben Jahren. In jenem fünfzigsten Jahr sollten alle enteigneten Ländereien und in den Dörfern (nicht allerdings in den Städten) sogar die Häuser ihren ursprünglichen oder herkömmlichen Besitzern zurückgegeben werden.

«Erklärt dieses fünfzigste Jahr für heilig, und ruft Freiheit für alle Bewohner des Landes aus! Es gelte euch als Jubeljahr. Jeder von euch soll zu seinem Grundbesitz zurückkehren, jeder soll zu seiner Sippe heimkehren ...
Bringt er die nötigen Mittel für diese Ersatzleistung nicht auf, dann soll der verkaufte Grund bis zum Jubeljahr im Besitz des Käufers bleiben. Im Jubeljahr wird das Grundstück frei, und es kommt wieder zu seinem Besitz.»
(Levitikus 25, 10, 28)

Was an diesen Gesetzen bloß ideal war und was davon real beachtet wurde, inwiefern es sich dabei um die Formulierung eines utopischen Zustands handelte und inwiefern sie als Richtschnur der Rechtspraxis dienten, ist nicht leicht zu ermitteln. Höchstwahrscheinlich wurde im 1. Jahrhundert der christlichen Ära das Jubeljahr überhaupt nicht gehalten, doch
das Sabbatjahr noch mehr oder weniger streng beachtet. Ich zitiere hier
aber diese alten Gesetze, weil sie jedenfalls im Rechtsbewußtsein der Juden
die Gewißheit verankerten, daß Schuldknechtschaft, Sklaverei und Land-
enteignungen nicht einfach normale Geschäftspraktiken und gewöhnliche
Zustände und Vorgänge des Wirtschaftslebens seien. Das Land war für die
Juden ein göttlicher Besitz, keine veräußerliche Ware oder, wie es im Buch
Levitikus 25, 23 heißt: «Das Land darf nicht endgültig verkauft werden;
denn das Land gehört mir, und ihr seid nur Fremdlinge und Halbbürger
bei mir.» Die jüdischen Bauern hatten mithin Rückhalt beim jüdischen Gesetz in ihrem Widerstand gegen eine Wirtschaftspraxis, die die Akku-
mulation von Großgrundbesitz als gewinnbringendes Unternehmen in
Angriff nahm und die Zwangsvollstreckung als den bequemsten Weg zu
diesem Ziel beschritt.

    Untergaliläa wird durch vier Hügel und Täler, die in ungefähr west-öst-
licher Richtung verlaufen, unterteilt. Auf den Talböden wächst Getreide,
Weinreben und Ölbäume gedeihen an den Hängen der Hügel. Doch hatte
die galiläische Bauernschaft zur Zeit des Auftretens der Prediger Johannes
und Jesus mit spezifisch galiläischen Sorgen zu kämpfen, und wenn man
sich die Situation näher ansieht, findet man die Antwort auf die eingangs
gestellte Frage: Warum erhoben sich diese beiden Bewegungen unter Antipas in den späten zwanziger Jahren des 1. Jahrhunderts n. Chr.? Haupt-
städte Galiläas waren im 1. Jahrhundert abwechselnd das etwa 7 Kilometer
nordwestlich von Nazaret gelegene Sepphoris und das in nordöstlicher
Richtung an die 32 Kilometer von Nazaret entfernte Tiberias. Sepphoris
war niedergebrannt worden, die Bevölkerung der Stadt versklavt, als die
Römer in jenen Landesteilen, die sich nach dem Tode Herodes des Großen
im Jahr 4 v. Chr. gegen die Fremdherrschaft erhoben hatten, ihre Herrschaft wiederaufrichteten. Herodes Antipas baute die Stadt schon bald darauf wieder auf. Doch dann, im Jahr 19 n. Chr., erbaute er am westlichen
Ufer des Sees von Galiläa eine neue Stadt, die er nach dem Kaiser Tiberius
benannte, und verlegte seine Hauptstadt von Sepphoris dorthin. Doch
zwei neue Städte, jede von etwa vierundzwanzigtausend Einwohnern, verhältnismäßig nahe benachbart und um Verwaltungsbefugnisse konkurrie-
rend, müssen die Anforderungen und den Druck, dem die Bauernschaft
der Umgebung durch den städtischen Bedarf an Nahrungsmitteln und das
Investitionsinteresse der Städter ausgesetzt war, erheblich gesteigert haben. Neue Städte können den Bauern nicht willkommen sein, jedenfalls im
allgemeinen nicht, zumal nicht in Gegenden, wo nach altem heiligen Gesetz das Land Gott gehört.

Über den Jordan

Was wissen wir von der Vision und dem Programm Johannes des Täufers? Für welches Verbrechen ließ Herodes Antipas ihn hinrichten? Unsere Quellen sind die Evangelien des Neuen Testaments und die historischen Schriften des Josephus, doch müssen diese kritisch gelesen und sorgfältig miteinander in Einklang gesetzt werden. Josephus gibt nicht zu, daß Johannes ein apokalyptischer Visionär war, der die nahe bevorstehende rächende Ankunft Gottes prophezeite. Und die Evangelien des Neuen Testaments geben nicht zu, daß Johannes nicht das Kommen Jesu, sondern dasjenige Gottes ankündigte.

Antipas verstieß seine erste Frau, die Tochter des Aretas, des Königs der östlich des Jordans in der Wüste lebenden Nabatäer, um die Frau seines Halbbruders, Herodias, zu heiraten. Einem unserer Zeugnisse zufolge wurde Johannes hingerichtet, weil er den Tetrarchen deswegen tadelte.

«Herodes hatte nämlich Johannes festnehmen und ins Gefängnis werfen lassen. Schuld daran war Herodias, die Frau seines Bruders Philippus, die er geheiratet hatte. Denn Johannes hatte zu Herodes gesagt: Du hattest nicht das Recht, die Frau deines Bruders zur Frau zu nehmen.» (Markus 6, 17–18)

Doch der Bericht des Josephus stellt diese Geschichte in einen größeren Zusammenhang, in dem sich zeigt, daß das Verbrechen des Johannes sich nicht auf diese Einmischung in das Privatleben des Tetrarchen beschränkte. Johannes den Täufer, sagt nämlich Josephus,

«hatte Herodes hinrichten lassen, obwohl er ein edler Mann war, der die Juden anhielt, nach Vollkommenheit zu streben, indem er sie ermahnte, Gerechtigkeit gegeneinander und Frömmigkeit gegen Gott zu üben und so zur Taufe zu kommen. Dann werde, verkündigte er, die Taufe Gott angenehm sein, weil sie dieselbe nur zur Heiligung des Leibes, nicht aber zur Sühne für ihre Sünden anwendeten; die Seele nämlich sei dann ja schon vorher durch ein gerechtes Leben entsündigt.

Da nun infolge der wunderbaren Anziehungskraft solcher Reden eine gewaltige Menschenmenge zu Johannes strömte, fürchtete Herodes, das Ansehen des Mannes, dessen Rat allgemein befolgt zu werden schien, möchte das Volk zum Aufruhr treiben, und hielt es daher für besser, ihn rechtzeitig aus dem Wege zu räumen, als beim Eintritt einer Wendung der Dinge in Gefahr zu geraten und dann, wenn es zu spät sei, Reue empfinden zu müssen. Auf diesen Verdacht hin ließ also Herodes den Johannes in Ketten legen, nach der Festung Machaerus bringen ... und dort hinrichten.» (Josephus, *Jüdische Altertümer*, 18, 5, 2 = 18, 116–119)

Ich habe diesen Bericht in zwei Absätze zerlegt, um den Leser darauf hinzuweisen, daß in dem Bericht des Josephus über die Wirksamkeit des Täufers die Befürchtungen des Herodes nicht sehr gut begründet zu sein scheinen. Man kann sich fragen, welchen Verbrechens sich denn in den Augen des Tetrarchen der Täufer eigentlich schuldig gemacht hat? Die Ursache dieser Unklarheit ist, daß uns Josephus die Gründe der Befürchtungen des Herodes nicht allzu deutlich vor Augen führen will, ja sie vielleicht selbst nicht allzu deutlich wahrnehmen wollte. Dennoch ist auch seiner Darstellung zu entnehmen, daß der Täufer eine radikale Alternative zum Tempelkult bot, indem er als apokalyptischer Visionär das kataklysmische Kommen Gottes zur Wiederherstellung der Gerechtigkeit und Heiligkeit in der bösen Welt prophezeite.

Die Schilderung der Tätigkeit des Johannes im ersten Abschnitt des Berichts erweckt den Anschein, als habe dieser eine Gemeinschaft weltvergessener Heiliger um sich gesammelt, die, nachdem sie bereits aus eigenen Kräften zur Entsündigung der Seele gelangt waren, bei ihm nur Heiligung des Leibes suchten. Doch die apologetische Insistenz des Josephus auf dem, was Johannes *nicht* tat, verrät uns genau, was er *in Wirklichkeit* tat: Er bot eine freie und populistische Alternative zu dem Tempelritual der Entsündigung. Das ist der erste Punkt in dem Programm des Täufers, den Josephus, der vor dessen Zerstörung selbst ein Priester des Tempels gewesen war, nach Möglichkeit zu verdunkeln wünscht.

Im zweiten Absatz ändert sich der Ton des Berichts vollkommen. Nun hören wir von einer riesigen Menschenmenge, auf welche die Reden des Johannes eine riesige Anziehungskraft hatten, so daß befürchtet werden konnte, der Redner möchte sie zum Aufruhr treiben. Wie kommen wir von den bereits entsündigten Täuflingen des Moralpredigers, die wir im ersten Absatz des Berichts kennengelernt haben, zu dieser potentiell aufrührerischen Menschenmenge? Was verschweigt uns Josephus jetzt? Ehe wir dieser Frage weiter nachgehen, wollen wir uns in Erinnerung rufen, daß nach der Überzeugung des Josephus das römische Reich sich göttlicher Billigung erfreute. Auch abgesehen davon sympathisierte er nicht mit jüdischen messianischen oder apokalyptischen Hoffnungen und Erwartungen. Die Prophezeiungen, in welche die Apokalyptiker ihre Hoffnungen setzten, fand er erfüllt durch das Kommen Vespasians und der flavischen Dynastie, die dieser begründete. Schrieb er doch in seiner Geschichte des jüdischen Krieges über seine Volksgenossen:

> «Was sie aber am meisten zum Krieg aufstachelte, war eine zweideutige Weissagung, die sich in den heiligen Schriften fand, daß in jener Zeit einer aus ihrem Lande über die bewohnte Erde herrschen werde. Dies bezogen sie auf einen aus ihrem Volk, und viele Weise täuschten sich in ihrem Urteil. Der Gottesspruch zeigt vielmehr die Herrscherwürde des Vespasian an, der in Judäa zum Kaiser ausgerufen wurde.»
> (Josephus, *Der jüdische Krieg*, 6, 5, 4 = 6, 312–313)

Der zweite Punkt des Programms des Täufers, den Josephus absichtlich verschweigt, ist, daß dessen Predigten gefährliche apokalyptische Verheißungen des nahe bevorstehenden Kommens des rächenden Gottes waren. Und das war natürlich der Grund, aus dem er so großen Zulauf hatte, wie auch der, welcher Antipas bewegte, seiner Wirksamkeit ein Ende zu machen.

Die Berichte des Neuen Testaments geben den apokalyptischen Anspruch der Predigt des Johannes sehr deutlich zu erkennen, wenn dort auch vorausgesetzt wird, daß er seine Hörer nicht auf das Kommen Gottes, sondern auf dasjenige Jesu vorbereitete.

«Ihr Schlangenbrut, wer hat auch denn gelehrt, daß ihr dem kommenden Gericht entrinnen könnt? Bringt Furcht hervor, die eure Umkehr zeigt, und meint nicht, ihr könntet sagen: Wir haben ja Abraham zum Vater. Denn ich sage euch: Gott kann aus diesen Steinen Kinder Abrahams machen. Schon ist die Axt an die Wurzel der Bäume gelegt; jeder Baum, der keine gute Frucht hervorbringt, wird umgehauen und ins Feuer geworfen.
Ich taufe euch nur mit Wasser (zum Zeichen) der Umkehr. Der aber, der nach mir kommt, ist stärker als ich, und ich bin es nicht wert, ihm die Schuhe auszuziehen. Er wird euch mit dem Heiligen Geist und mit Feuer taufen. Schon hält er die Schaufel in der Hand: er wird die Spreu vom Weizen trennen und den Weizen in seine Scheune bringen: die Spreu aber wird er in nie erlöschendem Feuer verbrennen.»
(Q-Evangelium bei Matthäus 3, 7–12 und Lukas 3, 7–9, 16b–17)

Es gibt schließlich noch Angaben über die Tätigkeit des Johannes, die man bei Josephus nicht, wohl aber in den Evangelien des Neuen Testaments findet. Josephus verschweigt, daß Johannes im *Jordan* taufte und daß er in der *Wüste* an dessen östlichem Ufer predigte. Auf das letztere hätte man aus seiner Angabe schließen können, daß der von Herodes Verhaftete auf die Festung Machaerus gebracht wurde, denn die befand sich im südlichen Peräa, östlich des Jordans. Beide Angaben aber werden in den Berichten des Neuen Testaments ausdrücklich gemacht, und man erfährt dort auch, daß Taufe und Sündenvergebung in der Praxis des Täufers miteinander einhergingen.

«So trat Johannes der Täufer in der Wüste auf und verkündigte Umkehr und Taufe zur Vergebung der Sünden. Ganz Judäa und alle Einwohner Jerusalems zogen zu ihm hinaus. Sie bekannten ihre Sünden und ließen sich im Jordan von ihm taufen.»
(Markus 1, 4–5)

Wie hängt das alles nun zusammen: die Wüste als Schauplatz, die Taufe im Jordan, die apokalyptische Verheißung? Man kann das einem Bericht des Josephus über eine andere Bewegung entnehmen, mit welcher er nicht im mindesten sympathisierte und die unverschleiert darzustellen er keine Bedenken hatte. Diese Bewegung ereignete sich etwa dreißig Jahre später, zwischen 52 und 60 n. Chr., zu einer Zeit, als das ganze Land von einem römischen Statthalter, Felix mit Namen, regiert wurde.

«Einen noch größeren Schaden fügte den Juden der falsche Prophet aus Ägypten zu. Es kam nämlich ein betrügerischer Wundertäter ins Land, der sich selbst für einen Propheten ausgab und 30 000 Opfer seines Betruges um sich sammelte. Er führte sie auf Umwegen von der Wüste auf den sogenannten Ölberg, von dort hätte er mit Hilfe seiner bewaffneten Begleiter gewaltsam in Jerusalem eindringen, die römische Besatzung überrumpeln und sich zum Herrscher über das Volk aufwerfen können.» (Josephus, *Der jüdische Krieg*, 2, 13, 5 = 2, 261–262)

«Um diese Zeit kam auch ein Mensch aus Ägypten nach Jerusalem, der sich für einen Propheten ausgab und das gemeine Volk verleiten wollte, mit ihm auf den Ölberg zu steigen, der in einer Entfernung von fünf Stadien der Stadt gegenüber liegt. Dort, sagte er, wolle er ihnen zeigen, wie auf sein Geheiß die Mauern Jerusalems zusammenstürzten, durch welche er ihnen dann einen Eingang in die Stadt bahnen würde.» (Josephus, *Jüdische Altertümer*, 20, 8, 6 = 20, 169–170)

Die beiden Berichte, deren erster in noch gehässigerem Ton abgefaßt ist als der zweite («falscher Prophet», «betrügerischer Wundertäter», «Opfer seines Betruges» heißt es da, während im zweiten nur gesagt wird, daß der betreffende sich «für einen Propheten ausgab» und «das gemeine Volk» verleiten wollte), geben nichtsdestoweniger deutlich zu erkennen, was geschah. Der Ägypter und sein bäuerlicher Anhang suchten den Auszug aus Ägypten (bezeichnend ist ja, daß der Anführer als «Ägypter» tituliert wurde) und die Eroberung des gelobten Landes, von denen man im Buch Exodus liest, zu wiederholen, denn dort steht ja, daß unter der Führung von Moses und Josua die Israeliten Ägypten verließen, aus den östlichen Wüsten über den Jordan zogen, wo durch Gottes Gewalt die Mauern von Jericho vor ihnen zusammenstürzten. Gewiß hofften und glaubten sie, daß Gott nun für sie ein gleiches Wunder wirken würde. Wenn sie mit Glauben und Hoffnung antraten, würde Gott dem römischen Jerusalem antun, was er einst vor langer Zeit Jericho, der Stadt der Kanaaniter, angetan hatte. Sie waren unbewaffnet, nicht nur weil sie keine Waffen hatten, sondern weil sie keine brauchten. Sie erwarteten eine apokalyptische Intervention Gottes, die ihnen das Gelobte Land zurückgeben würde. Wir haben es hier in erster Linie mit Bauern, nicht mit Schriftgelehrten zu tun. Und während die letzteren schreiben und leben, ist es der ersteren Los, zu marschieren und zu sterben. Der Statthalter griff sofort hart durch, und es kam zu einem Massaker, bei dem der größte Teil der Schwärmer den Tod fand, der Ägypter jedoch entkam und «unsichtbar» wurde.

Wenn man die Bewegung des Johannes mit dieser späteren vergleicht, fallen sowohl Ähnlichkeiten als auch Unterschiede auf, und was zur Zeit

Johannes des Täufers geschah, wird deutlicher, als in den Berichten des Josephus oder des Neuen Testaments über das Wirken des Täufers. Offensichtlich zielten auch die apokalyptischen Visionen des Johannes auf die Wiederholung der Eroberung des Gelobten Landes. Allerdings scheint Johannes keine wörtliche Wiederholung des Berichts der Heiligen Schrift erwartet zu haben. Auch er ließ die Geschichte in der Wüste östlich des Jordans beginnen. Anstatt aber eine große Menge dort um sich zu sammeln und dann mit dieser in das Gelobte Land einzumarschieren, schickte er die Bekehrten einzeln zurück über den Jordan, nachdem er ihre Sünden in dessen reinigendem Wasser abgewaschen hatte, und wies sie an, die baldige Herabkunft des rächenden Gottes in Heiligkeit zu erwarten. Das war in gewisser Weise noch gefährlicher als das Programm des Ägypters. Johannes legte eine tickende Zeitbombe apokalyptischer Erwartung in jeden Winkel des jüdischen Landes. Auf diese Weise gab es keine Volksmenge, die Herodes mit Schlägen hätte gefügig machen können. Er mußte sich deshalb darauf beschränken, das Haupt der Bewegung abzuschlagen, den Täufer selbst zu töten.

Das Reich Gottes

Johannes wurde exekutiert, weil seine apokalyptische Vision die religiösen, politischen, sozialen und wirtschaftlichen Grundlagen der herodianischen und römischen Herrschaft über das jüdische Land radikal kritisierten und deren Bestand bedrohten. Er hatte seine Wirksamkeit auf dem Gebiet des Antipas entfaltet und wurde dann dort auch hingerichtet.

Doch wie steht es nun mit Jesus? Er wirkt im gleichen Gebiet, doch wurde er letztlich nicht von Herodes Antipas vor Gericht gestellt und dann hingerichtet. Jesus wurde vielmehr in Jerusalem in Judäa auf Anordnung des römischen Statthalters Pontius Pilatus hingerichtet. Was aber war das eigene Programm, die eigene Vision Jesu? Hat er nur die Nachfolge des Johannes angetreten, so wie Elisa auf dem von Elija eingeschlagenen Weg weiterging? Verkündete er die gleiche apokalyptische Botschaft wie Johannes? Warum aber wurde er in Judäa hingerichtet, nicht in Galiläa?

Ehe wir versuchen wollen, diese Fragen zu beantworten, einige Begriffserklärungen. Wenn ein Volk durch kolonialistische Besetzung seiner Heimat ausgeblutet wird, ist bewaffnete Empörung oder militärischer Aufstand dagegen eine naheliegende Reaktion. Doch manchmal wird die Unterdrückung als so grundsätzlich böse und aus menschlicher Sicht hoffnungslose Lage erfahren, daß dagegen nur eine transzendente Intervention Abhilfe verspricht. Gott, und nur Gott allein, scheint unter diesen Umständen fähig zu sein, in der zerstörten Welt Gerechtigkeit und Heiligkeit wiederherzustellen. Das erfordert ein radikales, gegenkulturelles, utopisches, weltverneinendes Programm, ein *eschatologisches*, wie die Fachgelehrten sagen. In diesem Fachausdruck steckt die griechische Bezeichnung der «letzten» Dinge, er besagt, daß Gottes Auflösung der unerträglichen Verhältnisse allen Dingen ein Ende machen, radikal die Welt verneinen wird. Doch nun kann sich bei den Menschen die Erwartung dieses Endes der Welt in zwei unterschiedlichen Richtungen artikulieren.

Einerseits in *apokalyptischer Eschatologie,* wofür man ein Beispiel in der Predigt Johannes des Täufers hat. Der Ausdruck *Apokalypse* ist griechisch für «Offenbarung», und apokalyptische Eschatologie äußert die Gewißheit, daß Gott *nur uns allein* (einer besonderen Gruppe von Eingeweihten) eine besondere und geheime Offenbarung über eine nahe bevorstehende kataklysmische göttliche Intervention zur Wiederherstellung von Frieden und Gerechtigkeit in der aus dem Lot geratenen Welt gegeben hat. Ob danach ein Himmel auf Erden oder die Erde im Himmel sein wird, bleibt bei solchen Offenbarungen meist ziemlich unbestimmt, klar ist aber immer, daß die bösen Unterdrücker verschwinden und die heiligen Unterdrückten unter Gott zur Macht gelangen werden. Verheißungen dieser Art hat man aus der Antike von Johannes von Patmos, Griechenland, und aus neuerer Zeit von David Koresh von Waco, Texas. Dieser auf eine nahe bevorstehende Zukunft bezogene apokalyptische Radikalismus erwartet das überwältigende Handeln Gottes zur Wiederherstellung von Gerechtigkeit und Frieden auf der von Ungerechtigkeit und Unterdrückung verwüsteten Erde. Die Gläubigen können das Eingreifen Gottes allerhöchstens vorbereiten oder unterstützen oder erflehen, die Veränderung des schlechten Bestehenden aber ist allein Sache der Macht Gottes. Und obwohl die Offenbarungen von der Zukunft, deren Hereinbrechen erwartet wird, sich hinsichtlich der Einzelheiten, die da zu gewärtigen sind, meist nicht näher erklären, herrscht bei den Gläubigen die Überzeugung, daß diese für alle, Gläubige und Ungläubige gleichermaßen, den einen willkommen, den anderen unwillkommen, offensichtlich und spürbar sein werden.

Andererseits kann die Eschatologie *weisheitlich* sein, und so sollte schließlich Jesu eigene Botschaft beschaffen sein. *Weisheitliche Eschatologie* verkündet, daß Gott *allen Menschen* die Weisheit gegeben hat zu erkennen, wie man hier und jetzt, in dieser Welt, so leben kann, daß Gottes Macht, Regiment und Herrschaft allen Beobachtern gegenwärtig werden. Weisheitliche Eschatologie weist auf eine jetzt in der Gegenwart zu praktizierende Lebensweise hin und stellte keine Hoffnung auf ein zukünftiges Leben in Aussicht. Diese Herausforderung zu einer radikalen Änderung des Lebensstils hat in der Antike auf seine Weise Diogenes angenommen, der in einem Faß wohnte, und in der modernen Welt der prinzipiell auf Gewalt verzichtende Mahatma Gandhi. Apokalyptische Eschatologie ist Weltverneinung in Erwartung *zukünftigen und nahe bevorstehenden* göttlichen Eingreifens in den Lauf der Welt; weisheitliche Eschatologie ist Weltverneinung in der Gewißheit *gegenwärtiger und immanenter* Anwesenheit Gottes in der Welt. Bei apokalyptischer Eschatologie erwarten wir, daß Gott handeln möge. Bei weisheitlicher Eschatologie erwartet Gott von uns, daß wir handeln.

Jesus begann sicherlich als Jünger des Täufers, denn daß er von Johannes getauft wurde, wissen wir so genau, wie wir nur irgend etwas über ihn wissen. Markus 1, 9–11 räumt es ein, Matthäus 3, 14–15 erklärt es, Lukas 3, 21–22 verdunkelt es, und Johannes 1, 29–34 ignoriert es. Ihre offensichtliche Verlegenheit deswegen ist Beweis der Tatsache. Doch Johannes wurde getötet, und Gott griff nicht ein. Johannes wurde exekutiert, und der apokalyptische Advent des rächenden Gottes blieb aus. Als wir endlich Jesu eigene Stimme hören, spricht sie nicht für die Fortsetzung der Täuferbewegung, sondern verkündet die Königreichsbewegung. Jesus, womöglich durch das Schicksal des Johannes und das Ausbleiben einer sichtbaren Intervention Gottes belehrt, wechselte von der apokalyptischen zur weisheitlichen Eschatologie.

«Amen, das sage ich euch: Unter allen Menschen hat es keinen größeren gegeben als Johannes den Täufer; doch der Kleinste im Himmelreich ist größer als er.»
(Q-Evangelium bei Matthäus 11, 11 und Lukas 7, 28)

In zwei früheren Büchern (*Der historische Jesus* und *Jesus. Ein revolutionäres Leben*) habe ich Jesu religiös-politische Vision und sozioökonomisches Programm rekonstruiert. Hier werde ich nur einen kurzen Abriß davon geben.

Jesu Ausdruck *das Reich Gottes* evoziert eine ideale Vision politischer und religiöser Macht, eine Vorstellung des Zustands der Welt, wenn nicht Caesar, sondern Gott auf dem kaiserlichen Thron säße. Als solche impliziert sie stets beißende Kritik an jeder menschlichen Herrschaft. Insbesondere weigert sie sich eschatologisch, den gegenwärtigen Lauf der Welt anzuerkennen. Doch als Lösung unter diesen Umständen soll gelten, daß wir nun handeln müssen, um Gottes Macht auf Erden zu beweisen, nicht daß Gott zu diesem Zweck handeln muß.

So beschreiben die Sprüche und Gleichnisse des historischen Jesus oft eine Welt eines radikalen Egalitarismus, in der Diskriminierung und Hierarchie, Ausbeutung und Unterdrückung nicht länger existieren sollten. Das ist sein utopischer Traum vom Gottesreich, wo sowohl materielle als auch spirituelle Güter, politische und religiöse Ressourcen, ökonomische und transzendentale Vergünstigungen allen gleichermaßen zur Verfügung stehen, ohne daß bei deren Verteilung Makler oder Vermittler mitzureden hätten. Man denke etwa an sein Gleichnis von dem Gastmahl, zu dem der Diener schließlich jeden, den er antrifft, bringen muß, so daß sich Männer und Frauen, Verheiratete und Unverheiratete, Reine und Unreine, Reiche und Arme zum gleichen Mahl an eine offene Tafel ohne Sitzordnung setzen müssen. Hinter dieser Vision stand ein Programm, die poetische Rhetorik sprach eine politische Herausforderung aus. Die praktische Ausführung dieses Programms sieht man anschaulich in drei unabhängigen Quellentexten beschrieben, von denen zwei aus der ältesten Schicht der Jesus-Überlieferung stammen. Die Anweisungen dieser Texte beharren auf der

Gegenseitigkeit des freien Heilens und offenen Essens. Die Angehörigen der Königreichbewegung, wird gesagt, müssen essen mit denen, die sie geheilt haben, und in dieser Verbindung verwirklicht sich das Gottesreich. Die Jünger sind nicht ausgesandt, Jesus Anhänger zuzuführen. Es geht Jesus nicht um die Vermehrung seiner Macht, sondern um die Ermächtigung seiner Nächsten. Er maßt sich kein Monopol auf das Gottesreich an, es ist für jeden zu haben, der den Mut hat, es zu ergreifen.

> «Und wenn ihr in alle Länder hineingeht und in den Gegenden reist, so eßt, wenn sie euch aufnehmen, was sie euch vorsetzen werden! Heilt die Kranken, die unter ihnen sind.»
> (Thomasevangelium 14, 2)

> «Nehmt keinen Geldbeutel mit, keine Vorratstasche und keine Schuhe! Grüßt niemanden unterwegs! Wenn ihr in ein Haus kommt, so sagt als erstes: Friede diesem Haus! Und wenn dort ein Mann des Friedens wohnt, wird der Friede, den ihr ihm wünscht, auf ihm ruhen; andernfalls wird er zu euch zurückkehren. Bleibt in diesem Haus, eßt und trinkt, was man euch anbietet; denn wer arbeitet, hat ein Recht auf seinen Lohn. Zieht nicht von einem Haus in ein anderes! Wenn ihr in eine Stadt kommt und man euch aufnimmt, so eßt, was man euch vorsetzt. Heilt die Kranken, die dort sind, und sagt den Leuten: Das Reich Gottes ist euch nahe. Wenn ihr aber in eine Stadt kommt, in der man euch nicht aufnimmt, dann stellt euch auf die Straße und ruft: Selbst den Staub eurer Stadt, der an unseren Füßen klebt, lassen wir euch zurück; doch das sollt ihr wissen: Das Reich Gottes ist nahe.»
> (Q-Evangelium bei Matthäus 10, 8–14 und bei Lukas 10, 4–11)

> «Er gebot ihnen, außer einem Wanderstab nichts auf den Weg mitzunehmen, kein Brot, keine Vorratstasche, kein Geld im Gürtel, kein zweites Hemd und an den Füßen nur Sandalen. Und er sagte zu ihnen: Bleibt in dem Haus, in dem ihr einkehrt, bis ihr denn Ort wieder verlaßt. Wenn man euch in einem Ort aber nicht aufnimmt und euch nicht hören will, dann geht weiter und schüttelt den Staub von euren Füßen, zum Zeugnis gegen sie. Die Zwölf machten sich auf dem Weg und riefen die Menschen zur Umkehr auf. Sie trieben viele Dämonen aus und salbten viele Kranke mit Öl und heilten sie.»
> (Markus 6, 8–13 = Matthäus 10, 8–10a, Lukas 9, 3–6)

Jesus nannte sein Programm die Gegenwart des Königreichs Gottes, doch muß dieser Ausdruck im Lichte seines eigenen Handelns und des Handelns, zu dem er seine Gefährten aufrief, gedeutet werden. Für Jesus bedeutete es nicht die Erwartung einer nahe bevorstehenden apokalyptischen Intervention Gottes zur Neuordnung der von dem Bösen und von der Ungerechtigkeit in Unordnung gebrachten Welt. Jesus meinte die Gegenwart des Gottesreichs im Hier und Jetzt, in der Gegenseitigkeit des offenen Essens und offenen Heilens, das heißt in einem radikalen Egalitarismus sowohl auf der sozioökonomischen (Essen) als auch auf der religiös-politischen (Heilen) Ebene.

Diese Kombination von Vision und Programm, von Wort und Tat, von Gedanke und Handlung hätte ebensoleicht, wie sie zur Hinrichtung des Johannes durch Antipas geführt hatte, auch die Beseitigung Jesu durch den Tetrarchen zur Folge haben können. Wir wissen jedoch, daß das Volk diesem sein Verfahren gegen den Täufer übelnahm. Man erinnere sich der ungenannten nabatäischen Gattin, die Antipas verstieß, um Herodias zur Frau zu nehmen. Deren königlicher Vater führte ein Heer gegen Antipas ins Feld. Es kam zur Schlacht, und bei dieser wurde fast das ganze Heer des Tetrarchen vernichtet.

«Manche Juden waren übrigens der Ansicht, der Untergang der Streitmacht des Herodes sei nur dem Zorne Gottes zuzuschreiben, der für die Tötung Johannes des Täufers die gerechte Strafe gefordert habe.» (Josephus, *Jüdische Altertümer*, 18, 5, 2 = 18, 114, 116)

Dieser Groll seiner Untertanen wegen der Tötung des Johannes des Täufers ließ wahrscheinlich Antipas davor zurückscheuen, gegen Jesus so hart wie gegen jenen durchzugreifen. Er wollte wohl vermehrte Unzufriedenheit, besonders bei den Bauern, nicht riskieren. Das erklärt, weshalb Jesus hätte in Galiläa hingerichtet werden können, aber nicht hingerichtet wurde. Es erklärt natürlich nicht, weshalb Jesus von Pilatus in Judäa hingerichtet wurde.

Zur Beantwortung dieser Frage muß ich auf Jesu Verhältnis zum Tempel in Jerusalem zu sprechen kommen. Zunächst ist aber etwas über das Verhältnis der jüdischen Bauern zu diesem Heiligtum zu sagen, über die explosive Situation, die gegeben war, wenn sich an den hohen Festtagen die Volksmassen dort versammelten, und über das Verhalten zum Tempel, das als todwürdiges Verbrechen eingeschätzt werden mochte. Ich werde deshalb im nächsten Abschnitt von zwei Zwischenfällen im Tempelbezirk berichten, die dieses Verhältnis, solche Situationen und solches Verhalten veranschaulichen und einen Hintergrund liefern, vor dem im letzten Abschnitt dieses Kapitels Jesu Verhältnis und Verhalten zum Tempel zu betrachten sein wird. Die Frage dabei wird aber bleiben: Welches Verbrechen hatte die Hinrichtung Jesu unter Pilatus in Judäa zur Folge?

Bauern im Tempel

Was hielten die jüdischen Bauern vom Tempel? (Theissen 1992, S. 95–114) Waren sie für oder gegen ihn? War er für sie der Ort von Gebeten und Opfern oder von Zehnten und Steuern? War er ein Gotteshaus oder eine Zentralbank? War er der Ort der Verbindung zwischen Gott und ihnen selbst, zwischen Himmel und Erde, oder der Verbindung zwischen Religion und Politik, zwischen jüdischer Kollaboration und römischer Okkupation? Er war unleugbar beides, und die Haltung der Bauern zu ihm war dementsprechend zweideutig.

Zweideutige Reaktionen der Bauern

Um die Haltung Jesu zum Tempel recht zu verstehen, müssen wir uns zuerst mit der Haltung der Bauern insgemein zu dem heiligen Bauwerk bekannt machen. Zu diesem Zweck vergleiche man zwei sehr unterschiedliche Reaktionen der Bauern auf den Tempel, deren erste aus den vierziger und deren zweite aus den sechziger Jahren des 1. Jahrhunderts der christlichen Ära bezeugt ist. Ich führe sie an als Beispiele einer dauerhaften und bleibenden Ambiguität im Verhältnis der Bauern zu dieser Institution der jüdischen Religion, mit der ständig zu rechnen ist.

Die Statue des Caligula

Der von Kindheit auf unter dem Spitznamen Caligula bekannte Gaius war römischer Kaiser von 39–41 n. Chr., und die beklagenswerte Geschichte seiner Statue findet sich zweimal in den Werken des hier schon oft zitierten jüdischen Geschichtsschreibers Josephus, überdies jedoch auch in einer Schrift des jüdischen Philosophen Philo, der von 20 v. Chr. bis 45 n. Chr. in Alexandria lebte. Alle drei Berichte stimmen darin überein, daß Caligula – erzürnt, daß die Juden seine Göttlichkeit, wie er meinte, nicht hinreichend achteten – beschloß, Statuen seiner selbst als des fleischgewordenen Zeus im Tempel von Jerusalem aufstellen zu lassen. Er befahl dem neuernannten Gouverneur von Syrien, Petronius, diese Maßnahme unverzüglich zu ergreifen und zu diesem Zweck zwei Legionen nach Judäa zu führen. Diese beiden Legionen, die bei voller Gefechtsstärke aus etwa zwölftausend Mann Elitetruppen bestanden, waren etwa die Hälfte der in Antiochia zum Schutz der östlichen Grenze des Reichs stationierten Streitkräfte, und mithin läßt Caligulas Befehl darauf schließen, daß er ernsthaften Widerstand gegen die angeordnete Maßnahme erwartete. Petronius zog befehlsgemäß nach Süden und legte seine Truppen während des Winters 39 auf 40 n. Chr. in Ptolemais, an der Mittelmeerküste westlich von Galiläa, in Winterquartiere. Dort geschah dann zufolge der Berichte des Josephus und des Philo dies:

> «Von den Juden aber kamen viele Tausende nach Ptolemais zu Petronius», sagt Josephus im 8. Kapitel des 18. Buchs seiner *Jüdischen Altertümer* («mit Weib und Kind» liest man in seinem Werk über den *Jüdischen Krieg*, 2, 10, 3), «und baten ihn, er möge sie doch nicht zwingen, ihr väterliches Gesetz zu übertreten ... Da Petronius ... einsah, daß die Aufstellung der Bildsäule des Gaius nicht ohne vieles Blutvergießen mög-

lich sein würde, zog er mit seinen Freunden und seiner Dienerschaft nach Tiberias, um sich dort vom Stande der jüdischen Verhältnisse zu überzeugen. Die Juden ... gingen dem Petronius abermals in einer Stärke von vielen Tausenden auf dem Wege nach Tiberias entgegen ... ‹Wollt ihr denn also wirklich›, fragte Petronius, ‹mit dem Caesar Krieg führen ...?› Sie aber erwiderten ihm: ‹Keineswegs wollen wir Krieg führen, sondern wir wollen lieber sterben, als unsere Gesetze übertreten.› Damit warfen sie sich zur Erde, boten ihren Nacken dar und erklärten sich bereit, augenblicklich den Tod zu erleiden. So thaten sie vierzig Tage lang und unterließen sogar, das Land zu bestellen, obwohl es hohe Zeit zur Aussaat war, indem sie fest bei ihrem Entschlusse verharrten, eher zu sterben als die Aufrichtung des Standbilds mit ansehen zu müssen.»

Philo, in seiner Schrift über *Die Gesandtschaft an Caligula*, 222–249, sagt unter anderem:

«Er holte aber auch die geistlichen und weltlichen Führer der Juden zusammen ... Er meinte nämlich, hätte er erst ihren Starrsinn gebrochen, könne er mit ihrer Hilfe die übrige Masse ganz davon abringen, Widerstand zu leisten. Darin irrte er aber, wie zu erwarten war. Man berichtet, daß sie unter der Wucht der ersten Sätze seiner ungewöhnlichen Unheilsansprache plötzlich erstarrt und sprachlos dastanden, ihren Tränen wie Bächen freien Lauf ließen, sich Bart und Kopfhaar rauften ... Sobald aber die Bewohner der heiligen Stadt und des übrigen Landes von dem Anschlag hörten, strömten sie wie auf ein Signal zusammen ... brachen in Massen auf, ließen Städte, Dörfer und Häuser leer zurück und machten sich in geschlossenem Zuge auf den Weg nach Phönizien, dem augenblicklichen Aufenthalt des Petronius ... Man teilte sie aber in sechs Abteilungen, auf der einen Seite Greise, junge Männer und Knaben, auf der anderen alte Frauen, Frauen und Mädchen.» Die Männer, so berichtet Philo weiter, wiesen Petronius darauf hin, daß sie unbewaffnet kämen, ihre Frauen und Kinder mitgebracht hätten und Rom sowie dem Kaiser treu ergeben seien. «Jedoch», sagten sie, «wenn wir dich nicht rühren können, so weihen wir uns selbst dem Untergang, um im Leben nicht eine Schande sehen zu müssen, die schlimmer ist als der Tod.» Angesichts dieses massiven passiven Widerstands schrieb Petronius dem Kaiser, daß er die Ausführung seines Befehls ein wenig aufzuschieben für geboten halte: «Denn das Korn und andere Halmfrüchte stünden vor der Ernte. Er fürchte, die Leute würden, verzweifelt über die Verwerfung ihrer Traditionen, ihr Leben gering achten und die Felder verwüsten oder das Getreide in den Bergen und Ebenen anzünden.»

Beide Autoren stimmen darin überein, daß die Volksmengen unbewaffnet waren, daß die Männer ihre Frauen und Kinder mitbrachten, daß sie ihre Treue zu Rom und dem Kaiser beteuerten, daß sie aber sterben wollten, wenn die Aufstellung eines Standbilds des Kaisers den heiligen Tempel von Jerusalem entweihte. Beide Autoren bemerken auch, daß diese Demonstration sich in einer für die Landwirtschaft wichtigen Jahreszeit ereignete, sei es die der Aussaat oder die der Ernte. Petronius wich angesichts eines drohenden landwirtschaftlichen Generalstreiks und des festen Willens der Bauern, notfalls als Blutzeugen für ihren Glauben zu sterben, zurück nach Antiochia und hätte seine Befehlsverweigerung wahrscheinlich seinerseits mit dem Tode gebüßt, wäre nicht Anfang des Jahres 41 der Kaiser ermordet worden.

Das war die eine Seite der Einstellung des Bauerntums zum Tempel. Als ein heidnischer Kaiser drohte, ihn zu entweihen, waren die Bauern willens, eher zu sterben, als diese Entweihung zu dulden. Hier verhielten sie sich nach *religiösen* Richtlinien, als Juden gegen die Heiden. Die Einstellung der Bauern zum Tempel gehorchte aber nicht ausschließlich religiösen Richtlinien. In dem nun zu betrachtenden zweiten Fall sehen wir ihr Verhalten von *Klassen*gesichtspunkten bestimmt und finden als ihre Gegner nicht Heiden, sondern Juden.

Die Wahlen der Zeloten

Während des ersten Krieges gegen die Römer, der im Spätsommer 66 n. Chr. begonnen hatte, ereignete sich ein Zwischenfall. Im Frühjahr 67 hatte der römische General Vespasian Galiläa zurückerobert, und Josephus war in römische Gefangenschaft geraten. Während des Winters 67–68 und des Frühlings 68 rückte Vespasian unaufhaltsam nach Süden auf Jerusalem vor, wobei er eine Strategie der «verbrannten Erde» praktizierte. Gruppen bäuerlicher Aufständischer, angeführt von Banditen, wurden von den anrückenden Römern genötigt, Zuflucht hinter den Mauern Jerusalems zu suchen. Die Leute wurden allgemein als Zeloten («Eiferer») bezeichnet und errichteten in der Stadt eine Schreckensherrschaft, der sich die einstige aristokratische und hochpriesterliche Führung des Widerstandskampfes gegen Rom beugen mußte. Jetzt trat der Tempelkult hinter dem Klassenkampf zurück. Josephus selbst gehörte dem Priesteradel an, und sein Bericht über diese Vorgänge läßt keinen Zweifel an der Seite, auf welcher er selbst bei diesen Auseinandersetzungen stand.

«Während das Volk immer mutloser und zaghafter wurde, steigerte sich ihr Wahnsinn in solchem Grade, daß sie sogar die Wahl der Hohenpriester sich anmaßten. Sie schafften die Vorrechte der Familien ab, aus denen nacheinander die Hohenpriester ernannt wurden, und übertrugen die Würde an gewöhnliche Leute aus niederem Stande, um an ihnen Helfer für ihre Schandtaten zu gewinnen; denn diese Menschen, die ohne eigenes Verdienst zur höchsten Ehrenstelle gelangt waren, mußten denen zu Willen sein, die ihnen dazu verholfen hatten. Die Amtsträger hetzten sie durch allerlei Kniffe und Verleumdungen gegeneinander, und die Reibereien unter denen, die ihnen noch in den Weg treten konn-

ten, nutzten sie für ihre Zwecke aus, bis sie endlich, übersättigt von den Freveln gegen Menschen, ihre Frechheit auch gegen die Gottheit kehrten und mit unreinen Füßen den Tempel zu betreten wagten ...
Schließlich fügten sie ihren Greueltaten auch noch Hohn hinzu, der schmerzlicher als jene empfunden wurde. Um nämlich zu prüfen, wie weit das Volk sich von ihnen einschüchtern lassen würde, und um zugleich ihre eigene Stärke zu erproben, wagten sie es, die Hohenpriester durchs Los zu wählen, während doch, wie gesagt, das Anrecht auf diese Würde durch Abstammung erworben wird. Zum Vorwand ihres Unternehmens führten sie eine alte Sitte an: Auch in früheren Zeiten, behaupteten sie, sei die hohepriesterliche Würde durchs Los zugeteilt worden; in Wirklichkeit aber bezweckte ihr Vorhaben, eine verbürgte Sitte aufzuheben, und war nichts weiter als ein Kunstgriff zur Stärkung ihrer Macht, indem sie die höchsten Stellen selbst besetzten.
So beriefen sie denn eine der hohenpriesterlichen Klassen, Eniachin genannt, und wählten einen Hohenpriester durchs Los. Zufällig traf das Los einen Menschen, an dessen Person das Frevelhafte ihres Beginnens ganz offenkundig wurde, einen gewissen Phanni, Sohn Samuels, aus dem Dorfe Aphthia. Abgesehen davon, daß er überhaupt keinem hohenpriesterlichen Geschlecht angehörte, war er auch so ungebildet, daß er nicht einmal wußte, was Hohepriestertum eigentlich sei. Wider seinen Willen schleppten sie ihn vom Lande herein, schmückten ihn wie auf der Bühne mit einer fremden Maske, bekleideten ihn mit dem heiligen Gewand und unterwiesen ihn darin, was er bei gewissen Anlässen zu tun habe. Ihnen freilich diente dieser ungeheure Frevel nur zu Scherz und Spott; den anderen Priestern dagegen, die von fern zusahen, wie das Gesetz verhöhnt wurde, traten die Tränen in die Augen, und sie betrauerten die Verunglimpfung der heiligen Ämter.»
(Josephus, *Der jüdische Krieg*, 4, 3, 6 = 4, 147–148, 153–157)

Ich habe hier so ausführlich zitiert, um den heiligen Zorn des Josephus vorzuführen, sein offensichtliches Anliegen, nicht zu erklären, was geschah, sondern die Absichten der Handelnden schlechtzumachen. Denn Josephus ist wütend, weil sich hier die Bauern gegen den Adel erhoben, und das um so mehr, als das, was sie taten, tatsächlich einer alten gültigen Tradition entsprach.
Das bedarf einiger Erläuterung der Voraussetzungen, von denen her die Bauern handelten. Wie es nur einen Gott gab, so gab es nur einen Tempel und einen Hohenpriester. Die Inhaber dieses Amts waren von alters her aus einer einzigen Familie gewählt worden, derjenigen des Zadok, mindestens seit Salomos Zeiten und bis in die ersten Jahrzehnte des zweiten vorchristlichen Jahrhunderts. Doch als nach 160 v. Chr. die jüdische Dynastie der Hasmonäer eine jüdische Regierung des jüdischen Landes wiederherstellte, nahm sie das Hohepriesteramt für sich in Anspruch, obwohl sie

ihr Geschlecht nicht auf Zadok zurückführen konnte. Es waren höchstwahrscheinlich legitimistische zadokische Priester, die sich nach Qumran
ans Tote Meer zurückzogen, denn unter den von der dortigen Gemeinde
zurückgelassenen berühmten Schriftrollen hat man auch eine Gemeinde-
regel gefunden, die besagt: «Das Los soll geworfen werden bei allen Fragen
des Gesetzes oder des Besitzes oder des Rechts.» (5, 3) Denn unter den
Herodiern und den Römern wurden die Hohenpriester aus vier großen
Familien gewählt, die alle keine legitime zadokische Abstammung nachweisen konnten, und zwar wurden sie für das hohe Amt ernannt und aus
ihm entlassen fast wie Dienstboten. Was die bäuerlichen Zeloten taten, ist
also in diesem Zusammenhang ganz logisch kohärent und traditionsge-
mäß. Sie entmachteten die aristokratische Regierung ihres Landes und er-
setzten sie durch einen bäuerlichen Führer, der aus dem legitimen Priestergeschlecht stammte und durch das überlieferte Wahlverfahren, nämlich
durch das Los, bestimmt wurde. Damit wurde die letzte Entscheidung
natürlich Gott anheimgestellt. Da alle Abkömmlinge Zadoks als legitime
Kandidaten galten, sollte Gott unter diesen die Auswahl treffen. Sie
dachten nicht daran, den Klügsten, den Größten oder den Reichsten oder
Mächtigsten auszusuchen. Die Losentscheidung entsprach dem radikalen
Egalitarismus, den sie praktizierten. Sie töteten auch ihre Hauptgegner
Ananus II. und Jesus, die das Hohepriesteramt, der erste von 62–63, der
zweite von 63–69 n. Chr., innegehabt hatten.

Zwischen den beiden referierten Vorgängen – den Protesten gegen das
Standbild Caligulas und der Hohepriesterwahl der Zeloten – lagen dreißig
Jahre, doch scheint an ihnen die Ambivalenz der bäuerlichen Einstellung
zum Tempel von Jerusalem und seiner Priesterschaft auf. Die Bevölkerung
war willens, als Märtyrer für ihn in Massen zu sterben, wenn es galt, ihn
gegen die Römer zu verteidigen, aber ebenso bereit zu Massenmorden,
wenn sich die Gelegenheit ergab, dem jüdischen Adel die Kontrolle über
ihn zu entreißen.

Unruhen bei den hohen Festen

Als weitere Voraussetzung meiner Ansichten über Jesus und den Tempel
erwähnte ich, daß die hohen Feste im Tempel von Jerusalem von jeher
gefährliche Brennpunkte der Leidenschaften des Volkes waren. Alljährlich
zogen drei hohe Feste große Mengen von Pilgern in den beschränkten
Raum des Tempels. Das Laubhüttenfest wurde im September und Oktober
gefeiert, das Fest der Wochen im Mai und Juni und das eintägige Passahfest, an welches sich unmittelbar das eine Woche andauernde Fest der
ungesäuerten Brote anschloß, im März und April. Das letztere Fest war
zugleich ein Erntedankfest für die Erzeugnisse der Weidewirtschaft (Lämmer) und des Getreideanbaus (ungesäuerte Brote), auf welchen die jüdische Volkswirtschaft basierte, und eine Gedenkfeier an den Auszug aus
Ägypten. Doch im Andenken an den Auszug aus Ägypten feierte man die

göttliche Erlösung aus imperialistischer Sklaverei und drohender Ausrottung, und so muß dieses alljährliche Gedenken notwendig subversive Züge angenommen haben, als Rom an die Stelle Ägyptens trat und das Gelobte Land nicht länger ein Hort der Freiheit war, sondern ein Ort kolonialer Unterdrückung. Man vergegenwärtige sich die Situation, in der große Volksmassen auf engstem Raum zusammengedrängt ihre einstige Befreiung aus der Sklaverei feiern, während längst ein herodianischer Kleinkönig oder ein römischer Präfekt ihre Geschicke lenkt und von der Antoniafestung an der Nordwestecke des Tempelbezirks heidnische Soldaten in die Tempelhöfe hinabspähen. Die Pilgerfeste im allgemeinen, das Passahfest aber insbesondere, stellten jedesmal explosive Situationen her, auf welche denn auch die staatlichen Behörden, seien es heriodianische oder römische, sich wachsam vorzubereiten trachteten. Wir illustrieren das an zwei beispielhaften Vorgängen auf dem Tempelberg, die andeuten, daß sich während der fünfzig Jahre, die zwischen ihnen vergingen, an den Bedingungen dieser Situation nicht viel geändert hatte.

Archelaos am Passahfest
Der erste Vorfall geschah am Passahfest des Jahres 4 v. Chr., kurz nachdem Herodes der Große gestorben war, aber noch ehe dessen Sohn Archelaos nach Rom abgereist war, dort seine Ansprüche bei Kaiser Augustus geltend zu machen. Er erhielt schließlich die Hoheit über Idumäa, Judäa und Samaria, die er jedoch nur bis zum Jahre 6 n. Chr. ausüben konnte, als er ins Exil geschickt und die Verwaltung dieser Gebiete direkt römischen Präfekten anvertraut wurde. Herodes der Große hatte noch kurz vor seinem Tode einige Schriftgelehrte, durch deren Verhalten er seine Autorität bedroht glaubte, hinrichten lassen (ich komme auf diesen Zwischenfall noch zu sprechen), und das war den Massen am bald darauf gefeierten Passahfest noch in frischer Erinnerung.

«... gerade jetzt strömte eine Menge von Landleuten zu religiösen Feiern in der Stadt zusammen, da das Fest der ungesäuerten Brote bevorstand, das die Judäer Passah nennen und durch unzählige Opfer verherrlichen. Die nun, welche die Gesetzeslehrer betrauerten, blieben im Tempel beieinander und schürten von hier aus die Flamme des Aufruhrs. Darüber geriet Archelaos in Furcht, und um zu verhindern, daß sich das Fieber der Empörung auf das ganze Volk ausbreitete, sandte er in aller Stille einen Tribun an der Spitze einer Kohorte ab mit dem Auftrag, sich der Rädelsführer gewaltsam zu bemächtigen. Die Volksmenge aber stürzte sich den Soldaten entgegen und warf den größten Teil von ihnen mit Steinen zu Tode. Der Tribun selbst wurde verwundet und entkam nur mit Not. Hierauf wandten sich die Empörer, als wenn nichts vorgefallen wäre, dem Opferdienst zu. Archelaos aber sah ein, daß das Volk ohne Blutvergießen nicht länger mehr im Zaum zu halten sei. Er ließ daher

die gesamte Streitmacht ausrücken, und zwar die Fußtruppen in geschlossenem Zuge durch die Stadt, die Reiterei aber über das Feld. Auf
diese Weise wurden gegen 3000 Menschen während der Opfer nieder-
gemacht. Der übrige Teil des Volkes zerstreute sich in das nahe Gebirge.
Dorthin folgten ihnen von Archelaos gesandte Herolde, die den Befehl
verkündeten, es solle ein jeder in seine Heimat zurückkehren, worauf
sie alle das Fest verließen und sich davonmachten.»
(Josephus, *Jüdischer Krieg*, 2, 1, 2 = 2, 10–13; sowie *Jüdische Altertümer*,
17, 9, 3 = 17, 204–205)

Es erübrigt sich, den vollen Text auch der zweiten Fassung dieses Berichts
in den *Jüdischen Altertümern* vollständig zu zitieren, erwähnenswert ist
aber vielleicht, daß Josephus hier seinen heidnischen Lesern erklärt, «dieses Fest heißt Passah und ist eingesetzt zur Erinnerung an den Auszug aus
Ägypten», und das Bemühen des Archelaos würdigt, «den Empörern Ein-
halt zu thun, ehe noch die übrige Volksmenge in den Taumel mit hinein-
gerissen würde», weshalb er besonders «durch seine Reiterei die außerhalb
des Tempels befindliche Volksmenge verhindern» ließ, «denen, die im
Tempel waren, Hilfe zu leisten.» Unter den Bedingungen, die während der
hohen Festtage in Jerusalem herrschten, waren die Gefahren einer Eskala-
tion unabsehbar.

Cumanus am Passahfest
Der zweite Zwischenfall beim Passahfest ereignete sich, nachdem im Jahre
44 n. Chr. die Römer das ganze jüdische Land direkter römischer Verwaltung unterstellt hatten, unter der Verwaltung des Ventidius Cumanus, der
von 48 bis 52 n. Chr. römischer Präfekt dort war.

«Als das Volk zum Fest der ungesäuerten Brote in Jerusalem zusammen-
strömte, war über der Säulenhalle des Tempels eine römische Kohorte
aufgestellt, wie die Römer an Festtagen stets eine Heeresabteilung auf
Wache stehen hatten, um einen etwaigen Aufruhr der versammelten
Menge zu unterdrücken. Da zog auf einmal einer der Soldaten seinen
Mantel in die Höhe, kehrte mit einer unanständigen Verbeugung den
Judäern das Gesäß zu und gab einen seiner Stellung entsprechenden
Laut von sich. Entrüstet forderte die gesamte Menge von Cumanus mit
lautem Geschrei, den Soldaten zu bestrafen; ja, eine Anzahl jugendlicher
Hitzköpfe und der stets zur Empörung geneigte Teil des Volkes schritten
ohne weiteres zum Angriff, rafften Steine zusammen und bewarfen die
Soldaten. Cumanus, der einen Angriff von seiten des ganzen Volkes
befürchtete, ließ sogleich eine größere Abteilung Schwerbewaffneter
heranrücken. Als diese in die Hallen eindrangen, erschraken die Judäer,
rannten aus dem Tempel und flohen in die Stadt. Dadurch entstand an
den Ausgängen ein so fürchterliches Gedränge, daß mehr als 10000
Menschen zertreten und erdrückt wurden. So wandelte sich die Fest-

freude in eine allgemeine Trauer des ganzen Volkes, und jedes Haus hallte wider von Jammer und Klagen.»

(Josephus, *Jüdischer Krieg*, 2, 12, 7 = 2, 224–227; *Jüdische Altertümer*, 20, 5, 3 = 20, 106–112)

Auch hier ist es nicht notwendig, die zweite Fassung vollständig anzuführen. Hier nennt Josephus das «sogenannte Passahfest, an dem wir nur ungesäuertes Brot zu essen pflegen», erwähnt die «Antonia» («die den Tempel beherrschende Veste»), sagt, daß bei dem schamlosen Benehmen des Soldaten die Menge geschrien habe: «Nicht ihnen sei Schmach angetan, sondern Gott.» Und er beziffert die Zahl der Getöteten auf erheblich «mehr als 10 000», nämlich «an 20 000».

Die an diesem Zwischenfall beteiligten Truppen waren übrigens keine Legionen, von denen in jener Zeit, wie schon erwähnt, vier unter dem Befehl des syrischen Legaten in Antiochia standen. Der diesem nachgeordnete Präfekt des jüdischen Landes befehligte fünf Kohorten Infanterie und eine Schwadron Reiterei. Diese Hilfstruppen – die Mannschaftsstärke einer Kohorte war auf 600 festgesetzt – waren Landeskinder, allerdings keine Juden, sondern meistens Heiden aus verschiedenen überwiegend heidnischen Städten des jüdischen Landes, vor allem aus Sebaste in Samaria und aus Cäsarea, der römischen Hauptstadt an der Küste. Auch bei dieser Gelegenheit zeigte sich, daß die Feste im allgemeinen gefährliche Situationen waren, insbesondere aber das Passahfest, wo in einem besetzten Land große Volksmengen das Andenken einstiger Befreiung aus der Knechtschaft feierten.

Ein Orakel und ein Adler

Zuletzt gilt es zum besseren Verständnis dessen, was Jesus im Zusammenhang mit dem Tempel widerfuhr, zu untersuchen, welche Art Verstöße gegen die Heiligkeit und Ordnung des Tempels als todeswürdig galten.

Das Orakel eines Irren

Er hieß Jesus und war ein Bauer. Er redete gegen den Tempel, wurde verhaftet, von der jüdischen Obrigkeit geschlagen und den römischen Behörden übergeben, auf deren Anordnung er abermals ausgepeitscht und dann entlassen wurde. Dieser Jesus allerdings war ein Sohn des Ananias oder Ananos, und das Jahr war 62 n. Chr., in Jerusalem herrschte Albinus, römischer Statthalter bis zum Jahr 64. Auch der Zwischenfall, dessen Protagonist Jesus, Sohn des Ananias war, ereignete sich während eines Tempelfests, allerdings nicht am Passahfest im Frühling, sondern am Laubhüttenfest im Herbst. Hier ist der Bericht des Josephus darüber, der als engste Parallele zum Passionsbericht der Evangelien aus jenem 1. Jahrhundert der christlichen Ära gelten kann.

«Ein gewisser Jesus, des Ananos Sohn, ein ungebildeter Bauer, kam vier
Jahre vor Ausbruch des Krieges, als die Stadt sich noch tiefen Friedens
und großen Wohlstandes erfreute, an dem Fest, an dem der Sitte gemäß
alle Judäer dem Gott zu Ehren Laubhütten errichten, zum Tempel und
fing plötzlich an zu rufen: ‹Kampfgeschrei aus Osten, Kampfgeschrei
aus Westen, Kampfgeschrei aus den vier Windrichtungen; wehe über
Jerusalem und das Heiligtum, wehe über Bräutigame und Bräute, wehe
über das ganze Volk!› Tag und Nacht rief er so, in allen Gassen umher-
laufend. Einige vornehme Bürger, die sich über das Wehgeschrei ärger-
ten, ergriffen den Menschen und schlugen ihn. Er aber fuhr fort, ohne
etwas für sich oder gegen seine Peiniger vorzubringen, seine früheren
Worte zu wiederholen. Mit Recht glaubten daher die Vorsteher, daß er
unter einem übernatürlichen Antrieb handle. Sie führten ihn vor den
römischen Prokurator, wo er, obwohl bis auf die Knochen durch Gei-
ßelhiebe zerfleischt, weder um Gnade bat noch Tränen vergoß, sondern
jeden Hieb nur in jammervollem Tone mit dem Ruf erwiderte: ‹Wehe
Jerusalem!› Als Albinus – dies war der Prokurator – ihn fragte, wer und
woher er sei und weshalb er so rufe, gab er auch hierauf keine Antwort,
sondern fuhr mit seinem Klagegeschrei über die Stadt fort, bis Albinus,
von seinem Wahnsinn überzeugt, ihn laufenließ. Die ganze Zeit hindurch bis zum Ausbruch des Krieges verkehrte er mit keinem seiner
Mitbürger, noch sah man ihn mit jemand reden – sondern Tag für Tag
klagte er, wie wenn er ein Gebet hersage:; ‹Wehe Jerusalem!› Er fluchte
keinem von denen, die ihn jeden Tag schlugen, noch dankte er denen,
die ihm zu essen gaben: Für niemand hatte er eine andere Antwort als
jene Unglücksprophezeiung. Besonders laut aber ließ er seinen Ruf an
Festtagen erschallen; und obwohl er dies sieben Jahre und fünf Monate
lang fortsetzte, wurde seine Stimme weder heiser noch matt, bis er endlich bei der Belagerung seine Weissagung in Erfüllung gehen sah und
Ruhe fand. Während er nämlich eines Tages auf der Mauer ging und
gellend herabrief: ‹Wehe der Stadt, dem Volk und dem Heiligtum› und
schließlich hinzusetzte: ‹Wehe auch mir›, traf ihn ein aus einer Wurfma-
schine geschleuderter Stein und machte seinem Leben ein Ende; mit
dem Klageruf auf den Lippen verschied er.»
(Josephus, *Jüdischer Krieg*, 6, 5, 3 = 6, 300–309)

Auch hier war der Protagonist der Unruhe ein Bauer, und die Unruhe
begann während eines Tempelfests. Doch schritt weder der unruhestiften-
de Redner noch sein Publikum von Worten zu Taten fort, und obwohl die
galiläische Obrigkeit die Worte dieses Jesus ernst genug nahm, sie mit dem
Tod bestrafen zu wollen, fand die römische seine Reden politisch irrelevant
und ließ den ihres Erachtens Verrückten frei laufen. Ob er aber nun ver-
rückt war oder nicht, so sollte ihm bekanntlich die Geschichte auf schreckliche Weise recht geben.

Der Adler im Tempel

Der soeben erzählte Zwischenfall ereignete sich dreißig Jahre nach dem Tode des Jesus von Nazaret, der den Adler im Tempel betreffende Zwischenfall dreißig Jahre davor. Er führte zu dem von Archelaos angeordneten Massaker im Tempel am Passahfest, von dem oben schon berichtet worden ist, und ereignete sich kurz vor dem Tode Herodes des Großen. Josephus berichtet:

«Damals lebten in der Stadt zwei Schriftgelehrte, die für besondere Kenner des väterlichen Gesetzes galten und darum beim Volk sehr angesehen waren, Judas, der Sohn des Sepphoraios, und Matthias, der Sohn des Margalos. Wenn diese Männer das Gesetz erklärten, strömten die jungen Leute in Menge bei ihnen zusammen, und so lehrten sie täglich vor einem ganzen Heer von Zuhörern. Als sie erfuhren, wie Gram und Krankheit den König allmählich verzehrten, ließen sie ihren Schülern gegenüber Worte fallen, jetzt sei es an der Zeit, die Ehre des Gottes zu verteidigen und die entgegen dem Gesetz der Väter errichteten Bildwerke zu zerstören; denn ungesetzlich sei es, am Tempel Standbilder, Büsten oder Darstellungen lebender Wesen anzubringen. Herodes hatte nämlich über dem großen Tempeltor einen goldenen Adler aufstellen lassen, und diesen rieten die Schriftgelehrten herunterzureißen, indem sie hinzufügten, wenn auch Gefahr damit verbunden sein sollte, so sei es doch ehrenvoll, für das väterliche Gesetz zu sterben. Wer so ende, dessen Seele werde unsterblich sein und ewige Glückseligkeit genießen, und nur unedle Menschen, die jeder Weisheit bar seien und kein Verständnis dafür hätten, was ihrer Seele fromme, zögen den Tod durch Krankheit dem Heldentod vor.
Zugleich mit diesen Reden verbreitete sich das Gerücht, der König liege im Sterben. Nun gingen die jungen Leute um so dreister ans Werk. Mitten am Tage, während viele Leute sich in der Nähe des Tempels aufhielten, ließen sie sich an starken Seilen vom Tempeldach hinab und zerhieben den goldenen Adler mit Äxten. Sogleich wurde hiervon dem königlichen Palastkommandanten Meldung gemacht, der eilends mit einer starken Truppenabteilung heranrückte, etwa vierzig junge Leute festnahm und sie vor den König führte. Gleich auf die erste Frage, ob sie es gewesen, die sich erfrecht hätten, den goldenen Adler zu zerstören, gestanden sie die Tat trotzig ein, und auf die weitere, wer ihnen dazu den Auftrag gegeben, erwiderten sie: Das Gesetz ihrer Väter. Als sie gefragt wurden, weshalb sie so freudig gestimmt seien, da sie doch hingerichtet würden, erklärten sie, nach dem Tode werde ihnen größeres Glück zuteil werden.
Der übermäßige Zorn, in den der König hierüber geriet, bewirkte, daß sich seine Krankheit besserte, so daß er persönlich eine Volksversammlung besuchen konnte, wo er in langer Rede die jungen Leute als Tem-

pelschänder anklagte, die unter dem Vorwand, das Gesetz zu schützen, weitergehende Absichten verfolgten. Dann verlangte er, sie sollten als Gotteslästerer bestraft werden. Weil aber das Volk fürchtete, es könnten viele in die Untersuchung verwickelt werden, bat es ihn zunächst, er möge nur die Anstifter bestrafen, und danach, er möge nur gegen die bei der Tat Ergriffenen einschreiten, den übrigen dagegen verzeihen. Der König, der nur ungern nachgab, ließ die, die sich an den Seilen herabgelassen hatten, und die beiden Schriftgelehrten lebendig verbrennen, während er die anderen Verhafteten vom Henker hinrichten ließ.»
(Josephus, *Jüdischer Krieg*, 1, 33, 2–4 = 1, 648–655; *Jüdische Altertümer*, 17, 6, 2–4 = 17, 149–167)

Ganz abgesehen von der Frage des Bilderverbots repräsentierte unzweifelhaft der goldene *Adler* auch die römische Macht über den Tempel, und seine Zerstörung war zweifellos ein höchst symbolischer Akt. Diese Aktion zerstörte natürlich nicht zugleich mit dem Symbol die Macht, ja sollte wohl nicht einmal zu einem allgemeinen Aufstand gegen die römische Fremdherrschaft ermutigen. Aber Jesus, der Sohn des Ananias, hatte gegen den Tempel nur *gesprochen*. Die beiden Lehrer und ihre Schüler aber waren vom Wort zur *Tat* fortgeschritten, selbst wenn es sich dabei um eine im wesentlichen symbolische Tat gehandelt hatte. So wurden die Lehrer und ihre Schüler hingerichtet, der Prophet aber seinem Schicksal überlassen.

Das Umstürzen der Tische

Johannes und Jesus, jeder auf seine Weise, führten ein sozialrevolutionäres und politisch subversives Programm im Namen des jüdischen Gottes aus. Beide betätigten sich hauptsächlich auf dem Gebiet des Herodes Antipas. Doch anders als Johannes wurde Jesus von Pontius Pilatus in Judäa hingerichtet. Einerseits wissen wir von Jesu Aktivitäten in Galiläa genug, um sagen zu können, daß er sich damit überall im römisch besetzten und beherrschten Gebiet die Todesstrafe hätte zuziehen können. Aber ließ er sich in Jerusalem noch etwas darüber Hinausgehendes zuschulden kommen? Wie man schon aus dem vorigen Abschnitt vermuten kann, wird meine Antwort auf diese Frage Jesu Verhalten zum Tempel von Jerusalem betreffen. Die drei Gruppen von Ereignissen, die ich dort behandelt habe, vermittelten die Einsicht, daß die Bauern sowohl für als auch gegen den Tempel waren, daß die großen Pilgerfeste und insbesondere das Passahfest jedesmal potentiell explosive Situationen schufen und daß man zwar nicht unbedingt durch Reden, aber durch Taten – und seien es nur symbolische – gegen den Tempel Gefahr lief, sich die Todesstrafe zuzuziehen.

Wir haben drei unabhängige Quellen, die bezeugen, daß Jesus etwas gegen den Tempel von Jerusalem sagte oder tat, und das ist sehr wichtig für die Entscheidung der Frage nach der Historizität des Berichteten. Ein nicht weniger bedeutsamer Faktor ist die offensichtliche Verlegenheit, mit der zwei dieser Quellen auf die Sache zu sprechen kommen.

Ich werde dies Haus zerstören

Die erste unabhängige Quelle zu Jesus und dem Tempel ist ein knapper Spruch, den das Thomasevangelium überliefert, das bekanntlich nicht zu den Evangelien des neuen Testaments gehört.

«Ich werde (dies?) Haus (zerstören), und niemand wird es (wieder)aufbauen können.
(Thomasevangelium, 71)

Hier ist zwar vom «Tempel» nicht ausdrücklich die Rede, doch da in den beiden anderen unabhängigen Quellen der Tempel als «Haus» angesprochen wird (nämlich bei Markus 11, 17 und bei Johannes 2, 16–17), so nehme ich an, daß dieser auch hier gemeint ist.

Das Thomasevangelium enthält eine lange Reihe von Sprüchen gegen verschiedene Übungen des jüdischen Gottesdienstes, die angesichts des von den Angehörigen der Thomasgemeinde geforderten asketischen Zölibats als gänzlich unzureichend empfunden wurden.

«Seine Jünger fragten ihn (und) sagten zu ihm: Willst du, daß wir fasten? Und wie sollen wir beten (und) Almosen geben ...
Jesus sagte zu ihnen: Wenn ihr fastet, werdet ihr euch Sünde zuschreiben; und wenn ihr betet, werdet ihr verdammt werden; und wenn ihr Almosen gebt, werdet ihr Böses an eurem Pneuma tun.» (6a, 14a)
«Wenn ihr nicht fastet gegenüber der Welt, werdet ihr das Königreich nicht finden; wenn ihr den Sabbat nicht feiert wie den Sabbat, werdet ihr den Vater nicht sehen.» (27)
«Seine Jünger sagten zu ihm: Vierundzwanzig Propheten haben in Israel gesprochen, und sie haben alle von dir gesprochen. Er sagte zu ihnen: Ihr habt den vor eurem Auge Lebendigen ausgelassen, und ihr habt von den Toten gesprochen.» (52)
«Seine Jünger sagten zu ihm: Ist die Beschneidung nützlich oder nicht? Er sagte zu ihnen: Wenn sie nützlich wäre, würde ihr Vater sie schon beschnitten in ihrer Mutter zeugen. Aber die wahre Beschneidung im Geiste hat vollen Nutzgehalt.» (53)
«Jesus sagte: Warum wascht ihr das Äußere der Trinkschale? Versteht ihr nicht, daß der, der das Innere gemacht hat, auch der ist, der das Äußere gemacht hat?» (89)

Warum an dem oder jenem Tage fasten, wenn man unausgesetzt, ständig fasten sollte? Warum Almosen geben, wenn man auf Eigentum überhaupt verzichten sollte? Das Christentum der Thomasgemeinde forderte eine radikalere und totalere Enthaltsamkeit von der materiellen Welt, als die herkömmliche jüdische Frömmigkeit für geboten hielt. In ihrem Evangelium spricht Jesus gegen Gebete, Fasten, Almosen, den Sabbat, die Beschneidung, die Prophetie und die Reinigung, so daß ein Spruch gegen den Tempel in diesem Zusammenhang nicht überrascht. Freilich weiß das Thomasevangelium auch in diesem Fall nur von Worten Jesu. In den nächsten beiden Quellen werden wir lesen, daß zum Wort die Tat kam.

Schafft das hier weg

Die zweite unabhängige Quelle steht im Johannesevangelium. Ich habe schon an früherer Stelle ausgeführt, daß das Johannesevangelium von den Synoptikern unabhängig ist, ausgenommen allerdings die Passagen über Johannes den Täufer am Anfang und die Passions- und Auferstehungsgeschichten am Schluß. Die Erzählung über Jesus und den Tempel findet sich bei Johannes 2, 13–22 und ist von der Stelle bei Markus, 11, 15–17, der wir uns anschließend zuwenden, unabhängig.

Der Bericht des Johannes enthält zwei Teile, die sich mit «Tat» und «Wort», «Geschehnis» und «Rede» klassifizieren lassen. Ich habe sie im folgenden Zitat mit A und B bezeichnet. Als Signal für die Wichtigkeit findet sich nach jeder der beiden Unterabteilungen von B jeweils die Wendung «Seine Jünger erinnerten sich». Ich denke, dies ist ein Anzeichen dafür, daß diese beiden Abschnitte Schwierigkeiten machten, daß man sie anfangs nicht recht verstand oder daß es zu einer Fehldeutung kam, die aufgrund späterer Einsicht korrigiert werden sollte.

Der Text lautet folgendermaßen:

(A) «Das Paschafest der Juden war nahe, und Jesus zog nach Jerusalem hinauf. Im Tempel fand er die Verkäufer von Rindern, Schafen und Tauben und die Geldwechsler, die dort saßen. Er machte eine Geißel aus Stricken und trieb sie alle aus dem Tempel hinaus, dazu die Schafe und Rinder; das Geld der Wechsler schüttete er aus, und ihre Tische stieß er um.»

(B1) «Zu den Taubenhändlern sagte er: Schafft das hier weg, macht das Haus meines Vaters nicht zu einer Markthalle! *Seine Jünger erinnerten sich* an das Wort der Schrift: Der Eifer für dein Haus verzehrt mich.» [= Psalm 69, 9)]

(B2) «Da stellten ihn die Juden zur Rede: Welches Zeichen läßt du uns sehen als Beweis, daß du dies tun darfst? Jesus antwortete ihnen: Reißt diesen Tempel nieder, in drei Tagen werde ich ihn wieder aufrichten. Da sagten die Juden: Sechsundvierzig Jahre wurde an diesem Tempel gebaut, und du willst ihn in drei Tagen wieder aufrichten? Er aber meinte den Tempel seines Leibes. Als er von den Toten auferstanden war, *erinnerten sich seine Jünger*, daß er dies ge-

sagt hatte, und sie glaubten der Schrift und dem Wort, das Jesus gesprochen hatte.»
(Johannes 2, 13–22, Hervorhebungen von mir)

Man achte zuerst auf die hier mitgeteilten *Sprüche* Jesu (B1–2) und vergegenwärtige sich, wie weit sie über das bei Thomas 71 Berichtete hinausgehen. Vier Punkte sind hervorzuheben. Zunächst das Sprechen vom Tempel als dem «Haus», zweimal in Jesu eigenen Worten und einmal in dem Psalmenzitat 69, 9. Wie bei Thomas 71, wird auch bei Markus der Tempel als «Haus» bezeichnet werden, worauf hier vorweg schon hingewiesen sei. Weiterhin bemerkenswert ist die doppelte Unterteilung des Abschnitts, der Jesu Sprüche mitteilt (B1, B2), die durch die wiederholte Erklärung akzentuiert wird, daß die Jünger sich *erinnerten*. Diese Verdoppelung gestattet dem Evangelisten eine merkliche Abschwächung der Worte Jesu gegen den Tempel. Anscheinend hat er ja nur gegen den Geschäftsbetrieb im Tempel protestiert (B1), und wo von dessen Zerstörung die Rede ist, wird den «Juden» zugemutet, ihn beziehungsweise den Leib Jesu zu zerstören. Johannes hütet sich, den Meister sagen zu lassen: «Ich werde zerstören.» Aber der letzte Punkt ist der wichtigste von allen. Einerseits ereignet sich dem Bericht des Johannes zufolge der Zwischenfall im Tempel zu Beginn, nicht am Ende von Jesu öffentlichem Wirken, andererseits aber am Passahfest, und es kommt dabei der Tod Jesu zur Sprache, die Zerstörung und Auferstehung seines Leibes.

Das legt zwei Schlüsse nahe: Johannes hat die überlieferten *Sprüche* (B1–B2) zur Erhellung der berichteten *Taten* (A) im Lichte seiner eigenen Theologie benützt. Doch stellt Johannes das Ereignis an den Anfang, nicht ans Ende von Jesu Laufbahn. Wie kann es also die unmittelbare Ursache seiner Hinrichtung gewesen sein? Wenn aber Johannes von einem Zusammenhang zwischen dem Vorfall im Tempel und der Hinrichtung Jesu wußte, hatte er vielleicht gute Gründe, den Vorfall umzustellen, dahin, wo er in seinem Evangelium nun steht? Ich halte zwei derartige Gründe für möglich. An der neuen Stelle kann jenes erste Passahfest prophetisch vorausweisen auf das letzte. Noch wichtiger aber scheint mir zu sein, daß Johannes, wie das folgende Zitat zeigt, im Rückblick darauf erklären konnte, weshalb die hohepriesterliche Obrigkeit in Jerusalem den Tod Jesu wollte und ihn schließlich hinrichten ließ. Denn nach dem Bericht von der Auferweckung des Lazarus sagt der Evangelist:

«Viele der Juden, die ... gesehen hatten, was Jesus getan hatte, kamen zum Glauben an ihn. Aber einige von ihnen gingen zu den Pharisäern und berichteten ihnen, was er getan hatte. Da beriefen die Hohenpriester und die Pharisäer eine Versammlung des Hohen Rates ein. Sie sagten: Was sollen wir tun? Dieser Mensch tut viele Zeichen. Wenn wir ihn gewähren lassen, werden alle an ihn glauben. Dann werden die Römer kommen und uns die heilige Stätte und das Volk nehmen. Einer von ihnen, Kajaphas, der Hohepriester jenes Jahres, sagte zu ihnen: Ihr versteht überhaupt nichts. Ihr bedenkt nicht, daß es besser für euch ist, wenn ein einziger Mensch für das Volk stirbt, als wenn das ganze Volk zugrunde geht. Das sagte er nicht aus sich selbst, sondern weil er der Hohepriester jenes Jahres war, sagte er aus prophetischer Eingebung, daß Jesus für das Volk sterben werde. Aber er sollte nicht nur für das Volk sterben, sondern auch, um die versprengten Kinder Gottes wieder zu sammeln. Von diesem Tag an waren sie entschlossen, ihn zu töten.» (Johannes 11, 45–53)

Das ist Theologie, nicht Geschichtsschreibung. Das Verbrechen, für das die jüdische Obrigkeit Jesus hinrichten lassen wollte, mußte nicht nur ihr selbst, sondern auch Pilatus todeswürdig scheinen. Es konnte natürlich den Römern anders dargestellt werden, als es sich den Juden darstellte. Doch das soeben Zitierte bietet nicht die tatsächlichen Erwägungen der jüdischen Obrigkeit, sondern eine Interpretation des Evangelisten.

Vom Feigenbaum lernen

Der bei Thomas 71 überlieferte *Spruch* läßt an Deutlichkeit nichts zu wünschen übrig: Jesus wird den Tempel so zerstören, daß niemand ihn wieder aufbauen kann. In der Darstellung des Johannesevangeliums ist die Aggression sehr zurückgenommen. In seinem *Handeln* wendet sich Jesus nur gegen den Geschäftsbetrieb in den äußeren Höfen des Tempels, der *Spruch* zitiert zuerst Psalm 69, 9, und Zerstörung kommt zur Sprache nicht als Drohung Jesu gegen den Tempel, sondern als solche der «Juden» gegen Jesu Leben. Der Bericht des Markus indessen ist sowohl hinsichtlich der Taten als auch der Worte Jesu keineswegs so verschleiernd und sehr eindeutig.

Wir können ohne weiteres nachvollziehen, wie Markus Jesu Handeln versteht, und bei seiner Schilderung des Zwischenfalls wendet er eine literarische Technik, einen kompositorischen Kunstgriff an, dem wir wiederbegegnen werden, wenn im 3. Kapitel die Abhängigkeit des Johannes von den Synoptikern bei seinem Bericht von Tod und Auferstehung Jesu zu erörtern sein wird. Bei dieser Technik wird in einen Bericht von einem Ereignis ein zweiter Bericht von einem anderen Ereignis *eingeschoben* und dann der erste Bericht abgeschlossen. Diese Form der Erzählung lädt den Leser oder Hörer ein, die Rahmenhandlung und den Einschub in enge Beziehung zu setzen, anzunehmen, daß die so miteinander verquickten Ereignisse aufeinander einwirkten und einander gegenseitig erhellen. Ich werde im 3. Kapitel mehrere Beispiele dieser Erzähltechnik erörtern. Hier soll sie uns insoweit beschäftigen, als Markus seinen Bericht über Worte und Handlungen Jesu im Tempel zwischen Anfang und Ende seiner Erzählung vom dürren Feigenbaum einschiebt.

1. Erzählung beginnt (Verfluchung des Feigenbaums):
«Als sie am nächsten Tag Betanien verließen, hatte er Hunger. Da sah er von weitem einen Feigenbaum mit Blättern und ging hin, um nach den Früchten zu suchen. Aber er fand an dem Baum nichts als Blätter; denn es war nicht die Zeit der Feigenernte. Da sagte er zu ihm: In Ewigkeit soll niemand mehr eine Frucht von dir essen. Und seine Jünger hörten es.»
(Markus 11, 12–14)

2. Erzählung (symbolische Zerstörung des Tempels):
Handlung: «Dann kamen sie nach Jerusalem. Jesus ging in den Tempel und begann, die Händler und Käufer aus dem Tempel herauszutreiben; er stieß die Tische der Geldwechsler und die Stände der Taubenhändler um und ließ nicht zu, daß jemand irgend etwas durch den Tempelbezirk trug.»
Spruch: «Er belehrte sie und sagte: Heißt es nicht in der Schrift: Mein Haus soll ein Haus des Gebetes für alle Völker sein? [Jesaja 56,7] Ihr aber habt daraus eine Räuberhöhle gemacht. [Jeremia 7,11] Die Hohenpriester und die Schriftgelehrten hörten davon und suchten nach einer Möglichkeit, ihn umzubringen. Denn sie fürchteten ihn, weil alle Leute von seiner Lehre sehr beeindruckt waren. Als es Abend wurde, verließ Jesus mit seinen Jüngern die Stadt.»
(Markus 11, 15–19)

1. Erzählung wird beendet (der Feigenbaum verdorrt):
«Als sie am nächsten Morgen an dem Feigenbaum vorbeikamen, sahen sie, daß er bis zu den Wurzeln verdorrt war. Da erinnerte sich Petrus und sagte zu Jesus: Rabbi, sieh doch, der Feigenbaum, den du verflucht hast, ist verdorrt.»
(Markus 11, 20–21)

Nach dem Verständnis des Evangelisten erklären sich also die beiden miteinander verschachtelten Geschichten gegenseitig. (Ein Feigenbaum, der nicht schon im Frühling Früchte trägt, ist zwar kein sehr überzeugendes Bild schuldhafter Fruchtlosigkeit, aber Markus macht daraus, was er kann.) Interessant ist nun zu sehen, wie Lukas und Matthäus an dieser Stelle mit ihrer Vorlage umgingen. Lukas läßt die ganze Feigenbaumepisode einfach weg, und bei Matthäus folgt das Verdorren unmittelbar auf Jesu Fluch.

«Als er am Morgen in die Stadt zurückkehrte, hatte er Hunger. Da sah er am Weg einen Feigenbaum und ging auf ihn zu, fand aber nur Blätter daran. Da sagte er zu ihm: In Ewigkeit soll keine Frucht mehr an dir wachsen. Und der Feigenbaum verdorrte auf der Stelle.»
(Matthäus 21, 18–19)

Aber was Markus sagen will, ist ganz offensichtlich. Jesus hat den Tempel nicht gereinigt. Er hat ihn durch seinen Angriff auf die fiskalischen und kulturellen Bedürfnisse der Institution symbolisch zerstört. Denn natürlich ist auch sein Handeln symbolisch, so wie einst die Entfernung des goldenen Adlers. Auch diese Handlung hatte ja die römische Macht ebensowenig gestürzt wie diejenige Jesu das riesige Gebäude. Doch später beim Tode Jesu bestätigt, so Markus, Gott das Handeln Jesu im Tempel durch eine symbolische Demonstration seines Auszugs aus dessen innerem Heiligtum.

«Da riß der Vorhang im Tempel von oben bis unten entzwei.» (Markus 15, 38)

Schließlich ist bemerkenswert, daß zum einen in dem Abschnitt *Spruch* der eben zitierten *2. Erzählung* bei Markus Jesus den Tempel zweimal (wie zweimal bei Johannes und bei Thomas 71) als «Haus» bezeichnet und daß zum zweiten die angeführten Schriftstellen nicht den Psalmen entnommen sind wie bei Johannes, sondern den Propheten Jesaja und Jeremia.

Was geschah im Tempel

Ehe wir die Beantwortung dieser Frage versuchen, sollten wir uns vor Augen führen, daß Jesus bei der «Reinigung des Tempels», von der die Evangelisten berichten, jedenfalls nicht als Reformator der jüdischen Religion auftrat. Denn was er den Evangelisten zufolge dort anstößig fand, war dort durchaus rechtmäßig an seinem Platz. Der gigantische Tempelkomplex hatte eine klar gegliederte hierarchische Struktur. An oberster und innerster Stelle stand das Allerheiligste, das nur einmal im Jahr, am Versöhnungstag, vom Hohenpriester betreten wurde, um welches, wie in konzentrischen Kreisen, die inneren Vorhöfe der Priester, der Männer und der Frauen gelagert waren. Ein äußerer Vorhof wurde als Vorhof der Heiden bezeichnet, weil dort auch diese Zugang hatten und, was Markus beklagte, beten durften. Die verschiedenen Teile des Tempels dienten verschiedenen Verrichtungen. Doch für den Opferdienst des Tempels waren reine Tiere und Vögel erforderlich, und solche waren am bequemsten und von priesterlich garantierter Reinheit nahe am Opferplatz zu erwerben. Und der Tempel hätte nicht erhalten werden können ohne die aus der gesamten jüdischen Welt erhobene Tempelsteuer, und die Geldwechsler im Tempel wechselten die unterschiedlichen Währungen, in welchen diese Steuer entrichtet wurde, in die in Jerusalem amtliche, die allein gültig war. Es gibt nicht den geringsten Hinweis darauf, daß die Praktiken, an denen Jesus Anstoß nahm, im mindesten gegen den legitimen Brauch verstießen. Es ist deshalb irreführend, Jesu Tun als eine «Reinigung» des Tempels zu bezeichnen, sein Vorgehen war vielmehr ein Angriff gegen die Existenzgrundlagen des Tempels, eine zerstörerische Initiative, die zwar nur symbolisch, aber nichtsdestoweniger gefährlich war. Was er tat, ist in den Berichten des Johannes und des Markus deutlich gesagt, es war, wie wenn jemand während des Vietnamkriegs in ein Musterungsbüro gegangen wäre und dort die Karteikästen auf den Fußboden ausgeschüttet hätte, eine symbolische Negation alles dessen, was die je betreffende Institution repräsentierte. Und der von Thomas überlieferte *Spruch* ist ebenso klar und paßt gut zu der *Tat*. Doch bei Markus und Johannes ist der *Spruch* durch unterschiedliche Schriftzitate glossiert, von denen keines original in den Zusammenhang gehört und die, besonders bei Johannes, dazu dienen, die ursprüngliche Aussage Jesu erheblich abzuschwächen. Immerhin bringen Markus und Johannes das Ereignis mit dem Passahfest in Verbindung und Johannes andeutungsweise, Markus ausdrücklich auch mit dem Tode Jesu.

Man stelle nun das Handeln Jesu in den Zusammenhang all dessen, was wir über die Bauern und den Tempel, die während der Tempelfeste und insbesondere während des Passahfests stets auftretenden Spannungen erfahren haben, und erinnere sich des von der Obrigkeit gemachten Unterschieds zwischen bloßen Reden und Reden in Verbindung mit Taten, seien diese auch nur symbolisch. Man bedenke, daß der Tempel das religiöse, politische, soziale und wirtschaftliche Zentrum des jüdischen Landes war, und vergegenwärtige sich, daß die genannten vier Bereiche des öffentlichen Lebens dort ganz miteinander verschmolzen waren. Man nehme zur Kenntnis, daß während der Unruhen nach dem Tode Herodes des Großen die Römer mehr als vierhundert Talente aus dem Tempelschatz rauben konnten (*Jüdischer Krieg*, 2, 50, und *Jüdische Altertümer*, 17, 264). Zum Vergleich sei erwähnt, daß die gesamten jährlichen Einnahmen Herodes' Agrippa I., der das ganze jüdische Land von 41 bis 44 n. Chr. regierte, sich auf zweitausend Talente beliefen (*Jüdische Altertümer*, 19, 352). Der Tempel war praktisch die jüdische Zentralbank. Man führe sich vor Augen, daß noch nach achtzigjähriger Bauzeit in den frühen sechziger Jahren des ersten Jahrhunderts der christlichen Ära 18 000 Arbeiter auf der Tempelbaustelle beschäftigt waren, daß also der Tempel viele Leute in Arbeit und Brot setzte.

Die beste historische Rekonstruktion der Ereignisse, von denen die Evangelisten sprachen, scheint mir die Annahme zu sein, daß Jesu symbolisch destruktive Taten und Worte gegen den Tempel zur Passahzeit seine Verhaftung und Hinrichtung in Jerusalem unmittelbar zur Folge hatten. Denn dieses heilige Bauwerk verkörperte alles, was er mit seiner Vision und seinem Programm unter den Bauern Niedergaliläas bekämpft hatte. In Jerusalem handelte er, vielleicht zum ersten und einzigen Mal, entsprechend diesem Programm.

2. KAPITEL

Verhaftung

Alte und neue Prophezeiungen

Jesu symbolische Zerstörung des Tempels war die historische Tat, die seine Hinrichtung unmittelbar zur Folge hatte. Doch Markus und Johannes führen zur Deutung ihres Berichts darüber Schriftstellen an. Das ist kein Fall historisierter Prophetie, nicht Erfindung eines historischen Ereignisses zur Erfüllung einer alten Prophezeiung, sondern hier wurde ein tatsächlich geschehenes Ereignis im Lichte mehr oder weniger passender alter Texte interpretiert. Diese Unterscheidung bestimmt das Verhältnis von Prophezeiungen zu historischen Ereignissen als entweder *bestätigend* oder *begründend*, und diese Unterscheidung ist natürlich immer äußerst wichtig, aber leider nicht immer leicht richtig zu treffen. Eine bestätigende Prophezeiung dient dem richtigen Verständnis, der Rechtfertigung und Überhöhung eines tatsächlich eingetretenen Ereignisses. Eine begründende Prophezeiung dient der Erfindung des durch sie angekündigten Ereignisses. Sie bestätigt also nicht nur dessen Bedeutung, sondern ruft es erst hervor, begründet und konstituiert es. Wie aber ist die Unterscheidung zwischen den beiden charakterisierten Arten des Gebrauchs von Prophezeiungen richtig zu treffen? An den Schlußstellen, die in den Evangelistenberichten über Jesu Verhalten im Tempel angeführt werden, fällt auf, daß es sich erstens um jeweils ganz verschiedene handelt. Johannes zitiert aus den Psalmen, Markus aus Jesaja und Jeremia. Außerdem ist bemerkenswert, daß die zitierten Texte der Tat nicht recht angemessen zu sein scheinen. Absolute Zerstörung, nicht relative Reinigung war die Bedeutung der symbolischen Handlung Jesu. Ein weiteres Merkmal erlaubt es, die Unterscheidung zwischen *bestätigender* und *begründender* Prophezeiung mit einiger Sicherheit zu treffen. Wenn sowohl die alte biblische Prophezeiung als auch Jesu neue Prophezeiung ein Ereignis betreffen, haben wir es gewöhnlich mit Geschichte auf der Suche nach prophetischer Bestätigung zu tun, mit einer rückwärts gewandten Anschauung, nicht mit der vorwärts blickenden Schöpfung von Geschichte aus der Prophezeiung.

Man nehme etwa Jesu Prophezeiungen hinsichtlich seiner bevorstehenden Passion und Auferstehung. Markus referiert diese in dramatischer dreifacher Ausfertigung:

«Dann begann er, sie darüber zu belehren, der Menschensohn müsse vieles erleiden und von den Ältesten, den Hohenpriestern und den

Schriftgelehrten verworfen werden; er werde getötet, aber nach drei Tagen werde er auferstehen.»
(Markus 8, 31)

«Er sagte zu ihnen: Der Menschensohn wird den Menschen ausgeliefert, und sie werden ihn töten; doch drei Tage nach seinem Tod wird er auferstehen.»
(Markus 9, 31)

«Während sie auf dem Weg hinauf nach Jerusalem waren, ging Jesus voraus. Die Leute wunderten sich über ihn, die Jünger aber hatten Angst. Da versammelte er die Zwölf wieder um sich und kündigte ihnen an, was ihm bevorstand. Er sagte: Wir gehen jetzt nach Jerusalem hinauf; dort wird der Menschensohn den Hohenpriestern und den Schriftgelehrten ausgeliefert, sie werden ihn zum Tod verurteilen und den Heiden übergeben; sie werden ihn verspotten, anspeien, geißeln und töten. Aber nach drei Tagen wird er auferstehen.»
(Markus 10, 32–34)

Nach der Hinrichtung des Johannes mag Jesus sehr wohl ein ähnliches Schicksal, wie es diesen getroffen hatte, für sich selbst erwartet haben. Doch die zitierten präzisen Prophezeiungen hat zweifellos Markus ihm in den Mund gelegt. Man findet sie nur bei Markus und bei Lukas und Matthäus, die von Markus abschrieben. Sie werden dreimal wiederholt, und diese Verdreifachung ist typisch für den Stil des Markus, ebenso wie die Steigerung der Aussage von der indirekten zur direkten Rede und von der allgemeinen Erklärung bis zur detaillierten Beschreibung. Betont wird weniger die künftige Auferstehung als vielmehr die Passion. Die Prophezeiung wird überdies jedesmal, wenn Jesus sie wiederholt, von Petrus oder Jakobus und Johannes oder generell von den Jüngern mit beklagenswertem Mangel an Verständnis aufgenommen. All dies verrät, daß Markus sie sich für seine Zwecke eingerichtet hat.

Dies, wie ich meine, weil es zur Deutung eines so schrecklichen Ereignisses wie der Kreuzigung nicht ausreichend war, alte biblische Prophezeiungen auszuwählen, die es ankündigten. Jesus selbst mußte diese Ereignisse vorausgesagt und dieses Schicksal ausdrücklich angenommen haben. Ähnlich wird bei dem Bericht von der Reaktion der Jünger auf die Nachricht von der Verhaftung Jesu auf eine alte biblische und eine jüngst erst von Jesus selbst ausgesprochene Prophezeiung hingewiesen. Daraus geht für mich nicht hervor, daß in der Heiligen Schrift tatsächlich von den Jüngern Jesu die Rede war oder daß Jesus deren Verhalten tatsächlich vorausgesagt hätte. Doch verrät mir die doppelte prophetische Ankündigung des Ereignisses, daß es tatsächlich stattgefunden hat und so traumatisch war, daß es der doppelten Prophezeiung bedurfte, um ihm einen erträglichen Sinn zu geben.

In der Nacht seiner Verhaftung machte Jesus, dem Bericht des Markus zufolge, seine nächsten Jünger betreffend drei Prophezeiungen, die sich noch vor Ende der Nacht alle erfüllen sollten. Ich halte mich hier hauptsächlich an Markus, weil ich seinen Bericht als Quelle der drei anderen kanonischen Evangelien ansehe, werde aber, wo nötig, auch diese in Betracht ziehen. Wie gewöhnlich folgt Matthäus Markus am wenigsten eigenschöpferisch, Lukas schöpferischer und Johannes am schöpferischsten. Das erhaltene Bruchstück des Petrusevangeliums beginnt erst mitten während der Gerichtsverhandlung, es wird für uns zu Vergleichszwecken mithin erst im nächsten Kapitel in Betracht kommen. Tabelle I gibt eine Liste der Themen und Schriftstellen, die hier zu erörtern sind.

Tabelle I

	Jesu Prophezeiung	Erfüllte Prophezeiung
Judas (Verrat)	Markus 14, 18–21	Markus 14, 43–46
Jünger (Flucht)	Markus 14, 27–28	Markus 14, 50
Petrus (Verleugnungen)	Markus 14, 29–31	Markus 14, 54, 55–72

Wie der Aufstellung zu entnehmen ist, haben die drei Prophezeiungen und ihre drei Erfüllungen die Reihenfolge: Judas, die Jünger und Petrus. Wir beginnen mit einer Betrachtung dieser drei Prophezeiungen, aber in der Reihenfolge: Jünger, Judas, Petrus, um Ähnlichkeiten und Unterschiede zu bemerken.

Die Flucht der Jünger

Im Markusevangelium sagt nach dem letzten Abendmahl, auf dem Weg zum Garten Gethsemane, bei Johannes aber während des letzten Abendmahls, Jesus zu seinen Jüngern:

> «Ihr werdet alle (an mir) Anstoß nehmen und zu Fall kommen; denn in der Schrift steht: Ich werde den Hirten erschlagen, dann werden sich die Schafe *zerstreuen*.»
> (Markus 14, 27, Hervorhebung von mir)

> «Die Stunde kommt, und sie ist schon da, in der ihr *versprengt* werdet, jeder in sein Haus, und mich werdet ihr allein lassen. Aber ich bin nicht allein, denn der Vater ist bei mir.»
> (Johannes 16, 32, Hervorhebung von mir)

Die Stelle bei Markus enthält ausdrücklich, diejenige bei Johannes andeutungsweise ein Zitat aus Sacharja 13, 7. So wendet Jesus bei der Prophezeiung der Flucht der Jünger eine biblische Prophezeiung auf ein Ereignis an, das diese alsbald erfüllen wird. In der Passionsgeschichte des Markus begegnen wir Jesus als Schmerzensmann, als schrecklich leidenden Menschen. Doch bei Johannes erscheint er in großartiger transzendentaler Erhabenheit über seine schreckliche Lage. Diesen Unterschied verraten schon die beiden hier betrachteten Prophezeiungen. Bei Markus ist Jesus allein, bei Johannes kann er nie allein sein, ist doch sein Vater bei ihm. Man vergleiche auch die unterschiedlichen Beschreibungen der Erfüllung dieser Prophezeiung bei den beiden Evangelisten.

«Da verließen ihn alle und flohen.»
(Markus 14, 50)

Früher, während des letzten Abendmahls, hat, Johannes zufolge, Jesus zu seinem himmlischen Vater gesprochen.

«Solange ich bei ihnen war, bewahrte ich sie in deinem Namen, den du mir gegeben hast. Und ich habe sie behütet, und keiner von ihnen ging verloren, außer dem Sohn der Verderbnis, damit sich die Schrift erfüllt.»
(Johannes 17, 12)

Später sagte, dem gleichen Evangelisten zufolge, Jesus zu denen, die ihn verhafteten:

«Er fragte sie noch einmal: Wen sucht ihr? Sie sagten: Jesus von Nazaret. Jesus antwortete: Ich habe euch gesagt, daß ich es bin. Wenn ihr mich sucht, dann laßt diese gehen. So sollte sich das Wort erfüllen, das er gesagt hatte: Ich habe keinen von denen verloren, die du mir gegeben hast.»
(Johannes 18, 8–9)

Bei Markus fliehen die Jünger, doch bei Johannes trägt Jesus selbst dafür Sorge, daß man sie gehen läßt. Bei Markus bestimmt die Obrigkeit das Geschehen, wenigstens einstweilen, bei Johannes hat sie nicht einmal vorübergehend zu bestimmen. Jesus selbst ordnet alles an, selbst seine eigene Hinrichtung.

Verrat des Judas

Die Geschichte vom Verrat des Judas gebe ich ebenfalls in den beiden Fassungen des Markus und des Johannes, der auch von diesem Verrat in zwei verschiedenen Texten spricht. Beide Evangelisten wollen, daß Jesus den Verrat des Judas während des letzten Abendmahls mit seinen Jüngern prophezeite. Ich beginne mit dem Schlüsselvers aus dem alten biblischen Text (das ganze Gebet, dem er entnommen ist, paßt ausgezeichnet auf die Passions- und Auferstehungserzählungen der Evangelisten im allgemeinen).

«Auch mein Freund, dem ich vertraute, /*der mein Brot aß, hat gegen mich seine Ferse erhoben.*»
(Psalm 49, 10, Hervorhebung von mir)

«Während sie nun bei Tisch waren und aßen, sagte er: Amen, ich sage euch: Einer von euch wird mich verraten und ausliefern, *einer von denen, die zusammen mit mir essen*. Da wurden sie traurig, und einer nach dem anderen fragte ihn: Doch nicht etwa ich? Er sagte zu ihnen: Einer von euch zwölf, *der mit mir aus derselben Schüssel ißt*. Der Menschensohn muß zwar seinen Weg gehen, wie die Schrift über ihn sagt. Doch weh dem Menschen, durch den der Menschensohn verraten wird. Für ihn wäre es besser, wenn er nie geboren wäre.»
(Markus 14, 18–27, Hervorhebungen von mir)

Johannes zufolge sagte Jesus beim letzten Abendmahl:

«Ich sage das nicht von euch allen. Ich weiß wohl, welche ich erwählt habe, aber das Schriftwort muß sich erfüllen: *Einer, der mein Brot aß, hat gegen mich seine Ferse erhoben* ...
Nach diesen Worten war Jesus im Innersten erschüttert und bekräftigte: Amen, amen, das sage ich euch: Einer von euch wird mich verraten. Die Jünger blickten sich ratlos an, weil sie nicht wußten, wen er meinte. Einer von den Jüngern lag an der Seite Jesu; es war der, den Jesus liebte. Simon Petrus nickte ihm zu, er solle fragen, von wem Jesus spreche. Da lehnte sich dieser zurück an die Brust Jesu und fragte ihn: Herr, wer ist es? Jesus antwortete: Der ist es, dem ich den Bissen Brot, den ich eintauche, geben werde. Dann tauchte er das Brot ein, nahm es und gab es Judas, dem Sohn des Simon Iskariot. Als Judas den Bissen Brot genommen hatte, fuhr der Satan in ihn. Jesus sagte zu ihm: Was du tun willst, das tu bald! Aber keiner der Anwesenden verstand, warum er ihm das sagte. Weil Judas die Kasse hatte, meinten einige, Jesus wolle ihm sagen: Kaufe, was wir zum Fest brauchen!, oder Jesus trage ihm auf, den Armen etwas zu geben. Als Judas den Bissen Brot genommen hatte, ging er sofort hinaus. Es war aber Nacht.»
(Johannes 13, 18, 21–30, Hervorhebung von mir)

Auch hier wendet Jesus eine alte Prophezeiung auf ein unmittelbar bevorstehendes Ereignis an. In diesem Fall ist aber umgekehrt als im vorigen die Prophezeiung bei Markus nur angedeutet, bei Johannes ausdrücklich ausgesprochen. Das weist aber nur darauf hin, daß diese Anwendungen älter sind als die beiden fraglichen Evangelien, Teil eines gemeinsamen Erbes, und daß Johannes sie nicht erst durch Markus kennenlernen mußte. Die Geschichte bei Johannes aber ist abhängig vom Markusevangelium, und man erkennt leicht, auf welche Weise und warum Johannes sie entwickelt hat. Zunächst erlaubt die Erzählung Johannes, den Jünger, den Jesus liebte, über Simon Petrus zu erhöhen, und dieses Anliegen werden wir ihn während der ganzen Passions- und Auferstehungsgeschichte verfolgen sehen. Sodann zeigt sich auch hier, wie in der Verhaftungsszene, die wir schon erörtert haben, daß Jesus die Ereignisse vollkommen unter Kontrolle hat. Er sieht den Verrat des Judas nicht nur kommen, dieser Verrat geschieht vielmehr auf *seine* Anordnung. *Er* schickt Judas aus, ihn zu verraten.

Petrus verleugnet Jesus

Der dritte Fall, derjenige der dreimaligen Verleugnung Jesu durch Petrus, unterscheidet sich von den beiden vorangehenden, insofern Jesus für seine Prophezeiung keine biblische geltend macht. Er sagt voraus, was geschehen wird, führt aber weder ausdrücklich noch andeutungsweise eine biblische Prophezeiung an, die dadurch erfüllt werden würde. Ich zitiere wieder die Berichte des Markus und des Johannes, und man wird bemerken, daß Johannes sich hier sehr eng an Markus hält. Bei Markus macht Jesus die Petrus betreffende Vorhersage – wie diejenige über das Verhalten der Jünger im allgemeinen – nach dem letzten Abendmahl, bei Johannes während desselben.

«Da sagte Petrus zu ihm: Auch wenn alle (an dir) Anstoß nehmen – ich nicht! Jesus antwortete ihm: Amen, ich sage dir: Noch heute nacht, ehe der Hahn zweimal kräht, wirst du mich dreimal verleugnen. Petrus aber beteuerte: Und wenn ich mit dir sterben müßte – ich werde dich nie verleugnen.»
(Markus 14, 29–31 a)

«Petrus sagte zu ihm: Herr, warum kann ich dir jetzt nicht folgen? Mein Leben will ich für dich hingeben. Jesus entgegnete: Du willst für mich dein Leben hingeben? Amen, amen, das sage ich dir: Noch bevor der Hahn kräht, wirst du mich dreimal verleugnen.»
(Johannes 13, 37–38)

Ich werde die Erfüllung dieser Prophezeiung zu Beginn des nächsten Kapitels erörtern, bitte aber in Erinnerung zu behalten, daß die Verleugnung Petri von Jesus nicht durch eine alte Prophezeiung angekündigt gefunden wird.

Ein Kuß vor aller Augen

Über Judas kann man gegensätzlicher Meinung sein. Einerseits kann man behaupten, seine Existenz und sein Verrat müßten historisch sein, weil die Christen eine solche Gestalt nie als Angehörigen der Christengemeinde und erst recht nicht des inneren Kreises der zwölf Apostel erfunden hätten. Judas sei zu schlecht, um falsch zu sein. Andererseits kann man finden, daß weder die Existenz noch der Verrat des Judas historischen Gegebenheiten entsprechen, weil der Name Judas den Betreffenden zum Inbegriff des «Juden» stempelt und deshalb anzunehmen ist, daß Judas erfunden wurde, um die Juden des Verrats an Jesus zu beschuldigen. Judas ist der verkörperte Judaismus schlechthin und verkörpert in der Gestalt, in welcher die Evangelien ihn schildern, weiter nichts als den Antijudaismus der frühen Christengemeinden.

Soweit die beiden gegensätzlichen Meinungen. Gab es also einen verräterischen Judas oder nicht? Ich stelle die Frage im allgemeinsten Sinn, frage also nicht, ob er einer der Zwölf war oder ob er Jesus auf die Weise und aus dem Grunde verriet, den wir bei Markus angegeben finden, sondern nur, ob er existierte und Jesus irgendwie verriet. Für das Folgende erinnere ich daran, daß ich Jesu Verhalten im Tempel für historisch halte; doch in keinem der Evangelien wird gesagt oder auch nur angedeutet, daß Jesus unmittelbar nach dem Zwischenfall verhaftet wurde. Wir haben bei der Erörterung des Zwischenfalls im letzten Kapitel also eine wichtige Frage offengelassen. Jesus tat im Tempel etwas, womit er sich die Todesstrafe zuziehen konnte und zuzog. Doch wurde Jesus offenbar nicht auf frischer Tat verhaftet. Irgendwie und aus welchem Grund und kraft welcher Mittel auch immer konnte er sich der Verhaftung zunächst entziehen. Aber was geschah dann?

Markus nennt, 3, 19, am Ende seiner Liste der zwölf Jünger «Judas Iskariot, der ihn dann verraten hat.» Matthäus 10, 4 und Lukas 6, 16 folgen seinem Beispiel. Und fast jedesmal, wenn in den drei synoptischen Evangelien der Name des Judas auftaucht, wird er als «einer der Zwölf» bezeichnet. Als er zum Beispiel mit den Häschern kommt, die Jesus festnehmen, sagt Markus 14, 43, es «kam Judas, einer der Zwölf», und Matthäus 26, 47 sowie Lukas 22, 47 wiederholen die Bezeichnung, so daß die Bezeichnung des Verräters Judas als einer der Zwölf überall, wo sie vorkommt, auf eine einzige Quelle zurückgeht, nämlich auf Markus.

Aber, wie schon oben bemerkt, ist Markus äußerst kritisch eingestellt nicht nur gegen Petrus allein und gegen Petrus, Jakobus und Johannes als den ersten dreien unter den Jüngern, sondern überhaupt gegen die zwölf, als deren letzten er Judas, den Verräter, nennt. Man kann nicht behaupten, daß *kein* Christ eine solche Gestalt erfunden haben könnte. Markus ist das durchaus zuzutrauen. Dabei ist zu bedenken, daß er für Christen schrieb, die sehr wohl wußten, daß man von seinem vertrautesten und nächsten Angehörigen verraten werden kann, denn sie hatten ja eben erst den ersten römisch-jüdischen Krieg hinter sich, wo sie Verhaltensweisen erlebt hatten, wie sie, Markus 13, 12 zufolge, Jesus von der kommenden Endzeit prophezeit hatte.

«Brüder werden einander dem Tod ausliefern und Väter ihre Kinder, und die Kinder werden sich gegen ihre Eltern auflehnen und sie in den Tod schicken.»

Markus läßt also seine Leser wissen: Wenn ihr von eurem Nächsten Verrat erfahren habt, so bedenkt, daß vorzeiten das auch Jesu Schicksal war. Markus *könnte* Judas selbst erfunden haben, so wie er den schrecklichen Judaskuß erfand.

Öffentlicher Händedruck, Umarmung oder Kuß galten als bekräftigende
Zeichen gegenseitiger Loyalität, Freundschaft und Hilfsbereitschaft. Ein
Beispiel aus der Welt Jesu mag das vor Augen führen. Im Frühling des
Jahres 14 begab sich Herodes der Große nach Kleinasien, um dem mächtigen Schwiegersohn des Kaisers Augustus, Marcus Vipsanius Agrippa,
aufzuwarten, wo dieser einwilligte, die Klagen der ionischen Juden über
die schlechte Behandlung, die sie damals von seiten der Griechen erdulden
mußten, anzuhören. Agrippa gab den Klägern recht und bestimmte, daß
den Juden «niemand etwas bei der Befolgung ihrer Gesetze in den Weg
legen dürfe». Darauf habe er die Versammlung entlassen, berichtet Josephus, und weiter:

> «Herodes trat nun auf ihn zu, verneigte sich vor ihm und dankte ihm
> für seine Gnade aufs wärmste, Agrippa aber erwiderte voll Freude seine
> Ehrenbezeugung, indem er ihn umarmte und küßte.»
> (*Jüdische Altertümer*, 16, 2, 5 = 16, 61)

Die Erwiderung der Ehrenbezeugung durch Umarmung und Kuß stellte
vor aller Augen eine Gleichheit zwischen dem Generalstatthalter des Augustus und dem jüdischen König her. Selbstverständlich war eine solche
Gleichheit zwischen den beiden nicht wirklich gegeben, denn Agrippa, der
das Ohr des Augustus hatte, hatte Herodes in der Hand, während dieser
auf das Wohlwollen des Römers angewiesen war, aber dieses Wohlwollens
versicherte ihn in aller Öffentlichkeit Agrippa durch die Erwiderung der
Umarmung und des Kusses. Umarmung und Kuß hatten mit inneren Gefühlen nichts zu tun, sondern waren ritualisierte Verhaltensweisen. Vor
diesem Hintergrund ist zu interpretieren, wie Markus den Judaskuß beschreibt:

> «Noch während er redete, kam Judas, einer der Zwölf, mit einer Schar
> von Männern, die mit Schwertern und Knüppeln bewaffnet waren; sie
> waren von den Hohenpriestern, den Schriftgelehrten und den Ältesten
> geschickt worden. Der Verräter hatte mit ihnen ein Zeichen vereinbart
> und gesagt: Der, den ich küssen werde, der ist es. Nehmt ihn fest, führt
> ihn ab, und laßt ihn nicht entkommen. Und als er dann kam, ging er
> sogleich auf Jesus zu und sagte: Rabbi! Und er küßte ihn. Da ergriffen
> sie ihn und nahmen ihn fest.»
> (Markus 14, 43–46)

Ich nehme nicht an, daß der Evangelist hier eine wahre Geschichte erzählt.
Er stellt vielmehr in Judas das denkbar schändlichste Betragen dar. Denn
wenn es in der alten mediterranen Welt als schändlich galt, *nach* einem
Kuß Verrat zu üben, so war Verrat *durch* einen Kuß in aller Augen wahrlich
der Gipfel der Niedertracht. Wenn also nach alledem unsere einzige Quelle

für den Verrat des Judas Markus wäre, würde ich sogar die Existenz des Judas stark bezweifeln. Doch gibt es ein nicht gering zu schätzendes unabhängiges Zeugnis für den Verrat des Judas, aus dem allerdings nicht deutlich hervorgeht, daß er einer der Zwölf gewesen wäre.

Markus war nur an der schrecklichen Schande dieses Verrats interessiert, und nur darüber gibt sein Evangelium Auskunft. Andere christliche Überlieferungen, die den Verrat als vollendete Tatsache voraussetzen, sprachen von der schrecklichen Bestrafung des Verräters bei seinem Tode. Aus den überlieferten Geschichten spricht die Überzeugung der Erzähler, daß der Abscheulichkeit des verräterischen Kusses eine solche des Todes des Verräters entsprochen haben müsse. Es gibt drei unabhängige Fassungen dieser Erzählung, und allen liegt die Annahme zugrunde, daß der Tod des Judas ihn geschwind, schrecklich und an einem bestimmten Ort in Jerusalem ereilte, mit dem sich Erinnerungen an den gräßlichen Tod anderer Missetäter der jüdischen Geschichte verbanden.

Einen Bericht über den Tod des Judas hat man bei Matthäus. Demnach gab Judas das mit dem Verrat Jesu verdiente Blutgeld zurück, und die Obrigkeit kaufte dafür einen Acker, der «bis heute» als der «Blutacker» bezeichnet und gezeigt wird. Das erfüllte eine Prophezeiung, die man durch die Kombination eines Verses aus Jeremia, wo (32, 9) vom Kauf eines Ackers für siebzehn Silberschekel die Rede ist, mit Sacharja 11, 12–13, wo dreißig Silberstücke ins Schatzhaus des Tempels geworfen werden. Danach erhängte sich Judas und starb als Selbstmörder. (Das erinnert an den Tod des Verräters Ahitofel, von dem 2. Samuel 17, 23 geschrieben steht; worauf wir noch zurückkommen werden.)

> «Als nun Judas, der ihn verraten hatte, sah, daß Jesus zum Tod verurteilt war, reute ihn seine Tat. Er brachte den Hohenpriestern und den Ältesten die dreißig Silberstücke zurück und sagte: Ich habe gesündigt, ich habe euch einen unschuldigen Menschen ausgeliefert. Sie antworteten: Was geht das uns an? Das ist deine Sache. Da warf er die Silberstücke in den Tempel; dann ging er weg und erhängte sich. Die Hohenpriester nahmen die Silberstücke und sagten: Man darf das Geld nicht in den Tempelschatz tun; denn es klebt Blut daran. Und sie beschlossen, von dem Geld den Töpferacker zu kaufen als Begräbnisplatz für die Fremden. Deshalb heißt dieser Acker bis heute Blutacker. So erfüllte sich, was durch den Propheten Jeremia gesagt worden ist: Sie nahmen die dreißig Silberstücke – das ist der Preis, den er den Israeliten wert war – und kauften für das Geld den Töpferacker, wie mir der Herr befohlen hatte.» (Matthäus 27, 3–10)

Matthäus gab diesem Zitat einen antijüdischen Ton, indem er, wo der Prophet von dem Preis sprach, den er «ihnen» wert war, statt «ihnen» «den Israeliten» einsetzte. Ich nehme an, daß in Jerusalem tatsächlich zur Zeit des Evangelisten ein Acker als der «Blutacker» bekannt war und daß die

Legende vom Tod des Judas mit diesem Ort verknüpft wurde. Doch obwohl jene Geschichte nicht historisch ist, setzt ihre Erfindung voraus, daß Judas existierte und sich einer Tat schuldig machte, die einen so schrecklichen Tod als angemessene Strafe erscheinen ließ.

Ein weiterer unabhängiger Bericht über den Tod des Judas ist in der Apostelgeschichte des Lukas zu finden. Petrus gibt ihn dort, als er die Gemeinde auffordert, anstelle des ausgeschiedenen Judas einen neuen Apostel als zwölften in den Kreis der verbliebenen elf zu wählen.

«Mit dem Lohn für seine Untat kaufte er sich ein Grundstück. Dann aber stürzte er vornüber zu Boden, sein Leib barst auseinander, und alle Eingeweide fielen heraus. Das wurde allen Einwohnern von Jerusalem bekannt: deshalb nannten sie jenes Grundstück in ihrer Sprache Hakeldamach, das heißt Blutacker. Denn es steht im Buch der Psalmen: Sein Gehöft soll veröden, niemand soll darin wohnen! [= Psalm 69, 25] Und: Sein Amt soll ein anderer erhalten!» [= Psalm 109, 8] (Apostelgeschichte 1, 18–20)

Diesem Bericht zufolge kaufte Judas das Feld selbst, und dort barst anscheinend spontan sein Leib auseinander, weshalb dann die Leute das fragliche Grundstück den Blutacker nannten, was zwei prophetische Worte der Psalmen erfüllte. Das zweite (Psalm 109, 8) ist direkt als Aufforderung zu der von Petrus angeregten Nachwahl zu verstehen, das erste aus Psalm 69, 25 ist prophetisch nur unter der Bedingung, daß Judas, wie Petrus behauptet, das Grundstück für sich selbst erwarb, und wäre deshalb nicht heranzuziehen, wenn Matthäus recht hätte und der Kauf des Blutackers von der Obrigkeit getätigt worden wäre. Die Überlieferung scheint einige auf den Tod des Verräters bezügliche Schriftstellen und eine Verbindung derselben mit dem Blutacker zur Verfügung gestellt zu haben, die jedoch dann von den Evangelisten schöpferisch verarbeitet wurden. So wurde denn auch in der Apostelgeschichte der Tod des Verräters Jesu nicht wie bei Matthäus dem Tode Ahitofels, der David verraten hatte, nacherzählt, sondern demjenigen Nadins, der Ahikar verriet. Von Ahiqar und Nadin (oder Nadan, Nathan, Nadab) wird bei unserer Erörterung der Auferstehung im 7. Kapitel noch viel die Rede sein; fürs erste soll es uns genügen zu erfahren, was aus syrischen, armenischen und arabischen Quellen über das Schicksal des Verräters Nadin zu lesen ist.

1. Nadan *schwoll* an wie ein Sack und starb.
2. Nadan *schwoll* an, und sein ganzer Leib *barst* auseinander.
3. Nadan ... *schwoll* sofort an und wurde wie eine aufgeblasene Blase. Und seine Glieder *schwollen* an und seine Beine, seine Füße und seine Seite, und er wurde zerrissen, und sein Bauch *barst* auseinander, und seine Eingeweide wurden *zerstreut*, und er verdarb und starb.

(*The Story of Ahikar*, Harris u. a., S. 776, Hervorhebungen von mir)

Wie meine Hervorhebungen andeuten, hat man in den Verbformen *schwoll, barst, zerstreut* den Tod des Nadin in allen Einzelheiten. Ähnlich geben die Formen *schwoll, barst* und *fielen heraus* alle Einzelheiten des Todes des Verräters Judas, wie Petrus ihn in der Apostelgeschichte erzählt. Doch auch in diesem Fall setzt der schreckliche Tod ein schreckliches Leben voraus, und das weist wieder auf die Historizität des Judas hin. Eine letzte Beschreibung des Todes des Verräters Judas findet sich in zwei Schriften des Papias von Hieropolis, eines Bischofs, der vor der Mitte des 2. Jahrhunderts schrieb. Diese Schriften sind zwar verschollen, die Stellen über Judas sind aber in wesentlich später kompilierten Kommentaren zu Matthäus 27 und Apostelgeschichte I erhalten. Ich zitiere aus beiden je eine Stelle.

«Judas lebte sein Leben als ein ungeheures Beispiel der Gottlosigkeit. Sein Fleisch war so geschwollen, daß er nicht durchkam, wo leicht ein Wagen durchfuhr. Als ihn ein Wagen zerquetschte, fielen seine Eingeweide heraus.»
(*Fragments of Papias* 3; Roberts u. a. I, 153)

«Judas war ein entsetzliches, lebendiges Beispiel der Gottlosigkeit in dieser Welt, sein Fleisch so aufgeschwollen, daß er durch eine Lücke, durch die leicht ein Wagen fahren konnte, nicht gehen konnte. Nicht einmal die riesige Masse seines Kopfes konnte durchschlüpfen! Es heißt, daß seine Augenlider so angeschwollen waren, daß es absolut unmöglich für ihn war, das Licht zu sehen, und seine Augen waren für einen Arzt nicht einmal durch ein Vergrößerungsglas sichtbar, so tief waren sie eingesunken. Seine Schamteile waren beschämend groß und widerwärtig anzusehen, und durch sie geleitet aus allen Teilen seines Körpers ergossen sich Eiter und Würmer miteinander, wenn er schändlich seine Notdurft verrichtete. Er starb nach vielen Qualen und Strafen in einem abgelegenen Ort, der bis auf unsere Zeit wüst und leer geblieben ist. Bis auf den heutigen Tag kann dort niemand vorbeigehen, ohne sich die Nase zuzuhalten! So ist der Ausfluß, der durch sein Fleisch geht und (sich) sogar aus dem Boden (ergießt).»
(*The Fragments of Papias* 3; nach Marique 380–381)

Diese Berichte scheinen sowohl unabhängig von Matthäus als auch von Lukas zu sein, und wie man sieht, gelangt dort die Verwandlung des Judas in ein zugleich moralisches und körperliches Ungeheuer zur Vollkommenheit. Aus dem Satz von dem «abgelegenen Ort, der bis auf unsere Zeit wüst und leer geblieben ist», mag man ein fernes Echo aus Psalm 69, 25 und Gedanken an den Blutacker heraushören, aber hauptsächlich geht es Papias um die Darstellung des schrecklichen Todes, den der Verräter starb. Die Schilderung von dessen Umständen geht weit über die den Tod Nadins betreffenden Muster hinaus, denen der Bericht des Petrus in der Apostelgeschichte folgt. Verschiedene der von Papias neu eingeführten Details findet man auch in Schilderungen des unrühmlichen Sterbens böser Herrscher (so die Würmer, den Gestank, siehe Brown, S. 1409, Anm. 28), aber daß Judas massiger gewesen sei als ein Wagen, scheint ein origineller Einfall des Papias gewesen zu sein.

Ich will glauben, daß Judas ein Jünger Jesu war, der ihn verriet. Ich glaube nicht, daß er einer der Zwölf gewesen ist, denn diese symbolische Gruppierung von zwölf neuen christlichen Patriarchen, die an die Stelle der zwölf alten jüdischen Patriarchen treten sollten, wurde erst nach Jesu Tod geschaffen. Es gab nachweislich in der frühen Christenheit weite Kreise, wo man von der Institution der Zwölf nie gehört hatte. Aber verschiedene und voneinander unabhängige frühchristliche Überlieferungen wußten von Judas und beschrieben, ohne über diesbezügliche historische Informationen zu verfügen, dessen Tod, so wie er sich zugetragen haben *mußte*: geschwind, schrecklich, der Schrift entsprechend und, da der glückliche Zufall es wollte, daß es einen wirklichen Acker dieses Namens in der Nähe Jerusalems wirklich gab, in irgendeiner Beziehung zu dem verrufenen Blutacker.

Beter auf dem Ölberg

Der Verrat des Judas, die Flucht der Jünger, das Leugnen des Petrus sind einzelne Episoden. Die Evangelien bieten jedoch nicht nur eine Reihe von Episoden, sondern eine zusammenhängende folgerichtige Geschichte mit ihrer eigenen logischen Plausibilität. Wie steht es nun mit dieser Rahmenerzählung, in welcher Jesus in den Garten Gethsemane geht und betet, während seine Jünger schlafen, bis Judas, der Verräter, zu ihm tritt und ihn identifiziert, worauf er denn verhaftet wird? Das ist die entscheidende Frage. Wenn es historische Vorkommnisse gab, die zu ihrem besseren Verständnis auf alte Prophezeiungen zurückgeführt wurden, und historisch nie vorgekommene Ereignisse, die aus alten Prophezeiungen abgeleitet wurden, wie verhält es sich mit diesem umfassenden Rahmen? Woher kommt er? Und darauf ist zu antworten: aus dem gleichen Fundus alter biblischer Texte, Themen und Typen, insbesondere aber aus dem zweiten Buch Samuel 15–17.

David war fast tausend Jahre vor der Zeit Jesu König von Israel. Doch danach war er weit mehr als nur ein toter König unter anderen. Er wurde ein Mythos wie Artus, der einstige und zukünftige König. Während die Wogen sozialer Ungerechtigkeit, Fremdherrschaft, kolonialer Ausbeutung und königlicher Unterdrückung über das jüdische Land rollten, träumte das Volk von einem zukünftigen davidischen Führer, der den Frieden, die Glorie und Gerechtigkeit eines vergangenen Zeitalters, das durch lange Nostalgie geheiligt und von utopischem Idealismus umstrahlt war, zurückbringen würde. Für diejenigen, denen eine solche Erzählung vorschwebte, war es leicht, Jesus selbst als den erwarteten davidischen Führer zu sehen und darzustellen. Und auf diese Darstellung zielt der Rahmen ab, in welchem die Erzählung von Jesu letzter Nacht gestellt ist. In den alten Geschichten las man von Abschalom, der sich gegen seinen Vater David erhob und dessen Königswürde usurpieren wollte. Was David im Alten Testament geschehen war, wurde von den Christen als Muster genommen für das, was Christus im Neuen Testament widerfuhr.

Sieben Hauptparallelen sind zu identifizieren, obwohl über die Entsprechung der großen Linien hinaus das Verhältnis zwischen Muster und Nachbildung nicht immer eindeutig ist.

Zunächst gab es in jeder der beiden Geschichten einen Verräter, und dieser Umstand mag die Nachbildung insgesamt angeregt haben. Ahitofel verhält sich zu David wie Judas zu Jesus.

> «Als er seine Opfer darbrachte, ließ Abschalom auch den Giloniter Ahitofel, den Berater Davids, aus seiner Heimatstadt Gilo kommen ... Man hatte David die Nachricht gebracht, daß auch Ahitofel unter den Verschwörern auf seiten Abschaloms war. Da sagte David: Herr, vereitle den Rat Ahitofels!»
> (2. Samuel 15, 12, 31)

> «Judas Iskariot, einer der Zwölf, ging zu den Hohenpriestern. Er wollte Jesus an sie ausliefern.»
> (Markus 14, 10)

Die Einzelheiten sind natürlich ganz verschieden, aber in jedem der beiden Fälle wird ein enger Vertrauter zum Verräter.

Zweitens: Als David erfährt, daß Abschalom ein Heer gegen ihn heranführt, flieht er nach Osten über das Kedron-Tal (heute Wadi Kidron, ein trockenes Bachbett, das nur während der Regenzeit Wasser führt) und auf den Ölberg.

> «Alle weinten, als die Leute (an David) vorüberzogen. Dann überschritt der König den Bach Kidron, und alle zogen weiter auf dem Weg zur Steppe ... David stieg weinend und mit verhülltem Haupte den Ölberg hinauf.»
> (2. Samuel 15, 23, 30a)

> «Nach dem Lobgesang gingen sie zum Ölberg hinaus ... Sie kamen zu einem Grundstück, das Getsemani [nämlich «Ölpresse»] heißt.»
> (Markus 14, 26, 32)

Drittens erscheinen beide, David und Jesus, jeder bestürzt durch das, was ihm widerfährt, als Schutzflehender vor Gott.

> «Er ging barfuß, und alle Leute, die bei ihm waren, verhüllten ihr Haupt und zogen weinend hinauf.»
> (2. Samuel 15, 30 b)

«Da ergriff ihn Furcht und Angst, und er sagte zu ihnen: Meine Seele ist zu Tode betrübt ... Und er ging ein Stück weiter, warf sich auf die Erde nieder und betete ...»
(Markus 14, 33–35 a)

Die Haltung Davids und seiner Begleiter ist die des Gebets von Schutzflehenden. Diejenige Jesu desgleichen, doch Jesu Begleiter schlafen schließlich ein, anstatt zu wachen und zu beten.

Viertens besteht *vielleicht* eine Beziehung zwischen Vorbild und Abbild auch zwischen dem Versprechen, das Ittai, der treue Gatiter, dem König gibt, und der Erklärung des Petrus, daß er bereit sei, für Jesus zu sterben.

«Doch Ittai erwiderte dem König: So wahr der Herr lebt und so wahr mein Herr, der König, lebt: Nur an dem Ort, wo mein Herr, der König, ist, dort wird auch dein Diener sein, sei es um zu leben oder um zu sterben.»
(2. Samuel 15, 21)

Obwohl die Angleichung der Erzählung von Jesus an diejenige von David in den großen Linien unverkennbar ist, ist doch nicht sicher, ob sie in diesem und in den beiden folgenden Punkten ausdrücklich beabsichtigt ist.

Immerhin besteht die *Möglichkeit*, daß, fünftens, das Gebet Jesu auf dem Ölberg bewußt demjenigen König Davids am gleichen Ort folgt.

«Der König sagte zu Zadok: Bring die Lade Gottes in die Stadt zurück! Wenn ich vor den Augen des Herrn Gnade finde, dann wird er mich zurückführen und mich die Lade und ihre Stätte wiedersehen lassen. Wenn er aber sagt: Ich habe an dir keinen Gefallen! Gut, dann mag er mit mir machen, was ihm gefällt.»
(2. Samuel, 25–26)

«Er sprach: Abba, Vater, alles ist dir möglich. Nimm diesen Kelch von mir! Aber nicht, was ich will, sondern was du willst (soll geschehen).»
(Markus 14, 36)

Ebenso *möglicherweise* hat man in Ahitofels Anerbieten, David zu erschlagen, ein Muster der Verhaftung Jesu auf dem Ölberg.

«Und Ahitofel sagte weiter zu Abschalom: Ich möchte zwölftausend Mann auswählen, mit ihnen noch heute nacht aufbrechen und David nachsetzen. Ich will ihn überfallen, wenn er noch müde und ermattet ist, und ihm einen Schrecken einjagen. Alle Leute, die bei ihm sind, werden fliehen, und ich kann den König, wenn er allein ist, erschlagen.»
(2. Samuel, 17, 1–3)

«Noch während er redete, kam Judas, einer der Zwölf, mit einer Schar von Männern, die mit Schwertern und Knüppeln bewaffnet waren; sie

waren von den Hohenpriestern, den Schriftgelehrten und den Ältesten
geschickt worden.»
(Markus 14, 43)

Wenn aber die Soldaten Ahitofels nur möglicherweise das Vorbild abgege-
ben haben für die Bewaffneten, mit denen Judas kommt, Jesus zu verhaften, kann – siebtens – als ziemlich sicher gelten, daß dem Evangelisten
Matthäus bei der Beschreibung des Todes des Verräters Judas der Tod des
Verräters Ahitofel als Vorbild vorschwebte.

«Als Ahitofel sah, daß sein Rat nicht ausgeführt wurde, sattelte er seinen
Esel; brach auf und kehrte in seine Heimatstadt zurück. Dann bestellte
er sein Haus und erhängte sich. So starb er, und man begrub ihn im
Grab seines Vaters.»
(2. Samuel, 17–23)

«Da warf er die Silberstücke in den Tempel; dann ging er weg und
erhängte sich.»
(Matthäus 27, 5)

Es besteht also eine Beziehung nicht nur zwischen *bestimmten Ereignissen*
der Erzählung von der Nacht der Verhaftung Jesu und alten biblischen
Texten, auch der *Gang der Erzählung* insgesamt ist demjenigen einer alten
biblischen nachgeahmt. Obwohl Markus den Gang der Handlung seiner
Erzählung sehr detailliert und folgerichtig anordnet, tat er das doch nicht
in Erinnerung beobachteter Tatsachen, sondern einer alten Erzählung der
Heiligen Schrift. Einzelne Ereignisse, von denen er berichtet, scheinen mir
sich bei der Verhaftung Jesu tatsächlich ereignet zu haben, so der Verrat
und die Flucht der Jünger, aber daß der Gang der Handlung insgesamt
historischen Tatsachen entspräche, glaube ich nicht. Die Parallelisierung
der Verräter Ahitofel/Judas und der schutzflehenden Verratenen Da-
vid/Jesus auf dem Ölberg ist älter als die Evangelien des Markus, Matthäus und Johannes, denn Johannes kannte sie nicht nur aus dem Evangelium des Markus, sondern hatte schon aus anderer Quelle unabhängig
von Markus Kenntnis davon. Man sollte sich aus dieser Parallelstellung
Jesu mit David jedoch vor allem vergegenwärtigen, daß David trotz seiner
furchtbaren Nacht auf dem Ölberg zuletzt den Sieg davontrug – und Jesus
desgleichen.

Todeskampf als Sieg

Die Christen wußten natürlich, daß Jesus gebetet haben mußte in jener
Nacht auf dem Ölberg, und da sie glaubten, daß er gewußt habe, was ihn
erwartete, konnten sie sich leicht vorstellen, was der Verfasser des Hebrä-
erbriefes so ausdrückte:

«Als er auf Erden lebte, hat er mit lautem Schreien und unter Tränen
Gebete und Bitten vor den gebracht, der ihn aus dem Tod retten konnte,
und er ist erhört und aus seiner Angst befreit worden. Obwohl er der
Sohn war, hat er durch Leiden den Gehorsam gelernt; zur Vollendung
gelangt, ist er für alle, die ihm gehorchen, der Urheber des ewigen Heils
geworden ...»
(Hebräer 5, 7–9)

Aber Jesu Todesangst im Garten Gethsemane ist in der Schilderung des
Markus sehr viel mehr ins einzelne gehend dargestellt, und die Darstellung verrät überall den Gestaltungswillen des Verfassers. Man rufe sich in
Erinnerung, was wir als Eigentümlichkeiten dieses Stils schon beobachten
konnten, etwa die kritische Einstellung gegen die Jünger, die er überall
verrät. An der zitierten Stelle werden die drei privilegierten Jünger Petrus,
Jakobus und Johannes streng kritisiert, die während der bitteren Todesangst ihres Herrn schlafen. Besonders kritisiert er Petrus, der hier zeitwei-
lig ungenannt bleibt. Sein wahrer Name war Simon, man nannte ihn jedoch den «Felsen» oder «Stein» sowohl in Griechisch oder Lateinisch (Petrus) als auch in Hebräisch und Aramäisch (Kephas). Bei Markus wird er
– nachdem der Evangelist 3, 16 mitgeteilt hat, daß Jesus dem Simon diesen
Beinamen gab – immer Petrus genannt, bis (an der unten ausführlich zitierten Stelle, 14, 37) Jesus ihn als «Simon» anredet. Auch die Gegenüberstellung Jesu mit den schlafenden Jüngern im Garten Gethsemane wird
von Markus nach dem Muster, das er schon bei Jesu Leidensverkündigungen angewandt hat, verdreifacht. Hier allerdings nicht so wirkungsvoll wie
in dem oben betrachteten früheren Fall. Alles Wesentliche wird schon in
der ersten Szene gesagt, die zweite und dritte bringen die Aussage nicht
deutlicher hervor, vertiefen sie nicht, sondern wirken eher als schwache
Wiederholungen.

«Sie kamen zu einem Grundstück, das Getsemani heißt, und er sagte zu
seinen Jüngern: Setzt euch und wartet hier, während ich bete. Und er
nahm Petrus, Jakobus und Johannes mit sich. Da ergriff ihn Furcht und
Angst, und er sagte zu ihnen: Meine Seele ist zu Tode betrübt. Bleibt
hier und wacht! Und er ging ein Stück weiter, warf sich auf die Erde
nieder und betete, daß die Stunde, wenn möglich, an ihm vorübergehe.
Er sprach: Abba, Vater, alles ist dir möglich. Nimm diesen Kelch von
mir! Aber nicht, was ich will, sondern was du willst (soll geschehen).
Und er ging zurück und fand sie schlafend. Da sagte er zu Petrus: Simon, du schläfst? Konntest du nicht einmal eine Stunde wach bleiben?
Wacht und betet, damit ihr nicht in Versuchung geratet. Der Geist ist
willig, aber das Fleisch ist schwach.
Und er ging wieder weg und betete mit den gleichen Worten. Als er
zurückkam, fand er sie wieder schlafend, denn die Augen waren ihnen
zugefallen. Und sie wußten nicht, was sie ihm antworten sollten.

Und er kam zum drittenmal und sagte zu ihnen: Schlaft ihr immer noch und ruht euch aus? Es ist genug. Die Stunde ist gekommen; jetzt wird der Menschensohn den Sündern ausgeliefert. Steht auf, wir wollen gehen! Seht, der Verräter, der mich ausliefert, ist da.»
(Markus 14, 32–42)

Hier gibt es Anklänge an Psalm 42, 6 («Meine Seele, warum bist du betrübt / und bist so unruhig in mir?») und Psalm 42, 7 («Betrübt ist meine Seele in mir.»). Diese Anklänge der Klage Jesu im Garten Gethsemane an die Heilige Schrift mag Markus schon in einem überlieferten Text des Gebets Jesu vorgefunden haben, denn so werden sich die ersten Christen vorgestellt haben, daß Jesu Gebet gelautet haben müsse. Aber alles Übrige dürfte Markus frei erfunden haben.

Es ist faszinierend, das, was Markus um seiner Beweisführung willen erfand, mit dem zu vergleichen, was Johannes erfand, der oft ganz anderes beweisen wollte. Die theologischen Anliegen der beiden Evangelisten werden aus ihrer Darstellung sehr deutlich. Für Markus hat Jesus Todesangst, und seine Jünger versagen ihm die Unterstützung, um zu schlafen. Johannes dagegen weiß von keiner Angst. Jesus beschützt seine Jünger und hat die ganze Situation unter Kontrolle. Ich werde nicht den gesamten Text Johannes 18, 2–12 zitieren, möchte aber die Aufmerksamkeit des Lesers auf drei Fragen lenken. Wer fällt auf die *Erde*? Was sagt Jesus über den *Kelch* des Leidens? Wer kam, ihn *festzunehmen*? Man vergleiche die Berichte der beiden Evangelisten.

«Und er ging ein Stück weiter, warf sich auf die *Erde* nieder und betete, daß die Stunde, wenn möglich, an ihm vorübergehe. Er sprach: Abba, Vater, alles ist dir möglich. Nimm diesen *Kelch* von mir! Aber nicht, was ich will, sondern was du willst (soll geschehen) ... Noch während er redete, kam Judas, einer der Zwölf, mit einer *Schar von Männern*, die mit Schwertern und Knüppel bewaffnet waren.»
(Markus 14, 35–36; 43; Hervorhebungen von mir)

«Judas holte *die Soldaten und die Gerichtsdiener* der Hohenpriester und der Pharisäer, und sie kamen dorthin mit Fackeln, Laternen und Waffen. Jesus, der alles wußte, was mit ihm geschehen sollte, ging hinaus und fragte sie: Wen sucht ihr? Sie antworteten ihm: Jesus von Nazaret. Er sagte zu ihnen: Ich bin es. Auch Judas, der Verräter, stand bei ihnen. Als er zu ihnen sagte: Ich bin es!, wichen sie zurück und *stürzten zu Boden* ... Da sagte Jesus zu Petrus: ... Der *Kelch*, den mir der Vater gegeben hat – soll ich ihn nicht trinken?»
(Johannes 18, 3–6, 11 b; Hervorhebungen von mir)

Bei Markus erscheint eine *Schar von Männern* zur Verhaftung Jesu, bei Johannes *Soldaten und Gerichtsdiener*. Luther, der an dieser Stelle dem Wortlaut des griechischen Originals näher ist als die hier sonst zitierte deutsche

Einheitsübersetzung, spricht anstatt von Soldaten von einer «Rotte», die, wie später erwähnt wird, von einem «Oberhauptmann» geführt wurde (18, 2). Der von Luther mit «Rotte» übersetzte Ausdruck bezeichnete aber eine Kohorte, eine Einheit von 600 Mann. Das war die Gesamtheit der ständig in Jerusalem stationierten römischen Truppen. Die gesamten Streitkräfte der römischen Obrigkeit, sagt also Johannes, nicht eine bunt zusammengewürfelte Schar von Männern mit Schwertern und Knüppeln auf Geheiß der jüdischen Obrigkeit, seien aufmarschiert zur Verhaftung Jesu, und dann, als er sich zu erkennen gab, ihm zu Füßen gefallen. Das ist zweifellos eine grandiose Szene, die zwar mit den Tatsachen der Zeit Jesu nicht in Einklang zu bringen ist, jedoch natürlich etwa dreihundert Jahre später wahr wurde. Markus stellt sich die Nacht auf dem Ölberg vor, wie sie hätte gewesen sein können, Johannes dagegen erzählt sie, wie sie hätte gewesen sein sollen. Keine der beiden Darstellungen entspricht den historischen Tatsachen. Doch sind beide wahr.

Abschließend will ich sagen, daß meines Erachtens die Handlungsführung der Erzählung des Markus von der Verhaftung Jesu nicht den historischen Tatsachen folgt. Der Garten auf dem Ölberg, wo Jesus nach Markus mit der Todesangst ringt oder nach Johannes über alle Anfechtung triumphiert, ist vielmehr aus 2. Samuel 15–17 auf die Erzählung von Jesus übertragen. Historisch verbürgt scheint mir jedoch der Verrat des Judas zu sein, der ein Jünger Jesu war, doch nicht einer der Zwölf, denn diese Institution wurde erst nach Jesu Tod geschaffen und diente vorzüglich der Mission des Petrus bei den Juden, weniger derjenigen des Paulus bei den Heiden. Jesu Auftreten im Tempel, der Verrat des Judas und die Verhaftung Jesu müssen irgendwie in einem Zusammenhang gestanden haben, doch die uns überlieferte Erzählung dieses Zusammenhangs ist eine Erfindung des Markus, wonach die Obrigkeit über Jesus vollkommen unterrichtet war, aber Judas brauchte, um Jesus in aller Stille nachts dingfest machen zu können. Diesen Gang der Dinge kann ich nicht als historisch akzeptieren. Beweise aber dafür, wie es wirklich gewesen ist, habe ich nicht. Ich *vermute*, daß Judas den Behörden schon nach dem Ereignis im Tempel in die Hände fiel und schließlich verriet, *wer* für den Zwischenfall dort verantwortlich war, nicht nur, *wo* der Schuldige nun zu fassen sein würde. Für historisch halte ich auch den Bericht von der Flucht der Jünger, bin aber nicht der Meinung, daß von dem Mangel an Mut und Tapferkeit, den sie dadurch bewiesen, ohne weiteres auf den Verlust ihres Glaubens zu schließen ist. Die Frage nach der Historizität des dreimaligen Leugnens des Petrus werde ich im folgenden Kapitel erörtern.

3. KAPITEL

Gerichtsverhandlung

Am Anfang war Psalm 2

Der zweite der Psalmen Davids im Alten Testament ist ein Gebet bei einer Königskrönung. Gott verheißt dem neu gesalbten Monarchen, der die davidische Dynastie fortführt, mit allen Hoffnungen und Versprechungen, die wir erwähnt haben, als zu erörtern war, wie Jesus auf dem Ölberg in der Nachfolge Davids stand, seinen Beistand. Nationen und Völker, also gegnerische *Gruppen*, und Könige und Herrscher, also gegnerische *Führer*, mögen sich gegen ihn verschwören, doch Gott nennt ihn den Gesalbten, König und Sohn und sichert ihm den Endsieg zu.

> «*Warum toben die Völker, warum machen die Nationen vergebliche Pläne?*
> Die Könige der Erde stehen auf, / die Großen haben sich verbündet gegen den Herrn und seinen *Gesalbten.*
> ‹Laßt uns ihre Fesseln zerreißen / und von uns werfen ihre Stricke.›
> Doch er, der im Himmel thront, lacht, / der Herr verspottet sie.
> Dann aber spricht er zu ihnen im Zorn, / in seinem Grimm wird er sie erschrecken: ‹Ich selber habe meinen König eingesetzt / auf Zion, meinem heiligen Berg.›
> Den Beschluß des Herrn will ich kundtun. / Er sprach zu mir: *Mein Sohn* bist du. / Heute habe ich dich gezeugt.
> Fordere von mir, und ich gebe dir die Völker zum Erbe, / die Enden der Erde zum Eigentum.
> Du wirst sie zerschlagen mit eiserner Keule, / wie Könige aus Ton wirst du sie zertrümmern.»
> (2. Psalm, 1–9, Hervorhebungen von mir)

Man stelle sich vor, man wäre einer der Jünger Jesu und suchte in der Schrift nach einer Erklärung für dessen Kreuzigung. Der Psalmist schiene einem doch ganz deutlich zu sagen, daß Jesu Tod von Gott zum Guten gewendet werden sollte, daß das Ende nur ein neuer Anfang sei. Der 2. Psalm ist nicht nur eine Prophezeiung der Anfechtungen, sondern eine Prophezeiung der Anfechtungen und der schließlichen Erhöhung eines, der Anspruch auf die drei Titel hat, die er nennt: den des *Gesalbten* (in Hebräisch des *Messias*, in Griechisch des *Christus*), den des *Königs von Zion* und den des *Gottessohns*. Genau die Inanspruchnahme dieser Titel wird Jesus bei der Gerichtsverhandlung gegen ihn vorgeworfen werden. Nach jüdischem Gesetz wäre das Führen des Titels eines Gottessohns ein schweres religiöses Vergehen gewesen. Wer sich als Messias ausgab, hätte auch nach römischem Recht, jedenfalls bei einer bestimmten Auffassung dieses Titels, mit schwerer Bestrafung rechnen müssen. Sehr ernst genommen hätten es jedoch unzweifelhaft die römischen Richter, wenn einer als König von Zion (nämlich als König von Israel oder König der Juden) aufgetreten wäre.

Lukas bringt in der Apostelgeschichte zwei Reden, in denen hier die christliche Gemeinde im ganzen, da der Apostel Paulus den 2. Psalm auf die Hinrichtung und Auferstehung Jesu beziehen. Wie üblich in der griechisch-römischen Geschichtsschreibung, waren diese Reden natürlich keine Mitschriften historischer Reden, sondern literarische Kompositionen des Verfassers der Apostelgeschichte. Doch haben sie einen historischen Kern. Sie verraten nämlich, wie die frühen Christen Gottes Willen für Jesus und sie selbst aus einem Text der Heiligen Schrift herauslasen.

«Als sie das hörten, erhoben sie einmütig ihre Stimme zu Gott und sprachen: Herr, du hast den Himmel, die Erde und das Meer geschaffen und alles, was dazugehört, du hast durch den Mund unseres Vaters David, deines Knechts, durch den Heiligen Geist gesagt:
Warum toben die Völker, /warum machen die Nationen vergebliche Pläne?
Die Könige der Erde stehen auf, / und die Herrscher haben sich verbündet / gegen den Herrn und seinen Gesalbten.
Wahrhaft verbündet haben sich in dieser Stadt gegen deinen heiligen Knecht Jesus, den du gesalbt hast, Herodes und Pontius Pilatus mit den Heiden und den Stämmen Israels, um alles auszuführen, was deine Hand und dein Wille im voraus bestimmt haben.»
(Apostelgeschichte, 4, 24–28)

(Paulus spricht): «Denn die *Einwohner von Jerusalem und ihre Führer* [Anspielung auf Psalm 2, 1–2] haben Jesus nicht erkannt, aber sie haben die Worte der Propheten, die an jedem Sabbat vorgelesen werden, erfüllt und haben ihn verurteilt. Obwohl sie nichts fanden, wofür er den Tod verdient hätte, forderten sie von Pilatus seine Hinrichtung. Als sie alles vollbracht hatten, was in der Schrift über ihn gesagt ist, nahmen sie ihn vom Kreuzesholz und legten ihn ins Grab. Gott aber hat ihn von den Toten auferweckt, und er ist viele Tage hindurch denen erschienen, die mit ihm von Galiläa nach Jerusalem hinaufgezogen waren und die jetzt vor dem Volk seine Zeugen sind. So verkünden wir euch das Evangelium: Gott hat die Verheißung, die an die Väter ergangen ist, an uns, ihren Kindern, erfüllt, indem er Jesus aufgeweckt hat, wie es schon im zweiten Psalm heißt: *Mein Sohn bist du, heute habe ich dich gezeugt.*»
(Apostelgeschichte 13, 27–33, Hervorhebungen von mir)

Im ursprünglichen Psalmtext 2, 1–2 gab es nur zwei Gegensätze, die allerdings entsprechend dem poetischen Parallelismus des Hebräischen verdoppelt waren, nämlich zu *Völker* und *Nationen*, zu *Könige* und *Herren*. Damit war aber gesagt, daß sowohl Staaten als auch Herrscher, die sich dem Gesalbten des Herrn widersetzten, zerstört werden sollten. In der Apostelgeschichte 4, 24–28 begegnen uns indessen *vier* Kategorien, nämlich *Nationen*, worunter die Heiden zu verstehen sind, *Völker*, nämlich die Juden, *Könige*, das heißt Herodes, und *Herrscher*, die Pilatus bedeuten. Aber gleichviel wie zahlreich man sich die im Psalm 2, 1–2 genannten widersetzlichen Kräfte multiplizieren will, jedenfalls sind diese alle vereint in einer Verschwörung gegen Gottes neuen Gesalbten, neuernannten König, neugezeugten Sohn.

Es gibt nun zwei Möglichkeiten, den Psalm auf die Gerichtsverhandlung Jesu zu beziehen, eine, so wie Brown sie sieht, die andere, die ich bevorzuge.

Abbildung 1

(Crossan) ⟶

| Prophezeiung in Psalm 2 | Gerichtsverhandlung im Petrusevangelium | Prozeß in den kanonischen Evangelien |

⟵ (Brown)

Brown vertritt ganz allgemein, wie in der Abbildung angedeutet, die Auffassung, daß das Petrusevangelium auf den kanonischen Evangelien beruht und daß der Rückgriff auf die Prophezeiung des 2. Psalms zur Bestätigung oder Ausschmückung der Überlieferung erfolgte. Ich dagegen vertrete die Überzeugung, daß der Psalmentext für die Darstellung der Gerichtsverhandlung im Petrusevangelium die Grundlage lieferte und daß dann die kanonischen Evangelien von diesem abgeleitet wurden. Meine Hypothese ist also, daß die Gerichtsverhandlung gegen Jesus als Historisierung des Psalmentexts geschaffen wurde, und zwar, *weil der Psalm von einer zusammengesetzten oder korporativen Gegnerschaft gegen den Gesalbten spricht und dies auch in dessen erster Historisierung, dem Petrusevangelium, geschieht.* Das Petrusevangelium integrierte zuerst die wohl schon früher hergestellten Beziehungen zwischen dem Psalmentext und der Hinrichtung und Rechtfertigung Jesu in eine einzige Gerichtsszene, bei der dann die jüdische religiöse, die herodianische weltliche und die römische imperiale Obrigkeit gemeinsam gegen Jesus auftraten. Diese Hypothese kann auf die von Brown benötigte Annahme verzichten, daß das lückenhafte und selektive Gedächtnis des mutmaßlichen Petrus ein Potpourri der Gerichtsszenen der kanonischen Evangelien zusammenkochte. Sie wird andererseits natürlich zu erklären haben, was die kanonischen Autoren veranlaßte, aus der einen Gerichtsverhandlung des Petrusevangeliums mehrere zu machen, so, wie Markus deren zwei hat, eine vor der jüdischen religiösen Obrigkeit, eine vor der römischen, und Lukas gar deren drei, eine vor der jüdischen religiösen, eine vor der herodianischen weltlichen, eine vor der römischen imperialen Obrigkeit.

Schlechtes Gedächtnis oder schöpferische Volksphantasien?

Von jetzt an werde ich fünf verschiedene Fassungen der Passionsgeschichte erörtern. Wie schon eingangs erwähnt, findet man Markus von Matthäus benützt, der dessen Darstellung nur geringfügig änderte, von Lukas, der bedeutendere Änderungen daran vornahm, und von Johannes, der sie wesentlich veränderte. Der Bericht des Petrusevangeliums ist der fünfte, und an diesem fallen sogleich zwei hervorstechende Eigentümlichkeiten auf. Der nur in Bruchstücken erhaltene Anfang schildert eine einzige Gerichtsverhandlung, an der die jüdischen, herodianischen und römischen Obrigkeiten miteinander am gleichen Ort über Jesus zu Gericht sitzen. Und dann schreiten, als Pilatus sich ganz aus dem Prozeß zurückzieht, «die Juden, … Herodes der König … seine Richter» und «das [jüdische] Volk» – also nicht der römische Statthalter und dessen Soldaten – zur Hinrichtung Jesu. Die römische Besatzungsmacht tritt erst wieder in Erscheinung, als sie Wachen vor Jesu Grab stellt. Mit der Verurteilung, Beschimpfung, Kreuzigung oder Grablegung Jesu hat sie nichts zu tun.

Wie schon eingangs bemerkt, beurteilen Brown und ich das Verhältnis zwischen den kanonischen und dem Petrusevangelium unterschiedlich. Brown meint, daß der Verfasser des letzteren eine «ferne Erinnerung» der ersteren gehabt haben müsse, das heißt einstmals Matthäus gehört oder gelesen, auch von Überlieferungen, die von Lukas und Johannes herkamen, Kenntnis gehabt habe (S. 1306). Doch nimmt Brown an, daß der Autor des Petrusevangeliums auch «volkstümliches Material» (S. 1345) verwendet habe, also jedenfalls nicht an Hand von schriftlichen Quellen arbeitete, sondern aus der Erinnerung dessen, was er an (kanonischen und nichtkanonischen) Überlieferungen gelesen und gehört hatte, mit eigener Phantasie und einem Gefühl für dramatische Qualitäten seine Darstellung der Passionsgeschichte schuf (S. 1336). Ich dagegen unterstelle ein genau umgekehrtes Verhältnis und werde hier Gelegenheit nehmen, die entgegengesetzten Erklärungen zu prüfen.

Der Anfang des Petrusevangeliums war bereits unvollständig, als jemand es in das Papyrusbüchlein kopierte, in dem es schließlich gefunden wurde. Hier ist, was von diesem Anfang erhalten ist:

«Von den Juden aber wusch sich keiner die Hände, weder Herodes noch einer seiner Richter. Und als diese sie nicht waschen wollten, stand Pilatus auf. Und da befiehlt der König Herodes, den Herrn abzuführen, indem er ihnen sagt: Was ich euch befohlen habe, an ihm zu tun, das tut. […] Und er übergab ihm dem Volke am Tag vor den ungesäuerten Broten.» (Petrusevangelium 1, 1–2, 5b)

Frage: Wenn Petrus sich der kanonischen Evangelien dunkel erinnerte, wie kam er dazu, sie so zu verdrehen? Wie kam er dazu, nur von einer gemeinschaftlichen Gerichtsverhandlung von Juden und Römern zu sprechen, anstatt wie Johannes von anderthalb, wie Markus und Matthäus von zweien oder von dreien wie Lukas? Und weshalb meinte er dann gehört oder gelesen zu haben, daß nicht Pilatus und seine Soldaten, sondern Herodes und das Volk Jesus hinrichteten? Freilich ist der Erinnerung nichts unmöglich, aber vielleicht lohnt doch die Mühe, eine alternative Erklärung zu erwägen, die nämlich, daß dem Petrus nicht sein schlechtes Gedächtnis einen Streich spielte, sondern daß er für seine Darstellung auf eine Schöpfung der Volksphantasie zurückgriff.

Herodes und das Volk

Dem zitierten Text Petrus 1, 1–2, 5 b zufolge zog sich Pilatus aus der Verhandlung zurück, Herodes, «der König», und seine Richter übernahmen die Verantwortung für die Verurteilung Jesu, und Herodes übergab diesen «dem Volk». Demnach waren es dann «sie», nämlich das Volk, die Jesus beschimpften, kreuzigten und vom Kreuz abnahmen (man lese den Text des Evangeliums im Anhang 3, 6 – 6, 22). Hier stellen sich alsbald drei Fragen: Erstens: Wie konnte Herodes Antipas, der Herrscher Galiläas und Peräas, im Norden eine Kreuzigung in Judäa anordnen? Zweitens: Selbst angenommen, daß Pilatus das zugelassen hätte, wie konnte «das Volk» eine Kreuzigung durchführen? Eine Steinigung ist dem Volk zuzutrauen, aber eine Kreuzigung erfordert die geübte Brutalität einer kleinen Einheit Soldaten. Zuletzt und vor allem: Wie konnte sich Petrus eine derartige historische Situation vorstellen? Oder Browns Hypothese zufolge: Wie konnte Petrus sich der kanonischen Berichte so falsch erinnern? Andererseits, unter Voraussetzung meiner Hypothese: Wie konnte Petrus, wenn ihm Anwendungen der Prophezeiung aus Psalm 2 schon bekannt waren, zu einer den allgemein bekannten Fakten so widersprechenden Historisierung der Prophezeiung gelangen? Er weiß nur zu gut Bescheid über die Machtvollkommenheit des römischen Statthalters und seiner Soldaten, beschuldigt statt ihrer aber Herodes und das Volk. Warum?

Brown hat eine starke Antwort auf diese Frage, und die gilt es nun sorgfältig zu prüfen, denn viel steht dabei auf dem Spiel. Hier kommen wir zur fünften der sechs fundamentalen Meinungsverschiedenheiten zwischen Brown und mir hinsichtlich der Passionserzählungen. Dabei geht es um den vorgeblichen Antijudaismus des Petrusevangeliums. Brown kommt in seinem Werk über den Tod des Messias ständig auf die Behauptung zurück, daß das Petrusevangelium antijüdischer sei als die kanonischen Evangelien, was ein Indiz dafür sei, daß es später verfaßt sei als diese, wie auch dafür, daß es nicht offiziell, sondern populär, nicht orthodox, sondern heterodox ausgerichtet ist. Brown zufolge hatte Petrus also den Berichten der kanonischen Evangelien absichtlich eine stärkere antijüdische Tendenz gegeben. Ich zitierte hier einige seiner diesbezüglichen Aussagen:

«In dem späteren Petrusevangelium, in dem man eine weniger durch die Konvention der Predigt und Kirchenlehre eingeschränkte Popularisierung findet als auf weiten Strecken bei Matthäus, ist das antijüdische Ressentiment noch undifferenzierter.» (S. 63)

«entschieden antijüdischer als die kanonischen Evangelien» (S. 834)

«Dieses Werk ist den Juden durchaus feindlich gesinnt» (S. 868)

«offen antijüdischer Geist» (S. 912)

«antijüdische Polemik» (S. 929)

«antijüdischer Heucheleivorwurf» (S. 1037)

«das antijüdische Ressentiment, das im Petrusevangelium viel auffälliger ist als in den kanonischen Evangelien» (S. 1065)

«starkes antijüdisches Vorurteil im Petrusevangelium» (S. 1235)

«Ich möchte hoffen, daß Christen heutzutage eine weitere heterodoxe Tendenz des Petrusevangeliums erkennen: seine verschärft antijüdischen Beschreibungen.» (S. 1347, Anm. 62)

Mein erster Einwand ist, daß diese Kommentare sachlich Falsches behaupten, nicht nur aus meiner Sicht falsch deuten, sondern für jedermann offensichtlich die Tatsachen verdrehen. Sehen wir zu, was im Petrusevangelium tatsächlich stattfindet.

Bei Petrus sind es «die Juden», nicht die Römer, die Jesus verurteilen, und «das Volk» beschimpft und kreuzigt ihn. Soweit ist Brown recht zu geben. Die Tendenz dieser Darstellung ist entschiedener antijüdisch als die der kanonischen Evangelien. Und wenn es damit sein Bewenden hätte, wäre derjenige des Petrus tatsächlich der antijüdischste der fünf Passionsberichte. Doch es geschieht dann weiter etwas sehr Merkwürdiges, und das muß man im Zusammenhang der Erzählung wohl beachten. Die Wunderzeichen beim Tode Jesu haben einen Sinneswandel bei den Juden zur Folge.

«Da erkannten die Juden und die Ältesten und die Priester, welch großes Übel sie sich selbst zugefügt hatten, und begannen zu klagen und zu sagen: Wehe über unsere Sünden, das Gericht und das Ende Jerusalems ist nahe herbeigekommen.»
(Petrusevangelium 7, 25)

In diesem Augenblick weiß die jüdische *Obrigkeit*, daß sie sich schuldig gemacht hat und dafür bestraft werden wird, doch anstatt nun Bußfertigkeit zu beweisen, erbitten die Ältesten und Priester von Pilatus, er möge Wachen an das Grab Jesu stellen, um Ausschreitungen des *Volkes* gegen sie selbst zu verhüten.

«Als sich aber die Schriftgelehrten und Pharisäer und Ältesten miteinander versammelten und hörten, daß das ganze Volk murre und sich an die Brust schlage und sage: ‹Wenn bei seinem Tode diese überaus großen Zeichen geschehen sind, so sehet, wie gerecht er war!›, da fürchteten sie sich und kamen zu Pilatus, baten ihn und sprachen: Gib uns Soldaten, damit wir sein Grab drei Tage lang bewachen, damit nicht seine Jünger kommen und ihn stehlen und das Volk glaube, er sei von den Toten auferstanden, und uns Böses antue.»
(Petrusevangelium 8, 28–30)

Hier wird nun eine hochbedeutende Unterscheidung zwischen der jüdischen *Obrigkeit* und dem jüdischen *Volk* eingeführt, und im Folgenden wird der Gegensatz zwischen beiden absolut. Denn nun sieht man die jüdische und die römische Obrigkeit gemeinsam am Grabe Jesu Zeugen von dessen Auferstehung werden. Die Römer werden überzeugt und sprechen: «Wahrhaftig, er war Gottes Sohn.» Aber die jüdischen *Herrschenden* verschwören sich mit Pilatus, ihr eigenes *Volk* zu täuschen.

«Da traten alle zu ihm, baten und ersuchten ihn dringend, dem Hauptmann und den Soldaten zu befehlen, niemandem zu sagen, was sie gesehen hatten. Denn es ist besser für uns, sagten sie, uns der größten Sünde vor Gott schuldig zu machen, als in die Hände des Judenvolks zu fallen und gesteinigt zu werden. Pilatus befahl nun dem Hauptmann und den Soldaten, nichts zu sagen.»
(Petrusevangelium 11, 47–49)

Der Ausdruck «Judenvolk» ist seltsam. Für diesen Autor gab es mithin zweierlei Juden, zunächst die *Obrigkeit* oder die *Herrschenden*, die sich aus mehreren Gruppen zusammensetzten, in der Erzählung aber oft einfach als «die Juden» bezeichnet werden, und sodann «das Volk» oder das «Judenvolk».

So, wie ich das Petrusevangelium verstehe, ist es antijüdischer als die kanonischen Evangelien hinsichtlich der jüdischen *Obrigkeit*, doch zugleich projüdischer hinsichtlich des *Volkes* als irgendeines der anderen Evangelien. Wenn nur, sagt der Evangelist, diese schreckliche jüdische Obrigkeit ihr eigenes Volk nicht belogen hätte, wäre auch dieses der Auferstehung Jesu innegeworden und hätte ihn, wie die Römer, als Gottessohn erkannt. Wie falsch auch diese Anschuldigung, wie frei erfunden auch die Geschichte und wie unrealistisch diese Hoffnung auch sein mögen, spricht doch Petrus für die Christen einer Zeit und eines Orts, da ihnen zwar die jüdische Obrigkeit feindlich gegenüberstand, nicht jedoch oder nicht vollkommen jedenfalls das jüdische Volk. Das Volk betreffend war die Träumerei: «wenn nur ...» noch möglich.

Browns ständige Wiederholungen seiner Diagnose einer ungewöhnlich starken antijüdischen Tendenz im Petrusevangelium sind daher einigermaßen befremdend. Er weiß, was ich oben dargelegt habe, ebensogut wie ich und faßt es sogar an einer Stelle seines Werks klar und deutlich zusammen.

«Das Petrusevangelium 7, 25–8, 29 gibt interessanten Einblick in die Einstellung des Autors zu den Juden, die er (nachdem er von den Römern bei der Hinrichtung vollkommen abgesehen hat) für die Kreuzigung und den Tod Jesu allein verantwortlich gemacht hat. Man hat den Eindruck, daß das Petrusevangelium im ganzen zwei jüdische Gruppen annimmt, eine unbußfertige und eine bußfertige ... Was die *bußfertigen* Juden betrifft, so vermittelt das Petrusevangelium den Eindruck, daß es unterscheidet zwischen den ‹Juden, den Ältesten und den Priestern›, die laut Petrusevangelium 7, 25 erkannten, ‹welch großes Übel sie sich selbst zugefügt hatten›, und dem ‹Volk›, das laut Petrusevangelium 8, 28 murrt und sich an die Brust schlägt. Die ersteren bereuen, weil sie durch ihre Sünden Gottes zorniges Urteil auf sich gezogen und den Untergang Jerusalems unvermeidlich gemacht, sich also selbst großes Übel zugefügt haben. Die letzteren, allein wirklich Bußfertigen, schlagen sich (nachdem sie gegen die Obrigkeit gemurrt) an die Brust, weil die großen Zeichen beim Tode Jesu ihnen offenbart haben, wie gerecht Jesus war. Mit dieser Unterscheidung steht das Petrusevangelium dem Lukasevangelium nahe, das zwischen dem Verhalten des Volkes zu Jesus vor der Kreuzigung und nach seinem Tod gleichfalls einen Unterschied macht.» (S. 1190)

Diese Erklärung läßt jedoch die von mir zitierten, häufig wiederholten Behauptungen der im besonderen Maße antijüdischen Einstellung dieses Evangelisten schlicht hinfällig werden. Selbst dort, wo Brown nach der soeben zitierten Stelle zum letzten Mal auf die Frage zurückkommt, äußert er sich zwar zurückhaltender als an den meisten anderen Stellen dazu, doch der Tenor bleibt der gleiche.

Im Petrusevangelium «ist ein starkes antijüdisches Ressentiment, besonders gegen die religiöse Obrigkeit ..., obwohl Beispiele jüdischen Bereuens vorkommen.» (S. 1339)

Weshalb charakterisiert Brown das Petrusevangelium so unzutreffend als das antijüdischste aller Evangelien? Vielleicht, weil diese Behauptung jene andere unterstützen soll, derzufolge diese Schrift populär, nicht kirchenamtlich, heterodox, nicht orthodox, spät, nicht früh sein soll? Jedenfalls handelt es sich dabei, grob gesagt, um ein ziemlich verzweifeltes Auskunftsmittel. Seine Untauglichkeit wird deutlich aus dem Vergleich der folgenden beiden Verse aus dem Petrusevangelium und dem Matthäusevangelium, die beide fast identische griechische Ausdrücke benutzen:

«Das ganze Volk [ho laos hapas] murrte und schlug sich an die Brust
und sagte: Wenn bei seinem Tode diese überaus großen Zeichen geschehen sind, so sehet, wie gerecht er war!»
(Petrusevangelium 8, 28)

«Da rief das ganze Volk [pas ho laos]: Sein Blut komme über uns und
unsere Kinder!»
(Matthäus 27, 25)

Beide Verse schließen (in der Übersetzung) mit Ausrufungszeichen, doch
der erste Ausruf zeugt von Glauben und Reue, der zweite nimmt verwe-
gen die schlimmsten Konsequenzen der gewünschten Verurteilung Jesu in
Kauf. Beide Ausrufe werden aber dem «ganzen Volk» zugeschrieben. Man
vergleiche diese Umstellung des Petrustexts in einer der Kreuzigung vorangehende Situation bei Matthäus mit dem Gebrauch, den Lukas von dem
Text macht, der ihn in genau den Zusammenhang stellt, in dem er bei
Petrus steht.

«Als der Hauptmann sah, was geschehen war, pries er Gott und sagte:
Das war wirklich ein gerechter Mensch. Und alle, die zu diesem Schauspiel herbeigeströmt waren und sahen, was sich ereignet hatte, schlugen
sich an die Brust und gingen betroffen weg.»
(Lukas 23, 47)

Die Reue des «ganzen Volkes» bei Petrus wurde von Lukas für «alle, die
zu diesem Schauspiel herbeigeströmt waren», geltend gemacht. Matthäus
aber wandelte sie zum frechen Bekenntnis der Blutschuld des «ganzen
Volkes» um.

Wenn man zudem zunehmenden Antijudaismus als Kriterium für die
Datierung gelten lassen will, muß man das Petrusevangelium nicht als das
letzte, sondern als das erste der fünf, die eine Passionsgeschichte erzählen,
gelten lassen. Es wäre mir gar nicht eingefallen, dieses Kriterium anzuwenden, wenn Brown es nicht selbst vorgeschlagen hätte. Da er es nun
aber getan hat, warum sollen wir nicht versuchen, was herauskommt,
wenn man es verwendet? Mit Blick nicht auf die jüdische Obrigkeit, sondern auf «eine jüdische Gruppe oder Gruppen, die kollektiv eine bedeutsame Rolle in den Evangelienerzählungen von der Passion spielen», gelangt Brown zu den folgenden Ergebnissen:

[Markus] «‹Die Menge› ist am Ende des Markusevangeliums gegen Jesus nicht freundlich eingestellt. Zur Beschreibung der kollektiven Feind-
seligkeit gegen Jesus benützt Markus in seiner Passionserzählung aber
nirgends die Bezeichnungen ‹das Volk›, ‹die Nation› oder ‹die Juden›.»
(S. 1421)

[Matthäus] «Matthäus beschreibt als feindselig ‹das ganze Volk› (28, 25),
‹die Juden› (28, 95) und ‹die Israeliten› (27, 9).» (S. 1422)

[Lukas] «Im Lukasevangelium an sich wird wenig Nachdruck auf ein Jesus gegenüber feindliches Kollektiv gelegt.» (S. 1422)

[Apostelgeschichte] «Der Leser des gesamten aus dem Evangelium und der Apostelgeschichte des Lukas bestehenden Werks wird sich des Eindrucks nicht erwehren können, daß es ein jüdisches Kollektiv gab, das Jesus gegenüber sehr feindlich eingestellt war.» (S. 1423)

[Johannes] «Johannes 18, 35 nennt diejenigen, die zusammen mit den Hohenpriestern Jesus an Pilatus ausgeliefert haben, dessen ‹eigenes Volk›. Der Ausdruck ‹die Juden› wird in der Passionserzählung mindestens neunmal zur Charakterisierung derjenigen benützt, die Jesus anfeindeten und seinen Tod wollten. Der letztere Sprachgebrauch macht die johannäische Darstellung gemeinschaftlichen Handelns sehr stark.» (S. 1423)

Ich fasse diese Ergebnisse zusammen und stelle Petrus nicht an die zeitlich letzte Stelle, auf welche Brown ihn stellt, sondern Browns Kriterium des mit der Zeit zunehmenden Antijudaismus zufolge an den Anfang der Entwicklung:

Petrus:	Jüdische Obrigkeit schlecht	und	jüdisches Volk gut.
Lukas (Evangelium):	Jüdische Obrigkeit schlecht	und	jüdisches Volk gut.
Markus:	Jüdische Obrigkeit schlecht	und	jüdische «Menge» schlecht.
Lukas (Apostelgeschichte):	Jüdische Obrigkeit schlecht	und	jüdisches Volk schlecht.
Matthäus:	Jüdische Obrigkeit schlecht	und	jüdisches Volk schlecht.
Johannes:	Juden (ohne Unterschied) schlecht.		

Ich betone, daß der ganze Zusammenhang der Erzählung des Petrusevangeliums berücksichtigt werden muß, wo zu Anfang die jüdische Obrigkeit und das Volk gemeinsam gegen Jesus vorgehen und am Ende die nämliche Obrigkeit das schlimmste Verbrechen vor Gott begehen muß (nämlich die Auferstehung, die sie mit eigenen Augen gesehen haben, zu leugnen), aus Angst, andernfalls von ihrem eigenen Volk gesteinigt zu werden. Das zeugt von einer Situation, in welcher ein christlicher Autor sich noch immer vorstellen kann, daß das *jüdische Volk* bereit und willens wäre, sich zum Christentum zu bekennen, wenn nur die *jüdische Obrigkeit* es nicht belogen, getäuscht und in die Irre geführt hätte. Diese Lage ist aber eher in früher, nicht in später Zeit gegeben.

In diesem antijüdischen Ressentiment äußert sich die Erbitterung einer Gruppe, deren Vision und Programm langsam, aber sicher von der Bevölkerungsmehrheit, die zu führen sie vergeblich gehofft hatte, abgelehnt worden sind, was auch die Ächtung und sogar Verfolgung der Minderheit durch die Mehrheit zur Folge hatte. Hier will ich aber nur bemerken, daß, wenn wir zunehmenden Antijudaismus wie Brown als Ausweis für die zeitliche Nacheinanderordnung der Zeugnisse gelten lassen wollen, Petrus an den Anfang, nicht ans Ende zu stellen ist, er also ein früher Zeuge ist, kein später. Die dort erhobenen Beschuldigungen sind nicht annähernd so tödlich wie bei Matthäus oder Johannes. Es wäre ja nett, wenn der schlimmste Antijudaismus außerhalb des Kanons bei dem nichtamtlichen Petrus zu finden wäre. Leider aber verhält es sich tatsächlich so, daß wir ihn innerhalb des Kanons, bei Matthäus, Johannes und in der Apostelgeschichte, also in den offiziellen christlichen Schriften, finden.

Caligulas Statue und die Herrschaft Agrippas

In gewisser Hinsicht war das Vorangehende jedoch nur eine freilich sehr notwendige Abschweifung. Wenn das Petrusevangelium eine Historisierung der im 2. Psalm angesprochenen Prophezeiung war, erklärt sich das Zusammenwirken der Juden und der Heiden, des Herodes und des Pilatus bei der Verfolgung Jesu aus diesem Ursprung der Erzählung. Unbeantwortet läßt jedoch diese Erklärung die Frage, warum die jüdische Obrigkeit so unglaublich böse und die römische so unglaublich gut ist. Die jüdische Obrigkeit sieht, verschließt die Augen vor dem Offensichtlichen und täuscht. Die römische Obrigkeit sieht (oder hört sogar nur), bekennt und bekehrt sich.

Ich will diese beiden Punkte ein letztes Mal hervorheben, ehe ich fortfahre. Wie aus Petrus 11, 47–49 ersichtlich, waren neben den römischen Soldaten, die das Grab bewachten, Vertreter der jüdischen Obrigkeit Zeugen der Auferstehung Jesu und baten dann Pilatus, den Soldaten Stillschweigen über das Ereignis zu befehlen. Sie nehmen die Sünde, das Geschehene zu verschweigen, auf sich, weil sie Gottes Zorn weniger fürchten als den des Volkes, von dem zu erwarten ist, daß es seine Führer steinigt, wenn sich herausstellt, daß sie den Gottessohn gekreuzigt haben. Im Gegensatz dazu sind die Vertreter der römischen Obrigkeit an der Verurteilung und Hinrichtung Jesu nicht beteiligt gewesen und insoweit unschuldig, wenn auch bei der Täuschung des jüdischen Volkes Pilatus mitgewirkt hat. Bei Petrus ist dann aber auch zu lesen, wie die Soldaten, nachdem sie Zeugen der Auferstehung Jesu geworden, zu Pilatus liefen und sprachen:

«Wahrhaftig, er war Gottes Sohn.»
Und wie Pilatus antwortete und sprach:
«Ich bin rein am Blute des Sohnes Gottes, ihr habt solches beschlossen.»
(Petrusevangelium 11, 45–46)

Das ist äußerst ungewöhnlich und natürlich vollkommen unhistorisch. Die jüdische Obrigkeit räumt nun ein, daß Jesus der Sohn Gottes ist, beschließt aber, diesen Tatbestand dem jüdischen Volk zu verheimlichen. Der Vertreter der römischen Obrigkeit, der Statthalter Pilatus, bekennt ebenfalls, daß Jesus der Sohn Gottes ist. Rom ist nicht nur unschuldig, Rom ist christlich (wenn auch hier etwas vor der Zeit). Unter welchen Umständen nun hätte

ein christlicher Autor sich eine derartige Situation ausgemalt haben können, wo die römische Obrigkeit als wohlwollend, die jüdische als übelwol-
lend erscheint, während die Bekehrung des jüdischen Volkes noch zu er-
hoffen ist, das ja von der übelwollenden jüdischen Obrigkeit bisher über
Jesu wahres Wesen getäuscht wurde? Ich nehme an, daß der Verfasser des
Petrusevangeliums die Lage im jüdischen Land vor Augen hatte, wie diese
sich in den vierziger Jahren des 1. Jahrhunderts n. Chr. darstellte, nach den
Erfahrungen, die man bei dem römischen Versuch, eine Statue Caligulas
im Tempel aufzustellen, und während der kurzen Herrschaft des Herodes
Agrippa I. als König der Juden gemacht hatte.

Petronius als Heiliger

Man erinnere sich, was ich im 1. Kapitel über die Anordnung des Kaisers
Caligula, eine Statue seiner selbst im Tempel in Jerusalem aufzustellen,
ausgeführt habe. Der syrische Statthalter Petronius hatte angesichts des
massiven passiven Widerstands der jüdischen Bevölkerung, die erklärte,
lieber sterben zu wollen, als solchen Frevel hinzunehmen, die Entscheidung getroffen, dem direkten kaiserlichen Befehl den Gehorsam zu verweigern. Josephus hat in seinen Geschichtsbüchern zwei vorgeblich von
Petronius selbst vorgebrachte Begründungen dieser Entscheidung wieder-
gegeben. Demnach erklärte Petronius zuletzt der jüdischen Volksversammlung:

> «So will ich lieber die Gefahr auf mich nehmen; entweder stimme ich
> mit des Gottes Hilfe Caesar um und freue mich mit euch der Rettung,
> oder ich gebe, wenn er in Zorn gerät, mein Leben für so viele gerne hin!»
> (*Jüdischer Krieg*, 2, 10, 5 = 2, 201)

In seinem späteren Werk belauscht Josephus zuerst die Gedanken des syrischen Statthalters in der fraglichen Zwangslage:

> «Selbst wenn sein (des Caesars) Zorn sich gegen ihn kehre, wolle er aus
> Hochachtung vor der Tugend um einer so großen Menschenmenge wil-
> len den Tod nicht scheuen ...»

Öffentlich habe Petronius dann erklärt, fährt der Historiker fort:

> «Sollte Gajus in Erbitterung geraten und mich seinen Zorn fühlen lassen,
> so will ich mich lieber jeder Gefahr unterziehen und alles Leid ertragen,
> das mich an Leib und Seele nur treffen kann, als daß ich euch in so
> großer Anzahl für euren Bekennermut dem Verderben preisgebe.»
> (*Jüdische Altertümer*, 18, 8, 4 und 5 = 18, 278, 282)

Hier sieht man Petronius bereit, sich selbst der Sache des Volkes, dessen
Bekennermut er bewundert, aufzuopfern. Er ist ein stoischer Heiliger. Im
weiteren Verlauf läßt ihn dann Josephus fast als jüdischen Heiligen erschei-

nen, denn die Gottgefälligkeit seines Entschlusses wurde dem römischen
Beamten unmittelbar nach seiner Rede zur Versammlung der Juden augenfällig bestätigt, wie man bei Josephus weiter liest:

> «Gott aber bewies dem Petronius, als er auf diese Weise die Menge er-
> mutigt hatte, seine Gegenwart und Macht. Kaum nämlich hatte er seine
> Rede an die Juden beendigt, als Gott wider alles Erwarten einen heftigen
> Platzregen niederfallen liess, obgleich der Tag heiter gewesen war und
> keine Vorboten von Regen sich am Himmel gezeigt hatten.»
> (*Jüdische Altertümer*, 18, 8, 6 = 18, 285)

Doch war dieser Platzregen nur ein Vorzeichen der Vorsorge, die Gott für
Petronius treffen sollte. Wie bereits erwähnt, geriet wegen dessen Weige-
rung, seinen Befehl auszuführen, Caligula sehr wohl in Erbitterung und
befahl dem Ungehorsamen alsbald, sich selbst das Leben zu nehmen. Doch
erreichte Petronius der Brief mit dem Todesurteil erst nach der Meldung
von Caligulas Ermordung.

> «Gott war offenbar der Gefahren eingedenk, denen sich Petronius ihm
> zu Ehren und den Juden zu Gefallen unterzogen hatte, und nahm daher
> den Gajus, dem er wegen des Beanspruchens göttlicher Verehrung zürn-
> te, von der Erde weg ...
> Petronius also erhielt den Brief, der ihm den Tod des Gajus meldete,
> früher wie den anderen, worin ihm befohlen wurde, selbst Hand an sich
> zu legen. Seine Freude über des Gajus Tod war jedenfalls ebenso groß
> als die Bewunderung, mit der er Gottes Vorsehung anerkannte, der ihn
> unverzüglich für die dem Tempel erwiesene Ehre und für die Hilfe,
> welche er den Juden geleistet hatte, seinen Lohn zukommen liess, indem
> er ihn aus ungeahnter Todesgefahr errettete.»
> (*Jüdische Altertümer*, 18, 8, 9 = 18, 306, 308–309)

Es wird kaum eine Gelegenheit gegeben haben in jenen Zeiten, bei der sich
Juden und Judenchristen einem Römer, dessen Menschlichkeit großes Un-
heil von ihnen abgewendet hatte, zu größerer Dankbarkeit verpflichtet
fühlen mußten als hier. Gleichviel ob man für den Tempel oder gegen den
Tempel eingestellt war, ob man im jüdischen Land daheim war oder in der
Diaspora, Petronius lebte, und Gaius war tot, und das römische Regiment
stand im schönsten Lichte, das war bei dieser Gelegenheit jedem offenbar.
(Ob die Namensgleichheit des Petronius des römischen Hauptmanns an
Jesu Grab im Petrusevangelium mit dem gerechten syrischen Statthalter
eine Zufälligkeit oder eine bewußte Anspielung ist, überlasse ich dem Geschmack des Lesers.) In der frischen Erinnerung an den anständigen syrischen Statthalter Petronius sehe ich jedenfalls die Ursache der prorömischen Einstellung, die aus dem Petrusevangelium spricht. Sie bestimmte
aber die Vorurteile des Verfassers nicht allein. Was nahm ihn so gegen die
jüdische und die herodianische Obrigkeit ein?

Herodes als Bösewicht

Herodes der Große hatte mehr Frauen als Heinrich VIII. und sehr viel mehr Kinder. Der dynastische Name war Herodes, und so findet man diesen Namen generell bei Fürsten dieser Dynastie. So, wie der Name Caesar für die verschiedensten römischen Kaiser Verwendung finden konnte. Im Neuen Testament tragen allein drei verschiedene Männer den Namen Herodes. Wir unterscheiden sie als Herodes den Großen, Herodes Antipas und Herodes Agrippa I. Dazu sind wir aber nur imstande auf Grund von Informationen, die anderswo zu finden sind. Abbildung 2 ist ein abgekürzter Stammbaum, der die Verwandtschaft der drei miteinander zeigt.

Abbildung 2

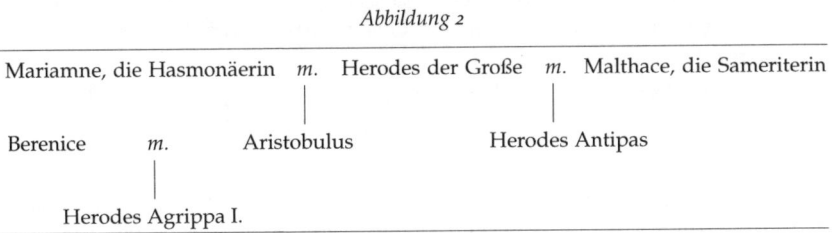

Mariamne, die Hasmonäerin *m.* Herodes der Große *m.* Malthace, die Sameriterin

Berenice *m.* Aristobulus   Herodes Antipas

Herodes Agrippa I.

Herodes dem Großen wurde offiziell im Jahre 40 v. Chr. vom römischen Senat der Titel «König der Juden» verliehen. «Nach Schluß der Senatssitzung nahmen Antonius und Caesar (nämlich Oktavian) Herodes in die Mitte und begaben sich ... hinaus, um zu opfern und den Beschluß auf dem Kapitol niederzulegen», berichtet Josephus (*Jüdischer Krieg*, I, 14, 4 = I, 282–285). Herodes Antipas war nicht König, sondern Tetrarch und beherrschte nur einen Teil des jüdischen Landes, nämlich Galiläa und Peräa. Im Neuen Testament wird er teils richtig als Tetrarch, teils falsch als König bezeichnet, so zum Beispiel beim Bericht des Matthäus (14, 1, 9) über die Hinrichtung Johannes des Täufers. Die Römer duldeten aber die widerrechtliche Inanspruchnahme von Titeln nicht, und als Antipas im Jahre 39 n. Chr. den Königstitel für sich forderte, verbannte Caligula ihn nach Hispanien. Caligula hatte den Königstitel jedoch seinem Klienten Herodes Agrippa I. bereits verliehen (*Jüdischer Krieg*, 2, 9, 6 = 2, 181). Nach der Ermordung des Caligula bestätigte dessen Nachfolger Claudius ihm die Herrschaft.

> «Dazu gab er dem Könige alsdann noch ganz Judaea und Samaria, wie dessen Grossvater Herodes es besessen hatte. Diese Gebiete erhielt Agrippa nach dem Rechte der Verwandtschaft.»
> (*Jüdische Altertümer*, 19, 5, 1 = 19, 274)

Herodes Agrippa I. war jetzt wie vor ihm sein Großvater Herodes der Große König der Juden, und vom Jahre 41 n. Chr. bis zu seinem Tod drei Jahre später stand das jüdische Land nicht unter direkter römischer Verwaltung. Das heißt, daß, unmittelbar nachdem der anständige Petronius, dem kaiserlichen Befehl trotzend, den Juden eine unerträgliche Demütigung erspart hatte, das ganze jüdische Land noch einmal und zum letzten Mal unter die Herrschaft eines jüdischen Königs gelangte. Und wenn die jüdischen Christen wie alle anderen Juden des Petronius mit größter Hochachtung gedachten, was brachte ihnen die Herrschaft Herodes Agrippa I.? Was hielten sie von diesem jüdischen König?

Wir wissen zum Beispiel, daß Herodes Agrippa I. bei Petronius, der fortfuhr, seines Amts als Statthalter in Syrien zu walten, erfolgreich Beschwerde führte gegen gewisse Heiden, «übermütige junge Leute, denen nichts heilig war», die «in der Judensynagoge in Dora eine Bildsäule des Caesar» aufgestellt hatten. «Das erbitterte Agrippa gewaltig, weil die Übelthäter damit gewissermaßen das jüdische Gesetz ausser Kraft gesetzt hatten.» (*Jüdische Altertümer*, 19, 6, 3 = 19, 301)

Und am Ende seines Berichts über Herodes Agrippa I. rühmt Josephus dessen Amtsführung (anders als diejenige Herodes des Großen) sehr freigiebig.

> «Desgleichen wohnte er gern und andauernd in Jerusalem, beobachtete die Satzungen seiner vaterländischen Religion gewissenhaft und war von höchster Sittenreinheit, wie er auch keinen Tag ohne Darbringung der gesetzlichen Opfer vorübergehen ließ.»
> (*Jüdische Altertümer*, 19, 7, 3 = 19, 331)

Welche Meinung hatte ein solcher König wie Herodes Agrippa I. wohl von jüdischen Christen, die von der Beachtung der Vorschriften der Religion der Väter tadelnswert abwichen? Zumal in Jerusalem? Einiges davon verrät uns die Apostelgeschichte des Lukas.

> «Um jene Zeit ließ der König Herodes einige aus der Gemeinde verhaften und mißhandeln. Jakobus, den Bruder des Johannes, ließ er mit dem Schwert hinrichten. Als er sah, daß es den Juden gefiel, ließ er auch Petrus festnehmen. Das geschah in den Tagen der ungesäuerten Brote ...»

Und nachdem, wie man bei Lukas weiter liest, Petrus in der Nacht vor der Verhandlung gegen ihn von einem Engel des Herrn aus dem Kerker befreit worden ist, sagt er:

> «Nun weiß ich wahrhaftig, daß der Herr seinen Engel gesandt und mich der Hand des Herodes entrissen hat und all dem, was das Volk der Juden erhofft hat.»
> (Apostelgeschichte 12, 1–3, 11)

Was geht hier vor? Das Petrusevangelium gibt dem «König Herodes» die Schuld an der Kreuzigung Jesu, und mit diesem Namen ruft es die Erinnerung an die Missetaten des im Volke ziemlich allgemein verhaßten He-

rodes des Großen wach und zugleich an die Zwangsmaßnahmen Herodes'
Agrippa I., die die jüdischen Christen erst jüngst erdulden mußten. Der
Verfasser wählte die Bezeichnung «König Herodes» also nicht in Unkenntnis der historischen Tatsachen; sie verrät nicht seine Unwissenheit. Denn hier
haben wir es nicht mit einem Fall schlechter *Historisierung* zu tun, sondern
vielmehr mit einer glänzenden *Aktualisierung*, das heißt Herstellung einer Parallele zwischen vergangener Geschichte und gegenwärtiger Realität, sowie
auch mit höchst geschickter *Popularisierung* historischer Tatsachen, die diese
zum besseren Verständnis des Volkes mit vertrauten gegenwärtigen Gescheh-
nissen verschmilzt. Der Verfasser des Petrusevangeliums erzählt die Kreuzigung Jesu unter Bedingungen, die dessen Anhängern, die gegenwärtig
Verfolgungen erdulden, vertraut sind. Damals wie heute war der Übeltäter
ein herodianischer König. Rom (Pilatus wird mit Petronius gleichgesetzt)
ist unschuldig, ja sogar prochristlich, denn so hatten die jüdischen Christen
die römische Verwaltung noch jüngst kennengelernt. Den jüdischen Christen, die solche Anschauungen hatten, muß die Wiederherstellung direkter
römischer Verwaltung, als nach nur dreijähriger Regierungszeit Herodes
Agrippa im Jahre 44 starb, höchst willkommen gewesen sein.

Ich gelange also zu dem Schluß, daß das Petrusevangelium unter diesen
Umständen Ende der vierziger Jahre verfaßt wurde, und betone nochmals
die drei Absichten, die der Verfasser damit verfolgte, nämlich Historisierung, Aktualisierung und Popularisierung. Der uns nur unter dem Namen
Petrus bekannte geniale Propagandist, der dieses Evangelium verfaßte, *historisierte* die Erfüllung verschiedener biblischer Prophezeiungen (so zum
Beispiel des 2. Psalms) zu einer Geschichte der Passion Jesu, die er zugleich
aktualisierte, so daß sie nun den jüngsten Erfahrungen der christlichen Gemeinde entsprach, und diese Verquickung von Gegenwart und Vergangenheit trug er in *popularisierter* Form vor. Es gibt keine Historisierung ohne
Aktualisierung und Popularisierung, weder bei Petrus noch bei den kanonischen Evangelisten.

Wahrscheinlichkeit und Theologie

Brown betont in seinem Kommentar wieder und wieder, daß das Petrusevangelium nicht schon im 1. Jahrhundert und in der Heimat der Juden
geschrieben worden sein könne. Hier seine Gründe:

«Das Petrusevangelium 2, 3–5 zeigt uns als Teil seiner (unhistorischen)
Darstellung des Herodes als oberster Gerichtsherr in Jerusalem, wie Joseph Pilatus und dann dieser Herodes bittet, den Leichnam Jesu freizugeben.» (S. 1175)
«Das Petrusevangelium ist stark als populäres Drama, zeugt aber von
geringer Kenntnis der Einzelheiten des jüdischen Lebens im 1. Jahrhundert.» (S. 1191)

«Das Petrusevangelium illustriert die Unkenntnis des Autors hinsichtlich der politischen Realitäten Judäas im 1. Jahrhundert.» (S. 1232)

«Das Petrusevangelium zeigt keine zuverlässige Kenntnis Palästinas im
1. Jahrhundert.» (S. 1281)

«Vollends unglaubwürdig sind die Vorgänge, die sich dem Petrusevangelium zufolge ereigneten, ‹als der Sabbat anbrach› (Petrusevangelium
9, 34). Nachdem die Ältesten und Schriftgelehrten an der Versiegelung
des Grabes teilgenommen hatten, schlugen sie dort ein Zelt auf und
bewachten gemeinsam mit den Soldaten das Grab während des ganzen
Sabbats, bis in die Nacht, ‹in welcher der Herrntag aufleuchtete› (Petrusevangelium 8, 33–10, 38). Am Sabbat gesellte sich ‹ein Volkshaufen aus
Jerusalem und Umgebung› zu ihnen, ‹um das versiegelte Grab zu sehen›
(Petrusevangelium 9, 34). Die Darstellung so vieler praktizierender Juden, die den Sabbat an einem Grab verbringen, lassen einen (wie auch
die chronologische Verwirrung hinsichtlich des jüdischen Kalenders)
daran zweifeln, daß das Petrusevangelium das Werk eines wohlunter-
richteten jüdischen Christen ist.» (S. 1290)

«... es ist praktisch sicher, daß es [das Petrusevangelium] nicht in Palästina des 1. Jahrhunderts verfaßt worden sein kann. In einer Schrift, die
von einer historischen Situation handelt, erwartet man, gleichviel ob die
erzählte Geschichte nun zu 90 Prozent Tatsachen wiedergibt oder zu 90
Prozent frei erfunden ist, doch mindestens Rücksicht auf die Umstände,
mit denen jeder vertraut ist ... Es ist kaum vorstellbar, daß ein Palästi-
nenser des 1. Jahrhunderts sich hätte einbilden können, daß Herodes die
Oberherrschaft in Jerusalem gehabt hätte und der römische Statthalter
diesem untertan gewesen wäre ... Wenn man annehmen will, daß das
Petrusevangelium schon im 1. Jahrhundert verfaßt worden ist, muß man
wohl auch behaupten, daß es außerhalb Palästinas von einem Nichtju-
den mit guten Kenntnissen der jüdischen heiligen Schriften und von
Jesus geschrieben wurde.» (S. 1341–1342)

All das ist durchaus zutreffend, und es gibt noch einen weiteren, von
Brown nicht genannten Grund, der Darstellung des Petrus mangelnde
Plausibilität vorzuwerfen. Selbst wenn man sich gefallen lassen wollte, daß
in dem von Pilatus verwalteten Jerusalem Herodes eine Hinrichtung hätte
anordnen können, hätte dieser doch jedenfalls Soldaten oder die Polizei
mit der Ausführung des Todesurteils betrauen müssen, wenn es denn eine
Kreuzigung sein sollte. Denn «das Volk», das er angeblich damit beauf-
tragte, hätte allenfalls eine Steinigung zustande gebracht. Zu einer Kreuzigung bedurfte es technischer Fähigkeiten, über welche nur verfügte, wer
zu einer so brutalen Urteilsvollstreckung ausgebildet war.

Ich stimme Brown also in der Meinung zu, daß das Petrusevangelium
voller Anachronismen und historischer Unglaubwürdigkeiten steckt und
es an der, wie Brown sagt, «faktischen Wahrscheinlichkeit» wiederholt feh-

len läßt. *Die Frage ist: Warum?* Und diese Frage stellt sich unter der Voraussetzung von Browns Hypothese dringlicher, als wenn man meine annehmen will. Denn wenn der Verfasser des Petrusevangeliums, wie Brown meint, wirklich Matthäus, Lukas und Johannes gelesen oder vortragen gehört hätte, wäre doch eine gewisse Kenntnis der politischen Verhältnisse in Palästina zur Zeit Jesu von ihm eigentlich zu erwarten. Ich muß mich fragen: Warum weiß Petrus anscheinend nichts von ihnen? Brown hingegen muß sich fragen lassen: Warum hat er sie vergessen?

Brown selbst gibt uns die Antwort auf diese Fragen mit dankenswerter Deutlichkeit. «Wahrscheinlichkeitserwägungen lassen vermuten, daß Autoren, die im 1. Jahrhundert n. Chr. schrieben, ein jeder Plausibilität entbehrendes Szenario *nicht ohne theologischen Grund beschreiben würde.*» (S. 963, Hervorhebung von mir) So ist es in der Tat, wobei zu den theologischen Gründen auch apologetische und polemische Absichten zählen. Mit anderen Worten, man muß sich damit abfinden, daß theologische Tiefe sich über die Oberfläche des Geschichtlichen hinwegsetzt. Wir wollen uns die drei frappierendsten von Brown zitierten Beispiele näher ansehen.

Erstens erzählt Petrus die Geschichte der Verurteilung und Kreuzigung Jesu so, als seien dafür nicht die Römer, sondern die Juden verantwortlich. Sodann wird das Todesurteil gegen Jesus nicht von römischen Soldaten, sondern vom jüdischen «Volk» vollstreckt. Das entbehrt allerdings jeder Plausibilität und erweist sich im Blick auf die Oberfläche der Geschichte schlicht als falsch. Es leistet aber eine Aktualisierung der Hinrichtung Jesu, indem in dieser Beschreibung das Ereignis aus den frühen dreißiger Jahren in die späten vierziger Jahre versetzt wird. Die Darstellung wendet sich an Christen in einer Lage, wo der Feind kein Römer, sondern König Herodes war. Sie deutet an, weshalb eine solche Historisierung, Aktualisierung und Popularisierung für gewöhnliche Christen erforderlich wurde. Und sie leistet das Erforderliche.

Zweitens, als dann Pilatus zur Bewachung des Grabes Soldaten zur Verfügung stellt, kommen Älteste und Schriftgelehrte mit diesen zum Grabe, wälzten zusammen mit dem Hauptmann und den Soldaten einen großen Stein herbei und legten ihn vor den Eingang des Grabes, wenn man Petrus 8, 32–33 glauben darf. Die Behauptung ist natürlich absurd. Aber wie anders hätten Vertreter der jüdischen Obrigkeit zu Zeugen der Auferstehung Jesu gemacht werden können? Sie mußten also am Grabe kampieren, wenn nötig gegen jede historische Wahrscheinlichkeit. Und falls einer einwenden sollte, daß sie auch dort die Auferstehung verschlafen haben könnten, wird man ausdrücklich belehrt: «Als jene Soldaten dies sahen, weckten sie den Hauptmann und die Ältesten – auch diese waren nämlich bei der Wache zugegen» (Petrusevangelium 10, 38). Wie noch ausführlicher darzustellen sein wird, wenn wir im 7. Kapitel zur Erörterung der Auferstehung kommen, verlangt die Erzählung des Petrus, daß die Feinde Jesu durch den eigenen Augenschein überzeugt werden, und dieser Anforderung entsprechend müssen eben die Ältesten beim Grabe kampieren, theologischer Notwendigkeit gehorchend und ungeachtet der mangelnden historischen Plausibilität.

Zuletzt wird von dem Evangelisten behauptet: «Frühmorgens, als der Sabbat anbrach, kam ein Volkshaufen aus Jerusalem und der Umgebung, um das versiegelte Grab zu sehen» (Petrusevangelium 9, 34). Das wäre zu jeder Zeit sehr ungewöhnlich gewesen; daß es an einem Sabbat geschehen sein soll, ist im höchstem Maße unglaubwürdig. Aber auch hier müssen die Leute sich wohl oder übel einer apologetischen oder polemischen Absicht des Verfassers fügen. Das Grab war bewacht, versiegelt, und ein Volkshaufen hatte das bewachte und versiegelte Grab gesehen. Wie konnte unter diesen Umständen jemand behaupten, daß der Leichnam heimlich aus dem Grabe fortgebracht worden sei? Petrus brauchte eine Menge Zeugen, und zwar brauchte er sie an einem Sabbat. Dementsprechend erzählte er also seine Geschichte.

Theologisch, apologetisch, polemisch oder auch nur erzählerisch motivierte Mißachtung der historischen Oberfläche kommt auch bei den kanonischen Evangelisten vor.

Ich nehme zuerst die Darstellung der Synoptiker. Obwohl ihnen zufolge Jesus sein letztes Abendmahl am Abend vor dem Passahfest hielt, ehe er verhaftet wurde, ist von dem auf diesen Abend folgenden Passahfest dann weiter nicht mehr die Rede. Brown weist selbst auf diesen seltsamen Umstand wiederholt hin.

«Markus und Matthäus scheinen nach dem Ende des Abendmahls das bevorstehende Fest zu vergessen.» (S. 156)

«In den synoptischen Evangelien wird mit keinem Wort darauf hingewiesen, daß der auf das Abendmahl am Vorabend des Passahfests folgende Tag der Passion derjenige des Passahfests selbst war.» (S. 192, Anm. 2)

«Nachdem sie erwähnt haben, daß das letzte Abendmahl ein Passahmahl war, ignorieren die Synoptiker im Folgenden das auf den nächsten Tag fallende Fest.» (S. 283)

«Die Synoptiker selbst zeigen nach dem Abendmahl nicht mehr das geringste Interesse an irgendwelchen das Passahfest betreffenden Einzelheiten.» (S. 403)

«Nach dem letzten Abendmahl erwähnen die Synoptiker das Passahfest nicht wieder oder verraten auch nur das geringste Bewußtsein, daß sie dann den Tag des Fests selbst beschreiben.» (S. 1027–1028)

«Keines der synoptischen Evangelien erwähnt bei dem Bericht über die Stunden der Verhaftung, Aburteilung, Kreuzigung, des Todes und der Grablegung Jesu das Passahfest oder die ungesäuerten Brote.» (S. 1353)

Doch da der auf das letzte Abendmahl, das ein Passahmahl war, folgende Tag notwendig der Tag des Passahfests gewesen sein muß – ob das nun

ausdrücklich erwähnt wird oder nicht –, kann Brown diese Plausibilitäts-
verstöße gegen die synoptische Überlieferung anführen.

Im einzelnen aber liest man bei Lukas 22, 52, daß die Hohenpriester,
Hauptleute der Tempelwache und Ältesten persönlich zur Verhaftung Jesu
im Garten Gethsemane schritten. Brown bemerkt dazu:

«Die Vorstellung, daß solche Würdenträger mit Schwertern und Knüppeln (wie Jesu an sie gerichtete Worte zu verstehen geben) in der Nacht
des Passahfests gegen bewaffneten Widerstand zur Verhaftung eines
Verbrechers ausgezogen sein sollen, ist einfach umwerfend.» (S. 282)

Aber so werden dem Leser zugleich mit den Bütteln die eigentlich Verant-
wortlichen vorgeführt, und der daraus folgenden größeren Sinnfälligkeit der
Erzählung zuliebe hat der Erzähler von historischer Plausibilität abgesehen.

Allgemein ist zu bemerken, daß der synoptischen Überlieferung zufolge
an jenem nicht zur Kenntnis genommenen Passahfesttag Jesus Gegenstand
fieberhafter Aktivität gewesen sein soll. Brown bemerkt dazu:

«Die Entfaltung so großer Aktivität an einem Festtag muß wunderneh-
men. Überdies scheinen die an diesem Festtag gegen Jesus ergriffenen
Maßnamen gegen den erklärten Wunsch der Hohenpriester und Schriftgelehrten zu verstoßen, daß die Verhaftung und Tötung Jesu nicht am
Tage des Fests stattfinden sollten, damit es nicht zu Unruhen beim Volke
käme.» (S. 1358–1359)

Aber den Synoptikern genügte für ihre Zwecke eine relative historische
Plausibilität. Und der Anspruch selbst darauf mußte oft zurücktreten zugunsten theologischer, apologetischer, polemischer oder auch nur rein nar-
rativer Interessen.

Sodann, wie ist die johannäische Überlieferung beschaffen? Man erinnere
sich nur, wie, Johannes 18, 6 zufolge, bei der Verhaftung Jesu in dem Garten
jenseits des Bachs Kidron nicht dieser zu Boden stürzt, sondern die ganze Kohorte Soldaten, die zu seiner Ergreifung angerückt war. Brown bemerkt dazu:

«Hat diese außerordentlich triumphale Szene irgendeinen historischen
Gehalt? Anderswo weicht Johannes, wenn er eine Szene im Lichte seiner
einzigartigen theologischen Perspektive neu schildert, kaum je von der
Wahrscheinlichkeit ab. Hier scheinen wir es mit der bedeutendsten Ausnahme zu tun zu haben. Selbst wenn Johannes mit der Andeutung, daß
an der Verhaftung Jesu römische Soldaten beteiligt waren, als Historiker
spräche, sollten unsere kritischen Maßstäbe uns doch bedeuten, daß er
mit der Behauptung, daß diese Soldaten wie die jüdischen Hilfspolizi-
sten zu Boden stürzten, als Jesus sie ansprach, vom historischen Bericht
zum Gleichnis überging.» (S. 262)

Ich stimme Brown in diesem Urteil zu, verstehe allerdings nicht, weshalb
er es gerade in diesem und nicht in irgendeinem anderen Fall abgibt. Die

gesamte Passionserzählung des Johannes entbehrt der historischen Ober-
flächenwahrscheinlichkeit, denn sie stellt Jesus vor, als hätte er vollständige Kontrolle über seine Verhaftung, Verurteilung, Hinrichtung und sogar
Grablegung gehabt. Bei Johannes richtet Jesus den Pilatus, nicht dieser ihn.
Dieser unmittelbar einleuchtende Plausibilitätsverstoß störte Johannes
nicht, denn vom theologischen Standpunkt aus betrachtet, entspricht die
Darstellung ja den Tatsachen. Sie sollte auf lange Sicht ja auch den historischen Tatsachen entsprechen, denn letztlich sollte Jesus über Rom zu
Gericht sitzen, nicht Rom über Jesus.

Ich glaube allerdings, in der synoptischen Überlieferung eher eine *allgemeine* Tendenz zu glaubwürdiger Historisierung feststellen zu können, als
das im Petrusevangelium geschieht. Diese Tendenz macht die synoptische
Tradition nicht historisch zuverlässiger, sondern nur plausibler und
manchmal theologisch weniger tief. Matthäus zum Beispiel stellt Pilatus
als Richter Jesu dar und erwähnt Herodes nicht. Das ist wahrscheinlich
nicht nur plausibler, sondern entspricht auch genauer den Tatsachen. Doch
will auch Matthäus den Pilatus von der Schuld an Jesu Verurteilung freisprechen, und das ist leider unmöglich bei der Stellung des obersten Rich-
ters, die er ihm zugesteht, so daß er mit seinem Beharren auf der Unschuld
des Pilatus das unwahrscheinliche Element der Darstellung nur verlagert.
Bei Petrus führt nicht Pilatus den Prozeß und ist deshalb an dem gefällten
Urteil unschuldig. Bei Matthäus wird der Prozeß von Pilatus geführt, und
so ist an dessen Ergebnis Pilatus nicht unschuldig. Man hat zwischen historischen Unwahrscheinlichkeiten auszuwählen.

Noch ein letzter Punkt. Brown hält es für höchst wahrscheinlich, daß
Jesus am Vorabend des Passahfests gekreuzigt wurde, wie ausdrücklich
bei Johannes zu lesen ist, nicht am Tage des Fests, wie es uns die Synoptiker zu verstehen geben (S. 1373). Ich glaube das auch. Aber das ist der
Tag, den auch das Petrusevangelium 2, 5 b ausdrücklich als den der Kreuzigung nennt. Browns These zufolge kannte Petrus Matthäus, Lukas und
Johannes, er muß deshalb annehmen, daß Petrus sich entschloß, Johannes
und nicht den anderen Evangelisten zu folgen. Meiner These zufolge nannte Petrus den Tag, an dem die Kreuzigung tatsächlich stattfand, weil er der
erste der Evangelisten war und keine theologischen Gründe kannte, die
dagegen gesprochen hätten. Auf jeden Fall ist abschließend festzustellen,
daß alle Evangelisten (*und zwar wesentlich in ihrer Funktion als Evangelisten*)
*die historische Plausibilität in unterschiedlichem Maße theologischen, apologeti-
schen, polemischen oder auch rein narrativen Rücksichten zum Opfer bringen.
Petrus steht dabei nicht allein. Wenn man den Evangelisten ihre Verstöße gegen
die historische Glaubwürdigkeit ankreidet, ohne die tieferen ideologischen Zwecke
solcher Verstöße in Betracht zu ziehen, begibt man sich, um mit einem treffenden
Ausdruck Browns zu sprechen, auf das «niedrige Niveau» des «Dorfatheisten»
hinab (S. 174).*

Die literarischen Fingerabdrücke des Markus

Die hier folgenden Erörterungen werden für meine gesamte Rekonstruktion entscheidend sein. Man vergegenwärtige sich noch einmal, daß, wie ich schon in der Einleitung ausgeführt habe, für Brown Markus und Petrus *unabhängige* Fassungen der Passionserzählung bieten, daß hingegen für mich Johannes von Markus *abhängig* ist. Ich habe dort angekündigt, meine Gründe für diese Annahme im 3. Kapitel vorzulegen. Hier sind sie.

Wie kann man entscheiden, welche, wenn irgendeine, von zwei ähnlichen Fassungen einer Erzählung von der anderen abgeleitet ist? Wie kann man also entscheiden, ob Johannes Markus benützt hat oder nicht? Die Beobachtung thematischer Ähnlichkeiten, das Vorhandensein gleicher Einheiten oder sogar Sequenzen bei den zu vergleichenden Fassungen geben da keine Entscheidungshilfe, denn beide hätten solche Elemente ja unabhängig voneinander aus der gleichen Überlieferung geschöpft haben können. *Es gilt vielmehr zu beweisen, daß sich unleugbar für Markus charakteristische stilistische Eigentümlichkeiten auch bei Johannes finden.* Und das läßt sich am Anfang der Erzählung des Johannes vom Gericht der jüdischen Hohenpriester und Schriftgelehrten über Jesus nachweisen und überzeugt mich, daß Johannes von Markus abhängig ist.

Einer der für Markus bezeichnendsten kompositorischen Kunstgriffe ist der *Einschub* einer Episode in eine andere. Ein Beispiel dieses Verfahrens haben wir bereits in dem Abschnitt des 1. Kapitels betrachtet, wo es vom Feigenbaum zu lernen galt. Das Verfahren hat zwei Elemente. Zunächst die literarische Darbietung: Ereignis 1 beginnt, darauf beginnt und endet Ereignis 2, und schließlich endet Ereignis 1. Sodann die theologische Bedeutung. Der Zweck des Einschubs ist nicht nur einer der erzählerischen Strategie, die Retardierung der Haupterzählung soll nicht nur die Spannung erhöhen. Vielmehr wird vorausgesetzt, daß die beiden Ereignisse, nennen wir sie Rahmenereignis und das eingeschobene Ereignis, interaktiv seien, sich gegenseitig interpretieren, um die theologische Absicht des Markus deutlicher herauszustellen. So wird bei dem Beispiel die Verfluchung und das Verdorren des Feigenbaums (das Rahmenereignis) einerseits selbst erklärt durch den Gegenstand der eingeschobenen Erzählung (die Zerstörung des Tempels), dient aber andererseits zu dessen Erklärung. Die Einschübe bei Markus sind niemals bloß literarisch motivierte Abschweifungen, sondern immer Teil eines interaktiven theologischen Prozesses. Ich möchte das betonen: Ein Einschub bei Markus ist stets sowohl literarisch als auch theologisch motiviert, und zwar in gleichem Maße. Ich werde hier nur noch zwei weitere Beispiele dieses Verfahrens erörtern (weitere findet man etwa bei den im Literaturverzeichnis angeführten Autoren Donahue und Edwards).

Bei dem ersten dieser Beispiele ist der Gegenstand der *Rahmenerzählung* der Widerstand, den seine biologische Familie Jesus entgegensetzt, weshalb dann Jesus sich von dieser lossagt, um sich einer geistlichen Familie zuzuwenden. *Eingeschoben* in diese Erzählung ist aber eine andere, in der Jesus beschuldigt wird, von dem Teufel Beelzebub besessen zu sein.

Ereignis 1 beginnt: Die biologische Familie Jesu will ihn als Wahnsinnigen ergreifen lassen. (Markus 3, 20–21)

Ereignis 2 beginnt und endet: Jesus wird der dämonischen Besessenheit beschuldigt. (Markus 3, 22–30)

Ereignis 1 endet: Jesus sagt sich von seiner biologischen Familie zugunsten einer geistlichen los. (Markus 3, 31–35)

Der Einschub mag einem schrecklich brutal vorkommen, aber Rahmen und Einschub wirken zur Verdeutlichung des theologischen Sinnes zusammen: Vertraute und Freunde beweisen gleichen Unverstand.

Das andere Beispiel betrifft zwei Wunder, die Jesus an Frauen wirkt. In der Rahmenerzählung erweckt Jesus die ungenannte Tochter des Jairus von den Toten. Sie ist zwölf Jahre alt, das heißt in dem Alter, in dem sie zu menstruieren beginnt und eine Frau wird. In der eingeschobenen Geschichte heilt er ein «blutflüssiges Weib», eine Frau, die seit zwölf Jahren an fortgesetzten Blutungen litt.

Ereignis 1 beginnt: Jesus wird gebeten, die Tochter des Jairus zu retten, und macht sich dazu auf den Weg. (Markus 5, 22–24)

Ereignis 2 beginnt und endet: Jesus heilt die Frau von fortgesetzten Blutungen. (Markus 5, 25–34)

Ereignis 1 endet: Jesus kommt zum Haus des Jairus und erweckt dessen Tochter von den Toten. (Markus 5, 35–43)

Man bedenke die theologischen Implikationen dieses Einschubs mit der Andeutung eines Reinheitskodes, demzufolge die Menstruation als so unrein gilt, daß aus der Sicht des Evangelisten Frauen mit zwölf Jahren anfangen zu sterben und danach nur noch lebende Leichname sind.

Einen der sichersten Hinweise darauf, daß wir diese Einschübe nicht mißverstehen, gibt uns der Gebrauch, den Matthäus und Lukas von diesen «Markan Sandwiches» (Edwards, 1989) machen. Wie wir sahen, ließ Matthäus 21, 18–19 den verfluchten Feigenbaum alsbald verdorren, ruinierte also die Rahmenfunktion, welche die Geschichte bei Markus für das Ereignis im Tempel hat, während Lukas die Erzählung vom Feigenbaum einfach wegließ. Ebenso lassen Matthäus und Lukas bei der Wiedergabe der Erzählung vom Verhalten der Familie Jesu und von der Beschuldigung Jesu, vom Teufel besessen zu sein, den einleitenden Bericht des Markus 3, 20–21 gänzlich weg, so daß von einem Einschub nicht mehr die Rede sein kann. Bei den Erzählungen von des «Jairi Töchterlein» und dem «blutflüssigen Weib» lassen sowohl Matthäus 9, 18–26 als auch Lukas 8, 40–56 den Einschub bestehen, doch während sie die Angabe der Leidenszeit der von Jesus geheilten Frau (zwölf Jahre) beibehalten, verschweigen sie das Alter (zwölf Jahre) des von den Toten auferweckten Mädchens.

Vor dem Hintergrund dieser Beobachtungen finde ich nun zu Beginn des Berichts über Jesu Verhör vor dem Hohen Rat die folgende Situation:

Ereignis 1 beginnt: Petrus folgt Jesus in den Hof des hohenpriesterlichen Palasts. (Markus 14, 54)

Ereignis 2 beginnt und endet: Jesus wird angeklagt und verhört, aber bekennt. (Markus 14, 55–65)

Ereignis 1 endet: Petrus wird beschuldigt und verleugnet Jesus dreimal. (Markus 14, 66–72)

Hier wird den Christen der Gemeinde des Markus ein Beispiel gegeben, wie sie (nämlich wie Jesus) und wie sie nicht (nämlich nicht wie Petrus) sich in der Situation des Angeklagten und Verfolgten zu verhalten hätten. Die literarischen Fingerabdrücke des Markus auf der Oberfläche der Erzählung sind so unübersehbar, wie in deren Tiefen die theologische DNA dieses Evangelisten nachzuweisen ist. Auch über das für seinen Stil charakteristische Einschubverfahren hinaus gibt es noch zwei zusätzliche Eigentümlichkeiten, die auf ihn als Verfasser schließen lassen.

Oft fährt Markus nach einem Einschub mit den gleichen Worten fort, mit denen er dort geendet hat, wo er den Einschub begann. Ein klassisches Beispiel dafür findet man in seinem Bericht von der Heilung des Gelähmten, Markus 2, 1–22.

Rahmensatz: «Ist es leichter, zu dem Gelähmten zu sagen: Deine Sünden sind dir vergeben! oder zu sagen: Steh auf, nimm deine Tragbahre, und geh umher?» (Markus 2, 9)

Einschubsatz: «Ihr sollt aber erkennen, daß der Menschensohn die Vollmacht hat, hier auf der Erde Sünden zu vergeben.» (Markus 2, 10)

Rahmensatz: «Und er sagte zu dem Gelähmten: Ich sage dir: Steh auf, nimm deine Tragbahre, und geh nach Hause!» (Markus 2, 11)

Nun ist es zweifellos nichts Ungewöhnliches, daß ein Erzähler nach einer Unterbrechung und kurzer Abschweifung so auf seine Geschichte zurückkommt. Markus hat keinen exklusiven Anspruch auf dieses Verfahren, aber er macht sehr oft Gebrauch davon. So zu Beginn des Verhörs Jesu vor dem Hohen Rat in dem zu erörternden Einschub:

Rahmensatz: Petrus saß im Hofe des hohepriesterlichen Palasts «und wärmte sich am Feuer». (Markus 14, 54)

Einschubsatz: Jesus wird angeklagt und verhört, aber bekennt. (Markus 14, 55–65)

Rahmensatz: Eine der Mägde des Hohenpriesters «sah, wie Petrus sich wärmte». (Markus 14, 67)

Der Gebrauch dieses erzählerischen Mittels ist ein zusätzlicher Hinweis auf die Autorschaft des Markus, da er sich dessen aber nicht allein bediente, bleibt das Einschubverfahren der Hauptbeweisgrund.

Das zweite seinen Stil kennzeichnende Mittel, das hier noch zu erwähnen ist, wurde gleichfalls keineswegs nur von ihm allein gebraucht, man kann aber sagen, daß er es mit einer gewissen Vorliebe verwendet. Ich meine die *Verdreifachung*, von der wir im 2. Kapitel zwei Beispiele betrachtet haben. Einmal Jesu dreifache Leidensankündigung bei Markus 8, 31; 9, 31 und 10, 32–34 und einmal die dreifache Gegenüberstellung des betenden Jesus mit den schlafenden Jüngern, Markus 14, 32–42. Wenn man schon ein Ereignis erfindet, scheint der Evangelist zu meinen, sollte man es in dreifacher Ausführung produzieren, um zugleich sein Muster zu betonen und auf seine Wichtigkeit hinzuweisen. Hier also des Petrus dreifache Verleugnung Jesu bei Markus 14, 66–72:

Erste Verleugnung
«Als Petrus unten im Hof war und sich wärmte, kam eine von den Mägden des Hohenpriesters. Sie sah, wie Petrus sich wärmte, *blickte ihn an* und sagte: Auch du warst mit diesem Jesus von Nazaret zusammen. Doch er leugnete es und sagte: Ich weiß nicht und verstehe nicht, wovon du redest.»

Zweite Verleugnung
«Dann ging er in den Vorhof hinaus. Als die Magd ihn dort bemerkte, *sagte sie zu denen, die dabeistanden*, noch einmal: Der gehört zu ihnen. Er aber leugnete es wieder ab.»

Dritte Verleugnung
«Wenig später *sagten die Leute, die dort standen*, von neuem zu Petrus: Du gehörst wirklich zu ihnen: du bist doch auch ein Galiläer.
Da fing er an zu fluchen und schwor: Ich kenne diesen Menschen nicht, von dem ihr redet.
Gleich darauf krähte der Hahn zum zweitenmal, und Petrus erinnerte sich, daß Jesus zu ihm gesagt hatte: Ehe der Hahn zweimal kräht, wirst du mich dreimal verleugnen. Und er begann zu weinen.»
(Markus 14, 66–72, Hervorhebungen von mir)

Die vorstehende Verdreifachung ist weit geschickter und wirksamer als die früher betrachtete der dreifachen Gegenüberstellung des betenden Jesus mit den schlafenden Jüngern im Garten Gethsemane. Die Bezichtigungen werden immer drohender. Erst bezichtigt die Magd Petrus ins Gesicht, dann zu den Umstehenden gewandt, schließlich bezichtigen auch die Umstehenden ihn. Und seine Verleugnungen steigern sich ebenfalls zu einem Höhepunkt. Zuerst sagt er, er verstehe nicht, wovon die Rede sei, dann, er sei keiner von jenen, endlich, er kenne den Menschen nicht, von dem die Rede sei, und bekräftigt diese Lüge mit einem Fluch.

Ich komme zu dem Ergebnis, daß die Interaktion zwischen dem Bekenntnis Jesu und dem Leugnen des Petrus eine freie Schöpfung des Evangelisten ist; das literarisch-theologische Einschubverfahren, die rahmende Wortverdoppelung und die Verdreifachung der Handlung innerhalb einer narrativen Einheit weisen darauf hin.

Die eingeschobene Geschichte hat Matthäus 26, 57–68 intakt von Markus übernommen. Lukas 22, 54–71 jedoch zerstört sie, indem er zuerst, 22, 54–62, von den Verleugnungen berichtet, sodann, 22, 63–65, von Jesu Verspottung durch die Wächter und dann erst, 22, 66–71, von dem Verhör vor dem Hohen Rat im Morgengrauen. Johannes aber, 18, 18 und 18, 25, übernimmt von Markus außer dem Einschub auch die Verdoppelung des Hinweises auf den sich am Feuer wärmenden Petrus. Er verstärkt sogar die von Markus angestrebte Wirkung noch, indem er die erste Verleugnung vor Jesu Aussage vor dem Hohenpriester stellt, die anderen beiden der Aussage Jesu folgen läßt.

Ereignis 1 beginnt: Petrus folgt Jesus und verleugnet ihn einmal. (Johannes 18, 13–18)

Ereignis 2 beginnt und endet: Jesus wird verhört und sagt offen aus. (Johannes 18, 19–24)

Ereignis 1 endet: Petrus verleugnet Jesus noch zweimal. (Johannes 18, 25–27)

Johannes übernimmt den Bericht über das beklagenswerte Verhalten des Petrus nicht nur, um es mit Jesu eigenem Verhalten zu vergleichen, sondern auch, um stillschweigend zu einem Vergleich zwischen Petrus und einem anderen Jünger einzuladen, mutmaßlich dem «Jünger, den Jesus liebte», denn die Anwesenheit dieses «anderen Jüngers» erwähnt Johannes ausdrücklich – und daß dieser Jesus ebenfalls verleugnet hätte, hören wir nicht.

«Simon Petrus und ein anderer Jünger folgten Jesus. Dieser Jünger war mit dem Hohenpriester bekannt und ging mit Jesus in den Hof des hohepriesterlichen Palastes.
Petrus aber blieb draußen am Tor stehen. Da kam der andere Jünger, der Bekannte des Hohenpriesters, heraus; er sprach mit der Pförtnerin und führte Petrus hinein.»
(Johannes 18, 15–16)

Das ist nur ein weiteres Beispiel für die Erhöhung des «Jüngers, den Jesus liebte», über Simon Petrus, doch die Erzählung, in die es eingefügt ist, hat

Johannes von Markus. Ich bin der Meinung, daß hier jedenfalls Johannes eine Einheit ziemlich direkt und unverändert von Markus übernommen hat. Angesichts dieses Befundes ist meine Arbeitshypothese, daß die Passionserzählung des Johannesevangeliums insgesamt von Markus abhängig ist. Brown weiß natürlich alles, was ich über das Einschub- (oder Sandwich-)Verfahren hier mitgeteilt habe (siehe S. 119, Anm. 4; S. 1356). Die betrachtete Stelle bei Johannes betreffend, lehnt er aber deren Herkunft von Markus ab, da die Erzählung zweier gleichzeitiger Handlungen nicht charakteristisch für Einschübe nach dem Geschmack des Markus sei (S. 427). Doch handelt es sich bei dem Verdorren des Feigenbaums und Jesu Verfahren im Tempel doch auch um gleichzeitige Vorgänge, und des weiteren sagt Markus nirgends, daß die Handlungen Jesu und diejenigen des Petrus, als dieser ihn dreimal verleugnete, nicht gleichzeitig waren. Nach Browns Ansicht wollen an der fraglichen Stelle Markus und Johannes nur zeigen, daß die beiden Ereignisse – Jesu Bekenntnis und Petrus Verleugnung – sich gleichzeitig zutrugen (S. 611); und man dürfe daraus keinesfalls schließen, daß Johannes von Markus abhängig sei. Ich muß aber offen sagen, daß ich hier seine Beweisführung nur wenig weniger schief finde als hinsichtlich des vorgeblichen Antijudaismus des Petrusevangeliums.

Kommen wir noch zu einer letzten Frage: Wie steht es mit der Historizität der Verleugnungen des Petrus? Haben sie wirklich stattgefunden? Man erinnere sich, daß ich schon im 2. Kapitel den Bericht von der allgemeinen Flucht der Jünger als historisch wahrscheinlich eingeschätzt habe. Petrus wäre dann natürlich unter den Geflohenen gewesen. Doch wie ich oben schon betont habe, heißt das nicht, daß einer, der in der Gefahr die Nerven verlor, deswegen auch schon seinen Glauben verloren hat. Doch in dem Maße, in dem Petrus als Führer und Muster der ersten Christen immer wichtiger wurde, mußte auch seine «Flucht» sich irgendwie vor der Flucht der anderen Jünger hervortun. Das mag uns nicht unbedingt einleuchten. Weshalb mußte der wichtigste Mann der Gemeinde auch in besonderem Maße beschämt werden? Man bedenke aber, daß Petrus allein die Ehre zuteil wurde, mit Jesus auf dem Wasser zu wandeln (bei Matthäus 14, 28–31). Zwar erwies sich dabei sein Glaube als ungenügend, so daß er versank und von Jesus gerettet werden mußte, aber die Gelegenheit, sich derart zu blamieren, war nur ihm allein zuteil geworden, und das war schon an sich hinreichend, seine Wichtigkeit zu unterstreichen.

Lukas zum Beispiel erwähnt Jesu Prophezeiung der Flucht der Jünger, die wir bei Markus 14, 27–28 finden, überhaupt nicht. Statt dessen findet man bei ihm das folgende Wort Jesu zu Petrus:

«Simon, Simon, der Satan hat verlangt, daß er euch wie Weizen sieben darf. Ich aber habe für dich gebetet, daß dein Glaube nicht erlischt. Und wenn du dich wieder bekehrt hast, dann stärke deine Brüder.»
(Lukas 22, 31–32)

Das geht einen Schritt über Markus 14, 27–28 hinaus, wo einfach gesagt wird, daß alle fliehen werden. Hier heißt es, daß, obwohl alle, auch Petrus, fliehen werden, sein Glaube aber nicht erlöschen, er sich wieder «bekehren» und seine Brüder stärken wird. Da alle fliehen, muß Petrus, als erster unter ihnen, auch fliehen, auf besonders markante Weise allerdings.

Ich denke denn auch, daß Markus die ausdrücklichen Verleugnungen Jesu durch Petrus nicht in der Überlieferung vorgefunden, sondern in pädagogischer Absicht erfunden hat. Er wollte Jesus, dem *idealen* Muster und Vorbild, mit dieser Gestalt des den Herrn verleugnenden Petrus ein Muster und Vorbild zur Seite stellen, das seine christlichen Leser zur *Hoffnung* berechtigte. Am Verhalten des Petrus – in der Nacht auf dem Ölberg und später – sollten sie ablesen können, daß es nur menschlich sei, den Mut zu verlieren, daß man diesen aber zurückgewinnen könne und daß angesichts drohender Verfolgung auch das Verleugnen nicht unverzeihlich sei. Christen der Gemeinde des Markus, die unter Druck ihren Glauben verleugnet hatten, durften hoffen, Vergebung zu erlangen, wie Petrus diese vor ihnen erhalten hatte.

Aus einer Verhandlung werden zwei

Als Jesus verhaftet wurde, flohen seine Gefährten. Sie waren also nicht zur Stelle, um mit anzusehen, was sich bei der Gerichtsverhandlung gegen ihn zutrug, ja zu erfahren, ob es zu einer solchen Gerichtsverhandlung überhaupt komme. Auf der Suche nach einem Schlüssel zum Verständnis des Geschehenen fanden manche von ihnen in der Heiligen Schrift die Prophezeiung des 2. Psalms. Da lasen sie, wie die Großen, die Könige der Erde, die Völker und Nationen sich gegen den Herrn und seinen Gesalbten, den König und Sohn Gottes, verbünden würden. Das war es! Aber die ernste Bibelforschung war Sache der Schriftgelehrten, nicht einfacher Christen. Für gewöhnliche Gläubige mußte die Schriftauslegung historisiert, aktualisiert und popularisiert, Exegese zur spannenden Geschichte gemacht, die Prophezeiung in die Erzählung ihrer Erfüllung übertragen werden. Und das ist es, was das Petrusevangelium leistete. Deshalb erzählt Petrus bei dieser ersten Übertragung des Befunds schriftgelehrter Exegese in eine dem Volk verständliche Fabel nur von einer Gerichtsverhandlung, bei der alle im 2. Psalm genannten Gegner des Gesalbten gemeinsam und am gleichen Ort gegen Jesus antreten: Pilatus (die Großen) und die Heiden (die Nationen), Herodes (die Könige der Erde) und die Juden (die Völker). Doch wie wir gesehen haben, erschöpft sich die erfolgreiche *Popularisierung* der *Historisierung* einer Prophezeiung nicht in deren mehr oder weniger wahrscheinlichen Übertragung in eine Erzählung von Ereignissen der Zeit, in welcher sich die Erfüllung der Prophezeiung zugetragen haben soll, die Erzählung muß ihren Hörern zum Zweck der *Popularisierung* auch entgegenkommen mit einer *Aktualisierung* ihrer Aus-

sage, die diese unter den gegenwärtigen Umständen glaubwürdig macht.
Also erzählt Petrus: Jesus steht von den Toten auf. Die römische Obrigkeit
bekehrt sich. Die jüdische Obrigkeit lügt, um das eigene Volk zu täuschen.

Als nächstes will ich nun darauf zu sprechen kommen, weshalb Markus
die eine Gerichtsverhandlung des Petrusevangeliums verdoppelte und wie
die Parallelen, die zwischen seinen Beschreibungen der beiden Gerichtsverhandlungen bestehen, den Verdoppelungsprozeß verraten, aus dem sie
hervorgingen.

Ein schöpferischer Parallelismus

Man lese noch einmal die in der Einleitung zitierte Stelle bei Markus 13, 9–13,
wo Jesus der Gemeinde des Markus Verfolgungen «prophezeit», die sie
tatsächlich jüngst erduldet hatte. Und man beachte den Hinweis von Markus 13, 9 b auf die Instanzen, von denen Verfolgungen zu gewärtigen sind.

> «Man wird euch um meinetwillen vor die Gerichte bringen, in den Syn-
> agogen mißhandeln und vor Statthalter und Könige stellen, damit ihr
> vor ihnen Zeugnis ablegt.»

Hier wird zwischen der jüdischen geistlichen Obrigkeit und der römischen
weltlichen Obrigkeit unterschieden und gesagt, daß die Christen beide
gegen sich haben werden und ihnen werden standhalten müssen, wie auch
Jesus selbst ihnen standhielt. Bei jedem Evangelium geht die Historisierung mit Aktualisierung einher, und so beschreibt Markus in den siebziger
Jahren wie vor ihm Petrus in den vierziger Jahren Jesus nicht nur als ver-
gangenes historisches Ereignis, sondern als aktuelles historisches Modell.
Das Evangelium gibt stets die Vergangenheit als Gegenwart. So will und
braucht Markus zwei gesonderte Gerichtsverhandlungen, eine vor der
geistlichen, die andere vor der weltlichen Obrigkeit, oder, wie man im
Hinblick auf die Verhältnisse seiner Zeit vielleicht besser sagen sollte, vor
der religiös-politischen (jüdischen) und vor der politisch-religiösen (römischen). Er braucht dementsprechend auch zwei Verspottungen Jesu. Und
so wird dieser einmal religiös-politisch als *Prophet* verspottet (von den Juden), einmal politisch-religiös als *König* (von den Römern).

Die beiden Gerichtsverhandlungen bei Markus werden in den großen
Linien parallel gezeichnet. Im weitesten Sinne fällt sofort auf, daß in beiden
Schilderungen auf die Gerichtsverhandlung die Verspottung und Mißhand-
lung des Verurteilten folgt (Hinweise auf die Schriftstellen in Tabelle 2).

Tabelle 2

	Jüdischer Prozeß	Römischer Prozeß
Gerichtsverfahren	14, 53–64	15, 1–15
Mißhandlungen	14, 65	15, 16–20 a

Geht man in die Einzelheiten, findet man, daß bei jedem der beiden Prozeßberichte zwei Hauptprotagonisten auftreten, deren Verhalten und Schicksal gegenübergestellt werden. Beim Prozeß der jüdischen Obrigkeit rahmen die feigen Verleugnungen des Petrus Jesu tapferes Bekenntnis. Die Verurteilung des unschuldigen Jesus durch das römische Gericht rahmt im Bericht des Evangelisten die Erzählung von der Freilassung des schuldigen Barabbas. Man vergleiche die in Tabelle 3 aufgeführten Stellen.

Tabelle 3

Jüdischer Prozeß und Mißhandlungen	Römischer Prozeß und Mißhandlungen
[Eröffnungsvers 14, 53]	[Eröffnungsvers 15, 1]
Petrus 14, 54	Jesus 15, 2–5
Jesus 14, 55–65	Barabbas 15, 6–15 a
Petrus 14, 66–72	Jesus 15, 15 b– 20

Schließlich besteht ein enger Parallelismus auch bei den Verhören Jesu zwischen seinem jeweiligen Schweigen und zwischen seinen jeweiligen Antworten. Und auch hier beweist Markus, daß er es versteht, eine Einheit zu verdoppeln, ohne sich dabei auf allzu langweilig offensichtliche Weise zu wiederholen. Die betreffenden Stellen sind in der Tabelle 4 verzeichnet.

Tabelle 4

Jüdisches Verhör (Hoherpriester)	Römisches Verhör (Pilatus)
Befragung Jesu, 14, 60	Befragung Jesu, 15, 2 a
Jesus antwortet nicht 14, 61 a	Antwort Jesu, 15, 2 b
Abermalige Befragung Jesu, 14, 61 b	*Abermalige* Befragung Jesu, 15, 4
	Jesus antwortet nicht

Markus erfand also zwei Gerichtsverhandlungen von im großen und ganzen auffallend ähnlicher Struktur, bei denen freilich die erhobenen Anklagen der Autorität des jeweils anklagenden Gerichts entsprechend verschieden waren. Markus wußte wie alle frühen Christen mit schrecklicher Genauigkeit, welche unterschiedlichen Beschuldigungen von der jüdischen geistlichen Obrigkeit und von der römischen weltlichen Obrigkeit zu erwarten waren. Und das von ihm erfundene doppelte Gericht über Jesus entspricht im wesentlichen den jüngst von seiner eigenen verfolgten Gemeinde gemachten Erfahrungen. Gegen Jesus wurde verhandelt, wie gegen sie verhandelt worden war. Gegen sie wurde verhandelt, wie gegen Jesus verhandelt wurde. In den Evangelien ist die Vergangenheit Gegenwart.

Blasphemie und Rebellion

Josephus sagt an einer berühmten, hier schon in der Einleitung zitierten Stelle seiner *Jüdischen Altertümer* (18, 3, 3 = 18, 63), daß ihn, nämlich Jesus, «Pilatus auf Betreiben der Vornehmsten unseres Volkes zum Kreuzestod verurteilte». Demnach mußte Jesu Verbrechen todeswürdig nicht nur aus der Sicht der jüdischen, sondern auch der römischen Obrigkeit gewesen sein. Man erinnere sich, daß das *Wort* des Jesus, Sohn des Ananias, gegen den Tempel von der jüdischen geistlichen Obrigkeit als todeswürdige Blasphemie eingeschätzt, da es aber von keiner *Tat* begleitet gewesen war, von der römischen Obrigkeit als Geschwätz eines verrückten Schwärmers abgetan wurde. Jesus von Nazaret dagegen hatte etwas gegen den Tempel getan und war verhaftet worden, und die Anklage hätte nun von beiden Seiten einfach sein sollen. Er hatte eine irgendwie subversive Handlung begangen, die einen Aufruhr im Tempel beim Passahfest hätte zur Folge haben können. Weshalb hören wir also bei den Berichten über die beiden Prozesse gegen ihn weniger von seinen *Taten im Tempel* als von seinen *Titelansprüchen*? Bei den folgenden Überlegungen sollte man immer im Gedächtnis behalten, daß, ob uns das nun gefällt oder nicht, für die Evangelisten Historisierung stets auch Aktualisierung erforderte. Man erinnere sich auch der im 2. Psalm genannten Titel: «Der Gesalbte» (Messias oder Christus), «König» und «Sohn Gottes».

In den beiden Prozeßberichten des Markus werden die Anklagen wegen der angeblichen Titelansprüche Jesu nicht von beiden Instanzen erhoben. Siehe hierzu das Verzeichnis der betreffenden Stellen in Tabelle 5.

Tabelle 5

Jesu Handeln im Tempel	Jesu Titelansprüche
Jüdischer Prozeß, 14, 55–61 a	–
Römischer Prozeß, 14, 61 b–64	15, 2–5

Das von Markus erfundene Verhör Jesu durch die jüdische Obrigkeit läßt sich in zwei deutlich unterschiedene Episoden teilen. Zunächst steht Jesu Verhalten im Tempel zur Verhandlung, 14, 55–61 a, sodann die angeblich von ihm beanspruchten Titel «Gesalbter», «Sohn Gottes», «Menschensohn», 14, 61 b–64. Auf Grund des ersten Anklagepunkts kommt es nicht zu einer Verurteilung, auf Grund des zweiten sofort. Das von Markus erfundene römische Gericht über Jesus ist einzig an diesen Titelansprüchen interessiert: Behauptet der Angeklagte, «König der Juden» zu sein? Nichtsdestoweniger ist auch dieses Interesse auf den 2. Psalm zurückzuführen, wo der Gesalbte und Sohn Gottes ja auch als «König» bezeichnet wird.

Ich zitiere im Folgenden die Anklage, die das jüdische Gericht gegen

Jesus wegen seiner angeblichen Worte gegen den Tempel erhebt, sowie danach deren höhnische Wiederholung durch Zeugen der Kreuzigung.

«Die Hohenpriester und der ganze Hohe Rat bemühten sich um Zeugenaussagen gegen Jesus, um ihn zum Tod verurteilen zu können; sie fanden aber nichts.
Viele machten zwar falsche Aussagen über ihn, aber die Aussagen stimmten nicht überein. Einige der falschen Zeugen, die gegen ihn auftraten, behaupteten: Wir haben ihn sagen hören: Ich werde diesen von Menschen erbauten Tempel niederreißen und in drei Tagen einen anderen errichten, der nicht von Menschenhand gemacht ist. Aber auch in diesem Fall stimmten die Aussagen nicht überein.»
(Markus 14, 55–59)

«Die Leute, die vorbeikamen, verhöhnten ihn, schüttelten den Kopf und riefen: Ach, du willst den Tempel niederreißen und in drei Tagen wieder aufbauen? Hilf dir doch selbst, und steig herab vom Kreuz!»
(Markus 15, 29–30)

Markus besteht mit der doppelten Wiederholung der Behauptung, daß die diesbezüglichen Aussagen der Zeugen *falsch* waren und *nicht übereinstimmten*, darauf, daß die Anklagen wegen des Tempels unbegründet waren, doch weiß er, wie wir bereits sahen, 11, 15–17, daß Jesus, als er die Tische der Geldwechsler umstieß, den Tempel symbolisch zerstörte und daß Gott diese symbolische Handlung durch das Verlassen des Heiligtums bestätigen würde, denn darauf wies, 15, 38, der zerreißende Tempelvorhang hin. Inwiefern waren also die Anklagen der Hohenpriester unbegründet?

Man erinnere sich, daß Markus kurz nach dem schrecklichen ersten römisch-jüdischen Krieg schrieb, währenddessen der Tempel im Jahre 70 von den Legionen des Titus tatsächlich zerstört wurde. Zwischen den beiden Stellen, wo er vom Tempel spricht, dem Bericht über dessen «Reinigung» und dem über die gegen Jesus erhobene Anklage, er habe erklärt, ihn zerstören zu wollen, findet man bei Markus eine lange Rede Jesu über die zukünftig tatsächlich zu gewärtigende Zerstörung des Tempels eingerückt (Markus 13, 1–37). In diesem Zusammenhang prophezeit Jesus den Jüngern auch, daß in diesen schrecklichen letzten Tagen manche bei der Zerstörung des Tempels seine Wiederkehr erwarten würden.

«Jesus sagte zu ihnen: Gebt acht, daß euch niemand irreführt! Viele werden unter meinem Namen auftreten und sagen: Ich bin es! Und sie werden viele irreführen.
Wenn dann jemand zu euch sagt: Seht, hier ist der Messias!, oder: Seht, dort ist er!, so glaubt es nicht! Denn es wird mancher falsche Messias und mancher falsche Prophet auftreten, und sie werden Zeichen und Wunder tun, um, wenn möglich, die Auserwählten irrezuführen.»
(Markus 13, 5–6, 21–22)

Einige Christen müssen erwartet haben, die Wiederkehr Jesu gehe einher mit der physischen Zerstörung des Tempels oder sei sogar ihre unmittelbare Ursache. Markus versichert ihnen, daß sie mit dieser Erwartung auf einem Irrweg sind, und ruft Jesus selbst zum Zeugen dafür an. Falsch ist die von ihnen hergestellte Beziehung zwischen der *symbolischen* Zerstörung des Tempels durch Jesus im Jahre 30 und dessen tatsächlicher gegenwärtiger Zerstörung vierzig Jahre später. Jesus hat nie behauptet, er werde im Jahre 70 den Tempel zerstören (einen von Menschenhänden erbauten Tempel) und werde diesen durch seine eigene Wiederkehr und triumphale Gegenwart ersetzen (einen nicht von Menschenhänden erbauten Tempel). Das alles ist am Ende der langen Rede Jesu über die Endzeit, 13, 1–37, völlig klar, doch wiederholt Markus die wegen des Tempels gegen Jesus erhobenen Anklagen noch zweimal. Einmal bei der gegen ihn geführten jüdischen Gerichtsverhandlung, einmal aus dem Munde der Passanten unter dem Kreuz. Trotz der Textschichten, welche hier die Geschichte für die Situation nach dem Jahre 70 aktualisieren und den historischen Tatbestand verbergen, ist noch zu merken, daß die Anklage gegen Jesus *irgend etwas* über die Zerstörung des Tempels enthalten haben muß.

Wenn es aber einen ursächlichen Zusammenhang zwischen Jesu Verhalten im Tempel und seiner darauf folgenden Kreuzigung gab, so war dieser schon zur Zeit des Markus weitgehend in Vergessenheit geraten. Markus interessiert sich dafür nur wegen der bei seinen Glaubensgenossen anzutreffenden Mißverständnisse hinsichtlich eines angenommenen Zusammenhangs zwischen der tatsächlichen Zerstörung des Tempels und der erwarteten Wiederkehr Jesu. (Er hatte gesagt, daß er den Tempel zerstören würde; der Tempel war jetzt zerstört; so mußte er wiedergekehrt sein, gegenwärtig und triumphierend.) Vorrangig interessiert sich Markus für die Titelansprüche Jesu, denn während der Christenverfolgungen wurden die Christen hauptsächlich deswegen befragt. Auf Grund dieser Erfahrung lag für Markus aber auch die Annahme nahe, daß Jesus verurteilt wurde, weil er Anspruch auf diesen Titel erhob.

> «Da wandte sich der Hohepriester nochmals an ihn und fragte: Bist du der Messias, der Sohn des Hochgelobten? Jesus sagte: Ich bin es. Und ihr werdet den Menschensohn zur Rechten der Macht sitzen und mit den Wolken des Himmels kommen sehen. Da zerriß der Hohepriester sein Gewand und rief: Wozu brauchen wir noch Zeugen? Ihr habt die Gotteslästerung gehört. Was ist eure Meinung? Und sie fällten einstimmig das Urteil: Er ist schuldig und muß sterben.»
> (Markus 14, 61 b–64)

Die Titel «Messias» oder Christus und «Sohn des Hochgelobten» oder Sohn Gottes sind, wie wir sahen, diejenigen, die den Historisierern der 2. Psalm an die Hand gab. Hier ergänzt Markus diese aber durch einen, der ihm über alle anderen teuer ist, den des Menschensohns, den Jesus als endzeitlicher Weltenrichter führen wird, wie es der Prophet Daniel verkündet hat.

«Immer noch hatte ich die nächtlichen Visionen:
Da kam mit den Wolken des Himmels / einer wie ein Menschensohn.
Er gelangte bis zu dem Hochbetagten / und wurde vor ihn geführt.
Ihm wurden Herrschaft, / Würde und Königtum gegeben.
Alle Völker, Nationen und Sprachen / müssen ihm dienen.
Seine Herrschaft ist eine ewige, / unvergängliche Herrschaft. / Sein Reich geht niemals unter.»
(Daniel 7, 13–14)

Das alles ist Theologie des Markus, nicht historische Erinnerung. Wir erfahren daraus, welchen Beschuldigungen die Glaubensgenossen des Markus seitens der jüdischen Behörden ausgesetzt waren, wenn wir lesen, wessen sie angeblich Jesus beschuldigten. Und das gilt auch für die angeblich vor Pilatus verhandelten Titelansprüche. Bezeichnungen wie *Messias, König von Zion* und *Sohn Gottes* werden aus der jüdischen in die römische Begriffswelt übertragen, wo dann daraus *König der Juden* wird. Die gotteslästerliche Inanspruchnahme der jüdischen Titel mag in den Augen eines jüdischen Gerichts schon den Tod verdient haben, aber für ein römisches Gericht war solche Blasphemie allein nicht todeswürdig, wenn damit nicht auch der Tatbestand der Rebellion gegeben war.

Nicht Jesus, sondern Barabbas

In die Verhandlung gegen Jesus vor dem Gericht der Römer führt Markus eine Szene von schrecklicher Ironie ein. Bei der Verurteilung Jesu durch den jüdischen Hohen Rat hatte er eine Kontrastwirkung durch die Gegenüberstellung von Jesus und Petrus erzielt, indem er zwar nicht Petrus selbst, aber dessen dreifache Verleugnung Jesu erfand. Jetzt erzielt er eine ähnliche Kontrastwirkung durch die Erfindung des Barabbas.

«Jeweils zum Fest ließ Pilatus einen Gefangenen frei, den sie sich ausbitten durften. Damals saß gerade ein Mann namens Barabbas im Gefängnis, zusammen mit anderen Aufrührern, die bei einem Aufstand einen Mord begangen hatten. Die Volksmenge zog (zu Pilatus) hinauf und bat, ihnen die gleiche Gunst zu gewähren wie sonst. Pilatus fragte sie: Wollt ihr, daß ich den König der Juden freilasse? Er merkte nämlich, daß die Hohenpriester nur aus Neid Jesus an ihn ausgeliefert hatten. Die Hohenpriester aber wiegelten die Menge auf, lieber die Freilassung des Barabbas zu fordern. Pilatus wandte sich von neuem an sie und fragte: Was soll ich dann mit ihm tun, den ihr den König der Juden nennt? Da schrien sie: Kreuzige ihn! Pilatus entgegnete: Was hat er denn für ein Verbrechen begangen? Sie schrien noch lauter: Kreuzige ihn! Dar-

auf ließ Pilatus, um die Menge zufriedenzustellen, Barabbas frei und
gab den Befehl, Jesus zu geißeln und zu kreuzigen.»
(Markus 15, 6–15)

Ich halte diese Erzählung für gänzlich unhistorisch und nehme an, daß
Markus sie selbst erfunden hat, wozu mich zwei Gründe bestimmen. Zum
einen steht das Bild des gefügig der brüllenden Menge nachgebenden Pilatus in krassem Gegensatz zu allem, was wir aus den Geschichtsbüchern
des Josephus über den Charakter dieses römischen Beamten wissen. Er
verstand sich ausgezeichnet darauf, aufgeregte Massen durch brutale Gewalt gefügig zu machen. Zum anderen ist uns von einem Brauch *offener*
Amnestie, der Freilassung jedes dem Volk *beliebigen* Häftlings, zum Passahfest aus anderen Quellen nichts bekannt. Ein solcher Brauch würde ja
auch gegen die Prinzipien jeder denkbaren Verwaltung verstoßen. So
schrieb etwa ein Jahrzehnt später Philo, was an hohen Festtagen verurteilte
Verbrecher von humanen Statthaltern bestenfalls erwarten durften: einen
Aufschub der Hinrichtung bis nach dem Fest. Ein Aufschub ist natürlich
keine Amnestie, aber eine über den Hinrichtungsaufschub hinausgehende
Begnadigung von Verbrechern an hohen Festtagen konnte sich Philo offenbar nicht vorstellen. In dem Schreiben, wo er auf die Frage zu sprechen
kommt, beschwert er sich über das Verhalten des A. Avillius Flaccus, der
von 32 bis 38 Statthalter in Ägypten war, während der antijüdischen Ausschreitungen am Geburtstag des Kaisers Caligula am 31. August 38:

«Soweit nämlich die Oberen dem Staat in rechter Weise dienen und ihre
Gönner nicht scheinbar, sondern wirklich ehren, sollen sie keinen Verurteilten züchtigen, bevor nicht diese bedeutsamen Geburts- und Festtage der kaiserlichen Personen vorbei sind ... Flaccus aber ließ ... auch
die Lebenden kreuzigen, denen die Festzeit einen kurzen, wenn auch
nicht unbegrenzten Strafaufschub bot, nicht allerdings den Straferlaß
schlechthin.»
(Philo, *Gegen Flaccus*, 81–84)

Wenn aber die Begnadigung des Barabbas nicht tatsächlich stattgefunden
hat, warum hat Markus eine solche Geschichte erfunden? Was hatten er
und seine Hörer davon?
    Barabbas war ein Bandit, ein Rebell, ein Aufständischer, ein Freiheits-
kämpfer – je nach Perspektive. Aber Markus schrieb nicht lange nach dem
schrecklichen Ende des ersten römisch-jüdischen Krieges, bei dem im Jahre
70 Jerusalem und der Tempel in Trümmer gelegt worden waren. Wie wir
sahen, hatten zuvor die vor den römischen Belagerern in die Stadt geflohenen Zeloten, eine lose Verbindung von Räuberbanden und bäuerlichen
Rebellen, im Jahre 68 die Macht in Jerusalem an sich gerissen. Statt des
unbewaffneten Jesus, will Markus seinen Hörern sagen, hat Jerusalem den

bewaffneten Rebellen gewählt. Man muß seine Erzählung von Barabbas also als eine das Geschick Jerusalems, so, wie er es verstand, illustrierende und erhellende Fabel nehmen. Die jüdische Obrigkeit entschied sich für die Entlassung der (religiös) falschen Person, die römische kreuzigte die (politisch) falsche Person. Ebenso, wie bei dem jüdischen Prozeß die Gegenüberstellung von Jesus und Petrus eine Situation voraussetzte, die erst lange nach der Kreuzigung Jesu gegeben war, so traf dies auch auf die Kontrastierung von Jesus und Barabbas im römischen Prozeß zu.

Andere Fassungen, andere Zwecke

Die Hypothese, die ich hier prüfe, setzt voraus, daß Jesu Gefährten wußten, daß er verhaftet und dann gekreuzigt würde, aber nicht das geringste vom Verlauf der Gerichtsverhandlung, die zu seiner Verurteilung führte – wenn denn eine solche überhaupt stattfand. Die Erzählung der Gerichtsverhandlung ist vom 2. Psalm inspiriert, ist die Übertragung der dort ausgesprochenen Prophezeiung in einen Tatsachenbericht. Das geschah seitens der schriftgelehrten Exegeten, die diese Aufgabe in Angriff nahmen, zunächst als Beschreibung einer einzigen Gerichtsverhandlung, wo als Kläger gegen und Richter über Jesus alle im 2. Psalm genannten Feinde des Gesalbten miteinander auftraten. Markus übertrug den im Petrusevangelium so gegebenen Sachverhalt in eine Erzählung von zwei Gerichtsverhandlungen, eine vor der religiösen, die andere vor der staatlichen Obrigkeit, weil diese Verfolgung von zwei Seiten, seitens der Statthalter und der Priester, der Erfahrung der Christengemeinde, für die er schrieb, entsprach. Lukas, der Markus als Vorlage hatte, weiß dann sogar von drei Gerichtsverhandlungen, während Johannes nur anderthalb benötigte, um auszusagen, was sein Anliegen ist. Die Unterschiedlichkeit der Evangelienberichte über die Sache entspricht überhaupt den unterschiedlichen Anliegen der Evangelisten.

Pilatus und Herodes schließen Freundschaft

Bei Markus folgt, wie wir sahen, beiden Gerichtsverhandlungen gegen Jesus die körperliche Mißhandlung des Angeklagten. Lukas macht aus den beiden Verhandlungen des Markusevangeliums drei: eine vor der jüdischen religiösen Obrigkeit (den Hohenpriestern), eine vor der jüdischen staatlichen Obrigkeit (Antipas) und eine vor der römischen Obrigkeit (Pilatus). Von dieser sagt er das Folgende:

«Als Pilatus das hörte, fragte er, ob der Mann ein Galiläer sei. Und als er erfuhr, daß Jesus aus dem Gebiet des Herodes komme, ließ er ihn zu Herodes bringen, der in jenen Tagen ebenfalls in Jerusalem war. Herodes

freute sich sehr, als er Jesus sah; schon lange hatte er sich gewünscht, mit ihm zusammenzutreffen, denn er hatte von ihm gehört. Nun hoffte er, ein Wunder von ihm zu sehen. Er stellte ihm viele Fragen, doch Jesus gab ihm keine Antwort. Die Hohenpriester und die Schriftgelehrten, die dabeistanden, erhoben schwere Beschuldigungen gegen ihn. *Herodes und seine Soldaten zeigten ihm offen ihre Verachtung. Er trieb seinen Spott mit Jesus, ließ ihm ein Prunkgewand umhängen und schickte ihn so zu Pilatus zurück.* An diesem Tag wurden Herodes und Pilatus Freunde; vorher waren sie Feinde gewesen.
(Lukas 23, 6–12, Hervorhebungen von mir)

Lukas schildert, wie seine Quelle Markus, die physische Mißhandlung des Angeklagten nach der jüdischen Verhandlung, 22, 63–65, nicht jedoch nach der Verhandlung vor Pilatus, 22, 25–26. Er setzt statt dessen eine entsprechende Schilderung an den Schluß des Verhörs durch Herodes, allerdings nicht die einer physischen Mißhandlung, sondern eine der Verspottung (wie von mir hervorgehoben). Ich halte diese Szene für eine freie Erfindung des Lukas, die zwei Hauptzwecken dient. Zunächst wird mit ihr, wie in der entsprechenden Szene des Petrusevangeliums, an die Verfolgung der Christen durch das herodianische Geschlecht erinnert (bezeichnenderweise wird Antipas von Lukas nur bei dem Geschlechtsnamen genannt). Sodann nimmt hier die Übereinstimmung des römischen Statthalters (Pilatus) mit dem herodianischen Herrscher (Antipas) in der Überzeugung von der Unschuld Jesu (Lukas 23, 14–15) jene spätere Situation vorweg, in welcher der römische Statthalter (Festus) mit dem herodianischen Fürsten (Agrippa II.) in der Überzeugung von der Unschuld des Paulus übereinkommen werden (Apostelgeschichte 15, 25 und 26, 30–32). Man erinnere sich der Tatsache, daß Lukas die Leiden der Nachfolger Jesu in der Apostelgeschichte, so diejenigen Stephans und des Paulus, auf die Passion Jesu in seinen Evangelien bezieht. Endlich betont Lukas, wie schon das Petrusevangelium, jedoch in viel stärkerem Maße, daß Jesu Passion den daran Beteiligten unmittelbar zum Heil ausschlug. Zum Beispiel heilt Jesus 22, 51 einem Diener des Hohenpriesters, der kam, ihn zu verhaften, das von einem seiner Jünger abgeschlagene Ohr; bei der Kreuztragung folgt ihm «eine große Menschenmenge», darunter auch Frauen, die um ihn klagten und weinten, 23, 27; auch verheißt er, 23, 40–43, dem guten Schächer das Paradies; und nach seinem Tode, 23, 48, schlugen «alle, die zu dem Schauspiel herbeigeströmt waren und sahen, was sich ereignet hatte ... sich an die Brust und gingen betroffen weg». So wirkt er auch Gutes für Pilatus und Herodes, denn mit seiner Auslieferung an Pilatus wird die Freundschaft des Herodes mit dem römischen Statthalter angebahnt. Das Verhör des Jesus vor Herodes ist eine zu diesem Zweck gemachte freie Erfindung des Lukas.

Was ist Wahrheit? Wer ist Richter?

Sobald das Petrusevangelium das Gericht über Jesus in die Form einer das Volk ansprechenden Erzählung gebracht hatte, konnten die anderen Evangelisten diese Erzählung zu ihren eigenen Zwecken ausspinnen und umgestalten. Am glänzendsten tat dies Johannes – natürlich in den Begriffen und unter den Voraussetzungen seiner eigenen Theologie. Er übernahm den doppelten Prozeßbericht von Markus, bearbeitete aber dessen Darstellung so, daß der jüdische Prozeß das Gewicht verliert, das er bei Markus hat, während entsprechend der römische bei ihm an Gewicht gewinnt. Johannes geht es auch hier, wie an den schon früher betrachteten Stellen, darum zu zeigen, daß Jesus das Verfahren vollkommen in der Hand hat. Bei ihm wird sichtbar, daß eigentlich Jesus Pilatus richtet, nicht umgekehrt.

Für Johannes hatte die jüdische «Gerichtsverhandlung» schon einige Zeit vor jener letzten Nacht stattgefunden, so daß es bei dieser Gelegenheit nur eines kurzen Verhörs bedurfte. Dem Johannesevangelium zufolge war es, wie man sich erinnert, die Auferweckung des Lazarus, die zu Jesu Verurteilung führte.

«Viele der Juden, die zu Maria gekommen waren und gesehen hatten, was Jesus getan hatte, kamen zum Glauben an ihn. Aber einige von ihnen gingen zu den Pharisäern und berichteten ihnen, was er getan hatte. Da beriefen die Hohenpriester und die Pharisäer eine Versammlung des Hohen Rates ein. Sie sagten: Was sollen wir tun? Dieser Mensch tut viele Zeichen. Wenn wir ihn gewähren lassen, werden alle an ihn glauben. Dann werden die Römer kommen und uns die heilige Stätte und das Volk nehmen. Einer von ihnen, Kajaphas, der Hohepriester jenes Jahres, sagte zu ihnen: Ihr versteht überhaupt nichts. Ihr bedenkt nicht, daß es besser für euch ist, wenn ein einziger Mensch für das Volk stirbt, als wenn das ganze Volk zugrunde geht. Das sagte er nicht aus sich selbst; sondern weil er der Hohepriester jenes Jahres war, sagte er aus prophetischer Eingebung, daß Jesus für das Volk sterben würde. Aber er sollte nicht nur für das Volk sterben, sondern auch, um die versprengten Kinder Gottes wieder zu sammeln. Von diesem Tag an waren sie entschlossen, ihn zu töten.»
(Johannes 11, 45–53)

Später, nach seiner Verhaftung, wird Jesus zuerst ins Haus des Hannas geführt, und dort findet das «Verhör» statt. Dann wird er zu Kajaphas gebracht, wo nichts geschieht, und dann weiter zu Pilatus. Die dreifache Verleugnung des Petrus findet dementsprechend, dem Bericht des Johannesevangeliums zufolge, nicht im Vorhof des Hauses des Kajaphas statt, sondern schon vor Hannas' Haus.

«Die Soldaten, ihre Befehlshaber und die Gerichtsdiener der Juden nahmen Jesus fest, fesselten ihn und führten ihn zuerst zu Hannas; er war nämlich der Schwiegervater des Kajaphas, der in jenem Jahr Hoherpriester war. Kajaphas aber war es, der den Juden den Rat gegeben hatte: Es ist besser, daß ein einziger Mensch für das Volk stirbt.»
[Hier folgt die erste Verleugnung Jesu durch Petrus.]
«Der Hohepriester [Hannas] befragte Jesus über seine Jünger und über seine Lehre. Jesus antwortete ihm: Ich habe offen vor aller Welt gesprochen. Ich habe immer in der Synagoge und im Tempel gelehrt, wo alle Juden zusammenkommen. Nichts habe ich im geheimen gesprochen. Warum fragst du mich? Frag doch die, die mich gehört haben, was ich zu ihnen gesagt habe; sie wissen, was ich geredet habe. Auf diese Antwort hin schlug einer von den Knechten, der dabeistand, Jesus ins Gesicht und sagte: Redest du so mit dem Hohenpriester? Jesus entgegnete ihm: Wenn es nicht recht war, was ich gesagt habe, dann weise es nach; wenn es aber recht war, warum schlägst du mich? Danach schickte ihn Hannas gefesselt zum Hohenpriester Kajaphas.»
[Nun folgen die zweite und die dritte Verleugnung des Petrus.]
«Von Kajaphas brachten sie Jesus zum Prätorium [dem Amtssitz des Pilatus]; es war früh am Morgen.»
(Johannes 18, 13–14, 19–24, 28)

Warum wird bei Johannes Hannas erwähnt? Waren ihm historische Informationen zugänglich, über die die anderen Evangelisten nicht verfügten? Man vergegenwärtige sich, ehe wir fortfahren, daß Markus den Hohenpriester, der über Jesus richtet, nirgends beim Namen nennt, daß Matthäus ihn 26, 3 und 26, 57 Kajaphas nennt, daß Lukas 3, 2 erklärt, daß zur Zeit der Verkündung Johannes des Täufers Hannas und Kajaphas Hohepriester waren und dann, in der Apostelgeschichte 4, 6, daß zur Zeit der Rede des Petrus auf dem Tempelplatz unter den Ältesten und Schriftgelehrten, denen Petrus und Johannes vorgeführt wurden, auch «Hannas, der Hohepriester, Kajaphas, Johannes, Alexander, und alle, die aus dem Geschlecht der Hohenpriester stammten», zugegen waren. Johannes nennt Hannas (18, 13, 24) und Kajaphas (11, 49; 18, 13, 24, 28). Nur Johannes allein schildert also eine Begegnung Jesu mit Hannas während der Passion. Warum?

Die Möglichkeit, jeden herodianischen Herrscher bei seinem dynastischen Namen zu nennen (ohne den jeweiligen Eigennamen), lenkte die bösen Erinnerungen der Christen an Herodes den Großen, Herodes Antipas und Herodes Agrippa I. auf das ganze Geschlecht. Ein Herodes wurde nach der christlichen Vorstellung wie ein anderer. Wie jeder Caesar, war jeder Herodes der Feind. Um welchen es sich jeweils handelte, brauchte der Erzähler nicht zu sagen, so genau wollten das die einfachen Leute gar nicht wissen. Ähnlich verhielt es sich mit dem Hohepriestergeschlecht der

Hannas (dazu Theissen 1991, S. 174). Abbildung 3 zeigt den vereinfachten Stammbaum der Hohenpriester aus diesem Hause bis zur Machtergreifung der Zeloten in Jerusalem während des ersten römisch-jüdischen Krieges (alle Daten der Regierungszeiten sind n. Chr. zu verstehen).

Abbildung 3

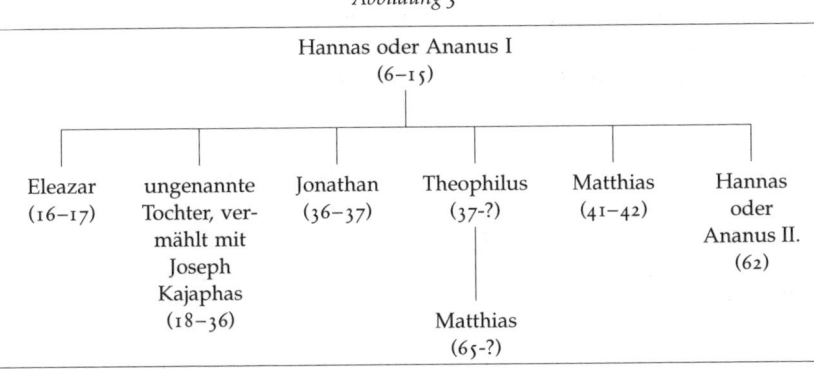

Hannas oder Ananus I
(6–15)

| Eleazar (16–17) | ungenannte Tochter, vermählt mit Joseph Kajaphas (18–36) | Jonathan (36–37) | Theophilus (37–?) | Matthias (41–42) | Hannas oder Ananus II. (62) |

Matthias (65–?)

Das Haus Hannas brachte also zwischen den Jahren 6 und 65 n. Chr. acht Hohepriester hervor, die insgesamt fast vierzig Jahre lang herrschten. Außer Hannas I. selbst fünf von dessen Söhnen, ein Schwiegersohn und ein Enkel. Höchstwahrscheinlich wurden aber die ersten drei christlichen Märtyrer, deren die Apostelgeschichte gedenkt, unter der Regierung von Hohenpriestern aus dem Haus Hannas hingerichtet.

Stephan: War der Hohepriester Kajaphas? (Apostelgeschichte 6–7)
Jakobus, der Bruder des Johannes: War der Hohepriester Matthias? (Apostelgeschichte 12, *Jüdische Altertümer*, 19, 316)
Jakobus, der Bruder Jesu: Der Hohepriester war Hannas II. (*Jüdische Altertümer*, 20, 197–203)

Es gibt hier eine weitere exemplarische Meinungsverschiedenheit zwischen Brown und mir. Ihm ist das oben Mitgeteilte ebenso bekannt wie mir. Die Möglichkeit, daß «jeder berühmte Christ, der vor dem jüdischen Aufstand eines gewaltsamen Todes starb, während der Amtszeit eines mit Hannas verwandten Hohenpriesters ums Leben kam», räumt er ein. Dennoch schließt er, daß, «obwohl nur Johannes Hannas eine Rolle bei der Kreuzigung Jesu zuschreibt, kein überzeugender Grund besteht, diese Erinnerung anzuzweifeln, zumal kein theologischer Grund erkennbar ist, aus dem die johannäische Überlieferung veranlaßt worden sein könnte, diese Gestalt einzuführen» (S. 409). Aber wie Caesar und Herodes Feinde der Christen waren, so auch Hannas. Der Feind ist imperiale Macht (Caesar) oder staatliche Macht (Herodes) oder hohepriesterliche Macht (Hannas), und in Anbetracht dieser Tatsachen konnte es als nebensächlich gelten, wer zur je fraglichen Zeit der Caesar, Herodes oder Hannas war. Johannes hatte also guten Grund, eine Begegnung Jesu mit Hannas zu schildern, wie auch Petrus und Lukas gute Gründe hatten, Gegenüberstellungen von Jesus mit Herodes herbeizuführen.

Die bei weitem bedeutendste Schöpfung des Johannes schließlich ist das majestätisch ausgewogene Szenario, das uns vorstellt, wie während der viel längeren römischen Gerichtsverhandlung Pilatus zwischen Jesus drinnen und der jüdischen Obrigkeit draußen hin und her wechselt. Abbildung 4 zeigt den von Brown (S. 758) gegebenen Umriß.

Abbildung 4

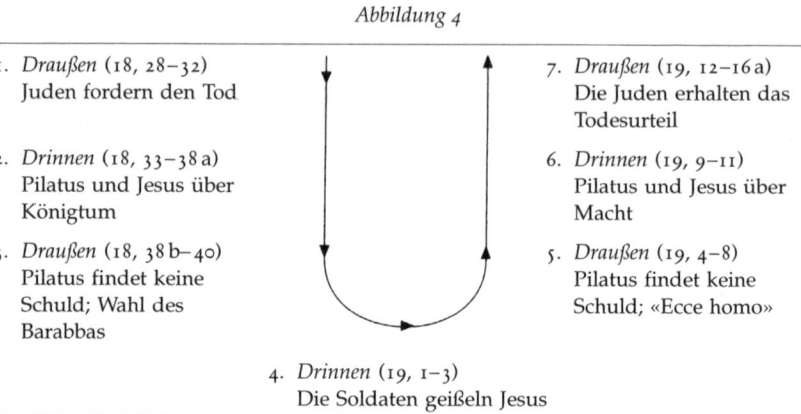

1. *Draußen* (18, 28–32)	7. *Draußen* (19, 12–16 a)
Juden fordern den Tod	Die Juden erhalten das Todesurteil
2. *Drinnen* (18, 33–38 a)	6. *Drinnen* (19, 9–11)
Pilatus und Jesus über Königtum	Pilatus und Jesus über Macht
3. *Draußen* (18, 38 b–40)	5. *Draußen* (19, 4–8)
Pilatus findet keine Schuld; Wahl des Barabbas	Pilatus findet keine Schuld; «Ecce homo»

4. *Drinnen* (19, 1–3)
Die Soldaten geißeln Jesus

Brown bewundert die «dramatische Qualität», die «kunstvolle Gestaltung» und die «dramatische Zielstrebigkeit» dieses «Meisterwerks frühchristlichen Dramas» (S. 758–759). Aber er setzt stets voraus, daß dergleichen «kunstvolle Gestaltung», die bei Markus nur in geringem, bei Matthäus und Lukas in größerem, bei Johannes aber in größtem Maße zu beobachten ist, nur Überlieferungen gestaltet, die einen ziemlich detaillierten Kern von Tatsachengedenken übermitteln. Für mich ist die Überlieferung, aus welcher die Evangelisten schöpften, keine Überlieferung eines Gedenkens an Tatsachen einer Gerichtsverhandlung gegen Jesus, sondern eine Prophezeiung, deren Gedenken in die hinsichtlich der Tatsachen bestehende Gedächtnislücke eintrat. Die Gerichtserzählung wurde aus dem 2. Psalm geschaffen, und die Historisierung, Aktualisierung und Popularisierung dieser Prophezeiung haben wir nun in den Prozeßberichten aller fünf Evangelien.

Zusammenfassend kann also gesagt werden, daß diese Prozeßberichte, anders als diejenigen über das Verbrechen und die Verhaftung Jesu, für welche angesichts der Tatsache der Kreuzigung eine historische Basis vorausgesetzt werden muß, gänzlich als historisierte Prophetie, durchaus nicht als erinnerte Geschichte zu nehmen sind. Nicht nur den Gang dieser Verfahren, sondern selbst die Annahme, daß es ein solches oder mehrere solche Verfahren überhaupt gegeben habe, halte ich für unhistorisch. Es ist natürlich möglich, daß ein oder mehrere Verfahren gegen Jesus stattgefunden haben, obwohl uns davon nicht das mindeste überliefert ist. Doch verfahre ich bei der historischen Rekonstruktion so sparsam wie möglich. Eine Gerichtsverhandlung gegen Jesus hätte sich sehr wohl erübrigt haben können. Es wäre zum Beispiel denkbar, daß es zwischen Kajaphas und Pilatus eine feste Abmachung gegeben hätte, derzufolge zur Zeit des Passahfests jedwede subversive Aktion gegen den Tempel, die geeignet wäre, die dort zu dieser Zeit versammelten Massen aufzuputschen, zu deren Warnung und Abschreckung mit sofortiger Bestrafung durch den Kreuzestod zu ahnden sei. Eines einfachen bäuerlichen Störers wie Jesus wegen hätte es der Konsultationen auf höchster Ebene nicht bedurft, kaum eines förmlichen Verhörs vor Kajaphas und schon gar nicht eines Prozesses unter dem Vorsitz des römischen Statthalters. So mag es im Falle Jesu sehr wohl zwar zur Verhaftung und zur Hinrichtung gekommen sein, aber ohne daß dazwischen hätte Gericht über ihn gehalten werden müssen.

4. KAPITEL

Beschimpfung

Auspeitschung und Beschimpfung

Die Auspeitschung oder Geißelung ging gewöhnlich der Kreuzigung voraus. Als grausames Vorspiel der Hinrichtung werden solche Mißhandlungen sowohl von dem jüdischen Philosophen Philo als auch von dem Historiker Josephus beschrieben.

Herodes Agrippa I. wurden mit dem Königstitel von dem neuen Kaiser Gaius Caligula die Gebiete nordöstlich der See von Galiläa verliehen. Im Spätsommer reiste er von Rom aus über Alexandrien in Ägypten dorthin. Sein Aufenthalt in dieser Stadt provozierte Ausschreitungen gegen die dort ansässigen Juden, die, wie wenigstens Philos Beschwerdebrief behauptet, von dem Statthalter geduldet wurden, wenn er sie nicht sogar angezettelt hatte. Man achte auf die Verbindung der Auspeitschung mit der Kreuzigung in dem nachfolgend zitierten Abschnitt aus der Klageschrift des Philosophen:

«[Juden] wurden verhaftet, *gegeißelt*, gefoltert, und nach all diesen Mißhandlungen, die alles waren, wozu ihre Körper Platz boten, war ihnen als letzte Strafe das Kreuz vorbehalten ... [Flaccus] befahl die *Kreuzigung* der Lebenden ... Und er tat dies, nachdem er sie in der Mitte des Theaters mit der *Geißel* mißhandelt und mit Feuer und Schwert gefoltert hatte.»
(*Gegen Flaccus*, 72, 84, Hervorhebungen von mir)

Die gleiche Verbindung von Geißelung und Kreuzigung erwähnt Josephus, die von ihm berichteten Fälle jedoch trugen sich im Heimatland der Juden selbst zu. Drei Beispiele mögen genügen: Der erste Fall ereignete sich unter der Herrschaft des syrischen Monarchen Antiochus IV. Epiphanus im Jahre 167 v. Chr., der nächste unter dem römischen Statthalter Gessius Florus zwischen 64 und 66 n. Chr. und der letzte unter Titus während der Belagerung Jerusalems im Jahre 70.

«Man *geißelte* und verstümmelte sie und schlug sie dann noch lebend *ans Kreuz*. Die Weiber aber und die beschnittenen Knaben wurden auf Geheiß des Königs erwürgt, und die letzteren am Halse ihrer gekreuzigten Eltern aufgehängt.»
(*Jüdische Altertümer*, 12, 5, 4 = 12, 256, Hervorhebungen von mir)

«Viele friedliebende Bürger wurden festgenommen und zu Florus geschleppt, der sie *geißeln* und dann *kreuzigen* ließ … Florus erkühnte sich, was keiner seiner Vorgänger gewagt hatte, Männer von ritterlichem Stand, die zwar ihrer Abstammung nach Judäer waren, aber diese römische Würde bekleideten, vor dem Richterstuhl zu *geißeln* und ans *Kreuz* schlagen zu lassen.»
(*Jüdischer Krieg*, 2, 14, 9 = 2, 306, 308, Hervorhebungen von mir)

«Sie wurden zunächst *gegeißelt* und allen möglichen Foltern unterworfen, schließlich angesichts der Mauern *gekreuzigt* und getötet. Titus hatte zwar Mitleid mit ihrem Schicksal, zumal täglich 500, manchmal auch noch mehr Gefangene eingebracht wurden, hielt es aber andererseits für gefährlich, diese mit Gewalt bezwungenen Judäer frei ausgehen zu lassen … Die Soldaten nagelten in ihrer Erbitterung die Gefangenen zum Hohn in den verschiedensten Körperlagen an, und da ihrer so viele waren, fehlte es bald an Raum für die Kreuze und an Kreuzen für die Leiber.»
(*Jüdischer Krieg*, 5, 11, 1 = 5, 446–451, Hervorhebungen von mir)

Man kann aus diesen Berichten schließen, daß Folterungen und besonders Geißelungen gewöhnlich die nach römischem Brauch ausgeführten Kreuzigungen begleiteten, und dies nicht nur zur Befriedigung der sadistischen Gelüste der Folterknechte, sondern auch um der abschreckenden Wirkung auf das Publikum willen. Wenn man also wußte, daß Jesus gekreuzigt wurde, wußte man auch, daß er vorher ausgepeitscht worden war. Vier der fünf Evangelien beschreiben die Geißelung, nur Lukas läßt zwar Jesus 18, 33 seine Geißelung prophezeien, schildert dann aber die Erfüllung dieser Prophezeiung nicht, wo es (23, 24–25) am Platze wäre.

Mir geht es hier auch nicht um die Geißelung, sondern um die schimpfliche Mißhandlung und Verspottung des Verurteilten, von der alle fünf Evangelisten berichten. Ich werde mich im Folgenden des Ausdrucks «Beschimpfung» bedienen, um damit die berichteten theatralischen Verspottungen oder geringeren körperlichen Mißhandlungen Jesu zusammenfassend zu bezeichnen. Einerseits mögen solche Beschimpfungen eines Menschen, der gegeißelt und gekreuzigt wird, kaum erwähnenswert erscheinen. Andererseits: Warum werden sie von allen Evangelisten erwähnt, sogar doppelt, wenn die Gerichtsverfahren verdoppelt werden, wie es bei den vom Petrusevangelium ausgehenden kanonischen Evangelisten geschieht? Warum ist über die Geißelung hinaus die Verspottung und Beschimpfung von solcher Bedeutung?

Jesus als Sündenbock

Auf die Erörterung dieser Vorstellung Jesu als des Sündenbocks lege ich großen Wert. An ihr erweist sich mir am deutlichsten, daß die Hypothese, wir hätten es bei den Passionserzählungen nicht mit erinnerter Geschichte, sondern mit historisierter Prophetie zu tun, wohlbegründet ist. Wenn also dem Leser bei dieser Erörterung nicht einleuchtet, daß es für die Hypothese gute Gründe gibt, so fürchte ich, ihn überhaupt nicht davon überzeugen zu können.

Erstes Stadium: Der Text

Man versetze sich in die Lage eines der schriftgelehrten Jünger Jesu, der nach dessen Tod in der Heiligen Schrift nach Erklärungen seines Sterbens und nach Hinweisen auf die eigenen Aussichten forscht. Man wüßte genau, was man brauchte: Texte, Themen und Typen, an denen die *Dialektik von Verfolgung und Rechtfertigung* aufscheint, die beweisen, daß menschliche Gegnerschaft, wie tödlich sie auch sein möge, gleichwohl dem Gericht Gottes unterworfen ist, auch wenn dessen Spruch nicht ausdrücklich vollstreckt wird. Man sucht also nach Schriftstellen, die den Tod nicht als Ende, sondern als Anfang vorstellen, nicht als Vollstreckung eines Gottesurteils, sondern als Element eines göttlichen Plans, nicht als unwiderrufliche Niederlage, sondern als Voraussetzung eines zukünftigen Sieges. Man wird besonders Ausschau halten nach Erzählungen, die einen gewissen Dualismus erkennen lassen, wo auf zwei Stadien, zwei Momente, zwei Phasen oder zwei Ebenen angespielt wird. Ein schönes Beispiel dieser Dialektik sahen wir im 2. Psalm: Da steht am Anfang eine Verschwörung gegen den Erwählten Gottes, doch am Ende die Verheißung von dessen Sieg über die Verschwörung. Man wende sich nun vom Gebet zur Liturgie, von der Prophezeiung, die man in einem Psalm liest, zu einer Prophezeiung, die in einem Ritual zu sehen ist, und suche einen Platz für Jesus im Ritual des Versöhnungsfests, jenes im Frühherbst gefeierten großen jüdischen Entsühnungs- und Reinigungsfests, an welchem allein der Hohepriester das Allerheiligste des Tempels betrat. Während des Rituals wurden *zwei* Geißböcke auf unterschiedliche Weise geopfert und vom Hohenpriester *zwei* unterschiedliche Gewänder angelegt. Der für dieses Ritual grundlegende Text sagt:

> «... dann soll Aaron die beiden Ziegenböcke nehmen und sie vor dem Herrn am Eingang des Offenbarungszeltes aufstellen. Für die beiden Böcke soll er Lose kennzeichnen, ein Los ‹für den Herrn› und ein Los ‹für Asael›. Aaron soll den Bock, für den das Los ‹für den Herrn› herauskommt, herbeiführen und ihn als Sündopfer darbringen ...

Aaron soll seine beiden Hände auf den Kopf des lebenden Bockes legen und über ihm alle Sünden der Israeliten, alle ihre Frevel und alle ihre Fehler bekennen. Nachdem er sie so auf den Kopf des Bockes geladen hat, soll er ihn durch einen bereitstehenden Mann in die Wüste treiben lassen, und der Bock soll alle ihre Sünden mit sich in die Einöde tragen. Hat er den Bock in die Wüste geschickt, dann soll Aaron wieder in das Offenbarungszelt gehen, die Leinengewänder, die er beim Betreten des Heiligtums angelegt hat, ablegen und sie dort verwahren. Er soll seinen Körper in Wasser an einem heiligen Ort baden, wieder seine Kleider anlegen und hinausgehen, um sein Brandopfer und das des Volkes darzubringen. Er soll sich und das Volk entsühnen und das Fett des Sündenopfers auf dem Altar in Rauch aufgehen lassen.»
(Levitikus 16, 7–10, 21–25)

Man sieht, daß für das Ritual nicht nur der sprichwörtlich gewordene «Sündenbock» benötigt wurde, sondern zwei Ziegenböcke. Sehr vielversprechend mutet dessen Beschreibung für unsere Zwecke auf den ersten Blick nicht an. Da fällt nicht wie beim 2. Psalm die mögliche Beziehung auf die Passion Jesu gleich ins Auge. Wir müssen uns die Sache also genauer ansehen. Ehe wir dazu kommen, sei jedoch der Leser darauf hingewiesen, daß er, wenn ihm bei den Betrachtungen, zu denen er sich angehalten findet, mitunter schwarz vor den Augen wird, ganz richtig sieht, denn die Auslegung, der er hier folgen soll, war das Werk spitzfindiger Schriftgelehrter, und eben wegen der für den Laien nicht unmittelbar einleuchtenden Beschaffenheit dieser gelehrten Entdeckungen war es erforderlich, die Exegese in eine Fabel umzuwandeln, die *Passionsprophezeiung* in eine *Passionserzählung*.

Zweites Stadium: Das Ritual

Die nur im Umriß gegebene Bestimmung des Rituals im Buch Levitikus findet man detaillierter auseinandergesetzt in der Mischna, der unter Leitung des Patriarchen Juda gegen Ende des 2. Jahrhunderts der christlichen Ära abgeschlossenen «Wiederholung», nämlich Aufzeichnung, des bis dahin mündlich überlieferten jüdischen Religionsgesetzes. Zu jener Zeit stand freilich der Tempel von Jerusalem schon lange nicht mehr, und die aufgezeichneten Gesetze für das Ritual des Versöhnungstags betrafen Bräuche, die seit der Zerstörung im Jahre 70 n. Chr. nicht mehr in Übung waren. Für die gegenwärtige Erörterung sind vier Punkte von Bedeutung, und diese finden sich alle in der Abhandlung über den Versöhnungstag in der zweiten der sechs Abteilungen der Mischna, in der die unbeweglichen Feste behandelt werden (Danby, S. 166–170).
Da erfährt man, daß nach Möglichkeit die beiden Ziegenböcke einander ähnlich sein sollten:

«Die beiden Ziegenböcke des Versöhnungstages sollten einander in Erscheinung, Größe und Wert gleichen und zugleich gekauft worden sein. Doch sind sie gültig, auch wenn sie einander nicht gleichen, und wenn einer an einem Tage gekauft wurde und der andere am nächsten, sind sie gültig.»
(Versöhnungstag 6, 1)

Zweitens ist da die scharlachrote Wolle, die beiden Ziegenböcken auf unterschiedliche Weise umgebunden wurde. Der Symbolismus dieses Schmucks ist offensichtlich, zumal wenn man an Jesaja 1, 18 denkt: «Kommt her, wir wollen sehen, / wer von uns recht hat, / spricht der Herr. Wären eure Sünden auch rot wie Scharlach, / sie sollen weiß werden wie Schnee. Wären sie rot wie Purpur, / sie sollen weiß werden wie Wolle.» Schon infiltriert ein anderer Text denjenigen, der das Ritual begründet, Jesaja wird zum Erläuterer des Buches Levitikus und bestimmt sogar das dort begründete Ritual in einer wichtigen Einzelheit.

«[Der Hohepriester] band einen Faden scharlachroter Wolle an den Kopf des Sündenbocks und drehte diesen in die Richtung, in welche er hinausgeschickt werden solle; und dem Ziegenbock, der geschlachtet werden sollte, [band er einen Faden] um den Hals.»
(Versöhnungstag 4, 2)

Drittens gab es noch ein besonderes Ritual, den scharlachroten Wollfaden betreffend, wenn der Sündenbock in die Wüste hinaus an den Ort seines Sterbens getrieben worden war.

«Was tat er [jener, der den Sündenbock in die Wildnis führte]? Er trennte den Faden purpurroter Wolle und band eine Hälfte an den Felsen und die andere Hälfte zwischen seine Hörner und stieß ihn von hinten; und er rollte hinab, und ehe er noch halbwegs den Hügel hinabgerollt war, war er in Stücke gebrochen.»
(Versöhnungstag 6, 6)

Viertens ist da die Beschimpfung des Sündenbocks auf dem Weg in die Wildnis, und dabei scheint im palästinensischen Ritual eine babylonische Variante berücksichtigt worden zu sein.

«Sie machten einen Damm für ihn [den Sündenbock] wegen der Babylonier, die ihn an den Haaren zu ziehen pflegten, wobei sie ihm zuriefen: Trage [unsere Sünden] und geh weg! Trage [unsere Sünden] und geh weg!»
(Versöhnungstag 6, 4)

Das ist natürlich nicht einfach nur Spott und Hohn. Auf die Weise konnte jeder selbst dabei mitwirken, dem armen Sündenbock seine Sünden aufzuladen und ihn damit in die Wüste zu schicken. Dennoch scheint eine

Anwendung dieses Rituals auf das Schicksal Jesu nicht eben nahezuliegen, selbst wenn man neben dem Buch Levitikus auch die Mischna zu Rate zieht. Irgend jemand hat diese Anwendung nichtsdestoweniger gemacht. Doch ehe wir darauf eingehen, wollen wir drei weitere Schriftstellen betrachten, die sich für das Folgende als bedeutsam erweisen werden. Die ersten beiden werden ins 6. vorchristliche Jahrhundert datiert, die letzte in das 4. oder 3. Jahrhundert v. Chr. Ich zitiere sie zunächst ohne Kommentar:

«Ich hielt meinen Rücken denen hin, / die mich schlugen, und denen, die mir den Bart ausrissen, / meine Wangen. Mein Gesicht verbarg ich nicht / vor Schmähungen und *Speichel*.»
(Jesaja 50, 6, Hervorhebungen von mir)

«Jeschua [der Hohepriester] hatte nämlich schmutzige Kleider an, als er vor dem Engel stand. Der Engel wandte sich an seine Diener und befahl: *Zieh ihm die schmutzigen Kleider aus!* Zu ihm aber sagte er: Hiermit nehme ich deine Schuld von dir und bekleide dich mit festlichen Gewändern. Und ich befehle: Man soll ihm einen reinen Turban aufsetzen. *Da setzten sie ihm einen reinen Turban auf* und bekleideten ihn mit Festgewändern, und der Engel des Herrn stand dabei.»
(Sacharja 3, 3–5)

«Doch über das Haus David und die Einwohner von Jerusalem werde ich den Geist des Mitleids und des Gebets ausgießen. Und sie werden auf den *blicken*, den sie *durchbohrt* haben. Sie werden um ihn *klagen*, wie man um den einzigen Sohn klagt; sie werden bitter um ihn *weinen*, wie man um den Erstgeborenen weint.»
(Sacharja 12, 10, Hervorhebungen von mir)

Drittes Stadium: Die Exegese

Der christliche *Barnabasbrief* gehört nicht zu den kanonischen Schriften des Neuen Testaments, die Deutung des Alten Testaments, die man darin findet, ähnelt aber sehr der im Hebräerbrief vorgenommenen, der zum Kanon gehört. Den Verfassern beider Briefe war viel an einer allegorischen oder typologischen Exegese gelegen, die eine Beziehung der Passion Jesu auf den Versöhnungstag herstellte. Der *Barnabasbrief*, der kein Brief und auch nicht von Barnabas geschrieben ist, wurde wahrscheinlich zur Zeit des Kaisers Nerva zwischen 96 und 98 n. Chr. verfaßt. Die Schrift verrät keine Kenntnis irgendeiner der Schriften des Neuen Testaments, und obwohl der Verfasser prophetischen Voraussagen und typologischen Ankündigungen der Passion Jesu eifrig nachspürt, ist ihm offenbar keine Passionsgeschichte bekannt. Der *Barnabasbrief* ist mithin das klassische Beispiel einer *Passionsprophezeiung* ohne direkten Bezug auf eine wie auch immer beschaffene *Passionserzählung*. Ich habe den Text in vier Abschnitte unterteilt entsprechend den vier Fragen und Antworten, aus denen er aufgebaut ist.

[1. Teil]

«Achtet auf das, was er befohlen hat: Nehmet zwei schöne und gleichartige Böcke und bringt (sie) dar, und der Priester soll den einen zum Brandopfer für die Sünden nehmen. Was sollen sie aber mit dem anderen machen? Verflucht, sagt er, sei der andere. Gebt acht, wie (darin) das Abbild Jesu offenbart wird. Und *speit* (ihn) alle an und *durchbohrt* (ihn) und legt ihm scharlachrote Wolle um sein Haupt, und so soll er in die Wüste getrieben werden. Und wenn es so geschieht, bringt der Träger den Bock in die Wüste und nimmt die Wolle ab und legt sie auf einen Strauch, der Brombeerstrauch heißt [anstatt auf einen Felsen, wie in der Mischna, also auf einen dornigen Strauch].»

[2. Teil]

«Was bedeutet dies nun? Gebt acht: Den einen (heißt es), auf dem Altar, den anderen (nennt er) verflucht, und (er sagt), daß der Verfluchte *bekränzt* wird, da sie ihn ja dann an dem Tage mit dem scharlachroten Gewand um sein Fleisch sehen werden und sagen werden: Ist das nicht der, den wir einst kreuzigten, nachdem wir ihn verhöhnt und *durchbohrt* und *angespien* hatten? Wahrlich der war es, der damals sagte, daß er Gottes Sohn sei.»

[3. Teil]

«Denn wie (ist dieser) jenem gleich? Zu diesem Zweck (heißt es) gleiche schöne Böcke, übereinstimmende, damit, wenn sie ihn einst kommen *sehen* [die Parusie], erschrecken über die Gleichheit mit dem Bock. Siehe also das Abbild des künftig leidenden Jesus.»

[4. Teil]

«Was (bedeutet es) aber, daß sie die Wolle mitten in die Dornen legen? Ein Abbild Jesu für die Gemeinde ist (damit) gegeben, daß (nämlich), wer die scharlachrote Wolle aufheben will, viel leiden muß, weil der Dorn schrecklich ist, und daß er sich ihrer unter Drangsalen bemächtigen muß. So müssen, sagt er, diejenigen, die mich sehen wollen und mein Reich erreichen wollen, mich unter Drangsal und Leiden annehmen.»

(Barnabas 7, 6–12; deutsch von A. Lindemann und H. Paulsen, *Die apostolischen Väter*, 1992, S. 43–45; Hervorhebungen von mir)

Ehe wir in die Erörterung der vier Teile im einzelnen eintreten, mag es nützlich sein, sich in Abbildung 5 die dichte Verflochtenheit der Gegenstände und Themen des Texts vor Augen zu führen.

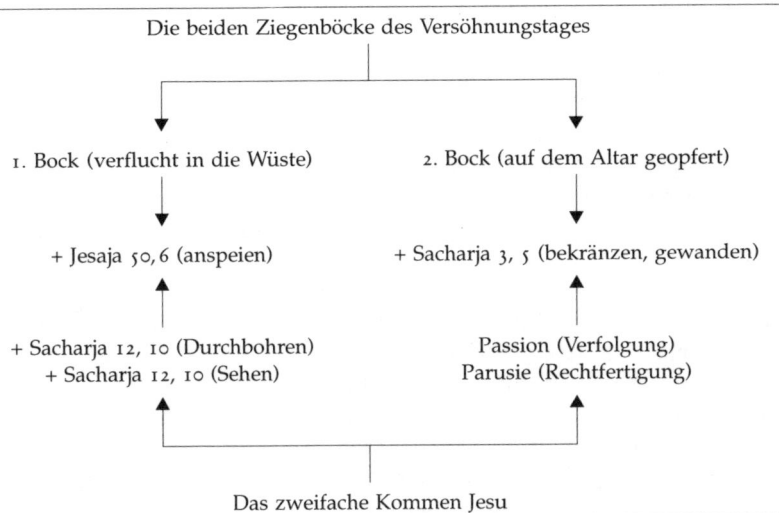

Die beiden Ziegenböcke des Versöhnungstages

1. Bock (verflucht in die Wüste)   2. Bock (auf dem Altar geopfert)

+ Jesaja 50, 6 (anspeien)   + Sacharja 3, 5 (bekränzen, gewanden)

+ Sacharja 12, 10 (Durchbohren)   Passion (Verfolgung)
+ Sacharja 12, 10 (Sehen)   Parusie (Rechtfertigung)

Das zweifache Kommen Jesu

Aber wie hat sich all das entwickelt? Ich skizziere zunächst den allgemeinen Prozeß und komme dann auf Einzelheiten zu sprechen. Die erste Bewegung des Interpreten setzte die beiden Böcke des Versöhnungstags in Parallele zu dem zweimaligen Kommen Jesu, das erste Mal zu seiner Passion, das zweite Mal zu seiner Parusie oder Rechtfertigung. Die Parallele ist natürlich ein wenig angestrengt, aber einleuchtend, wenn man bedenkt, daß die beiden Ziegenböcke einander so gleich sein sollen wie möglich, sogar im Preis. Das wird zwar nicht im Buch Levitikus gefordert, sondern von den in der Mischna überlieferten Bestimmungen des Rituals. Der erste Bock stellt Jesu Passion dar, der zweite seine Parusie. Im nächsten Zug wird dann das Ablegen und Anlegen des Gewands der Hohenpriester, das Levitikus 16, 23–24 vorschreibt, in Beziehung gesetzt zu einem ähnlichen Ablegen und Anlegen der Gewänder des Hohenpriesters (und der Krönung oder Bekränzung desselben) bei Sacharja 3, 1–5. Hier wird die Passion Jesu auf überzeugendere Weise durch die Entkleidung dargestellt, die Wiederbekleidung (und Krönung) stellt Jesu Parusie dar. Ein weiterer Zug bringt Sacharja 12, 10 ins Spiel, wo Jerusalem (bei der Parusie) denjenigen erblickt, den sie durchbohrten (bei der Passion), und über ihn klagt. Ein letzter Zug bezieht Jesaja 50, 6 in den Komplex ein, was das Motiv des Anspeiens einzuführen erlaubt. So gelangt der Komplex auf einer dreifachen integrierten Bahn, wo erster und zweiter Bock, Entkleiden und Bekleiden, Durchbohren und Sehen in Verbindung gesetzt sind, elegant von der Passion und Verfolgung zur Parusie und Rechtfertigung. Doch nun zu den Einzelheiten, die für den Fortgang meiner Darlegung von Wichtigkeit sind.

Am Barnabasbrief 7, 6–12 fällt vor allem auf, daß der Verfasser nicht nur das Buch Levitikus kannte, sondern auch mit viel ausführlicheren Bestimmungen für die Durchführung des Rituals vertraut war, die den in der Mischna überlieferten ähneln, aber nicht vollkommen gleichen.

Die Teile 1 und 2 erläutern detaillierter, wie die in der Mischna erwähnte Verspottung und Beschimpfung vonstatten ging. Anscheinend spuckten die Teilnehmer an dem Ritual ihre Sünden auf den Bock und stachelten und spornten ihn an, den Weg in die Wüste zu nehmen.

Dabei hat man es offenbar nicht mit einer unmenschlichen Verhöhnung des Opfers zu tun, sondern mit dem Ausdruck populärer Beteiligung an dem Ritual. Das Anspeien und Anstacheln kommen zuerst aus dem Sündenbockritual und können dann mit Anklängen an Jesaja 50, 6 (anspeien) und Sacharja 12, 10 (durchbohren) leicht auf Jesus übertragen werden.

Teil 1 und 3 weisen darauf hin, daß eine Parallele zwischen der Zweiheit der Böcke und dem zweifachen Erscheinen Jesu besteht.

In Teil 1 und 4 wird die scharlachrote Wolle erwähnt, die eine doppelte Verbindung zum *Gewand* und der *Bekränzung* zuläßt, von denen Sacharja 3, 1–5 spricht. Bekränzt wird hier mit dieser Wolle nicht, wie der Mischna zufolge, ein Felsen, sondern ein dorniger Strauch, und im 4. Teil wird überdies schon eine Verbindung zwischen dem Kopf des Sündenbocks und dem Dornenstrauch hergestellt. So hat man da bereits eine Krone *auf* Dornen, wenn auch noch nicht eine *Dornenkrone*.

Sollte man aber glauben, es bei *Barnabas* 7 mit der Schöpfung eines sehr eigenwillig erfindenden Geists zu tun zu haben, die nicht als charakteristisch für das christliche Denken jener Zeit gelten könne, möge man zur Kenntnis nehmen, daß es eine zweite und von der ersten unabhängige Fassung dieser *Passionsprophezeiung* gibt. Der Autor dieser zweiten war *Justinus Martyr*, der, als Kind heidnischer Eltern geboren, sich als Erwachsener zum Christentum bekehrte und gegen das Jahr 165 n. Chr. enthauptet wurde. Er schrieb Verteidigungen des Christentums gegen dessen sowohl heidnische als auch jüdische Feinde. Ich zitiere hier aus der letzteren Schrift.

«Die beiden für die Fasten befohlenen Böcke, welche ähnlich sein mußten, und von denen der eine verstoßen wurde, der andere als Opfer diente, verkündeten das zweimalige Erscheinen Christi: das erste Erscheinen, sofern die Ältesten eures Volkes und die Priester ihn verstoßen, Hand an ihn gelegt und getötet haben, seine zweite Parusie dagegen, sofern ihr an dem gleichen Orte Jerusalem ihn, den ihr entehrt habt, erkennen werdet. Ein Opfer war er für alle Sünder, welche gleich denen, die an Jesus glaubten, Buße tun wollen und gemäß den Worten des Isaias fasten, indem sie die Fesseln erzwungener Vereinbarungen sprengen und ebenso all das übrige beobachten, was von ihm aufgezählt wird und auch von mir erwähnt wurde.

Das wisset ihr, daß auch das für die Fasten vorgeschriebene Opfer der beiden Böcke nur in Jerusalem hat dargebracht werden dürfen.» (Justinus Martyr, *Dialog mit dem Juden Tryphon*, 40; deutsch von Ph. Haeuser, 1917)

Ich betone noch einmal, daß die *Passionsprophezeiung* das Werk von Schriftgelehrten war, die nicht nur über literarische, sondern auch über beträchtliche exegetische Fähigkeiten verfügen mußten. Jedenfalls mußten das diejenigen, die die Verheißungen des Kommens Jesu zuerst in der Schrift aufspürten. Später konnten auch beschränktere Geister ihrem Beispiel folgen. Doch gelehrte Schriftauslegung ist noch keine das Volk ansprechende Erzählung. Die Verwandlung der ersteren in die letztere gelang glänzend dann im vierten Stadium der hier betrachteten Entwicklung.

Viertes Stadium: Die Geschichte

Wie gelangt man von einer verwickelten exegetischen Abhandlung, wie sie uns in *Barnabas* 7 vorliegt, zu einer einfachen volkstümlichen Erzählung, die jeder versteht und im Gedächtnis behalten kann? Es bedarf dazu einer einfachen *Rahmenstruktur*, die – ähnlich wie diejenige der Erzählung von Davids Flucht auf den Ölberg aus 2. Samuel 15–17 auf die Erzählung von der Gefangennahme Jesu – auf die Erzählung von der Verhöhnung Jesu übertragbar wäre. Gab es ein derartiges Muster?

Ich habe bereits zweimal, bei der Erörterung von Amnestien an hohen Festtagen und bei dem Nachweis, daß es üblich war, die zur Kreuzigung Verurteilten auszupeitschen, Gelegenheit gehabt, mich auf Philos Klageschrift gegen Flaccus zu berufen, den römischen Statthalter von Ägypten. Als Agrippa I., dem die Römer den Titel eines Königs der Gebiete im Nordwesten der See von Galiläa verliehen hatten, machte dieser auf der Heimreise in Alexandrien Station, ließ Ausschreitungen des Pöbels gegen die jüdische Bevölkerung der Stadt zu, wenn er sie nicht sogar anstachelte. In eben dieser Klageschrift aber heißt es von der Verspottung Agrippas durch den alexandrinischen Pöbel:

«Denn der faule und unbeschäftigte Pöbel der Stadt, eine Menge, die viel Zeit übrig hatte zu eitlem Geschwätz, die ihre Muße mit Verleumdungen und übler Nachrede hinzubringen liebt, erhielt von ihm [nämlich von Flaccus] die Freiheit, den König [nämlich Agrippa] zu schmähen, gleichviel ob deren Spott nun von ihm selbst begonnen ward oder durch seine an jene, die ihm in solchen Dingen zu dienen pflegen, gerichteten Aufreizungen und Anstachelungen verursacht wurde. Derart in Gang gebracht, verbrachten sie dann ihre Tage im Gymnasium damit, den König zu verspotten und eine Verspottung nach der anderen gegen ihn vorzubringen. Tatsächlich nahmen sie sich die Autoren von Possen und Lustspielen zu Lehrern und bewiesen damit ihre natürliche Bega-

bung für alles Schändliche, schwer von Begriff, wo irgend etwas Gutes
zu lernen wäre, aber mit dessen Gegenteil schnell vertraut ... Es gab da
einen gewissen Wahnsinnigen namens Carabas, dessen Wahn nicht von
der wütenden und wilden Art war, die den Verrückten selbst und allen,
die sich ihnen nahen, gefährlich ist, sondern viel ruhiger und sanfter. Er
brachte Tag und Nacht nackt auf der Straße zu, scheute weder Hitze
noch Kälte, und die Kinder und müßigen jungen Burschen trieben ihren
Spaß mit ihm. Die Aufrührer nun trieben den armen Kerl in das Gymnasium und setzten ihn auf einen erhöhten Platz, wo er allen sichtbar
war, und stülpten ihm ein Blütenbüschel von Papyrus als Krone auf den
Kopf und hüllten seinen Körper mit einer Matte als Königsmantel, während jemand, der ein Stück einheimischen Papyrus am Wegrand hatte
liegen sehen, ihm dieses als Zepter gab. Und als er nun wie bei Bühnen-
possen die Zeichen der Herrschaft trug und zum König geschmückt
war, stellten sich junge Leute mit Stöcken auf den Schultern wie Lan-
zenträger rechts und links als Leibwache auf. Dann traten andere vor
ihn hin, teils als wollten sie ihm huldigen, teils wie um einen Prozeß zu
führen, teils als suchten sie in Staatsgeschäften seinen Rat. Dann brach
die rings um stehende Menge in ein unsinniges Geschrei aus. Marin!
Riefen sie ihn – denn so wird angeblich in Syrien der Herrscher genannt.
Sie wußten nämlich, daß Agrippa aus Syrien gebürtig ist und nun König
über einen großen Teil von Syrien war.»
(*Gegen Flaccus*, 32–34, 36–39)

Der Pöbel mißhandelte den armen Carabas, mit dem er seinen Spaß trieb,
zwar nicht körperlich, doch putzte er ihn, wie wir lesen, zum König heraus, gab ihm Thron, Krone, Mantel, Zepter, Leibwache usw., um ihn dann
zum Herrn auszurufen.

Es bedurfte nun nur noch eines Lesers mit starker und kühner Einbil-
dungskraft, um die Exegese des Barnabasbriefs und den zitierten Bericht
des Philo zu einer Erzählung wie der folgenden zu verquicken:

«Sie aber nahmen den Herrn und stießen ihn eilends und sprachen:
Lasset uns den Sohn Gottes schleifen, daß wir Gewalt über ihn bekommen haben. Und sie legten ihm ein Purpurgewand um und setzten ihn
auf den Richtstuhl und sprachen: Richte gerecht, o König Israels! Und
einer von ihnen brachte einen Dornenkranz und setzte ihn auf das
Haupt des Herrn. Und andere, die dabei standen, spien ihn ins Angesicht, und andere schlugen ihn auf die Wangen, andere stießen ihn und
sprachen: Mit solcher Ehre wollen wir den Sohn Gottes ehren.»
(Petrusevangelium 3, 6–9)

Die Beschimpfung des Sündenbocks und die Verspottung des Carabas sind
in der schimpflichen Verspottung Jesu, von der das Petrusevangelium berichtet, das, wie ich meine, während oder kurz nach der Regierungszeit

Agrippas I. als König des gesamten jüdischen Landes von 41 bis 44 n. Chr. verfaßt wurde, miteinander verschmolzen. Diese schimpfliche Verspottung ist der paradigmatische Fall und stärkste Beweis, den ich anführen kann für meine Hypothese, daß die Passionserzählungen historisierte Prophetie und nicht erinnerte Geschichte sind. In diesem einen Fall kann man sehen, wie die Passionsprophezeiung aus dem *Barnabasbrief* 7 nach dem Muster eines Berichts wie dem, den man in Philos Klageschrift *Gegen Flaccus*, 32–39, findet, von dem Verfasser des Petrusevangeliums in eine Passionserzählung übertragen wurde.

Auf der Spur des Rohrs

Die im vorigen Abschnitt im großen Umriß gegebene Ableitung der Erzählung von der Verspottung Jesu soll hier durch die Würdigung einer kleinen Einzelheit bestätigt werden. Es wird dabei auch ein wichtiger Aspekt der vielschichtigen Passionserzählung beleuchtet werden. Selbst nachdem die Passionserzählung aus der Passionsprophezeiung hervorgegangen war, wurde die Forschung nach Vorbildern der Passion in den prophetischen heiligen Schriften fortgesetzt, und die prophetischen Muster blieben als dauernde Grundlage der Erzählungen präsent. Alle Evangelisten waren dessen gewahr, und gleichviel in welchem Maße sie voneinander abhängig waren, hatten sie doch potentiell zu dieser dauernden Grundlage ihres Erzählens, der fortgesetzten Passionsprophezeiung, unabhängig voneinander Zugang. Man betrachte noch einmal den letzten Vers der zitierten Stelle 3, 6–9 des Petrusevangeliums und vergleiche dessen Motive mit denen im griechischen Text von Jesaja 50, 6.

Abbildung 6

Und andere, die dabeistanden, spien ihm ins Angesicht, und andere schlugen ihm auf die Wangen, andere stießen ihn mit einem Rohr, und etliche geißelten ihn. (Petrusevangelium 3, 9 a)	Ich hielt meinen Rücken denen hin, / die mich schlugen, / und denen, die mir den Bart ausrissen, / meine Wangen. / Mein Gesicht verbarg ich nicht / vor Schmähungen und Speichel. (Jesaja 50, 6)

Die gleichen drei Motive erscheinen in jedem der beiden Texte in umgekehrter Reihenfolge: Anspeien, Stoßen und Geißeln bei Petrus 3, 9 a und Geißeln, Stoßen und Anspeien bei Jesaja 50, 6 (im griechischen Text). Zu beobachten sind dabei zwei wichtige Details.

Erstens wird beide Male die Geißelung fast beiläufig in einem Atemzug mit den anderen vergleichsweise geringfügigeren Mißhandlungen erwähnt. Zur Sprache kommt sie hier und mit dem gebrauchten Ausdruck (*Geißelung*) als Hinweis auf Jesaja 50, 6 und nicht, weil sie bei einer nor-

malen römischen Kreuzigung üblich war. Das wird sehr deutlich, wenn
man die Stelle mit der entsprechenden im späteren Markusevangelium
vergleicht. Markus trennt die *Auspeitschung* Jesu (15, 15), die er nicht mit
dem von Jesajas griechischen Übersetzern benützten Ausdruck bezeichnet,
von der späteren Verspottung Jesu, 15, 16–20, bei der die von Jesaja genannte *Geißelung* nicht vorkommt.

«Darauf ließ Pilatus, um die Menge zufriedenzustellen, Barabbas frei
und gab den Befehl, Jesus auszupeitschen [Einheitsübersetzung: zu
geißeln] und zu kreuzigen. Die Soldaten führten ihn in den Palast hinein, das heißt in das Prätorium, und riefen die ganze Kohorte zusammen. Dann legten sie ihm einen Purpurmantel um und flochten einen
Dornenkranz; den setzten sie ihm auf und grüßten ihn: Heil dir, König
der Juden! Sie schlugen ihn mit einem Stock auf den Kopf und spuckten
ihn an, knieten vor ihm nieder und huldigten ihm. Nachdem sie so ihren
Spott mit ihm getrieben hatten, nahmen sie ihm den Purpurmantel ab
und zogen ihm seine eigenen Kleider wieder an. Dann führten sie Jesus
hinaus, um ihn zu kreuzigen.»
(Markus 15, 15–20)

Auf dem Wege von Petrus zu Markus hat sich die Historisierung der Prophezeiung mithin weiter vervollkommnet, und die *Geißelung*, die auf Jesaja
50, 6 verweist, ist durch die übliche römische *Auspeitschung* ersetzt worden.
   Zweitens ist bemerkenswert, was uns hier noch mehr interessieren soll,
wie in doppelter Hinsicht seltsam Jesu *Stoßen* mit einem Rohr ist. Es
kommt nicht aus Jesaja 50, 6, ist aber darin enthalten, und es ist ziemlich
ungewöhnlich, zugleich mit einer Peitsche gegeißelt und mit einem Rohr
gestoßen zu werden. Man beachte sorgfältig, wohin dieses Indiz unsere
Untersuchung führen wird.
   Im *Barnabasbrief* 7, 6–11 ist der rituelle Sinn des Anspeiens des Sündenbocks und dessen alsbaldiger Ausstoßung in die Wüste offensichtlich.
Aber das griechische Wort, mit dem das Ausstoßen bezeichnet wird, lautet
tatsächlich *Durchbohren*, und wenn diese Bedeutung über den des *Aus-
stoßens* hinauszugehen scheint, hat man für die scheinbare Übertreibung
einen zureichenden Grund in der Prophezeiung Sacharja 12, 10: «Und sie
werden auf den blicken, den sie durchbohrt haben.» Wir erfahren indessen
nicht, auf welche Weise das Volk den mit seinen Sünden beladenen Ziegenbock rituell in die Wüste stieß oder durchbohrt. Ich möchte annehmen,
daß bei dem Ritual ganz ohne Rücksicht auf Sacharja 12, 10 der Sündenbock mit einem Rohr gestoßen wurde und daß deshalb der Verfasser des
Petrusevangeliums das seltsame «Stoßen mit einem Rohr» nicht bei Jesaja
50, 6 oder Sacharja 12, 10 oder sonstwo in der Schrift gefunden, sondern
dem Sündenbockritual entnommen hat. Das Anspeien und Stoßen mit einem Rohr waren mithin Motive des Sündenbockrituals. Das erste der beiden war leicht mit dem *Anspeien* bei Jesaja 50, 6 zu verbinden, das zweite

war nicht ganz so leicht mit dem *Durchbohren* bei Sacharja 12, 10 gleichzusetzen. Im Griechischen sind *stoßen* und *durchbohren* zwei grundverschie-
dene Verben. Was wurde also bei der weiteren Ausarbeitung der Passionserzählung nach dem Petrusevangelium aus dem verräterischen «Stoßen
mit einem Rohr»?

Der einfache Prozeßbericht und die einzige Verspottungsszene des Petrusevangeliums wurden, wie wir sahen, von Markus verdoppelt.

> «Und einige *spuckten* ihn an, verhüllten sein Gesicht, *schlugen* ihn und
> riefen: Zeig, daß du ein Prophet bist! Auch die Diener *schlugen* ihn ins
> Gesicht ...
> Die Soldaten führten ihn in den Palast hinein, das heißt in das Prätori-
> um, und riefen die ganze Kohorte zusammen. Dann legten sie ihm einen
> Purpurmantel um und flochten einen Dornenkranz; den setzten sie ihm
> auf und grüßten ihn: Heil dir, König der Juden! Sie *schlugen* ihm mit
> einem Stock [Rohr] auf den Kopf und *spuckten* ihn an, knieten vor ihm
> nieder und huldigten ihm. Nachdem sie so ihren Spott mit ihm getrie-
> ben hatten, nahmen sie ihm den Purpurmantel ab und zogen ihm seine
> eigenen Kleider wieder an. Dann führten sie Jesus hinaus, um ihn zu
> kreuzigen.»
> (Markus 14, 65; 15, 16–20a, Hervorhebungen von mir)

Markus machte aus der von Petrus berichteten einzigen Verspottung Jesu
deren zwei, zunächst durch die Juden, dann durch die Römer. Die Juden
spien ihn an und schlugen ihn, die Römer desgleichen. Und dabei fand er
Verwendung für das problematische Rohr: Sie schlugen Jesus auf den Kopf
damit. Sehr glücklich ist, offen gesagt, diese Lösung nicht. Was bringt es,
jemanden mit einem Rohr auf den Kopf zu schlagen?

Matthäus erkannte das, und indem er die Erzählung des Markus in
einen eleganten Chiasmus übertrug, erwähnte er das Rohr zweimal.

> «[Sie] gaben ihm einen Stock [ein Rohr] in die rechte Hand. Sie fielen
> vor ihm auf die Knie und verhöhnten ihn, indem sie riefen: Heil dir
> König der Juden! Und sie spuckten ihn an, nahmen ihm den Stock [das
> Rohr] wieder weg und schlugen ihm damit auf den Kopf.»
> (Matthäus 27, 29b–30)

Zwar wird Jesus auch in der Darstellung des Matthäus mit dem Rohr
auf den Kopf geschlagen, aber erst nachdem es ihm zum Spott als Zepter in die Hand gegeben worden ist, wie einst das Stück Papyrus dem
armen Carabas. Die Lösung, die Lukas für das Problem fand, ist sogar
noch besser, wenn auch sehr drastisch. Er übergeht das Rohr mit Stillschweigen.

Zuletzt ist das Verfahren des Johannes zu betrachten, der seine Quellen,
wie gewöhnlich, auch in diesem Fall am schöpferischsten benützt. Wie
Markus schildert er eine zweifache Verspottung Jesu.

«Auf diese Antwort hin *schlug* einer von den Knechten, der dabeistand, Jesus ins Gesicht und sagte: Redest du so mit dem Hohenpriester? ... Die Soldaten flochten einen Kranz aus Dornen; den setzten sie ihm auf und legten ihm einen purpurroten Mantel um. Sie stellten sich vor ihm hin und sagten: Heil dir, König der Juden! Und sie *schlugen [stießen]* ihm ins Gesicht.»
(Johannes 18, 22; 19, 2–3, Hervorhebungen von mir)

Keine Erwähnung des Rohrs. Das ist die eine Hälfte der von Johannes gefundenen Lösung des Problems. Die andere Hälfte ist noch glänzender.

«Weil Rüsttag war und die Körper während des Sabbats nicht am Kreuz bleiben sollten, baten die Juden Pilatus, man möge dem Gekreuzigten die Beine zerschlagen und ihre Leichen dann abnehmen; denn dieser Sabbat war ein großer Feiertag. Also kamen die Soldaten und zerschlugen dem ersten die Beine, dann dem anderen, der mit ihm gekreuzigt war. Als sie aber zu Jesus kamen und sahen, daß er schon tot war, zerschlugen sie ihm die Beine nicht, sondern einer der Soldaten stieß mit der Lanze in seine Seite und sogleich floß Blut und Wasser heraus. Und der, der es gesehen hat, hat es bezeugt, und sein Zeugnis ist wahr. Und er weiß, daß er Wahres berichtet, damit auch ihr glaubt. Denn das ist geschehen, damit sich das Schriftwort erfüllt: Man soll an ihm kein Gebein zerbrechen. Und ein anderes Schriftwort sagt: Sie werden auf den blicken, den sie durchbohrt haben.» [Sacharja 12, 10]
(Johannes 19, 31–37)

Aus dem Rohr ist hier ein Speer geworden und aus dem *Stoßen*, 19, 3, wird, 19, 37, *Durchbohren* unter ausdrücklicher Berufung auf Sacharja.
  Wenn man sich die Szene der Vertreibung des Sündenbocks in die Wüste vorzustellen versucht, wobei die Juden, nachdem sie ihn mit ihren Sünden bespuckt haben, den Bock mit Rohren in die Wüste stießen, wird man sich fragen müssen: Wohin haben sie wohl mit den Rohren gestoßen? Wahrscheinlich in die Seiten des Tiers. So kommt bei Johannes 19, 31–37 ein neues Element der unter und hinter der Passionserzählung fortdauernden und fortgesetzten Passionsprophetie zum Vorschein. Von der Seite Jesu hat bisher nur Johannes gesprochen. Ist das bloßer Zufall?
  Es gibt zwei nicht in das Neue Testament aufgenommene Texte, die vermuten lassen, daß die aus dem Sündenbockritual abgeleitete Tradition, Jesus sei mit Rohren in die Seiten gestoßen worden, nicht so früh verschwunden ist, wie uns die synoptischen Evangelien zu verstehen zu geben scheinen, und daß Johannes die drei Elemente der Passionsprophezeiung sehr wohl kannte, als er das Rohr in einen Speer verwandelte.
  Da wären zunächst gewisse Aussagen der christlichen sibyllinischen Orakel. Nach dem Muster der alten griechischen sibyllinischen Orakel konzipierte poetische Prophezeiungen hat man sowohl von jüdischen als

auch von christlichen Verfassern. Christliche Autoren bearbeiteten überdies jüdische Prophezeiungen für ihre Zwecke. Meine Zitate sind alle Texten entnommen, die vor der Mitte des 2. Jahrhunderts n. Chr. und mithin später als die fünf Passionserzählungen verfaßt sind. Sie scheinen jedoch mehr als von den Passionserzählungen von Passionsprophezeiungen abzuhängen und zeugen von dem hartnäckigen Fortbestehen der prophetischen Tradition über die Niederschrift der Evangelien hinaus.

> «Die Seiten werden sie mit der Lanze [Rohr] durchbohren [stoßen] nach ihrem Gesetz.»
> (Christliche Sibyllinen 8, 296)

> «... und sie seine Seite mit Lanzen [Rohren] durchbohren[stoßen] ...»
> (Christliche Sibyllinen 1, 373–374)

Auch hier ist das Verbum nicht «durchbohren», sondern «stoßen», und zwar mit Rohren gegen die Seite oder die Seiten des Opfers. Am bedeutsamsten ist jedoch der Ausdruck «nach ihrem Gesetz», der an der ersten der zitierten Stellen steht und an der zweiten stillschweigend vorausgesetzt wird. Der Ausdruck ist ein deutlicher Hinweis auf die Herkunft des Bildes aus dem Sündenbockritual des Versöhnungstages.

Auch der zweite hier in Betracht kommende Text stammt aus einer christlichen Bearbeitung eines heidnischen literarischen Genres, bei dem es sich in diesem Fall nicht um ein poetisches Orakel, sondern um einen Roman handelt. Ich zitiere aus einem Abschnitt der Erzählung, den man in das frühe 2. Jahrhundert n. Chr. datiert, ebenfalls später also als die fünf Passionserzählungen. Hier ist der wahre, wirkliche Jesus nicht der ans Kreuz Geschlagene, sondern er erläutert aus einiger Entfernung das Geschehen auf Golgatha seinen Jüngern.

> «Und es stand mein Herr mitten in der Höhle, erleuchtete mich und sagte: Johannes, für die Menge unten in Jerusalem werde ich gekreuzigt und mit Lanzen und Rohren gestoßen und mit Essig und Galle getränkt.»
> (Johannesakten 97)

Hier kommen nun endlich das Rohr des Sündenbockrituals und die Lanze des Johannesevangeliums zusammen. Die Überlieferung, daß die Seite oder die Seiten mit Rohren gestoßen werden, geht meines Erachtens auf das Sündenbockritual zurück und ist nur aus dieser Herkunft erklärlich. Sie gelangte ursprünglich als historisierte Prophezeiung in die Passionserzählung und wurde von dieser mitgeschleppt oder abgestoßen und wieder aufgenommen, der andauernden Wechselwirkung von Passionsprophezeiung und Passionserzählung entsprechend. Es handelt sich dabei um einen jener kleinen und feinen Überlieferungsstränge, deren Beharrlichkeit das Wesen des gesamten Überlieferungsverfahrens verrät.

Meine historische Rekonstruktion sollte inzwischen deutlich erkennbar sein. Jesus mag sehr wohl ausgepeitscht worden sein, wie das bei den Römern zur Vorbereitung der Verurteilten auf die Kreuzigung üblich war. Die Annahme, daß das auch in seinem Fall geschehen sei, ist plausibel. Doch wenn von *Anspeien* und *Stoßen* die Rede ist, gehen diese Vorstellungen auf das volkstümliche Sündenbockritual zurück. Wird von *Geißeln*, *Stoßen* und *Anspeien* gesprochen, klingt Jesaja 50, 6 an. Die Vorstellungsreihe *Durchbohren*, *Blicken*, *Klagen* geht auf Sacharja 12, 10 zurück. Wo das *Auskleiden*, *Wiederankleiden* oder *Bekränzen* und *Bekrönen* zur Sprache kommt, hat Sacharja 3, 1–5 die Sprecher inspiriert. So sind es vor allem das Sündenbockritual und die Posse des zum Königs gekrönten harmlosen Narren, die das Material und die Form der Erzählung von der Verspottung Jesu geliefert haben. Nirgends ist der Prozeß der Historisierung von Prophezeiungen so augenfällig wie hier. Und wer es hier nicht glauben will, wird es vermutlich auch nirgends sonst zu glauben bereit sein.

5. Kapitel

Hinrichtung

Ein Schächer zu jeder Seite

In der christlichen Überlieferung deutscher Sprache ist die Rede von den «Schächern», die zur Rechten und Linken Jesu gekreuzigt wurden, dem guten Schächer und dem bösen Schächer. Das in unserem Sprachschatz nur zur Beschreibung der Szene auf Golgatha überlebende Wort, mittelhochdeutsch *Schâchaere*, bedeutet *Räuber*. Als *Räuber* (Luther übersetzte *Mörder*) bezeichnen die Evangelisten Markus und Matthäus die beiden, Petrus und Lukas sprechen von *Übeltätern*, Johannes einfach von *anderen*. Hier die betreffenden Stellen:

> «Und sie brachten zwei Übeltäter und kreuzigten den Herrn mitten zwischen ihnen.»
> (Petrusevangelium 4, 10 a)

> «Zusammen mit ihm kreuzigten sie zwei Räuber, den einen rechts von ihm, den anderen links.»
> (Markus 15, 27)

> «Zusammen mit ihm wurden zwei Räuber gekreuzigt, der eine rechts von ihm, der andere links.»
> (Matthäus 27, 38)

> «Dort kreuzigten sie ihn und die Verbrecher [Übeltäter], den einen rechts von ihm, den anderen links.»
> (Lukas 23, 33)

> «Dort kreuzigten sie ihn und mit ihm zwei andere, auf jeder Seite einen, in der Mitte Jesus.»
> (Johannes 19, 18)

Hier herrscht bisher völlige Übereinstimmung, aber ist das ein Zeugnis historischer Erinnerung oder prophetischer Erfüllung? Bei Lukas zitiert Jesus gerade vor seiner Verhaftung Jesaja 53, 12 b im Hinblick auf sich selbst.

> «Ich sage euch: An mir muß sich das Schriftwort erfüllen: Er wurde zu den Verbrechern gerechnet. Denn alles, was über mich gesagt ist, geht in Erfüllung.»
> (Lukas 22, 37)

Es gibt aber für diese Überlieferung eine noch wahrscheinlichere Quelle im 22. Psalm, demjenigen Text des Alten Testaments, dem die Kreuzigung betreffend mehr prophetische Hinweise zu entnehmen waren als jedem anderen. «Eine Rotte von Bösen umkreist mich», heißt es da, Psalm 22, 17, und das erklärt die Übereinstimmung der Evangelisten hinsichtlich der beiden Schächer wohl am besten. Noch bedeutsamer als diese Übereinstimmung ist dann aber der unterschiedliche Gebrauch, den die Evangelisten von dem Bild der beiden Schächer zu seiten Jesu machen.

Nach deren erster Erwähnung ist bei allen fünf zunächst von anderen Dingen die Rede, doch kommen schließlich alle fünf auch auf die beiden Schächer zurück, allerdings zu ganz verschiedenen Zwecken. Ich zitiere zunächst Markus 15, 29–32, dessen Bericht von Matthäus 27, 38–44 fast wörtlich übernommen wurde.

«Die Leute, die vorbeikamen, verhöhnten ihn, *schüttelten den Kopf* und riefen: Ach, du willst den Tempel niederreißen und in drei Tagen wieder aufbauen? Hilf dir doch selbst, und steig herab vom Kreuz! Auch die Hohenpriester und die Schriftgelehrten verhöhnten ihn und *sagten* zueinander: Anderen hat er geholfen, sich selbst kann er nicht helfen. Der Messias, der König von Israel! Er soll doch jetzt vom Kreuz herabsteigen, damit wir sehen und glauben. Auch die beiden Männer, die mit ihm gekreuzigt wurden, *beschimpften* ihn.»
(Markus 15, 29–32, Hervorhebungen von mir)

Diese dreifache Beschimpfung und Verspottung durch die Vorübergehenden, die Vertreter der Obrigkeit und sogar durch die zugleich mit ihm Gekreuzigten setzt die Erfüllung der Prophezeiungen des 22. Psalms fort, denn da heißt es:

«Ich aber bin ein Wurm und kein Mensch, / der Leute *Spott*, vom Volk verachtet. Alle, die mich sehen, verlachen mich, / verziehen die Lippen, *schütteln den Kopf*. [Sie *sagen*:] Er wälze die Last auf den Herrn, / der soll ihn befreien! Der reiße ihn heraus, / wenn er an ihm Gefallen hat.»
(Psalm 22, 7–9, Hervorhebungen von mir)

Bei Markus sind beide Schächer böse, bei Petrus ist einer ausdrücklich gut (von dem anderen ist nicht weiter die Rede), Lukas berichtet ausdrücklich von einem guten und einem bösen Schächer, Johannes geht, wie gewöhnlich, so auch hier auch in seinem Bericht von den Schächern seinen eigenen Weg. Ich zitiere zunächst den Bericht des Petrusevangeliums:

«Einer von den Übeltätern schalt sie und sprach: Wir sind ins Leiden geraten um der Freveltaten willen, die wir begangen haben. Dieser aber, der der Heiland der Menschen geworden ist, was hat er euch zuleide getan? Und sie wurden zornig über ihn und befahlen, daß ihm die Schenkel nicht gebrochen wurden, damit er unter Qualen sterbe.»
(Petrusevangelium 4, 13–14)

Hier wird uns ein guter Schächer vorgestellt, dem jedoch einstweilen noch kein böser entspricht. Die Aussage beweist überdies, was der gute Schächer behauptet: Jesus wird, selbst noch am Kreuze, der «Heiland der Menschen».

Der gute Schächer gibt auch den ersten und individuellen Beweis eines später im jüdischen *Volke* – wenngleich nicht bei dessen Obrigkeit – allgemeinen Sinneswandels hinsichtlich des gekreuzigten Heilands; obwohl sich, dem Petrusevangelium zufolge, das jüdische Volk und die jüdische Obrigkeit anfänglich darin einig waren, daß Jesus den Kreuzestod verdiente.

Hier ein Wort über das Beinebrechen. Die Todesart bei der Kreuzigung hing von dem Verfahren ab, mit dem der Verurteilte am Kreuz befestigt wurde. Jedenfalls galt das Beinbrechen als Gnadenakt, weil es den Tod beschleunigte. Der dadurch seiner Standfähigkeit Beraubte hätte vielleicht nicht mehr atmen können und wäre dann schnell erstickt. In der Beschreibung des Martyriums des Apostel Andreas etwa, einem vor dem Jahre 200 n. Chr. verfaßten Werk, heißt es denn auch:

«Und er [nämlich der Prokonsul Aegeates] befahl, ihn mit sieben Geißeln auszupeitschen. Darauf übergab er ihn zur Kreuzigung und befahl dem Scharfrichter, seine Beinsehnen unzerschnitten zu lassen, um ihn (dadurch), wie er glaubte, noch mehr zu strafen … Und jene kamen und banden ihn nur an seinen Füßen und um die Achselhöhlen, nagelten ihn aber nicht fest und zerschnitten weder seine Hände noch seine Füße noch seine Beinsehnen; diesen Befehl hatten sie vom Prokonsul. Denn er wollte ihn entmutigen und quälen und nachts lebendig von den Hunden verschlingen lassen.»

(Andreasakten, *Martyrium des heiligen und ruhmreichen erstberufenen Apostel Andreas*, deutsch von G. Ahn, in: Schneemelcher, Neutestamentliche Apokryphen, 5. Auflage 1989, Bd. 2, S. 134 f.)

(Wir werden noch Gelegenheit haben, uns dieser Hunde zu erinnern.) Das Versäumnis, dem Verurteilten die Beine zu brechen, war mithin seitens der Henker kein Gunstbeweis, sondern das genaue Gegenteil. Denn so wurde diesem ein qualvollerer Tod bereitet. So wurde denn auch dem Petrusevangelium zufolge angeordnet, daß «ihm» die Schenkel nicht gebrochen würden. Das könnte sich auf die Schenkel Jesu beziehen, doch, ganz abgesehen von der späteren Deutung des Johannes, ist es die naheliegendste Annahme, daß damit dem unverschämten guten Schächer ein möglichst qualvoller Tod bereitet werden sollte. Lukas und Johannes gelangten, von diesen Angaben ausgehend, zu ganz unterschiedlichen Darstellungen.

Lukas kannte zwei Geschichten, die des guten Schächers aus dem Petrusevangelium und die von zwei bösen Schächern, die bei Markus den gekreuzigten Heiland verspotten. Er übernahm den guten von Petrus und einen bösen von Markus. Bei Petrus gibt es einen einfachen Austausch zwischen dem guten Schächer und den Henkern. Der gute Schächer wendet sich an die Henker. Dann wenden sich die Henker an ihn. Bei Lukas ist die Interaktion der Beteiligten viergliedrig. Zuerst wendet sich der böse Schächer an Jesus, dann der gute an den bösen Schächer, darauf der gute Schächer an Jesus und, endlich, Jesus an den guten Schächer.

«[1.] Einer der Verbrecher, die neben ihm hingen, verhöhnte ihn: Bist du denn nicht der Messias? Dann hilf dir selbst, und hilf auch uns!

[2.] Der andere aber wies ihn zurecht und sagte: Nicht einmal du fürchtest Gott? Dich hat doch das gleiche Urteil getroffen. Uns geschieht recht, wir erhalten den Lohn für unsere Taten; dieser aber hat nichts Unrechtes getan.

[3.] Dann sagte er: Jesus, denk an mich, wenn du in dein Reich kommst.

[4.] Jesus antwortete ihm: Amen, ich sage dir: Heute noch wirst du mit mir im Paradies sein.»
(Lukas 23, 39–43)

Die höhnische Aufforderung des bösen Schächers bei Lukas: » ... hilf dir selbst ...»», faßt den Bericht des Markus 15, 29–32 zusammen, wo 15, 30 die Vorübergehenden sagen: «Hilf dir doch selbst ...» Bei Lukas aber «weist» der gute Schächer den bösen «zurecht», anstatt sich, wie bei Petrus, an die Henker zu wenden. Das schöne Zwiegespräch zwischen dem guten Schächer und Jesus ist Lukas' eigene Erfindung, bringt aber nur deutlich zum Ausdruck, was in der Reue und dem Bekenntnis des guten Schächers im Petrusevangelium schon angelegt ist. Für Petrus und Lukas ist schon der ans Kreuz geschlagene Jesus der Heiland.

Wie wir sahen, verwandelte Johannes das bei Petrus aus dem Sündenbockritual überlieferte stoßende Rohr in eine die Seite Jesu durchbohrende Lanze. Ich zitiere die Stelle noch einmal:

«Weil Rüsttag war und die Körper während des Sabbats nicht am Kreuz bleiben sollten, baten die Juden Pilatus, man möge den Gekreuzigten die Beine zerschlagen und ihre Leichen dann abnehmen; denn dieser Sabbat war ein großer Feiertag. Als sie aber zu Jesus kamen und sahen, daß er schon tot war, zerschlugen sie ihm die Beine nicht, sondern einer der Soldaten stieß mit der Lanze in seine Seite, und sogleich floß Blut und Wasser heraus. Und der, der es gesehen hat, hat es bezeugt, und sein Zeugnis ist wahr. Und er weiß, daß er Wahres berichtet, damit auch ihr glaubt. Denn das ist geschehen, damit sich das Schriftwort erfüllte: Man soll an ihm kein Gebein zerbrechen. Und ein anderes Schriftwort sagt: Sie werden auf den blicken, den sie durchbohrt haben.»
(Johannes 19, 31–37)

Für Johannes wurden Jesu Beine nicht gebrochen und seine Seite durchbohrt, damit sich bestimmte unterschiedliche Schriftworte erfüllten. Das erste steht im Buche Exodus 12, 46 und bezieht sich dort auf das Passahlamm. Die Anordnung wird im Buche Numeri 9, 12 – «und sollen an dem Paschalamm keinen Knochen zerbrechen» – wiederholt. Andererseits heißt es von dem Schutz, den Gott dem Gerechten gewährt, in Psalm 34, 21: «Er behütet alle seine Glieder, /nicht eines von ihm wird zerbrochen.» Das zweite angeführte Schriftwort steht, wie wir schon sahen, bei Sacharja 12, 10.

Zwei Schlußfolgerungen drängen sich hier auf. Erstens, daß auch die beiden Schächer nicht erinnerte Geschichte, sondern historisierte Prophezeiung sind. Ihre Anwesenheit bei der Kreuzigung wird auf Grund der Prophezeiung des 22. Psalms angenommen, der die Einzelheiten der Schilderung der Kreuzigung Jesu in den Evangelien größtenteils entnommen sind. Bei Markus sind beide Schächer böse, beide Teil jener «Rotte des Bösen», die im 22. Psalm den Gerechten umkreist. Petrus, Lukas und besonders Johannes nehmen aber von der Anwesenheit der Schächer zu seiten Jesu auf der Schädelstätte Gelegenheit, die Heilsmacht sogar des Gekreuzigten zu erweisen. Bei Petrus ist einer der Schächer gut, bekennt sich zu Jesus und wird dann dieses Bekenntnisses wegen gequält. Lukas, der die Berichte des Petrus und des Markus miteinander verbindet, berichtet von einem guten und einem bösen Schächer, einem, der Jesus verspottet, und einem, der sich zu ihm bekennt. Und dem guten Schächer wird das Paradies verheißen: «Heute noch wirst du mit mir im Paradies sein.» Johannes spricht von den beiden Schächern an den Seiten Jesu nur obenhin von «anderen», die mit ihm gekreuzigt wurden. Doch aus Jesu durchbohrter Seite ergießt sich bei ihm dann das Heil in Strömen; diese theologische (nicht historische) Wahrheit wird mit Nachdruck und feierlich bezeugt.

Zweitens, wenn, wie Brown annimmt, Petrus die Evangelien des Lukas und des Johannes gelesen und sich, als er die Verse 4, 13–14 seines Evangeliums schrieb, diese großartigen Geschichten in Erinnerung gerufen hätte, müßte man seine Vergeßlichkeit doch erstaunlich finden. Natürlich kann man nie mit Gewißheit sagen, wie jemand sich eine Geschichte in Erinnerung rufen wird, aber wenn er es getan hat, kann man meistens verstehen, wovon er sich dabei hat leiten lassen, warum er bestimmte Einzelheiten der ursprünglichen Geschichte wegließ, beibehielt, veränderte oder neue dazu erfand. Die Annahme, daß die Darstellung des Petrusevangeliums 4, 13–14 (dem guten Schächer wurden wegen seiner Unverschämtheit die Beine nicht gebrochen) am Anfang der Erzählungen von den beiden Schächern steht und daß der von dieser Darstellung angeregte Gang der Dinge bei Lukas 23, 39–43 (der Kontrastierung des bösen und des guten Schächers) und bei Johannes 19, 31–37 (man verzichtete darauf, Jesus die Beine zu brechen, weil er schon tot war) an seine Ziele gelangte, scheint mir wenigstens den Befund am besten zu erklären.

Die zwei Schächer als Testfall

Am Falle des «guten Schächers» kann man beispielhaft die dritte der zwischen Brown und mir bestehenden fundamentalen Meinungsverschiedenheiten belegen, diejenige über die Frage nämlich, ob das Kreuzevangelium innerhalb des Petrusevangeliums von den kanonischen Evangelien abhängig ist oder vielmehr umgekehrt die kanonischen Evangelien des Markus, Matthäus, Lukas und Johannes aus dem Kreuzevangelium abgeleitet sind.

Ich habe schon in dem Abschnitt der Einleitung zu diesem Buch, wo von «Quellen und Theorien» die Rede ist, den wichtigsten Einwand gegen meine Theorie, daß das Kreuzevangelium als Hauptquelle der Passionserzählungen der kanonischen Evangelisten angesehen werden müsse, kurz erwähnt. Es gibt mehrere Einheiten des Kreuzevangeliums, die bei Markus nicht zu finden sind. Wenn also Matthäus, Lukas und Johannes das Kreuzevangelium kannten (wie ihnen das Markusevangelium vertraut war),

Abbildung 7

Elemente des Kreuzevangeliums innerhalb des Petrusevangeliums, die bei Markus fehlen	desgleichen, nur bei Matthäus	desgleichen, nur bei Lukas	desgleichen, nur bei Johannes
1. Pilatus wäscht seine Hände in Unschuld (1, 1; 11, 46)	27, 24		
2. Wachen am Grab (8, 29–11, 49)	27, 62–66 28, 2–4; 11–15		
3. Erdbeben und Erweckung der «Schlafenden» (6, 21 b; 10, 41–42)	27, 51 b–53		
4. Herodes während der Passion (1, 1–2; 2, 5 b)		23, 6–12	
5. Guter Übeltäter (4, 13–14)		23, 39–43	
6. Das jüdische *Volk* bereut (8, 28; 11, 48)		23, 27; 35; 48	
7. Kreuzigung am Vorabend des Passahfests (2, 5 b; 18, 28 b)			
8. Keine Beine brechen (4, 14)			19, 31–37
9. Nägel in den Händen Jesu (6, 21)			20, 25

warum haben sie von den fraglichen Einheiten bei der Redaktion ihrer Texte eine so unterschiedliche Auswahl berücksichtigt? Um die Frage mit aller Deutlichkeit zu stellen, gebe ich in Abbildung 7 drei Schlüsselbeispiele aus jedem dieser kanonischen Evangelien. Es wären noch mehrere zu nennen, aber die zitierten sind die wichtigsten und hinreichend, den Einwand äußerst bedeutsam erscheinen zu lassen (Brown 1987, S. 333; 1994, S. 1328–1332). Es ist in der Tat äußerst seltsam, daß Matthäus, Lukas und Johannes jeweils unterschiedliche Einheiten des Kreuzevangeliums abgeschrieben haben, ohne auch nur eine gemeinsam zu übernehmen. Das stellt allerdings meine Theorie ernsthaft in Frage, und ich kann darauf nur erwidern, daß es sich meines Erachtens zufällig eben so ereignet haben mag, daß nämlich jeder eine andere Auswahl traf.

Man vergegenwärtige sich nun aber, was Browns Theorie, die der meinigen widerspricht, verlangt:

«Das Petrusevangelium schöpft aus den kanonischen Evangelien (nicht notwendigerweise aus dem geschriebenen Text, sondern aus der Erinnerung an deren mündlichen Vortrag).» (S. 1001)

«Der Verfasser des Petrusevangeliums könnte gehört haben, wie aus dem Evangelium von Matthäus oder Markus vorgelesen wurde, und aus der Erinnerung an diese mündliche Mitteilung geschrieben haben, anstatt von einer Abschrift abzuschreiben.» (S. 1057)

«Das Petrusevangelium ist am ehesten erklärlich mit der Annahme, daß der Verfasser die kanonischen Evangelien kannte (sich vielleicht von ferne erinnerte, was ihm daraus einst vorgelesen wurde).» (S. 1306)

«Dem Verfasser des Petrusevangeliums lag kein geschriebenes Evangelium vor, obwohl er mit dem Matthäusevangelium vertraut war, weil er es entweder einst gründlich gelesen oder auch zu wiederholten Malen am Tage des Herrn beim Gemeindegottesdienst hatte vortragen hören, so daß dieses seinem Denken die Richtung vorgab. Höchstwahrscheinlich hatte er auch Leute sprechen hören, die mit den Evangelien des Lukas und Johannes vertraut waren – vielleicht Wanderprediger, die deren frappierendste Geschichten auf ihre Weise nacherzählten, so daß er einiges von deren Inhalt kannte und von ihrer Struktur einen Begriff hatte ... Ich sehe keinen zwingenden Grund für die Annahme, daß der Verfasser des Petrusevangeliums direkt von Markus beeinflußt war.» (S. 1334–1335)

Der Einwand, der gegen meine Theorie erhoben werden kann, scheint mir auch gegen Browns konkurrierende Theorie geltend gemacht werden zu können. Weshalb erinnerte sich Petrus aus einer schon weit zurückliegenden Lektüre oder einem ebenso weit zurückliegenden mündlichen Vortrag ausgerechnet der nur bei entweder Matthäus oder Lukas oder Johannes anzutreffenden Stellen, die hier in der Tabelle 7 aufgeführt sind? Wenn man behaupten wollte, was Brown auf keinen Fall will, daß Petrus die kanonischen Evangelien systematisch verglich und versuchte, deren je eigentümlichen Gehalt in ein mehr oder weniger harmonisches Ganzes zu integrieren, hätte man eine Erklärung, die sich sehen lassen könnte. Doch würde unglücklicherweise diese Erklärung alsbald eine Reihe neuer Fragen aufwerfen, zum Beispiel: Warum kann man bei Petrus keinerlei Spuren des Wortschatzes und des Stils von Matthäus, Lukas oder Johannes nachweisen?

Mir scheint, daß die in der Tabelle 7 aufgeführten Eigentümlichkeiten mindestens gleich stark gegen beide Theorien der Richtung eines Einflusses sprechen. Ich kann auf die Frage, weshalb die Verfasser der kanonischen Evangelien nur gerade diese separaten und abgeschlossenen Elemente aus dem Kreuzevangelium übernommen haben, nur antworten: Sie haben es eben getan und fertig. Brown seinerseits hätte auf die Frage, weshalb Petrus sich gerade nur der nämlichen Elemente erinnert, keine bessere Antwort. Ich will mit diesen Überlegungen den Einwand nicht entkräften, sondern nur darauf hinweisen, daß er ein zweischneidiges Schwert ist. Nichtsdestoweniger bevorzuge ich meine eigene Erklärung, weil das Walten des Erinnerungsvermögens, das Brown dem Verfasser des Petrusevangeliums unterstellt, mir unerklärlich zu sein scheint. Das Gedächtnis, insbesondere des gesprochenen Worts, hat seine eigene Logik. Wie es funktioniert, ist zwar selten vorhersehbar, gewöhnlich aber im Rückblick durchaus erklärlich. Und, wie gesagt, weshalb sich Petrus gerade der Züge erinnert haben sollte, deren er sich hätte erinnert haben müssen, wenn Brown recht behalten sollte, ist mir unergründlich.

Als Versuch, aus der Sackgasse herauszukommen, in die unsere Auseinandersetzung an dieser Stelle gekommen zu sein scheint, nehme ich die Geschichte der beiden Schächer als Musterbeispiel, um daran unsere beiden Theorien zu prüfen. Vielleicht erweist sich auch der so in Aussicht genommene Ausweg als Sackgasse – das Urteil darüber überlasse ich dem Leser. Tabelle 8 gibt die fraglichen Texte in parallelen Spalten.

Jeder Text hat seinen eigenen, vollkommen hinreichenden Sinn. Jeder hat seine eigene theologische Tiefe. Die verhältnismäßige Länge oder Kürze beweist nichts, denn jeder aus einer Vorlage übernommene Text kann sowohl gekürzt als auch verlängert werden. Ich habe aber gerade diese Stelle als Musterbeispiel gewählt, weil Brown sagt:

«Sollen wir glauben, daß Lukas und Johannes das Petrusevangelium 4, 13–14 gelesen haben und daß Lukas das Element des Nicht-Beinbrechens entnahm, ohne den kleinsten Hinweis darauf zu geben, daß in den herangezogenen beiden Versen noch ein anderes Element gegenwärtig ist – ein Schweigen, das noch unerklärlicher wird, wenn man wie Crossan annimmt, daß Johannes Lukas ebensowohl kannte wie das Petrusevangelium.» (S. 1333)

Tabelle 8

Petrus 4, 13–14	Lukas 23, 39–43
Einer aber von den Übeltätern schalt sie und sprach: Wir sind ins Leiden geraten um der Freveltaten willen, die wir begangen haben. Dieser aber, der der Heiland der Menschen geworden ist, was hat er euch zuleide getan?	Einer der Verbrecher, die neben ihm hingen, verhöhnte ihn: Bist du denn nicht der Messias? Dann hilf dir selbst und auch uns! Der andere aber wies ihn zurecht und sagte: Nicht einmal du fürchtest Gott? Dich hat doch das gleiche Urteil getroffen. Uns geschieht recht, wir erhalten den Lohn für unsere Taten; dieser aber hat nichts Unrechtes getan. Dann sagte er: Jesus, denk an mich, wenn du in dein Reich kommst. Jesus antwortete ihm: Amen, ich sage dir: Heute noch wirst du mit mir im Paradies sein.

Johannes 19, 31–37

Und sie wurden zornig über ihn und befahlen, daß ihm nicht die Schenkel gebrochen würden, damit er unter Qualen sterbe.	Weil Rüsttag war und die Körper während des Sabbats nicht am Kreuz bleiben sollten, baten die Juden Pilatus, man möge den Gekreuzigten die Beine zerschlagen und ihre Leichen dann abnehmen; denn dieser Sabbat war ein großer Feiertag. Also kamen die Soldaten und zerschlugen dem ersten die Beine, dann dem andern, der mit ihm gekreuzigt worden war. Als sie aber zu Jesus kamen und sahen, daß er schon tot war, zerschlugen sie ihm die Beine nicht. Sondern einer der Soldaten stieß mit der Lanze in seine Seite, und sogleich floß Blut und Wasser heraus. Und der, der es gesehen hat, hat es bezeugt, und sein Zeugnis ist wahr. Und er weiß, daß er Wahres berichtet, damit auch ihr glaubt. Denn das ist geschehen, damit sich das Schriftwort erfüllte. Man soll an ihm kein Gebein zerbrechen. Und ein anderes Schriftwort sagt: Sie werden auf den blicken, den sie durchbohrt haben.

Wenn man die Texte im Lichte meiner Theorie liest, muß man sich, wie Brown sagt, vorstellen, daß Lukas die Rolle des guten Schächers erweiterte und die Mitteilung über das Nichtbrechen der Beine überging, während Johannes sich auf das Nichtzerschlagen der Beine konzentrierte und den guten Schächer strich. Hält man sich dagegen an Brown, muß man davon ausgehen, daß Petrus, um zu seiner Zusammenfassung zu kommen, die eigentümlichen Fassungen der Geschichte durch Lukas und Johannes vergessen hat. Keine dieser beiden Annahmen scheint mir *prima facie* absurd.

Dennoch, ich kann wenigstens verstehen, warum Lukas das Kreuzevangelium zu erweitern unternommen hätte, denn seine Erweiterung der Handlung betont eine Aussage, die im Kreuzevangelium schon zu hören ist, was Brown als «die besondere Theologie des Lukas» bezeichnet, «derzufolge Jesus schon während der Passion als Heiland wirkte» (S. 281). Denn auch der gute Schächer bei Petrus 4, 13–14 erkennt und erweist den Gekreuzigten als Heiland. Es leuchtet mir auch ein, weshalb es Lukas lieber gewesen sein möchte, das Nichtbrechen der Beine mit Schweigen zu übergehen; er verschweigt ja auch, daß seinen Quellen zufolge Jesus während der Verhöre, denen er unterworfen war, angespien wurde. Beide Unterlassungen könnten zeigen, was Brown in Anbetracht der letzteren als die «Empfindlichkeit» des Lukas bezeichnete (S. 584, Anm. 19). Ich verstehe auch, weshalb Johannes es vorzog, von den beiden Schächern nichts zu sagen, obwohl er deren Existenz, diejenige nämlich von «zwei anderen» (19, 18), nicht verschweigt. Auf der transzendentalen Bühne, wo Johannes die Passion inszeniert, haben zu seiten Jesu Räuber oder Übeltäter keinen Platz. Auch Verspottungen finden nicht statt. Und ebensowenig erhält ein guter «Anderer» Gelegenheit, das Wort an Jesus zu richten. Für Johannes führt Jesus das Wort während seiner Passion wie vor Gericht. Für Johannes spricht, wie an der Stelle 19, 28–30, stets Jesus, und andere antworten und gehorchen ihm.

Theorien sind selten vollkommen. Es reicht, wenn sie besser sind als die nächstliegenden Alternativen. Dann sind sie als Arbeitshypothesen verwendbar, und es kann sich zeigen, ob sie der Probe aufs Exempel standhalten oder nicht. Es ist gewiß nicht leicht zu sagen, warum die Verfasser der kanonischen Evangelien jeweils andere Elemente aus dem Petrusevangelium übernahmen (wie es meiner Theorie zufolge geschieht) oder warum Petrus sich, wie es Browns Theorie zufolge hätte geschehen sein müssen, nur eben dieser Elemente der kanonischen Evangelien und keiner anderen erinnerte. Und es ist gewiß schwer zu sagen, ob und aus welchen Gründen Lukas und Johannes von Petrus 4, 13–14 so unterschiedlichen Gebrauch machten (wie ich annehme) oder Petrus sich dieser voneinander abweichenden Berichte des Lukas und Johannes so selektiv erinnerte (wie Brown behauptet). Dennoch neige ich nach gründlicher Prüfung beider Theorien noch immer zu der von mir aufgestellten. Ich kann mir den Weg, auf den man von Petrus 3, 13–14 zu Lukas 23, 39–43 und zu Johannes 19, 31–37 gelangt sein könnte, noch immer leichter vorstellen als den umgekehrten, der von Lukas und Johannes zu Petrus geführt hätte.

Das Los über seine Kleider werfen

Der hier zu betrachtende Fall liegt einfacher als die vorangehenden und folgenden. Quelle der im Loswerfen um das Gewand Jesu erfüllten Prophezeiung ist wieder der Psalm 22. Dieses Gebet um Erlösung aus tiefer Not endet, 22, 22–31, in jubelnder Heilsgewißheit des Beters, der nun nicht nur sich selbst, sondern auch seine Gemeinde, seinen Stamm erhört weiß. Wie der oben betrachtete Psalm 2, handelt auch Psalm 22 nicht nur von Verfolgung und Tod, sondern auch von Erlösung und Rechtfertigung. Der Bezug auf die Kreuzigung *und* Rechtfertigung Jesu liegt nahe. Das Bild der Passionserzählung, dessen prophetisches Vorbild wir hier suchen, steht in Psalm 22, 19 in zwei Zeilen jenes hebräischen poetischen Parallelismus, der das gleiche Bild in leicht abgewandelter Form wiederholt.

«Sie verteilen unter sich meine Kleider / und werfen das Los um mein Gewand.»

Der *Barnabasbrief 6, 6* zieht diesen Vers auf die Passion Jesu heran als letzte von drei Prophezeiungen aus den Psalmen.

«Was also sagt der Prophet wieder? ‹Eine Rotte von Bösen umkreist mich.› [= Psalm 22, 17 a] ‹Sie umschwirren mich wie Bienen.› [= Psalm 118, 12 a] ‹Sie werfen das Los um mein Gewand.› [= Psalm 22, 19]

Aber das ist, wie im Falle des Sündenbocks, den wir oben untersucht haben, Passionsprophezeiung. Hier folgt nun die Passionserzählung in allen fünf Fassungen des Kreuzigungsberichts, bei dem nur Johannes auf bedeutsame Weise von den anderen Evangelien abweicht.

«Und sie legten die Kleider vor ihm nieder und teilten sie unter sich und warfen das Los über sie.»
(Petrusevangelium 4, 12)

«Sie warfen das Los und verteilten seine Kleider unter sich und gaben jedem, was ihm zufiel.»
(Markus 15, 24)

«Nachdem sie ihn gekreuzigt hatten, warfen sie das Los und verteilten seine Kleider unter sich.»
(Matthäus 27, 35)

«Dann warfen sie das Los und verteilten seine Kleider unter sich.»
(Lukas 23, 34 b)

«Nachdem die Soldaten Jesus ans Kreuz geschlagen hatten, nahmen sie seine Kleider und machten vier Teile daraus, für jeden Soldaten einen. Sie nahmen auch sein Untergewand, das von oben her ganz durchgewebt und ohne Naht war. Sie sagten zueinander: Wir wollen es nicht

zerteilen, sondern darum losen, wem es gehören soll. So sollte sich das
Schriftwort erfüllen: Sie verteilten meine Kleider unter sich und warfen
das Los um mein Gewand. Dies führten die Soldaten aus.»
(Johannes 19, 23–25 a)

In den vier ersten Fällen liegt Psalm 22, 19 latent in der Erzählung. Johannes dagegen beruft sich ausdrücklich auf die Prophezeiung. Welchen
Zweck verfolgte er damit?

Der Psalm, der Barnabasbrief, die übrigen Evangelisten sprechen alle
von den «Kleidern», vom «Gewand» des Gekreuzigten, nur Johannes
nennt das «Untergewand», und das verrät vermutlich seine Absicht. Nachdem er die Kleidung der Priester beschrieben hat, sagt Josephus im 3. Buch
seiner *Jüdischen Altertümer*:

> «Der Hohepriester ist auf dieselbe Weise geschmückt, insofern als von
> den genannten Kleidungsstücken keines bei ihm fehlte. Darüber aber
> zieht er einen Rock aus Hyazinth an, der ein lang herabwallendes Ge-
> wand ist und in unserer Sprache Meeir heißt ... Der Rock besteht nicht
> aus zwei Stücken und hat also keine Nähte auf den Schultern und in
> der Seite, sondern er ist aus einem einzigen Faden gewebt; am Halse
> aber hat er eine Öffnung nicht der Quere nach, sondern einen Schlitz
> der Länge nach, der von der Brust bis zum Rücken zwischen die Schul-
> terblätter reicht und von einer Borte eingefaßt ist, damit man das Un-
> schöne des Schlitzes nicht sieht. Ebenso ist die Öffnung des Rockes an
> den Stellen, wo die Hände herauskommen.»
> (Josephus, *Jüdische Altertümer*, 3, 7, 4 = 3, 159–161; das hier von H. Cle-
> mentz mit «Rock» übersetzte griechische Wort ist dasselbe, das die Über-
> setzer der Einheitsübersetzung der Bibel zu «Untergewand» verdeutscht
> haben, nämlich «Chiton».)

Obwohl Johannes in seiner Passionserzählung eher die königliche Würde
Jesu betont als seine priesterliche und obwohl sich Jesus in der Darstellung
dieses Evangelisten zum Tempel wie das Passahlamm verhält, nicht wie
dessen Hoherpriester, haben wir es bei Johannes' ausdrücklichem Hinweis
auf den «ungenähten Rock» (wie Luther 19, 23 übersetzte) zweifellos mit
einer Anspielung auf den ungenähten Rock des Hohenpriesters zu tun.
Den Anfang auch dieser Erzählung findet man jedenfalls nicht in historischen Tatsachen, sondern in Prophezeiungen.

Galle und Essig zu trinken

Der nächste Fall ist so verwickelt wie lehrreich. Als Hintergrund dient hier
Psalm 69, der wie Psalm 22 als Gebet eines von übermächtigen Feinden
bedrängten Einzelnen um Errettung beginnt (69, 1–20) und mit dem Aus-

druck der Zuversicht, daß Gott Zion retten werde, endet (69, 31–37). Auch dieser Psalm kann sehr wohl als Prophezeiung der Hinrichtung und Rechtfertigung Jesu verstanden werden. Der Vers, um den es geht, steht wiederum im hebräischen poetischen Parallelismus:

«Sie gaben mir Gift zu essen, / für den Durst reichten sie mir Essig.» (Psalm 69, 22)

Der Verfolgte erhält Gift (oder Galle) und Essig zu essen und zu trinken. Am Anfang stand also ein doppeltes Begriffspaar, Gift/Speise und Essig/Trank. Wir wissen auch, ebenfalls aus dem *Barnabasbrief*, daß man Psalm 69, 22 als Prophezeiung der Passion Jesu las.

«Aber überdies, als er gekreuzigt wurde, gab man ihm Galle und Essig zu trinken ... Warum? ‹Weil ihr mir Galle und Essig zu trinken geben werdet, wenn ich mich anschicke, mein Fleisch für mein neues Volk zum Opfer zu bringen›.» (Barnabasbrief, 7, 3–5)

Diese Prophezeiung wurde dann in den Erzählungen aller fünf Evangelisten von der Kreuzigung erfüllt, allerdings auf unterschiedliche Weise.

Dem Petrusevangelium zufolge kreuzigt das jüdische Volk Jesus, bereut dies aber angesichts der Wunder, die bei seinem Tod erscheinen. Vorher jedoch geschieht das Folgende:

«Es war aber Mittag, und eine Finsternis bedeckte ganz Judäa. Und sie gerieten in Angst und Unruhe darüber, daß die Sonne schon untergegangen sei, da er ja noch am Leben war. (Denn) es steht ihnen geschrieben, die Sonne dürfe nicht über einem Getöteten untergehen. Und einer unter ihnen sprach: Gebet ihm Galle mit Essig zu trinken. Und sie mischten es und gaben ihm zu trinken. Und sie erfüllten alles und machten das Maß der Sünden über ihr Haupt voll.» (Petrusevangelium 5, 15–17)

Endlich jemand, der jene dreistündige Finsternis zu bemerken scheint! Daß die Sonne nicht über einem Getöteten untergehen darf, steht geschrieben Deuteronium 21, 22–23:

«Wenn jemand ein Verbrechen begangen hat, auf das die Todesstrafe steht, wenn er hingerichtet wird und du den Toten an einen Pfahl hängst, dann soll die Leiche nicht über Nacht am Pfahl hängen bleiben, sondern du sollst ihn noch am gleichen Tag begraben; denn ein Gehenkter ist ein von Gott Verfluchter. Du sollst das Land nicht unrein werden lassen, das der Herr, dein Gott, dir als Erbbesitz gibt.»

Wir werden uns mit diesem Text ausführlicher beschäftigen, wenn im nächsten Kapitel von Jesu Begräbnis zu handeln sein wird. Für den Augenblick soll er nur erklären, weshalb nach dem Bericht des Petrusevangeliums die

Sonnenfinsternis während der Kreuzigung Jesu die Leute so heftig beunruhigte. Da sie nämlich glaubten, es sei vorzeitig die Nacht angebrochen und sie hätten gegen die ausdrückliche Bestimmung ihres Gesetzes einen Gekreuzigten nach Sonnenuntergang am Kreuz hängen lassen. Sie wollen Jesu Hinrichtung also möglichst beschleunigen, indem sie ihn vergiften. Speise/Gift (oder Galle) und Essig/Trank werden einfach notwendigerweise zu Galle und Essig, nämlich vergiftetem Essig, miteinander verquickt. Und das ist die Tat, mit der sie «alles erfüllten» und «das Maß der Sünden über ihr Haupt voll» machten. Für Petrus sollte die Jesus gereichte Galle mit Essig den Gekreuzigten vergiften und seinen Tod beschleunigen.

Markus verwendet das Bild auf andere Weise. Wie wir sahen, gibt es statt der einen Gerichtsverhandlung und der Verspottung Jesu, von denen das Petrusevangelium berichtet, bei Markus deren zwei. Zweimal wird denn bei Markus dem Gekreuzigten auch ein Getränk gereicht, einmal zu Beginn der Kreuzigung und einmal an deren Ende.

«Dort reichten sie ihm Wein, der mir Myrrhe gewürzt war; er aber nahm ihn nicht.»
(Markus 15, 23)

«Und in der neunten Stunde rief Jesus mit lauter Stimme: Eloï, Eloï, lema sabachtani?, das heißt übersetzt: Mein Gott, mein Gott, warum hast du mich verlassen? Einige von denen, die dabeistanden und es hörten, sagten: Hört, er ruft nach Elija! Einer lief hin, tauchte einen Schwamm in Essig, steckte ihn auf einen Stock und gab Jesus zu trinken. Dabei sagte er: Laßt uns doch sehen, ob Elija kommt und ihn herabnimmt. Jesus aber schrie laut auf. Dann hauchte er den Geist aus.»
(Markus 15, 34–37)

Die beiden Getränke haben bei Markus ganz andere Bedeutungen als der eine Gifttrank, von dem Petrus spricht. Das erste Jesus angebotene Getränk ist hier ein Beweis des Erbarmens. Der schwere gewürzte Wein sollte als Betäubungsmittel wirken. Deshalb weist Jesus ihn auch zurück, denn nach der Todesangst im Garten Gethsemane ist er nun entschlossen, den ihm vom Vater bestimmten Kelch des Leidens bis zur Neige auszutrinken. Galle und Essig sind hier fern. Das zweite Angebot eines Getränkes ist dagegen eine Verhöhnung des Leidenden. Der Ruf Jesu zitiert den Anfangsvers des 22. Psalms in aramäischem Dialekt. Die Umstehenden hören ihn rufen: «Eloï, Eloï», das heißt «mein Gott, mein Gott», aber mißverstehen den Ruf als den Namen des Propheten Elija oder geben aus Hohn vor, ihn so mißzuverstehen. So sagen sie, lassen wir ihn doch noch ein wenig länger am Leben, um zu sehen, ob der Prophet zu seiner Rettung herbeieilt. Diesmal bieten sie ihm Essig an, aber nicht mit giftiger Galle, wie es Psalm 69, 21 entsprechend im Petrusevangelium geschieht, denn der Zweck des Angebots ist hier ja, das Leben des Gekreuzigten ein wenig zu verlängern, während bei Petrus damit die Beschleunigung seines Todes erreicht werden sollte. Möglicherweise hat Markus die Anspielung auf Psalm 69, 22 nicht bemerkt oder, was wahrscheinlicher ist, nur die Bedeutung, die Petrus ihr gibt, beseitigen wollen. Die Verdoppelung und Umdeutung des Trankangebots scheinen jedenfalls Werk dieses Evangelisten zu sein.

Matthäus folgt Markus, indem auch er von zwei Trankangeboten am Anfang und am Ende der Kreuzigung berichtet. Vom zweiten berichtet er genau wie Markus, vom ersten aber abweichend. Ich habe im folgenden Zitat diese Abweichungen hervorgehoben.

«Und sie gaben ihm Wein zu trinken, der *mit Galle vermischt war; als er aber davon gekostet hatte,* wollte er ihn nicht trinken.»
(Matthäus 27, 34)

Matthäus erkannte die Anspielung auf Psalm 69, 22 und änderte seine Vorlage, das Markusevangelium, dementsprechend ab. Der Wein enthält nun giftige Galle statt der würzenden Myrrhe. So ist der Essig mit der Galle aus Psalm 69, 22 wieder vereinigt, allerdings verteilt auf zwei Trankangebote.

Lukas vereinfacht seine Vorlage drastisch auch an dieser Stelle. Das Angebot des gewürzten Weins übergeht er mit Stillschweigen, das Angebot des sauren Weins oder Essigs referiert er kurz und bündig:

«Auch die Soldaten verspotteten ihn; sie traten vor ihn hin, reichten ihm Essig und sagten: Wenn du der König der Juden bist, dann hilf dir selbst.»
(Lukas 23, 36–37)

Keine Erwähnung der Anrufung Gottes oder Elijas, und der Essig wird dem Gekreuzigten zum Spott gereicht (ohne nähere Erklärung). Dennoch erinnert auch bei Lukas der Essig noch an Psalm 69, 22.

Die kreativste Bearbeitung auch dieses Themas bietet wiederum Johannes. Wie Lukas übergeht er das von Markus berichtete Angebot des gewürzten Weins, und das zweite Trankangebot stellt er in den Zusammenhang einer seinem Evangelium ganz eigentümlichen Sterbeszene. Bei Markus liest man, daß der gekreuzigte Jesus verspottet wurde, 15, 29–30, zuerst von den «Leuten, die vorbeikamen», dann von den Hohenpriestern und Schriftgelehrten, 15, 31–32, schließlich, 15, 32, auch von den beiden Männern, die mit ihm gekreuzigt wurden. Dann, zuletzt noch, wie wir eben sahen, von den Umstehenden, die ihm den Essigschwamm reichten, 15, 34–36. Und nach all diesen Verhöhnungen:

«Jesus aber schrie laut auf. Dann hauchte er den Geist aus.»
(Markus 15, 37)

Nichts mildert bei Markus die schreckliche Einsamkeit dieses Sterbens. Bei Markus stirbt Jesus unter allgemeinem Gespött, denn in der Gemeinde des Markus wußte man nur zu gut, daß unter solchen Umständen verfolgte Christen während des schrecklichen ersten römisch-jüdischen Krieges und nach dessen Ende hingerichtet worden waren. Doch Johannes sieht das Sterben Jesu mit ganz anderen Augen, denn, wie wir schon häufiger bemerkt haben, Jesus behält aus der Sicht des Johannes stets die Kontrolle über den Gang der Ereignisse und handelt auf seinem Wege vom Garten seiner Verhaftung zum Garten seines Begräbnisses stets mit königlicher Autorität. Wie es bei Johannes keinen Bericht über die Todesangst im Garten Gethsemane gibt und bei ihm der Verzweiflungsschrei am Kreuz nicht zu hören ist, so läßt er eine Verspottung des Sterbenden oder Toten nicht zu.

«Danach, als Jesus wußte, daß nun alles vollbracht war, sagte er, damit sich die Schrift erfüllte: Mich dürstet. Ein Gefäß mit Essig stand da. Sie steckten einen Schwamm mit Essig auf einen Ysopzweig und hielten ihn an seinen Mund. Als Jesus von dem Essig genommen hatte, sprach er: Es ist vollbracht! Und er neigte das Haupt und gab seinen Geist auf.» (Johannes 19, 28–30)

Man gibt Jesus zu trinken auf dessen Gebot, und er verlangt zu trinken, «damit sich die Schrift erfüllte». Die Wendung «Mich dürstet» verweist auf Psalm 69, 22:

«Sie gaben mir Gift zu essen, / für den *Durst* reichten sie mir Essig.»

Der Essig wird hier dem Sterbenden nicht (wie bei Petrus) als Gifttrank oder (wie bei Markus) zum Spott dargeboten, sondern ihm auf seinen eigenen Befehl, «damit sich die Schrift erfüllte», sozusagen von seinen Dienern gereicht. Auch der Ysopzweig, auf den der Essigschwamm gesteckt wird, ist keine erinnerte Tatsache der Passion, sondern eine durch die Position erfüllte Prophezeiung. Er dient als Hinweis auf die Identität Jesu mit dem Passahlamm, denn mit einem Ysopzweig wurde das schützende Blut der ersten Passahlämmer auf die Türpfosten der Häuser der Israeliten in Ägypten gestrichen, wie Moses es befohlen hatte.

«Dann nehmt einen Ysopzweig, taucht ihn in die Schüssel mit Blut, und streicht etwas von dem Blut in der Schüssel auf den Türsturz und die beiden Türpfosten. Bis zum Morgen darf niemand das Haus verlassen.» (Exodus 12, 22)

Nachdem er den Trank empfangen hat, gibt Jesus seinen Geist auf – aus freien Stücken und als er wußte, daß alles vollbracht war.

Zwei Schlußfolgerungen drängen sich auf wie schon bei der zu Beginn dieses Kapitels erörterten Geschichte von den beiden Schächern. Auch die Episode mit Essig und Galle ist nicht erinnerte Geschichte, sondern historisierte Prophezeiung. Das Bild steht ursprünglich in Psalm 69, 22. Das zum ersten. Zum zweiten: Wenn tatsächlich Petrus, wie Brown annimmt,

Erinnerungen an die kanonischen Evangelien niedergeschrieben hat, ist höchst bemerkenswert, wie er aus sehr konträr berichtenden Quellen einen unzweideutigen Sinn zu exzerpieren imstande war. Denn im Petrusevangelium – und nur dort – finden die giftige Galle und der Essig aus Psalm 69, 22 ganz sinngemäße Verwendung. Man reicht Jesus vergifteten Essig, um den Tod Jesu zu beschleunigen, so daß er nicht gegen das Gesetz nach Sonnenuntergang noch am Kreuz bleibe. Alle anderen Berichte sind verständlicher, wenn man sie sich von diesem abgeleitet denkt, als wenn man sie als Quelle des Petrusevangeliums in Betracht ziehen muß. Die kanonischen Evangelien kommen also vom Petrusevangelium her, nicht umgekehrt von ihnen. Markus will nicht, daß die Soldaten (und deren Hauptmann!) Jesus vergiftet hätten, und so macht er aus dem Trank, der Jesus am Kreuz gereicht wurde, deren zwei: einen, den ihm als Beweis des Erbarmens die Soldaten anbieten, und einen anderen, den ihm zum Spott nicht die Soldaten, sondern die Gaffer am Kreuz reichen; die giftige Galle aber erwähnt er überhaupt nicht. Matthäus mischt sie unter den Gnadenwein, was zur Klärung der Angelegenheit natürlich nicht beiträgt. Lukas und Johannes vereinfachen den Bericht, insofern sie zu einem einzigen Trank zurückkommen, von dem Lukas nur im Vorübergehen Notiz nimmt, während Johannes ihn verwendet, um bei seiner Schilderung des Sterbens Jesu noch einmal deutlich zu machen, daß Jesus seine Passion aus freien Stücken und um die Schrift zu erfüllen erleidet.

Doch wie wir den Weg des Rohrs in der Verspottungsszene zu Petrus zurückverfolgen konnten, so geschieht dies auch hier. Wie das Rohr hatten Galle und Essig ihren Ursprung nicht in der Passionserzählung, sondern in der Passionsprophezeiung. Und am Anfang der Passionserzählung finden wir diejenige des Petrus.

Pilatus, die Menge und die Kreuzigung

Ich habe mir die Erörterung dieses Themas bis fast zuletzt aufgehoben, weil zu dessen besserem Verständnis vieles von dem, das sich uns bei den vorstehenden Untersuchungen gezeigt hat, Voraussetzung ist. Alle fünf Passionserzählungen behaupten übereinstimmend, daß der römische Statthalter Pilatus Jesus für unschuldig hielt und daß dieser auf Betreiben der Juden hingerichtet wurde. Das ist als historisierte Prophezeiung nicht zu erklären, denn es erfüllt keine Prophezeiung des Alten Testaments. Ist es dann also erinnerte Geschichte?

Die längste Lüge

Josephus schrieb, wie bereits erwähnt, daß «Pilatus ihn (nämlich Jesus) auf Betreiben der Vornehmsten unseres Volkes zum Kreuzestod verurteilte»

(*Jüdische Altertümer*, 18, 3, 3= 18, 63). Da ich nicht einsehe, weshalb Josephus seinen Volksgenossen zu Unrecht die Schuld an dieser Verurteilung hätte zuschieben sollen, nehme ich an, daß seine Aussage den Tatsachen entspricht, insoweit auch die jüdische Obrigkeit an der Verurteilung Jesu Interesse gehabt und daran mitgewirkt haben mag. Diese Annahme muß unser Interesse auf Joseph Kajaphas und dessen Verhältnis zu Pontius Pilatus lenken. Die Zufälle der archäologischen Entdeckungen haben uns 1961 eine Widmungsinschrift aus dem Amphitheater von Caesarea, der nordwestlich von Jerusalem an der Mittelmeerküste gelegenen römischen Hauptstadt von Palästina, an die Hand gegeben, in der «Pontius Pilatus, der Präfekt von Judäa» genannt ist; und 1991 hat man in Abu Tor, südlich von Jerusalem, in einem Familiengrab eine Urne entdeckt, welche durch eine aramäische Inschrift als diejenige «Josephs des Sohn des Kajaphas» bezeichnet war.

Kajaphas war Hohepriester von 18 bis 36 n. Chr. Er waltete dieses Amts, das in jener Zeit kaum jemand länger als vier Jahre innehatte, also ganze achtzehn Jahre. Selbst Hannas I., der Gründer der hohepriesterlichen Dynastie, in die Kajaphas einheiratete, brachte es, von 6 bis 15 n. Chr., nur auf die Hälfte dieser Amtszeit. Pilatus war römischer Präfekt von Judäa von 26 bis 36 n. Chr. Wir müssen annehmen, daß die Römer und Kajaphas gut zusammenarbeiteten, denn während der Vorgänger des Pilatus, Valerius Gratus, gleich bei seinem Amtsantritt Hannas I. aus dem Hohepriesteramt entließ und dann von 15 bis 18 n. Chr. in schneller Folge vier andere ernannte, konnte sich Kajaphas in dem Amt nicht nur unter Gratus acht Jahre lang behaupten, sondern dann auch unter Pilatus noch für zehn weitere. Nicht weniger bedeutsam scheint allerdings die Nachricht, daß Ende 36 und Anfang 37 n. Chr. Kajaphas und Pilatus fast gleichzeitig von ihrem Ämtern entbunden wurden.

«[Vitellius, der Statthalter von Syrien] befahl dem Pilatus, sich nach Rom zu begeben, um sich vor dem Caesar wegen der von den Juden gegen ihn erhobenen Beschuldigungen zu verantworten ... Alsdann entsetzte er den Hohepriester Joseph, der auch Kaiaphas hiess, seines Amtes, übertrug dasselbe an Jonathan, den Sohn des Hohepriesters Ananus, und kehrte dann wieder nach Antiochia zurück.»
(*Jüdische Altertümer*, 18, 4, 2 und 3 = 18, 89, 95)

Man darf also wohl annehmen, daß Kajaphas und Pilatus eng zusammenarbeiteten und daß diese Zusammenarbeit nicht selten die Gefühle der Juden verletzte, so daß die Römer sich schließlich in ihrem eigenen Interesse genötigt sahen, dieser Zusammenarbeit ein Ende zu machen.

Pilatus war weder Heiliger noch Ungeheuer. Wir sind über ihn, anders als über andere frühe Statthalter Roms in Palästina, durch Philo und Josephus recht gut unterrichtet. Philo schrieb um das Jahr 41 n. Chr. über die Anordnung des Kaisers Caligula, ein Standbild seiner selbst im Tempel in

Jerusalem aufzustellen, und gibt in einem Schreiben, das während der dadurch provozierten Krise der römisch-jüdischen Beziehungen angeblich von König Agrippa I. an den Kaiser selbst gerichtet wurde, zur Kennzeichnung des Statthalters an, Pilatus gebrauche

> «Bestechungen, Beleidigungen, Räubereien, brutale Willkür, ständig wiederholte Hinrichtungen ohne Gerichtsverhandlung, unaufhörliche und in höchstem Maße verletzende Grausamkeit».
> (*Gesandtschaft an Caligula*, 302)

Philo wollte den römischen Statthalter damit natürlich nicht gerecht beurteilen, sondern schlechtmachen, doch daß er für diesen Wunsch gute Gründe hatte, wird aus zwei Berichten des Josephus deutlich, die zu erkennen geben, daß Pilatus zur Rücksichtnahme auf die religiösen Gefühle der Juden nicht sehr geneigt und imstande war, wenn Unruhen drohten, hart durchzugreifen.

Der erste Fall ist der, bei dem es um die Feldzeichen mit den Kaiserbildern ging. Josephus erzählt die Geschichte zweimal, und ich bin der Meinung, daß es sich bei dem in Philos *Gesandtschaft an Gaius* (199–305) angesprochenen Fall der «bildlosen Schilde» um den gleichen Fall handelt. Die Unterschiede zwischen den Darstellungen des Josephus und des Philo sind nicht größer, als sie von der unterschiedlichen Sicht der beiden Berichterstatter auf gleiche Ereignisse zu erwarten sind, zumal Philo offensichtlich daran gelegen ist, dem idealisierten Tiberius einen möglichst schurkischen Pilatus gegenüberzustellen. Ich zitiere die beiden Versionen des Josephus:

> «Als Pilatus von Tiberius nach Judäa gesandt worden war, ließ er die Kaiserbilder, die ‹Feldzeichen› genannt werden, nachts verhüllt nach Jerusalem hereinbringen. Am kommenden Tag brachte dies bei den Juden eine sehr große Unruhe hervor; die in die Nähe der Zeichen kamen, wurden nämlich durch den Anblick zutiefst bestürzt, waren sie doch überzeugt, ihre Gesetze würden mit Füßen getreten, denn diese verbieten es, daß in der Stadt ein Bildnis aufgestellt wird.»
> (*Der jüdische Krieg*, 2, 9, 2 = 2, 169)

> «Als der jüdische Landpfleger Pilatus sein Heer aus Caesarea nach Jerusalem in die Winterquartiere geführt hatte, liess er, um seine Missachtung gegen die jüdischen Gesetze an den Tag zu legen, das Bild des Caesars auf den Feldzeichen in die Stadt tragen, obwohl doch unser Gesetz alle Bilder verbietet. Aus diesem Grunde hatten die früheren Landpfleger stets die Feldzeichen ohne dergleichen Verzierungen beim Einzug der Truppen in die Stadt vorantragen lassen. Pilatus war der erste, der ohne Vorwissen des Volkes zur Nachtzeit jene Bildnisse nach Jerusalem bringen und dort aufstellen liess.»
> (*Jüdische Altertümer*, 18, 3, 1 = 18, 56)

Das einfache Volk von Jerusalem machte sich auf nach Caesarea, wobei sich
ihm auf dem Weg Scharen von Landleuten anschlossen, und flehte Pilatus
an, die anstößigen Bilder fortbringen zu lassen. Er weigerte sich, und sie
warfen sich «rings um seinen Palast auf ihr Angesicht und verharrten fünf
Tage und ebenso viele Nächte in dieser Haltung, ohne von der Stelle zu
weichen» (*Der jüdische Krieg*, 2, 9, 2 = 2, 169; in den *Jüdischen Altertümern*
sagt Josephus nur lakonisch, daß das Volk nicht aufhörte, Pilatus zu bedrän-
gen). Um diesen Sitzstreik zu brechen, versteckte Pilatus seine Soldaten im
Stadium, ließ die Demonstranten zu einer Audienz dort hinkommen und
drohte ihnen dann mit dem Tode, falls sie sich nicht unterwürfen. Da sie
alle wie aus einem Munde erklärten, zum Tode bereit zu sein, hielt Pilatus
es für klüger nachzugeben, anstatt so viele Menschen umbringen zu lassen.

Der zweite Fall betraf den Tempelschatz. Er kann nicht genau datiert werden,
aber Josephus führt ihn gewissermaßen als Parallelstück zu dem eben besprochenen ein. Da die Demonstrationen in Caesarea und in Jerusalem bei ihm eine
Art Diptychon bilden, kann nicht ausgeschlossen werden, daß er das zweite
Ereignis unter Mißachtung des historischen Zusammenhangs aus rein literarischen Erwägungen dem ersten an die Seite gestellt hat.

> «Einige Zeit später gab er den Anlaß zu neuen Unruhen, da er den
> Tempelschatz, der Korban genannt wird, für eine Wasserleitung ver-
> brauchte; man führte aber das Wasser aus einer Entfernung von 400
> Stadien heran ... Pilatus hatte diese Unruhe der Juden im voraus ver-
> mutet und eine Anzahl Soldaten, zwar bewaffnet, aber als Zivilisten
> verkleidet, unter die Menge gemischt und ihnen den Befehl gegeben,
> vom Schwert keinen Gebrauch zu machen, die Schreier aber mit Knüp-
> peln zu bearbeiten.»
> (*Der jüdische Krieg*, 2, 9, 4 = 2, 175–176)

> «Pilatus machte auch den Versuch, das Wasser einer zweihundert Sta-
> dien von Jerusalem entfernten Quelle in die Stadt zu leiten, und be-
> schloß dazu Tempelgelder zu verwenden. Dieser Plan missfiel den Ju-
> den, und es liefen Tausende von Menschen zusammen, die mit lautem
> Geschrei begehrten, er solle davon Abstand nehmen, wobei es übrigens,
> wie das bei einem gemischten Haufen zu geschehen pflegt, ohne
> Schimpfereien und Beleidigungen nicht abging. Pilatus schickte deshalb
> eine starke Abteilung Soldaten in jüdischer Tracht, die unter ihren Klei-
> dern Knittel versteckt hatten ... und diese fielen mit grösserem Unge-
> stüm, als es in der Absicht des Pilatus lag, über ruhige Bürger wie über
> Aufständische her.»
> (*Jüdische Altertümer*, 18, 3, 2 = 18, 60–62)

In der zweiten Fassung der Erzählung ist die jüdische Verkleidung der
Soldaten nicht mehr sinnvoll begründet. Man darf deshalb annehmen, daß
der erste Bericht, demzufolge Pilatus die als Juden verkleideten Soldaten

sich schon von vornherein unter die Menge mischen ließ, den Tatsachen besser entspricht. Dies läßt darauf schließen, daß er aus dem zuerst berichteten Fall der Feldzeichen mit den Kaiserbildern gelernt hatte. Damals hatte er der Menge plötzlich bewaffnetes Militär gegenübergestellt, was ihm angesichts der Todesverachtung der Menge schließlich nichts genützt hatte. Nun plante er offenbar, durch eine Überraschungstaktik die Menge zu einer Panikreaktion, einem Gewaltausbruch oder kopfloser Flucht zu provozieren. Ich möchte deshalb annehmen, daß wirklich, wie Josephus behauptet, die Sache mit dem Tempelschatz kurz nach dem Aufruhr über die Feldzeichen passierte, also kurz nach dem Amtsantritt des Pilatus.

Obwohl bei beiden Zwischenfällen die Heiligkeit der Stadt Jerusalem und des dortigen Tempels verletzt wurde, hören wir nichts von einer Reaktion des Kajaphas und müssen deshalb annehmen, daß der Hohepriester willens war, den Römer gewähren zu lassen.

Der Pilatus, den uns die fünf Passionsberichte vorstellen, unterscheidet sich erheblich von dem skrupellos die Interessen der römischen Verwaltung durchsetzenden Beamten, den wir bei Josephus kennengelernt haben. Bei Petrus zieht er sich aus dem Gericht, das Jesus verurteilt und kreuzigen läßt, zurück. Ich nehme an, daß in den verlorenen Versen vor dem Anfang des uns überlieferten Bruchstücks dieses Evangeliums zu lesen war, wie er sich die Hände in Unschuld wusch. Der Text setzt ein:

«Von den Juden aber wusch sich keiner die Hände, weder Herodes noch einer seiner Richter. Und als sie sich nicht waschen wollten, stand Pilatus auf ... Pilatus antwortete und sprach: Ich bin rein am Blute des Sohnes Gottes, ihr habt solches beschlossen.»
(Petrusevangelium 1, 1; 11, 46)

Bei Petrus hält Pilatus Jesus für unschuldig und ist selbst an dessen Kreuzigung vollkommen unschuldig.

Bei Markus ist die Haltung des Pilatus zweideutiger, aber um so glaubwürdiger. Er weiß, daß Jesus unschuldig ist, läßt ihn aber kreuzigen, um der Menge, die das fordert, gefällig zu sein.

«Er merkte nämlich, daß die Hohenpriester nur aus Neid Jesus an ihn ausgeliefert hatten ... Pilatus entgegnete: Was hat er denn für ein Verbrechen begangen? Sie schrien noch lauter: Kreuzige ihn!»
(Markus 15, 10, 14)

Er weiß, daß Jesus unschuldig ist, aber «die Hohenpriester ... wiegelten die Menge auf» (15, 11), und nachdem diese zweimal die Kreuzigung Jesu gefordert hatte, «ließ Pilatus, um die Menge zufriedenzustellen», ihn kreuzigen (15, 15).

Bei Lukas erklärt Pilatus dreimal, daß er Jesus für unschuldig hält, und der Evangelist weist seine Leser auf diese Dreimaligkeit der Unschuldsvermutung des römischen Statthalters sogar ausdrücklich hin.

1. «Da sagte Pilatus zu den Hohenpriestern und zum Volk: Ich finde nicht, daß dieser Mensch eines Verbrechens schuldig ist.»
   (Lukas 23, 4)

2. «Pilatus rief die Hohenpriester und die anderen führenden Männer und das Volk zusammen und sagte zu ihnen: Ihr habt mir diesen Menschen hergebracht und behauptet, er wiegle das Volk auf. Ich selbst habe ihn in eurer Gegenwart verhört und habe keine der Anklagen, die ihr gegen diesen Menschen vorgebracht habt, bestätigt gefunden, auch Herodes nicht, denn er hat ihn zu uns zurückgeschickt. Ihr seht also: Er hat nichts getan, worauf die Todesstrafe steht. Daher will ich ihn nur auspeitschen lassen, und dann werde ich ihn freilassen.»
   (Lukas 23, 13–16)

3. «Zum drittenmal sagte er zu ihnen: Was für ein Verbrechen hat er denn begangen? Ich habe nichts feststellen können, wofür er den Tod verdient. Daher will ich ihn auspeitschen lassen, und dann werde ich ihn freilassen.»
   (Lukas 23, 22)

Auch hier wird Pilatus durch zweifach wiederholte Schreie: «Kreuzige ihn, Kreuzige ihn!» genötigt (23, 21). «Sie aber schrien und forderten immer lauter, er solle Jesus kreuzigen lassen», sagt der Evangelist, «und mit ihrem Geschrei setzten sie sich durch» (23, 23).

Auch bei Johannes erklärt Pilatus dreimal, daß er Jesus keine Schuld nachweisen könne.

1. «[Pilatus] ging wieder zu den Juden hinaus und sagte zu ihnen: Ich finde keinen Grund, ihn zu verurteilen.»
   (Johannes 18, 38 b)

2. «Pilatus ging wieder hinaus und sagte zu ihnen: Seht, ich bringe ihn zu euch heraus; ihr sollt wissen, daß ich keinen Grund finde, ihn zu verurteilen.»
   (Johannes 19, 4)

3. «Pilatus sagte zu ihnen: Nehmt ihn hin, und kreuzigt ihn! Denn ich finde keinen Grund, ihn zu verurteilen.»
   (Johannes 19, 6)

Was Pilatus schließlich bewegt, Jesus den Hohenpriestern wider besseres Wissen zur Kreuzigung auszuliefern, sind nicht nur die Schreie des Volkes, «Kreuzige ihn, Kreuzige ihn!» (19, 6) und «Weg mit ihm, kreuzige ihn!» (19, 15), sondern auch die politische Drohung: «Wenn du ihn freiläßt, bist du kein Freund des Kaisers; jeder, der sich als König ausgibt, lehnt sich gegen den Kaiser auf» (19, 12).

Brown erklärt angesichts dieser Quellenlage: «Die dreimalige Erklärung der Unschuld Jesu durch Pilatus bei Johannes und Lukas ist stilisiert. Von diesen Ausnahmen abgesehen, sind aber die NT-Beschreibungen des Pilatus nicht offensichtlich unwahrscheinlich (wie es seine spätere Kanonisierung ist!). Das soll nicht heißen, daß irgendeine dieser Beschreibungen als historisch gelten kann, aber es soll darauf hinweisen, daß die Theorie, die Evangelisten hätten durch die Schöpfung eines total fiktiven sympathischen Pilatus nur die Römer entlasten wollen, vielleicht zu weit getrieben worden ist.» (S. 704) Wie schon oben bemerkt, geht es meines Erachtens hier nicht um absolute, sondern um relative Plausibilität. Ich beurteile sie hier nach den gleichen Kriterien, die ich etwa bei einem modernen Film wie Oliver Stones *JFK* anlegen würde. Ich frage nicht, ob die Darstellung absolut plausibel oder offensichtlich unwahrscheinlich ist. Ich frage nur, ob sie plausibler ist als die nächstbeste Alternative. Wenn ich einerseits berücksichtige, was ich von Pilatus weiß, einem römischen Verwaltungsbeamten mittleren Ranges, der sein Amt zehn Jahre lang behauptete und dann abgesetzt wurde, was ich von seiner Haltung zu den religiösen Empfindlichkeiten der Juden und seiner Taktik gegenüber unbewaffneten, aber aufsässig fordernden Volksmassen lese, und andererseits in Betracht ziehe, was die Christen an guten Gründen hatten, die Verantwortlichkeit der an der Kreuzigung Jesu beteiligten Juden zu vermehren, diejenige der Römer aber herunterzuspielen, scheint sich mir nur eine *relativ plausible* Annahme zu empfehlen. Diese wiederholte Gegenüberstellung von Forderungen der Juden, man möge Jesus kreuzigen, und Erklärungen des römischen Statthalters, er könne den Angeklagten nicht schuldig finden, hat ihren Grund weder in einer Prophezeiung noch in geschehener Geschichte. Zu tun haben wir es dabei vielmehr mit christlicher Propaganda.

Ich lege großen Wert darauf, hier nicht mißverstanden zu werden. Für Christen sind die Texte des Neuen Testaments und die Evangelistenberichte von Gott inspiriert, doch auch göttliche Inspiration muß notwendig ihren Weg durch ein Menschenherz und einen sterblichen Geist nehmen, durch persönliche Vorurteile und gemeinschaftliche Auslegung, durch Furcht, Abneigung und Haß ebenso wie durch Glauben, Hoffnung und Liebe. Sie kann sich auch als inspirierte Propaganda äußern, und die Inspiration nimmt der Propaganda dann nichts von ihrer Eigenart. Ursprünglich und anfänglich war diese christliche Propaganda ziemlich unschuldig. Jene ersten Christen waren relativ machtlose Juden, und ihnen stellte sich die jüdische Obrigkeit als eine gefährliche und bedrohliche Macht dar. Solange die Christen eine unterprivilegierte Randgruppe waren, schadeten ihre Passionserzählungen, welche die Juden als schuldig am Tode Jesu hinstellten, die Römer aber von jeder Schuld daran entlasteten, im Grunde niemandem. Doch als dann das römische Reich christlich wurde, wurde die Fabel mörderisch. Im Lichte des späteren christlichen Antijudaismus und schließlich des völkermörderischen Antisemitismus können wir auch im Rückblick die Fabel von der Kreuzigung Jesu durch die Juden nicht länger als verhältnismäßig harmlose Propaganda durchgehen lassen. Mögen die Ursprünge der Erfindung auch erklärlich sein und die Motive der Erfinder verständlich, so hat doch das Beharren auf dieser Fabel noch Jahrhunderte und Jahrhunderte nach der Situation, in welcher sie den Christen beim Kampf ums Überleben beistand, sie zu einer langandauernden Lüge gemacht, und um unsrer eigenen Integrität willen müssen wir Christen sie endlich auch als solche bezeichnen.

Verantwortlichkeit für unschuldiges Blut

Der folgende Abschnitt betrifft die letzte der sechs grundlegenden Meinungsverschiedenheiten, die hinsichtlich der Passionserzählungen zwischen Brown und mir bestehen. Dabei geht es um die Existenz unabhängiger, im Volke überlieferter Passionsberichte. Wie schon wiederholt erwähnt, hält Brown die Passionserzählungen des Markus- und des Johannesevangeliums für voneinander unabhängige Zeugnisse. Doch darüber hinaus nimmt er noch einen anderen unabhängigen Überlieferungsstrom an. Er charakterisiert ihn an verschiedenen Stellen seines Werks als

«ein Corpus populärer und imaginativer Traditionen» (S. 92)
«eine Ader populären Materials, das sich durch lebhafte Imagination auszeichnet» (S. 287, Anm. 10)
«im Volke bewahrte mündliche Überlieferung kleinerer Vorkommnisse der Passionsgeschichte, die historisch sein könnten» (S. 784)
«Volksweisheiten (die wahrscheinlich schon als romantisierte Charakterisierungen existieren)» (S. 860)
«packende Volkserzählungen der Passion» (S. 1118)
«Sammlung von Volksüberlieferungen» (S. 1287)
«populäre Kreise» (S. 1288)
«Geschichten, die den Stempel der Vorstellungen des Volkes über die Ereignisse um den Tod Jesu trugen» (S. 1304)
«lebhaftes populäres Material» (S. 1304)

Mit dem Ausdruck «populär» meint Brown «nichts in historischer, theologischer oder geistiger Hinsicht Pejoratives», sondern einfach «eine Übermittlung von Jesus-Material» durch andere als die offiziellen Kanäle, die das synoptische und johannäische Material bezeichneten und gestalteten (S. 1304, Anm.). Ich habe den Ausdruck «populär» auch meinerseits viel gebraucht, doch nicht von Werken, die das Volk verfaßt hätte, sondern von solchen, die für das Volk geschrieben wurden. Wenn Brown zum Beispiel sagt, daß «zum Teil das Petrusevangelium ein Volksevangelium» sei (S. 1118, Anm. 47), oder von dessen «populärer Geschichtenerzählerfacette» spricht, will er, wenn ich ihn recht verstehe, wohl sagen, daß das Petrusevangelium nicht nur für das Volk, sondern auch vom Volk geschrieben sei. Ein Volksevangelium in Browns Sinn hätte zunächst mündlich vorgetragen und überliefert werden müssen (denn das «Volk» schrieb nicht in der alten Welt), bis es endlich von jemand nicht zum Volk Gehörigem aufgeschrieben worden wäre. Ich finde jedoch für die Hypothese eines solchen Evangeliums nicht den mindesten Beweis und bin überdies der Meinung, daß wir ihrer auch nicht im mindesten bedürfen.

Überdies, fährt Brown fort, sollen diese Volksüberlieferungen nur bei Matthäus und Petrus erscheinen, bei Matthäus aber in einem früheren, bei Petrus in einem höheren Entwicklungsstadium. Oder, wie Brown erklärt: «Darunter waren im Geiste des Verfassers des Petrusevangeliums auch populäre Erzählungen über Vorfälle während der Passion gemischt, populäres Material, wie es Matthäus angezapft hatte, als er, zu einer früheren Zeit, sein Evangelium verfaßte» (S. 1335). Und noch einmal: «Ich würde den Geist des Petrusevangeliums für später, aber den Geist, den Matthäus in den 80ern und 90ern angezapft hatte, um das, was ich als populäres Material bezeichnet habe, zu entnehmen, gleichwohl für ziemlich nahe verwandt halten» (S. 1345). Ich bestreite beide Annahmen entschieden.

Eine Sammlung populärer Traditionen?

Ich bestreite die obengenannten Angaben schon deshalb, weil mir die von Brown behauptete Existenz «populären Materials», der von ihm in Anspruch genommenen «Volksüberlieferung», durch nichts bewiesen zu sein scheint. Brown ist der Meinung, daß Matthäus den Selbstmord des Judas und das Blutgeld (27, 3–10), den Traum der Frau des Pilatus (27, 19) und das Doppelbild des sich die Hände in Unschuld waschenden Pilatus und des die Schuld an der Kreuzigung Jesu auf sich nehmenden Volkes (27, 24–25) aus dieser Quelle hat (S. 1287). Ich kann keinen zwingenden Grund erkennen, diese Episoden als «populäre» oder «volkstümliche» von anderen demnach «offizielleren» oder «amtlicheren» Teilen der Passionserzählung zu unterscheiden. Es handelt sich um wirksame Elemente einer guten Geschichte, aber daß die ganze Passionserzählung aus solchen Elementen besteht, vom Judaskuß über das Ohr des Malchus und weiter über die Verspottung Jesu und die beiden Schächer, das Loswerfen über die Kleider des Gekreuzigten und die Trankangebote in mitleidiger, spottender oder mörderischer Absicht, scheint mir unleugbar. Denn wie die christliche Kunst seit Konstantin bewiesen hat: Es gibt keine Szene der Passionserzählung, die nicht brillant inszeniert wäre. Die Passionserzählungen sind durch die Bank populäre, nämlich auf den Geschmack des Volkes berechnete, fabelhaft packend erzählte Geschichte. Sie stellen die unter Gemeinschaftskontrolle durchgeführte Popularisierung jener prophetischen Passion dar, die ohne solche Narrativierung dem Volk so unzugänglich geblieben wäre, wie es uns auf den ersten Blick der *Barnabasbrief* war. Das ist mein erster und allgemeiner Einwand gegen Browns Annahme, hier soll aber noch ein spezifischerer folgen. Ist die Sorge um die Verantwortlichkeit für vergossenes Blut ein volkstümliches oder amtliches Anliegen, Gegenstand populären Erzählens oder biblischen Gesetzes?

Was geschieht, wenn die Leiche eines Erschlagenen gefunden wird und die Identität des Mörders nicht festgestellt werden kann? Wird das Blut des Erschlagenen nicht das Land und dessen Bewohner verfluchen, wenn nicht die Ältesten der dem Fundort der Leiche nächstgelegenen Stadt die Verantwortung übernehmen, den Mord zu sühnen? Damit werden diese natürlich in keiner Weise schuldig an dem Verbrechen oder auch nur verantwortlich dafür. Sie haben nur die Verantwortung, das Land von dem Fluch des ungerächten Bluts des Erschlagenen zu reinigen.

«Wenn in dem Land, das der Herr, dein Gott, dir gibt, damit du es in Besitz nimmst, einer auf freiem Feld ermordet aufgefunden wird und man nicht weiß, wer ihn erschlagen hat, dann sollen deine Ältesten und Richter hinausgehen und feststellen, wie weit die Städte ringsum von dem Ermordeten entfernt sind. Wenn feststeht, welche Stadt dem Ermordeten am nächsten liegt, sollen die Ältesten dieser Stadt eine junge Kuh aussuchen, die noch nicht zur Arbeit verwendet worden ist, das heißt, die noch nicht unter dem Joch gegangen ist. Die Ältesten dieser Stadt sollen die Kuh in ein ausgetrocknetes Bachtal bringen, wo weder geackert noch gesät wird. Dort sollen sie im Bachbett der Kuh das Genick brechen. Dann sollen die Priester, die Nachkommen Levis, herantreten; denn sie hat der Herr, dein Gott, dazu ausgewählt, vor ihm Dienst zu tun und im Namen des Herrn den Segen zu sprechen. Nach ihrem Spruch soll jeder Rechtsstreit und jeder Fall von Körperverletzung entschieden werden. Alle Ältesten dieser Stadt sollen, weil sie dem Ermordeten am nächsten sind, über der Kuh, der im Bachbett das Genick gebrochen wurde, ihre Hände waschen. Sie sollen feierlich sagen: Unsere Hände haben dieses Blut nicht vergossen, und unsere Augen haben nichts gesehen. Deck es zu, zum Schutz deines Volkes Israel, das du freigekauft hast, Herr, und laß kein unschuldig vergossenes Blut in der Mitte deines Volkes Israel bleiben. Dann ist das Blut zu ihrem Schutz zugedeckt. Du wirst das unschuldig vergossene Blut aus deiner Mitte wegschaffen können, wenn du tust, was in den Augen des Herrn richtig ist.»
(Deuteronium 21, 1–9)

Der Symbolismus der erschlagenen Kuh ist etwas zweideutig. Sie könnte den Ermordeten darstellen oder auch das Schicksal der Sprecher, falls sie lügen sollten. Der Symbolismus des Händewaschens ist aber ganz durchsichtig. Das gesamte Ritual ist eine in Gegenwart von Priestern vorgenommene Kulthandlung. Sie waschen sich die Hände, um ihre Unschuld darzutun, nicht, wie Lady Macbeth, um ihre Schuld abzuwaschen. Zu dem Ritual gehörten Wort und Tat, die ausdrückliche Unschuldsbehauptung und die symbolische Handwaschung. Das Ritual wurde zusammenfassend auch bezeichnet als ein sich «die Hände in Unschuld waschen».

«Ich saß nicht bei falschen Menschen, / mit Heuchlern hatte ich keinen Umgang.

Verhaßt ist mir die Schar derer, die Unrecht tun; / ich sitze nicht bei den Frevlern.

Ich wasche meine Hände in Unschuld; / ich umschreite, Herr, deinen Altar ...»

(Psalm 26, 4–6)

«Wahrhaftig, so sind die Frevler: / Immer im Glück, häufen sie Reichtum auf Reichtum.

Also hielt ich umsonst mein Herz rein / und wusch meine Hände in Unschuld.»

(Psalm 73, 12–13)

Es war auch möglich, die eigene Unschuld an unrecht vergossenem Blut zu behaupten, ohne das Händewaschen zu erwähnen. Das geschieht in einer beliebten und volkstümlichen Geschichte, die sich in verschiedenen Ausgaben der Bibel als Anhang oder Einleitung zum Buche Daniel gedruckt findet: der von Susanna und den Ältesten.

«Susanna ... war sehr schön und gottesfürchtig ... Als Richter amtierten in jenem Jahr zwei Älteste aus dem Volke ... Susanna ... ging im Garten ihres Mannes spazieren. Die beiden Ältesten sahen sie täglich kommen und einhergehen; da regte sich in ihnen Begierde nach ihr ... Daraufhin verabredeten sie eine Zeit, zu der es ihnen möglich sein sollte, Susanna allein anzutreffen ... Als die Mädchen weg waren, standen die beiden Ältesten auf und sagten: ... Sei uns zu Willen, und gib dich uns hin! Weigerst du dich, dann bezeugen wir gegen dich, daß ein junger Mann bei dir war ... Dann schrie Susanna, so laut sie konnte. Aber zugleich mit ihr schrien auch die beiden Ältesten ... Die versammelte Gemeinde glaubte ihnen, weil sie Älteste des Volkes und Richter waren, und verurteilte Susanna zum Tode ... Als man sie zur Hinrichtung führte, erweckte Gott den heiligen Geist in einem jungen Mann namens Daniel. Dieser rief laut: Ich bin unschuldig am Tod dieser Frau.»

(Susanna 2–46)

Angesichts dieses biblischen Hintergrunds kann man behaupten, daß die Sorge um das biblische Ritual, kraft dessen die Unschuld eines Menschen mündlich erklärt *und* symbolisch dargetan wird, in die Domäne der Schriftgelehrten gehörte und, wenn sie beim Volke auftrat, dort ihren Ursprung hatte.

Petrus entwickelter als Matthäus?

Mein Einwand gegen Browns zweite Annahme ist, daß Petrus weniger, nicht, wie er behauptet, weiter entwickelt ist als Matthäus und daß umgekehrt bei Matthäus die angeblich der volkstümlichen Überlieferung entnommenen Elemente weiter ausgebildet sind als bei Petrus. Man vergleiche zunächst den Inhalt der uns vorliegenden Texte.

Das uns bekannte Fragment des Petrusevangeliums beginnt am Ende einer Gerichtsverhandlung, in der die jüdische religiöse und staatliche und die römische Obrigkeit gemeinsam am gleichen Ort und zur gleichen Zeit den Angeklagten vernommen haben. Es ist *höchstwahrscheinlich*, daß Pilatus sich eben die Hände in Unschuld gewaschen hat, und *durchaus denkbar*, daß er das auf eine Botschaft von seiner Frau hin getan hat. Doch die Erklärung seiner persönlichen Unschuld am Tode Jesu kommt viel später, nach der Auferstehung, und läuft praktisch auf ein Bekenntnis des christlichen Glaubens hin.

> «Von den Juden aber wusch sich keiner die Hände, weder Herodes noch einer seiner Richter. Und als sie sich nicht waschen wollten, stand Pilatus auf ... Pilatus antwortete und sprach: Ich bin rein am Blute des Sohnes Gottes, ihr habt solches beschlossen.»
> (Petrusevangelium 1, 1; 11, 46)

Ein Punkt ist hier hervorzuheben: *Nur bei Petrus ist Pilatus wirklich unschuldig.* Nur bei Petrus wirkt seine Handwaschung und Unschuldbeteuerung wahrhaftig. Er zog sich von der Verurteilung und Kreuzigung Jesu vollkommen zurück. Er war so unschuldig, wie er als Inhaber des Amts des römischen Statthalters an einem in seinem Amtsbereich exekutierten Urteil nur irgend sein konnte. Bei Matthäus haben im Gegensatz dazu sowohl sein Händewaschen als auch seine Unschuldbeteuerung schon den Anschein von Heuchelei, denn er läßt Jesus doch kreuzigen, *obwohl er weiß, daß Jesus unschuldig ist.* Meines Erachtens erweist sich damit das Petrusevangelium deutlich als älter und ursprünglicher als dasjenige des Matthäus. Es ist natürlich deswegen nicht historischer, aber wenigstens kann gesagt werden, daß der «unschuldige Pilatus» des Petrusevangeliums plausibler ist als derjenige des Matthäusevangeliums.

Man vergleiche die zitierten Stellen des Petrusevangeliums mit den folgenden Zitaten aus dem Matthäusevangelium, wo die gleichen Fragen der Unschuld und Verantwortlichkeit für den Tod Jesu für Judas, Pilatus und das Volk zur Sprache kommen.

> «Als nun Judas, der ihn verraten hatte, sah, daß Jesus zum Tod verurteilt war, reute ihn seine Tat. Er brachte den Hohenpriestern und den Ältesten die dreißig Silberstücke und sagte: Ich habe gesündigt, ich habe euch einen unschuldigen Menschen ausgeliefert. Sie antworteten: Was geht das uns an? Das ist deine Sache. Da warf er die Silberstücke in den Tempel; dann ging er weg und erhängte sich. Die Hohenpriester nahmen die Silberstücke und sagten: Man darf das Geld nicht in den Tempelschatz tun; denn es klebt Blut daran.»
> (Matthäus 27, 3–6)

«Während Pilatus auf dem Richterstuhl saß, ließ ihm seine Frau sagen: Laß die Hände von diesem Mann, er ist unschuldig. Ich hatte seinetwegen heute nacht einen schrecklichen Traum.»
(Matthäus 27, 19)

«Als Pilatus sah, daß er nichts erreichte, sondern daß der Tumult immer größer wurde, ließ er Wasser bringen, wusch sich vor allen Leuten die Hände und sagte: Ich bin unschuldig am Blut dieses Menschen. Das ist eure Sache! Da rief das ganze Volk: Sein Blut komme über uns und unsere Kinder!»
(Matthäus 27, 24–25)

Im Gegensatz zu Brown finde ich das Petrusevangelium nicht weiter entwickelt als das Matthäusevangelium, sondern weniger entwickelt. Beide enthalten *gewiß* die Unschuldsbeteuerung des Pilatus, beide enthalten *höchstwahrscheinlich* die Handwaschung des Pilatus, beide *mögen* sogar vom Traum der Frau des Pilatus gesprochen haben, aber nur bei Matthäus spricht Judas von Jesu unschuldigem Blut. Man vergleiche den in der Apostelgeschichte 2, 16–26 gegebenen anderen Bericht über den Tod des Verräters, wo davon nicht die Rede ist. Vor allem aber hat Matthäus, und nur Matthäus, die Gewißheit, daß «das ganze Volk» die Verantwortung für den Tod Jesu ausdrücklich auf sich und seine Nachkommen nahm. Der Antijudaismus des Matthäus ist erbitterter als der des Petrus, denn während dieser, wie wir sahen, 8, 28 berichtet, daß angesichts der Wunder bei Jesu Tod «das ganze Volk» [ho laos hapas] bereut hätte, erklärt Matthäus 27, 25, daß «das ganze Volk» [pas ho laos] gerufen habe: «Sein Blut komme über uns und unsere Kinder!» Die Entwicklung des Blutthemas ist bei Matthäus zu weit größerer Virulenz gediehen als bei Petrus. Man merkt seinem Evangelium an, daß es das Werk eines im mosaischen Gesetz bewanderten Schriftgelehrten ist, eines Schriftgelehrten, der mit Erbitterung erfuhr, wie sein Verständnis der Schrift allmählich, aber unabänderlich und unwiderruflich von seinem Volk verworfen wurde. Er sah, daß das Judentum der Zukunft rabbinisch werden würde, nicht christlich.

Erinnertes Blut, aber vergessene Vergebung

Meiner historischen Rekonstruktion des Gangs der Ereignisse zufolge *schuf* Matthäus den Spruch, mit dem «das ganze Volk» die Verantwortung für den Tod Jesu auf sich nahm, der, wie Brown hervorhebt, «eine tragische Geschichte» haben sollte, indem er «christlichen Judenhaß anfachte» (S. 833). Ich halte es aber für unnötig zu postulieren, wie Brown es tut, daß Matthäus hier aus populärer Überlieferung schöpfte, oder zu spekulieren: «Es mag da einen kleinen historischen Kern gegeben haben, doch liegt die Entdeckung der genauen Beschaffenheit dieses Kerns außer unserer Reichweite.» (S. 833) In diesem Vers spricht Matthäus für das jüdische Volk, von dem er bereits unwiderruflich entfremdet ist. Das Volk spricht nicht für sich selbst.

Eine letzte Betrachtung zu diesem Thema regt ein anderer, nicht weniger berühmter und ebenso isolierter Evangelienvers wie der eben besprochene aus dem Matthäusevangelium an, der sich nur bei Lukas findet.

«Jesus aber betete: Vater, vergib ihnen, denn sie wissen nicht, was sie tun.»
(Lukas 23, 34)

Brown bemerkt, daß «dieser Vers von wichtigen Textzeugen ausgelassen wird, von denen einige sehr früh sind. Doch andere bedeutende griechische Handschriften und frühe Übersetzungen haben ihn. Es ist dies ein Fall, wo das Gewicht der Textzeugen auf beiden Seiten nahezu gleich ist.» (S. 975) Seine Schlußfolgerung, der ich zustimme, läßt den Vers als echt gelten. «Nach Erwägung aller Für und Wider halte ich es für wahrscheinlicher, daß der Vers von Lukas geschrieben und aus theologischen Gründen von einem späteren Kopisten getilgt wurde, als daß er seinem Evangelium hinzugefügt wurde von einem Kopisten, der sich der Mühe unterzogen hätte, Stil und Denken des Lukas nachzuahmen.» (S. 980) Ein theologischer Hauptgrund der Tilgung wäre nach Brown dieser gewesen: «Sie fanden ihn zu günstig für die Juden.» (S. 979) Brown schließt sehr passend: «Es ist ironisch, daß der vielleicht schönste Satz in der PN [Passions-Narration] textlich zweifelhaft sein sollte.» Es ist doppelt ironisch und nicht weniger bedeutend, daß kein christlicher Kopist je Matthäus 27, 25 – «Sein Blut komme über uns ...» – getilgt hat.

Wenn manche Christen alles in der Passionsgeschichte als faktische Information nehmen, müssen sie sowohl Matthäus 27, 25 als auch Lukas 23, 34 als historische Angaben nehmen. Da jedoch Jesu Gebet um Vergebung für die, die ihn kreuzigten, gesprochen wurde, nachdem Matthäus zufolge das ganze Volk die Schuld an seinem Tod auf sich genommen hatte, ist doch wohl anzunehmen, daß ihnen diese Schuld vergeben wurde. Es sei denn, der Vater hätte Jesus nicht erhört. Für Christen, die wie ich glauben, daß Matthäus und Lukas die fraglichen Verse aus ihren je eigenen theologischen Voraussetzungen schufen, empfiehlt es sich, eine etwas andere Lehre aus ihnen zu ziehen. Inspirierte christliche Texte enthalten heftige Bitterkeit ebenso wie abgeklärte Vergebung. Es ist nötig, den Unterschied zu erkennen und dementsprechend zu urteilen. Und die Entscheidung, einen Vers zu tilgen, und welchen, ist eine ethische. Hinsichtlich der Verantwortlichkeit der Juden und der Unschuld der Römer empfiehlt es sich, die Dinge bei ihrem rechten Namen zu nennen.

Zusammenfassend sei gesagt, daß ich ins einzelne gehende historische Informationen über die Kreuzigung Jesu nicht habe finden können. Jede Einzelheit, die wir in Betracht zogen, erwies sich nicht als erinnerte Geschichte, sondern als historisierte Prophetie. Mit einer eklatanten Ausnahme. Das eine Mal, wo die *erzählte Passion* sich von ihrer Basis in der *prophezeiten Passion* löste, nämlich von dem einfachen Bild der Verfolgung des Gerechten durch Obrigkeit und Völker im 2. Psalm, geschah das zu dem Zweck, die Verantwortlichkeit der Juden am Tode Jesu zu behaupten und die Römer davon freizusprechen. Hier wurde weder Prophezeiung noch Geschichte herangezogen, sondern kühn Propaganda für das Christentum gemacht, dem eine große Zukunft zugetraut wurde, nicht innerhalb des Judentums, sondern innerhalb des römischen Reiches. Und das war bekanntlich historisch, wenn auch nicht im Sinne von vergangener, sondern von zukünftiger Geschichte.

6. KAPITEL

Begräbnis

Die Gekreuzigten begraben

Alle fünf Fassungen der Passionsgeschichte erzählen, daß Jesus von einem gewissen Josef begraben wurde. Aber spricht da die Hoffnung der Evangelisten oder ihr Tatsachengedächtnis? Ich werde zuerst in Betracht ziehen, was mit den Leichen gekreuzigter Verbrecher bei den Römern üblicherweise geschah, dann, was im jüdischen Land gekreuzigte Verbrecher normalerweise zu erwarten hatten, und dann die ausführlichen christlichen Geschichten vom Begräbnis Jesu gründlich untersuchen.

Das bei den Römern Übliche

Die Hierarchie des Grauenhaften in der alten Welt staffelte sich vom Verlust des Lebens über den Verlust des Vermögens bis zum Verlust des Grabes – von der Zerstörung des Leibes über die Zerstörung der Familie bis zur Zerstörung der Identität. Wie ein Aas den Vögeln und Tieren zum Fraße hingeworfen zu werden war für die Alten die schlimmste Strafe. In seinem Leben des Augustus berichtet Suetonius von dessen Verhalten nach seinem Sieg bei Philippi über die Mörder Caesars im Oktober 42 v. Chr.:

> «Weit davon entfernt, seinen Sieg mit Mäßigung auszunützen, sandte er das Haupt des Brutus nach Rom, damit es vor dem Standbild Caesars niedergelegt werde, und gerade gegen die vornehmsten Gefangenen wütete er, nicht ohne sie auch mit Worten schwer zu beleidigen. So soll er einem, der ihn kniefällig um ein ehrenvolles Begräbnis bat, geantwortet haben, daß er das dem Willen der Vögel anheimstelle.»
> (Suetonius, *Augustus*, 13, 1–2)

Wie Augustus die Gefährten des Brutus behandelte, so Tiberius die Gefährten des Sejanus. Während der Jahre 26 bis 31 herrschte der Kaiser Tiberius über das römische Reich von seinem Lustschloß auf der Insel Capri aus. Unterdessen zettelte in Rom Sejanus, der Präfekt der Prätorianer, eine Verschwörung gegen ihn an. Im Oktober 31 jedoch schritt Tiberius unvermutet gegen ihn ein, und viele seiner Mitverschworenen sahen im Selbstmord den einzigen Ausweg.

> «Denn leicht entschloß man sich zu solcher Todesart aus Furcht vor dem Henker und weil den Verurteilten nach Einziehung der Güter die Be-

stattung versagt war, während die, die über sich selbst beschlossen, beerdigt wurden und ihre Testamente Gültigkeit behielten; Aufforderung genug zur Eile!»
(Tacitus, *Annalen*, 6, 29)

Die Verweigerung der ordentlichen Bestattung kam im alten Rom der gänzlichen Vernichtung gleich. Es wurde dem Betroffenen der Ort verweigert, wo die Seinen ihn besuchen und beklagen und seiner gedenken konnten. Man erinnere sich hier all jener römischen Gräber, deren Grabschriften den Leser direkt anreden. Sie setzen so die dauernde Anwesenheit des die Lebenden anredenden Begrabenen voraus.

Nicht zuletzt weil dem Betroffenen die ordentliche Bestattung verweigert wurde, waren die drei fürchterlichsten Strafen, die verhängt werden konnten, bei lebendigem Leibe verbrannt, in der Arena den wilden Tieren vorgeworfen oder gekreuzigt zu werden. Außer unmenschlicher Grausamkeit und öffentlicher Entehrung erlitten die zu diesen Strafen Verurteilten jene restlose Vernichtung, die das Los der Unbestatteten war. In den ersten beiden Fällen liegen die Gründe auf der Hand. Bei jenen Todesarten blieb von den Toten kaum etwas übrig, das man hätte begraben können. Genauso verhielt es sich gewöhnlich auch im Fall der Gekreuzigten. Man ließ sie am Kreuze hängen, bis Vögel und wilde Tiere die Leichen zerstört hatten. Zwei Züge werden bei den Römern wieder und wieder hervorgehoben, wenn sie auf die Kreuzigung zu sprechen kommen. Erstens, daß vornehmlich ungehorsame Sklaven oder sonst vollkommen Nichtswürdige gekreuzigt werden, so daß die Kreuzigung als Sklavenstrafe bezeichnet wurde. Zweitens, daß man den Gekreuzigten als Aas am Kreuz hängen ließ. So sagt Horaz in seiner Epistel an den Freund Quinctius:

«‹Ich bin kein Dieb, kein Ausreißer›, sagt mir der Sklave. ‹Das ist dir auch gelohnt›, erwidre ich, ‹die Knute brennt dir keine Striemen auf.› ‹Ich bin kein Mörder.› ‹Drum wirst du auch nicht Rabenfutter am Kreuze.›»
(Horaz, *Briefe*, I, 16, 46–48)

Man ließ die Gekreuzigten am Kreuz hängen, und wenn die Gefahr bestand, daß Verwandte und Freunde den Leichnam abnähmen, ehe es zu spät für eine ordentliche Bestattung wäre, wurden sogar Wachen aufgestellt, das zu verhindern. Der Versuch, auf diese Weise die Vollstreckung des Urteils zu vereiteln, war natürlich, wenn man nicht durch Bestechung oder sonstwie erwirkt hatte, daß die Obrigkeit ein Auge zudrückte, für diejenigen, die ihn wagten, lebensgefährlich. All das ist einer satirischen Erzählung zu entnehmen, in der die damals üblichen Gebräuche parodiert wurden: der Erzählung von der «Witwe von Ephesus» im *Satyricon* des Petronius.

Petronius war Berater des Kaisers Nero in Fragen des feinen Geschmacks (elegantiae arbiter), bis er im Jahre 66 n. Chr. der Verschwörung gegen seinen Herrn beschuldigt wurde und sich zum Selbstmord genötigt fand. Etwa fünf Jahre zuvor, als er noch in der Sonne kaiserlicher Gunst stand, schrieb er jenen Roman, in dem ein gewisser Eumolpus eine Geschichte erzählt, die sich angeblich vor nicht allzu langer Zeit in Ephesus zugetragen hatte. Da habe, erzählt Eumolpus, eine Frau nach dem Tode ihres Gatten sich nicht damit begnügt, ihn vorschriftsmäßig zu betrauern, sondern den Leichnam in die unterirdische Grabkammer begleitet, und dort begann sie «zu wachen und zu weinen und blieb dabei alle Tage und Nächte» zur allgemeinen Bewunderung.

«Zu dieser Zeit ließ der Provinzstatthalter gerade einige Räuber ans Kreuz schlagen, und zwar ganz nahe bei dem Grabgewölbe, in dem die Gemahlin den frischen Leichnam beweinte. Als nun in der darauffolgenden Nacht der Soldat, der die Kreuze bewachte, damit niemand einen Leichnam stehle, um ihn zu begraben, zwischen den Grabsteinen deutlich ein Licht schimmern sah und das Schluchzen der Trauernden hörte, packte ihn eine allen Menschen eigene Schwäche: Er wollte unbedingt wissen, wer das sei.»

Der Soldat verließ also seinen Posten, fand die trauernde Witwe im Grab und unternahm es, deren Geschmack am Leben wiederzuerwecken. Er verbrachte diese und die folgende Nacht in den Armen der schönen Witwe im Grabe ihres verstorbenen Mannes.

«Nicht lange, und die Eltern von einem der Gekreuzigten bemerkten die Nachlässigkeit der Bewachung. Sie nahmen ihn in der Dunkelheit und erwiesen ihm die letzte Ehre. Als der Soldat, nur ein paarmal unachtsam und schon betrogen, am folgenden Tag sah, daß eins der Kreuze ohne Leiche dastand, packte ihn die Angst vor Bestrafung, und er berichtete der Frau, was geschehen war. Er wolle den Urteilsspruch gar nicht erst abwarten, sondern seine Nachlässigkeit selbst mit dem Schwert ahnden. Sie solle ihm nur einen Platz zum Sterben gewähren und ihm vergönnen, daß er als Freund mit ihrem Gatten in derselben verhängnisvollen Gruft liege.
Die Frau hatte nicht weniger Mitleid als Ehrbarkeit. ‹Das können die Götter nicht zulassen›, sprach sie, ‹daß ich zur selben Zeit gleich zwei Männer, die mir die liebsten waren, im Grab sehe. Lieber opfere ich den Toten als Ersatz, als daß ich den Lebenden töte.›
Nach diesen Worten ordnete sie an, den Leichnam ihres Gemahls aus dem Sarg zu nehmen und an das leerstehende Kreuz zu heften. So gereichte der schlaue Einfall dieser klügsten aller Frauen dem Soldaten zum Vorteil, und anderentags wunderten sich die Leute, auf welche Weise wohl der Verstorbene an das Kreuz gekommen sei.»
(Petronius, *Satyrikon*, 111–112)

Bei aller Komik ist dieser Geschichte doch zu entnehmen, daß normalerweise die Gekreuzigten von den Raben gefressen wurden.

Will man sich das Grauen dieser Todesart vor Augen führen, lese man die in Martin Hengels Buch *Crucifixion* versammelten Quellentexte. Hier soll ein Zitat aus seiner Zusammenfassung am Ende des Buches genügen:

«Die Strafe der Kreuzigung war in der Alten Welt bemerkenswert weit verbreitet und üblich bei zahlreichen Völkern, sogar bei den Griechen ... Hauptsächlich militärische und politische Verbrechen wurden mit dieser Strafe geahndet. Während sie bei den Persern und Karthagern hauptsächlich über hohe Beamte und Militärbefehlshaber verhängt wurde, die sich der Rebellion schuldig gemacht hatten, bestraften die Römer mit der Kreuzigung vor allem Angehörige der Unterschicht, Sklaven, Gewaltverbrecher und unruhige Elemente aufsässiger Provinzen, nicht zuletzt in Judäa. Der Hauptgrund der Anwendung dieser Form der Todesstrafe war deren vermeintlich besonders abschreckende Wirkung. So wurde natürlich öffentlich vollstreckt ... gewöhnlich in Verbindung mit anderen Foltern, mindestens der Auspeitschung ... Durch die öffentliche Zurschaustellung seines nackten Leibes – an einer Straßenkreuzung, in einem Theater, auf einer Anhöhe – erfuhr der Hingerichtete mit der Kreuzigung auch die tiefste Demütigung, die nicht ohne eine numinose Dimension war. Eben dieser mußten Juden, denen Deuteronomium 21, 23 gegenwärtig war [... denn ein Gehenkter ist ein von Gott Verfluchter], in besonderem Maße gewahr sein ... Die Strafe der Kreuzigung wurde zusätzlich verschärft durch die Tatsache, daß deren Opfer häufig nicht begraben wurden. Es war eine stereotype Vorstellung, daß der Gekreuzigte wilden Tieren und Raubvögeln zum Fraß diente. Dadurch wurde seine Demütigung vollendet. Was es für einen Menschen im Altertum bedeutete, wenn ihm das Begräbnis verweigert wurde, und die Schande, die damit einherging, sind Empfindungen, die der moderne Mensch kaum nachvollziehen kann.»
(Martin Hengel, *Crucifixion in the Ancient World and the Folly of the Message of the Cross*, S. 86–88)

Die Kreuzigung, die bei ihnen hauptsächlich an Sklaven, Banditen, Rebellen oder solchen, die dazu erklärt wurden, vollstreckt wurde, verhieß dem von den Römern dazu Verurteilten die äußerste Entehrung, einen Tod ohne Begräbnis, die Behandlung des Leichnams als Aas. So war es bei den Römern üblich.

Das bei den Juden Übliche

Das von Hengel erwähnte, im Buch Deuteronomium aufgezeichnete jüdische Gesetz hätte eigentlich im jüdischen Land die normale römische Praxis modifizieren sollen. Denn da heißt es:

«Wenn jemand ein Verbrechen begangen hat, auf das die Todesstrafe steht, wenn er hingerichtet wird und du den Toten an einen Pfahl

hängst, dann soll die Leiche nicht über Nacht am Pfahl hängen bleiben, sondern du sollst ihn noch am gleichen Tag begraben; denn ein Gehenkter ist ein von Gott Verfluchter. Du sollst das Land nicht unrein werden lassen, das der Herr, dein Gott, dir als Erbbesitz gibt.»
(Deuteronomium 21, 22–23)

Dabei fällt auf, daß zum einen offenbar von alters her die Juden Verbrecher erst *nach* deren Hinrichtung auf anderem Wege, zum Beispiel durch die Steinigung, ans Kreuz zu hängen pflegten, die Leichen der Gerichteten also zu deren fernerer Demütigung und zur Abschreckung verbrecherischer Neigungen bei anderen zur Schau stellten, und daß zum anderen diese Zurschaustellung jedoch nie bis nach Sonnenuntergang andauern durfte. So wurde, wie wir im Buche Josua lesen, mit dem besiegten König von Ai und den geschlagenen Königen der Amoriter verfahren.

«Den König von Ai aber nahmen sie lebend gefangen und brachten ihn zu Josua ... Den König von Ai aber ließ er an einem Baum aufhängen, dort hing er bis zum Abend. Als die Sonne unterging, nahm man die Leiche auf Befehl Josuas von dem Baum ab und warf sie vor das Tor der Stadt. Man errichtete über ihr einen großen Steinhaufen, der noch heute da ist.»
(Josua 8, 23, 29)

«Dann sagte Josua: Öffnet den Eingang der Höhle, und bringt die fünf Könige aus der Höhle zu mir her! Sie taten es und führten die fünf Könige aus der Höhle heraus: den König von Jerusalem, den König von Hebron, den König von Jarmut, den König von Lachisch und den König von Eglon ... Danach erschlug Josua die Könige und ließ die Leichen an fünf Bäumen aufhängen. Dort blieben sie bis zum Abend hängen. Bei Sonnenuntergang befahl Josua, sie von den Bäumen abzunehmen und in die Höhle zu werfen, in der sie sich zuvor versteckt hatten. Dann wälzte man große Steine vor den Eingang der Höhle, sie liegen dort bis zum heutigen Tag.»
(Josua 10, 22–23, 26–27)

Ich lese den ersten dieser Berichte im Lichte des zweiten und nehme an, daß auch der König von Ai getötet wurde, ehe man ihn aufhängte, um die Leiche dann, dem Gesetz entsprechend, bei Sonnenuntergang abzunehmen. *Das konnte ohne weiteres geschehen, weil die so zur Schau Gestellten ohnedies schon tot waren.* Wenn aber die Verurteilten nach römischem Brauch lebendig gekreuzigt wurden, hätte das jüdische Gesetz, das die Beseitigung der Leiche vor Sonnenuntergang forderte, die von den Römern bezweckte Zurschaustellung eines langwierigen schrecklichen Sterbens abgekürzt. In einem seiner Briefe an den Freund Lucilius beschreibt Seneca der Jüngere, der sich im Jahre 65 auf Anordnung seines ehemaligen Schülers, des Kaisers Nero, wie Petronius das Leben nahm, die Qualen der

Kreuzigung zur Unterstützung seiner Meinung, daß unter Umständen der Tod dem Leben durchaus vorzuziehen sei.

«Kann man sich einen Menschen vorstellen, der, ans Marterholz des Kreuzes geschlagen, schon vorher gebrechlich, zuvor schon verkrümmt, entstellt durch einen scheußlichen Höcker an Schultern und Brust – alles Gründe zum Sterben, abgesehen vom Kreuze – sein Leben verlängern will, um alle diese Qualen weiter zu ertragen? Da kann noch einer leugnen, daß die Notwendigkeit des Sterbens eine große Wohltat der Mutter Natur ist?»
(L. Annaeus Seneca, *Briefe an Lucilius*, 101, 14)

Die Vorschrift der Kreuzabnahme bei Sonnenuntergang gewann einen vollkommen anderen Sinn, wenn der Zweck der Kreuzigung war, den Gekreuzigten möglichst langsam und qualvoll sterben zu lassen. Würden die Römer unter diesen Umständen im Land der Juden die Vorschrift des jüdischen Gesetzes gelten lassen?

Bei der Erwägung dieser Frage ist freilich des weiteren zu berücksichtigen, daß der alte jüdische Brauch, bereits Getötete zu kreuzigen, schon unter den Königen der hasmonäischen Dynastie während der letzten Jahrhunderte v. Chr. auch im jüdischen Land durch die römische Praxis, lebendig zu kreuzigen, abgelöst worden war. Ein in den Schriftrollen vom Toten Meer gefundenes Dokument ist diesbezüglich aufschlußreich. Es handelt sich dabei um ein in der Qumranhöhle 4 (daher Q 4) gefundenes Fragment einer Anwendung des Propheten Nahum (daher p-Nahund oder *pesher*, d. i. Anwendung-Nahum) über den Fall der assyrischen Stadt Ninive im 7. Jahrhundert v. Chr. auf Ereignisse des 1. Jahrhunderts v. Chr. Die Pharisäer, «Sucher nach glatten Dingen», hatten den syrischen König Demetrius III. Eukaerus gebeten, ihnen durch einen Angriff gegen ihren Feind, den hasmonäischen König und Hohenpriester Alexander Jannäus, behilflich zu sein. Nach der Schlacht von Schechem im Jahre 88 v. Chr. war Demetrius außerstande, nach Jerusalem zu ziehen, und der siegreiche Alexander, der «Löwe des Zornes», nahm grausam Rache an seinen pharisäischen Feinden. Der Kommentar oder die Anwendung sagt, daß der Satz Nahum 2, 13 b: «Mit Raub [Beute] füllte er seine Höhlen, / seine Verstecke mit Raubgut [zerrissenem Fleisch]» sich auf diese Rache bezöge.

«Die Deutung davon betrifft den Löwen des Zorns [der ein todwürdiges Verbrechen gefunden hat] bei den Suchern nach glatten Dingen, die er als lebendige Menschen hängt [an den Baum, wie es so getan wurde] in Israel seit alter Zeit.»
(*4QpNahum, Fragmente 3–4*, Spalte I, Zeilen 6–8, Fitzmyer, S. 500)

In der restaurierten Lücke am Ende der Handschrift wird die Kreuzigung von Lebenden als ein in Israel schon alter Brauch bezeichnet. Von der blutigen Rache, die Alexander an seinen Feinden nahm, wissen wir auch von Josephus, der deren gräßliche Einzelheiten ausführlich beschreibt.

«Alexanders Zorn kannte nun keine Grenzen mehr, so daß er seine Grausamkeit bis zur Gottlosigkeit trieb. Er ließ 800 Gefangene mitten in der Stadt ans Kreuz schlagen, ihre Frauen und Kinder vor ihren Augen töten, während er selbst mit seinen Nebenfrauen zechend zusah.» (Josephus, *Der jüdische Krieg*, 1, 4, 6 = 1, 97; *Jüdische Altertümer*, 13, 14, 2 = 13, 380)

Alexander ließ also Lebendige kreuzigen, und man kann sich fragen, ob er sich noch an die Anordnung des Buches Deuteronomium 21, 22–23 hielt und die Gekreuzigten bei Sonnenuntergang vom Kreuz abnehmen ließ.

Ein weiteres Dokument aus Qumran liefert uns einen dritten Anhaltspunkt zur Ermittlung dessen, was bei Kreuzigungen zur Zeit Jesu bei den Juden üblich war. Die seit 1947 in den Ruinen und Höhlen von Qumran an der Nordwestküste des Toten Meers gefundenen Schriftrollen geben umfassend Auskunft über das Leben und Denken einer jüdischen Gemeinschaft, deren Angehörige gewöhnlich als Essener oder Essäer bezeichnet werden und sich von dem ihres Erachtens entweihten Tempel und der nach ihrer Meinung verdorbenen Hohenpriesterschaft der Hasmonäer abgesondert hatten. Irgendwann gegen Ende der Regierungszeit des Simon oder zu Beginn derjenigen von dessen Sohn Johannes Hyrkanus in der zweiten Hälfte des 2. Jahrhunderts v. Chr. hatten diese Essäer in der Wüste am Toten Meer eine Siedlung gegründet, wo sie in ritueller Reinheit in apokalyptischer Erwartung des baldigen Kommens Gottes lebten. Ihre Siedlung wurde während des ersten römisch-jüdischen Krieges 68 n. Chr. von den Römern zerstört, doch zuvor hatten sie ihre Schriftensammlung (und, wie wir hoffen wollen, sich selbst) in den Höhlen der Umgebung versteckt. Und wenn uns der oben zitierte Text 4QpNahum verriet, wie die hasmonäischen König-Priester Kreuzigungen handhabten, so verrät uns der als 11-Q-Tempel bezeichnete Text der in diesen Höhlen gefundenen Schriftensammlung, wie die essäischen Dissidenten an ihrer Stelle verfahren wären.

Die sogenannte Tempelrolle, siebenundzwanzig Fuß lang, ist die längste der Schriftrollen vom Toten Meer. Die darauf aufgezeichneten Gesetze regeln nicht nur den Tempeldienst, sondern das gesamte Leben der Stadt Jerusalem in strenger Anwendung der Regeln, die im Buche Deuteronomium für das Tabernakel und das Lager der Israeliten während der Jahre ihrer Wanderung durch die Wüste niedergelegt sind. Die Sorge um die rituelle Reinheit Jerusalems erforderte genauere Gesetze hinsichtlich der Gehängten oder Gekreuzigten:

«Wenn ein Mann sein Volk verrät und sein Volk einer fremden Nation ausliefert und seinem Volk schadet, *sollt ihr ihn an den Baum hängen und*

soll er sterben. Nach dem Zeugnis zweier Zeugen und nach dem Zeugnis
dreier Zeugen *soll er getötet werden, und sie sollen ihn an den Baum hängen.*
Und wenn ein Mann ein todwürdiges Verbrechen begangen hat und in
die Mitte der Nationen übergelaufen ist und sein Volk [und] die Kinder
Israels verflucht hat, *sollt ihr ihn an den Baum hängen, und er soll sterben.*
Und ihr Leichnam soll nicht die ganze Nacht lang am Baum bleiben,
sondern ihr sollt sie am gleichen Tage begraben, denn die am Baum
Gehängten sind für Gott und Menschen verflucht; ihr sollt nicht das
Land verunreinigen, das ich euch als Erbe gegeben habe.»
(11-Q-Tempel, Spalte 64, Zeilen 6–13; Yadin 1977–1983, 1, 373, 288–291,
420–423; Bd. 3, Tafel 79; Hervorhebungen von mir)

Die von mir hervorgehobenen Stellen machen deutlich, daß hier einerseits
von dem alten Brauch, Leichen zu kreuzigen, und dem neueren, Verbrecher am Kreuz sterben zu lassen, die Rede ist; daß aber in beiden Fällen
das Gesetz Anwendung finden soll, das das Begräbnis des Hingerichteten
vor Sonnenuntergang vorschreibt. Demnach forderten die Essäer Kreuzigung bei lebendigem Leibe wenigstens für die Verbrechen des Hochverrats
und der Gotteslästerung, wollten aber auch in solchen Fällen die Vorschrift
des Buches Deuteronomium 21, 22–23 befolgt sehen.

Aus dem zitierten Gesetzen geht hervor, daß die Essäer die Kreuzigung
von Lebenden nicht prinzipiell ablehnten. Ist ihnen aber zu entnehmen, ob
zur Zeit der Abfassung der Gesetzesrolle die Vorschrift Deuteronomium 21,
22–23 in Jerusalem in Kraft war oder nicht? Andere Gesetze der Tempelrolle
verbieten innerhalb der Stadt Jerusalem, da tatsächlich das ganze Stadtge-
biet als Tempel aufgefaßt wurde, jeglichen Geschlechtsverkehr ebenso wie
das Verrichten der Notdurft. Bedürfnisanstalten sollten in einer Entfernung
von nicht ganz einer Meile außerhalb der Stadt zur Verfügung stehen, doch
die angegebene Entfernung war größer als diejenige, die an einem Sabbat
zurückzulegen statthaft war. Demnach war die Verrichtung der Notdurft
am Sabbat unmöglich. Meines Erachtens sind die Gesetze der Tempelrolle
solche, denen die Essäer Geltung zu verschaffen gedachten, wenn sie jemals
in Jerusalem an die Macht kämen. Und insofern geben sie uns Auskunft
eher über das zur Zeit ihrer Abfassung nicht praktizierte als über das in
dieser Zeit geltende Recht. Ich kann deshalb nicht ohne weiteres annehmen,
daß bei römischen Kreuzigungen auf jüdischem Boden im 1. Jahrhundert
n. Chr. die Vorschrift des Buches Deuteronomium beachtet wurde.

Andererseits ist zu beachten, daß Josephus die fragliche Vorschrift nicht
nur kannte, sondern auch voraussetzte, daß die jüdische Rechtspflege sie
idealerweise zu berücksichtigen habe, denn in seinen *Jüdischen Altertümern*
liest man, wie Moses vor seinem Tode unter anderem bestimmt habe:

«Wer Gott lästert, soll gesteinigt, einen Tag lang aufgehängt und dann
ehrlos und schimpflich begraben werden.»
(*Jüdische Altertümer*, 4, 8, 5 = 4, 202)

Die zeitgenössische Praxis betreffend liest man allerdings bei dem gleichen Geschichtsschreiber:

«Sie trieben ihren Mutwillen so weit, daß sie die toten Körper unbeerdigt beiseite warfen, während doch die Judäer um das Begräbnis ihrer Toten so ängstlich besorgt sind, daß sie selbst die Leichen der am Kreuzestod Verurteilten vor Sonnenuntergang abnehmen und bestatten.»
(*Der jüdische Krieg*, 4, 5, 2 = 4, 317)

Hier tadelt der Historiker das gesetzwidrige Verfahren der Zeloten nach der Tötung der Hohenpriester der Jahre 62 und 64 n. Chr., Ananus II. und Jesus, während des ersten römisch-jüdischen Krieges. Doch ob bei den Tausenden von römischen Kreuzigungen, die seinerzeit um Jerusalem herum stattfanden, angefangen mit den 2000 im Jahre 4 v. Chr. von Varus befohlenen bis zu den 500 täglich im Jahre 70 n. Chr. von Titus angeordneten, das jüdische Gesetz, das die Kreuzabnahme vor Sonnenuntergang befahl, beachtet wurde oder (was sehr viel wahrscheinlicher ist) nicht, fragt man Josephus vergebens. Er erzählt gelegentlich die folgende persönliche Anekdote:

«Nach der Einnahme von Jerusalem ... ward ich von Titus ... in das Dorf Thekoa gesandt ... Auf dem Wege von dort sah ich wieder Gefangene, die am Kreuze hingen, und erkannte darunter drei meiner Freunde. Mit tiefem Schmerz und unter Thränen begab ich mich zu Titus und erzählte es ihm. Sogleich ließ er sie abnehmen und ihnen die sorgfältigste Behandlung angedeihen. Trotzdem starben zwei von ihnen während der Behandlung, der dritte aber ward gerettet.»
(*Selbstbiographie*, 75 = 420–421)

Auch hier keine Erwähnung des Gesetzes, das die Kreuzabnahme bei Sonnenuntergang vorschrieb.

Andererseits und zuletzt ist aber zu sagen, daß, selbst wenn unter einem für jüdische religiöse Belange wenig sensiblen römischen Statthalter wie Pontius Pilatus und einem für römische politische Belange so sensiblen Hohenpriester wie Kajaphas das fragliche Gesetz nicht beachtet wurde, eine Möglichkeit frühzeitiger Kreuzabnahme bestand. Der Leichnam eines Gekreuzigten konnte dessen Verwandten oder Freunden durch einen Gnadenakt überlassen werden. Philo erwähnt in seiner Klageschrift *Gegen Flaccus* diese Möglichkeit ausdrücklich. Anders als der ägyptische Statthalter A. Avillius Flaccus, gegen den er Klage führt, pflegten, schreibt Philo, humane Statthalter, wenn Festtage bevorstünden, Kreuzigungen entweder aufzuschieben oder wenigstens die Leichen der Gekreuzigten zur Beerdigung freizugeben.

«Ich habe auch schon von solchen gehört, die gekreuzigt wurden, die man aber, weil solche Feiertage bevorstanden, vom Kreuz abnahm und den Verwandten gab, damit sie ein würdiges Begräbnis erhielten, wie es

Brauch ist. Denn auch die Toten sollten vom Geburtstag des Kaisers einen Vorteil haben und zugleich die Heiligkeit des Festes gewahrt werden. Flaccus aber ließ die am Kreuz Gestorbenen nicht abnehmen ...» (Philo, *Gegen Flaccus*, 83; deutsch in *Werke*, Bd. 7, 1964, S. 146)

Die Möglichkeit, daß auch ein Gekreuzigter von seiner Familie anständig begraben werden konnte, bestand also durchaus. Wir haben dafür inzwischen außer den genannten schriftlichen auch ein materielles Zeugnis.

Im Juni 1968 wurde in Giv'at ha-Mivtar, nördlich von Jerusalem, in einem Grab des 1. Jahrhunderts der christlichen Ära, das sehr wahrscheinlich schon vor dem ersten römisch-jüdischen Krieg (66–74 n. Chr.) angelegt wurde, erstmals das Skelett eines Gekreuzigten entdeckt. Das Grab bestand aus vier in weichen Kalkstein gehauenen Grabkammern, die jede einen kleinen Vorraum hatten und in deren Nischen je ein Leichnam, den Kopf voran, beigesetzt werden konnte. Solche Gräber wurden über Generationen immer wieder verwendet, denn nach der Verwesung des Fleischs wurden die Knochen in Gruben, die man aus dem Boden der Gräber aushob, bestattet oder, was freilich teurer war, in Knochensärgen aus Kalkstein gesammelt. Daraufhin konnten dann die Nischen neu belegt werden. In dem 1968 entdeckten Komplex gab es fünfzehn Knochensärge dieser Art, die größtenteils bis an den Deckel mit Knochen gefüllt waren und, wie sich zeigte, die Knochen von fünfunddreißig Menschen enthielten, nämlich von elf Männern, zwölf Frauen und zwölf Kindern. Von diesen fünfunddreißig waren eine Frau und ihr Kind bei dessen Geburt gestorben, weil offenbar keine Hebamme der Gebärenden half. Drei Kinder – eines im Alter zwischen sechs und acht Monaten, eines im Alter zwischen drei und vier Jahren und eines, das bei seinem Tod zwischen sieben und acht Jahre alt gewesen sein mag – waren verhungert. Fünf Personen waren eines gewaltsamen Todes gestorben, eine Frau und ein Mann durch Feuer, eine Frau durch einen Keulenschlag, ein vier- bis fünfjähriges Kind durch eine Pfeilwunde und schließlich der uns hier hauptsächlich interessierende junge Mann von mindestens vierundzwanzig, höchstens achtundzwanzig Jahren, fünf Fuß und fünf Zoll groß, der gekreuzigt worden war. Sein auf dem Ossuarium eingemeißelter Name war Yehochanan. Mit seinem waren im Ossuarium das unvollständige Skelett eines anderen Erwachsenen und dasjenige seines Sohns beigesetzt, eines drei- oder vierjährigen Kindes. Der Inhalt des Grabes gibt von den Zuständen, die schon vor dem großen Krieg mit den Römern in Jerusalem herrschten, ein trauriges Bild.

Die Fachleute der staatlichen Altertümerverwaltung Israels und der medizinischen Fakultät der hebräischen Universität in Jerusalem (Zias und Sekeles) haben durch sorgfältige Untersuchung des Skeletts ermitteln können, wie Yehochanan gekreuzigt wurde. Man hatte ihm die Arme an das Querholz nicht genagelt, sondern gebunden, wahrscheinlich so, daß die Unterarme am Ellbogen über den Balken nach hinten gebogen waren.

Die Beine waren beidseitig durch das Fersenbein ans Holz genagelt. Zwischen den Fersen und den Köpfen der beiden Nägel fand man jeweils ein Brettchen aus Olivenholz gelegt, das den Verurteilten wohl daran hindern sollte, sich den Nagel durch die Ferse zu reißen, um den Fuß frei zu bekommen. Man weiß das so genau, weil der Nagel, mit dem die rechte Ferse ans Kreuz geschlagen war, sich durch einen Knorren im Holz verbogen hatte, so daß, als man den Toten vom Kreuz nahm, der Nagel mitsamt dem Brettchen in der Ferse steckenblieb. Sie waren beide noch an Ort und Stelle, als man seine Gebeine fand. Auch hatte man diesem Gekreuzigten nicht die Beine gebrochen, um seinen Tod durch Ersticken zu beschleunigen.

Die Entdeckung dieses Skeletts verrät uns zweierlei. Erstens, daß es zu Beginn oder in der Mitte des 1. Jahrhunderts der christlichen Ära im jüdischen Land nicht unmöglich war, einem Gekreuzigten ein würdiges Begräbnis im Familiengrab zu verschaffen, zweitens wirft aber die Entdeckung dieses Skeletts eines Gekreuzigten in einem Familiengrab die Frage nach dem Verleib der Gebeine der Abertausenden auf, die allein während des 1. Jahrhunderts der christlichen Ära am Stadtrand von Jerusalem gekreuzigt wurden. Angesichts der Tatsache, daß bisher nur dieses eine Skelett gefunden wurde, drängt sich die Vermutung auf, daß die anständige Beerdigung von Gekreuzigten wohl nicht die Regel, sondern die Ausnahme war.

Hoffnung ist nicht Geschichte

Eine Anschauung dessen, was ein Gekreuzigter im allgemeinen und für gewöhnlich zu erwarten hatte, ist alles, was wir uns bisher haben verschaffen können. Nach römischem Brauch blieb der Leichnam des Gerichteten am Kreuz hängen als Nahrung für Aasvögel und wilde Tiere. Kreuzigungsstätten wie diejenige auf Golgatha in Jerusalem oder die auf dem Campus Esquilinus in Rom, wo die senkrechten Pfähle stets neuer Opfer harrten, die das eigene Querholz auf den Schultern zur Richtstätte tragen mußten, waren grausige Sammelplätze für die von dem Geruch von Schweiß, Blut, Urin und Faeces angezogenen Aasfresser. So war schon der von Fliegen, Krähen und Hunden schwärmende und wimmelnde Ort selbst eine ständige Warnung an die Unterschicht, besser nicht subversiven Neigungen nachzugeben. Wenn im jüdischen Land das deuteronomische Gesetz 21, 22–23 beachtet worden wäre, hätte dieses die grausame römische Praxis um einiges gemildert. Doch ich finde bei Josephus keinen Hinweis darauf, daß das der Fall gewesen wäre, und die Tempelrolle spricht eher gegen diese Annahme. Mit der Erklärung, das Gesetz aus dem Buch Deuteronomium über die Kreuzigung von Toten gelte auch für die Kreuzigung von Lebenden, gaben die Essäer zu verstehen, wie sie verfahren würden, wenn sie die Macht in Jerusalem hätten, was als Hinweis darauf gelten kann, daß gegenwärtig, da sie nicht an der Macht waren, nicht so verfahren wurde. Doch bestand sowohl bei Römern als auch bei Juden die Möglichkeit, daß den Freunden und Verwandten der Leichnam des Hingerichteten zur Beerdigung freigegeben wurde. Ist das nicht das, was im Falle Jesu geschah? Ja. Aber ist das Hoffnung oder Geschichte? Das bei den Römern Übliche und das bei den Juden Übliche stellt sich uns bei der Lektüre der christlichen Texte in einem Sonderfall dar. Aber entspricht dieser Sonderfall der Hoffnung der Christen oder den Tatsachen der Geschichte?

Von der Furcht zur Hoffnung

Meiner Rekonstruktion zufolge enthält das Petrusevangelium einen Teil, den ich als Kreuzevangelium bezeichne und für ursprünglicher als die vier kanonischen Evangelien halte, deren Quelle dieses Kreuzevangelium wahrscheinlich war (siehe den Anhang dieses Buches). Für Brown ist das Petrusevangelium dagegen ein Gemisch von Erinnerungen an die Evangelien des Matthäus, Lukas und Johannes sowie von einigen im Volk überlieferten Erzählungen über die Passion Jesu. Hier ergibt sich eine weitere gute Gelegenheit, diese beiden Hypothesen zu prüfen.

Im Petrusevangelium ist an drei Stellen von dem Begräbnis Jesu die Rede, wenn wir hier einmal von der Erwähnung der Wachen und der Frauen am Grab absehen wollen. Zuerst sei die ursprünglichste zitiert, die in dem von mir als Kreuzevangelium bezeichneten Teil steht.

«Es war aber Mittag, und eine Finsternis bedeckte ganz Judäa. Und sie gerieten in Angst und Unruhe darüber, daß die Sonne schon untergegangen sei, da er ja noch am Leben war. (Denn) es steht ihnen geschrieben, die Sonne dürfe nicht über einem Getöteten untergehen. Und einer unter ihnen sprach: Gebet ihm Galle mit Essig zu trinken. Und sie mischten es und gaben ihm zu trinken. Und sie erfüllten alles und machten das Maß der Sünden über ihr Haupt voll. Viele aber gingen mit Lichtern umher, da sie meinten, es sei Nacht, (und) fielen hin. Und der Herr schrie auf und rief: Meine Kraft, o Kraft, du hast mich verlassen! Und indem er dies sagte, wurde er aufgenommen. Und zur selben Stunde riß der Vorhang des Tempels in Jerusalem entzwei. Und da zogen die Juden die Nägel aus den Händen des Herrn und legten ihn auf die Erde. Und die ganze Erde erbebte, und eine große Furcht entstand. Da leuchtete die Sonne (wieder), und es fand sich, daß es die neunte Stunde war.» (Petrusevangelium 5, 15–6, 22)

Dieser Text ist für mich die *ursprüngliche Schicht* des Petrusevangeliums. Der Berichterstatter setzt voraus, daß diejenigen, die Jesus kreuzigten, durch Deuteronomium 21, 22–23 verpflichtet waren, seinen Leib vom Kreuz abzunehmen und zu begraben, ehe die Sonne unterging. Deshalb beschleunigten sie auch, wie wir oben sahen, durch einen Gifttrank seinen Tod. Dann nehmen sie ihn vom Kreuz ab, und man darf, den bisherigen Angaben folgend, erwarten, daß auch sie es sind, die für sein Begräbnis sorgen werden. Das Kreuzevangelium, die ursprüngliche Passions- und Auferstehungsgeschichte innerhalb des Petrusevangeliums, setzt voraus, daß Jesus von seinen Feinden gekreuzigt, vom Kreuz abgenommen und begraben wurde. Warum? Ausdrücklich, weil sie nicht gegen das Gesetz aus dem Buch Deuteronomium 21, 22–23 verstoßen wollten, dessentwegen sie die plötzliche Sonnenfinsternis ängstigte. Ist es denn schon Nacht, und haben wir gegen das Gesetz verstoßen? fragen sie sich.

Auf diesen Text folgt nun ein weiterer, der jedoch ganz andere Voraussetzungen macht als der vorstehende. Ich erkläre mir diesen Bruch vorerst mit der Annahme, daß nach der Mitte des 2. Jahrhunderts die ursprüngliche Erzählung aus dem Kreuzevangelium den kanonischen Evangelien angepaßt werden mußte, die zunehmende Bedeutung erlangten. Diesen zufolge wurde ja Jesus nicht von seinen Feinden, sondern von seinen Freunden begraben. Ich bezeichne deshalb die Schicht des Petrusevangeliums, in die ich die folgende Fortsetzung der Erzählung einordne, als die kanonische.

> «Die Juden aber freuten sich und gaben seinen Leib dem Joseph, damit er ihn beerdige, da er ja alles Gute geschaut hatte, das er (= Jesus) getan hatte. Er nahm aber den Herrn, wusch ihn, hüllte ihn in eine Leinwand und brachte ihn in sein eigenes Grab, genannt Josefs Garten.» (Petrusevangelium 6, 23–24)

Hier werden Informationen aus den kanonischen Evangelien miteinander verknüpft, und es wird zusammenfassend von einem würdigen Begräbnis für Jesus berichtet. Wie bei Matthäus 21, 60, wird das Grab als Josefs eigenes bezeichnet und, wie sonst nur bei Johannes 19, 41, in einem Garten lokalisiert. Ausdrücklich wird aber auch gesagt, was von keinem der kanonischen Evangelisten erwähnt wird, daß Jesu Leichnam zuerst gewaschen wurde. Doch stammt auch diese Angabe nicht aus einer unabhängigen Überlieferung, sondern ist aus den kanonischen Passionsgeschichten abgeleitet.

Der dritte Text im Petrusevangelium, der auf das Begräbnis Jesu Bezug nimmt, soll meines Erachtens zwischen den Angaben des ersten, ursprünglichen Berichts und denen, die diesem später hinzugefügt wurden, vermitteln und den zwischen beiden bestehenden Widerspruch aufheben. Wenn dem älteren Bericht zufolge Jesus von seinen Feinden begraben werden sollte, weil diese fürchteten, gegen das mosaische Gesetz zu verstoßen, nach dem neueren aber Joseph, ein mutmaßlicher Freund des Herrn («da er ja all das Gute geschaut hatte, das er getan hatte»), ihn begrub, so bedurfte die so eingeführte Änderung einer Erklärung. Und die liefert der dritte Text:

«Es stand aber daselbst Josef, der Freund des Pilatus und des Herrn, und als er sah, daß sie ihn kreuzigen würden, kam er zu Pilatus und bat um den Leib des Herrn zum Begräbnis. Und Pilatus sandte zu Herodes und bat um seinen Leib. Und Herodes sprach: Bruder Pilatus, auch wenn niemand um ihn gebeten hätte, würden wir ihn begraben, da ja auch der Sabbat aufleuchtet. Denn es steht im Gesetz geschrieben, die Sonne dürfe nicht über einem Getöteten untergehen.»
(Petrusevangelium 2, 3–5 a)

In der uns vorliegenden Fassung der Erzählung steht diese Stelle 2, 3–5 a vor den Berichten über das Begräbnis Jesu durch seine Feinde 5, 15–6, 22 und durch seine Freunde 6, 23–24. Sie dient dazu, den Leser oder Hörer auf die überraschende Wendung vorzubereiten, daß der Leichnam, den zu verscharren die Feinde Jesu sich anschickten, dann doch von dessen Freunden bestattet wird. Überdies wird an dieser Stelle ein weiterer Widerspruch zwischen dem Bericht des Kreuzevangeliums und denen der kanonischen Evangelien aufgelöst. Dem Kreuzevangelium zufolge war die Vollstreckung des Urteils gegen Jesus ja Sache des Herodes, den kanonischen Evangelien nach aber diejenige des Pilatus. Also wird nun hier gesagt, daß Josef zu Pilatus ging, Pilatus aber zu Herodes, was dem Leser suggeriert, daß irgendwie beide Fassungen den Tatsachen entsprechen. Und schließlich sagt Herodes, daß wegen des diesbezüglichen jüdischen Gesetzes seine Feinde Jesus begraben hätten, auch wenn sich kein Freund gefunden hätte, ihm diesen letzten Dienst zu leisten.

Dem Petrusevangelium entnehme ich also nur den zuerst zitierten Text aus der *ursprünglichen Schicht* des Kreuzevangeliums und betone, was dieser voraussetzt: daß diejenigen, die Jesus kreuzigten, ihn begraben hätten, um nicht gegen das jüdische Gesetz zu verstoßen. Die Angabe scheint nicht aus einer Kenntnis der historischen Tatsachen gezogen zu sein, sondern auf der Hoffnung zu beruhen, es sei so gewesen. Jesu Gefährten waren nach seiner Verhaftung geflohen und waren deshalb nicht Zeugen der Kreuzigung. Ihre schlimmste Befürchtung war, man habe ihn nicht begraben. So begannen sie, Gründe dafür zu suchen, daß diese Befürchtung ungerechtfertigt sein müsse. Und der erste Grund, auf den sie kamen, war, soweit wir wissen, daß dem jüdischen Gesetz zufolge die Kreuziger selbst den Leichnam vor Sonnenuntergang vom Kreuz abnehmen und begraben mußten. Was sie darüber erzählten, entsprach ihrer Hoffnung, doch der Ausdruck von Hoffnung ist nicht Geschichtsschreibung.

Von der Hoffnung zum Wunschtraum

In den kanonischen Evangelien, von Markus bis zu Johannes, wird das Erhoffte wahr. Aus der Möglichkeit, Jesus könnte von ungenannten Feinden begraben worden sein, wird die Gewißheit, daß er von namentlich bekannten Freunden begraben wurde. Und er wurde nicht flüchtig in einem flachen Grab verscharrt, sondern in einem prächtigen Felsengrab mit königlichem Prunk beigesetzt. Von Deuteronomium 21, 22–23 braucht unter diesen Umständen natürlich nicht länger die Rede zu sein. Das war nötig nur zur Begründung, warum seine Feinde ihn begraben haben sollten. Denn was seine Feinde vielleicht aus Achtung vor dem Gesetz getan hätten, taten seine Freunde natürlich aus Liebe zu Jesus.

Das Dilemma des Markus

Das Markusevangelium ist unser wichtigstes Zeugnis für diesen Vorgang. Was Markus an Erzählungen überliefert war, wie das im Petrusevangelium teilweise erhaltene Kreuzevangelium, reichte nicht weiter als bis zu der Annahme, daß Jesus von seinen Feinden begraben worden sein könnte. So ging denn Markus selbst den entscheidenden Schritt weiter zur Verwirklichung kühnerer Hoffnungen.

> «Da es Rüsttag war, der Tag vor dem Sabbat, und es schon Abend wurde, ging Josef von Arimathäa, ein vornehmer Ratsherr, der auch auf das Reich Gottes wartete, zu Pilatus und *wagte es*, um den Leichnam Jesu zu bitten. Pilatus war überrascht, als er hörte, daß Jesus schon tot sei. Er ließ den Hauptmann kommen und fragte ihn, ob Jesus bereits gestorben sei. Als der Hauptmann das bestätigte, überließ er Josef den Leichnam. Josef kaufte ein Leinentuch, nahm Jesus vom Kreuz, wickelte ihn in das Tuch und legte ihn in ein Grab, das in einen Felsen gehauen war. Dann wälzte er einen Stein vor den Eingang des Grabes.»
> (Markus 15, 42–46, Hervorhebung von mir)

Ich halte Josef von Arimathäa für eine von Markus gänzlich frei erfundene Figur. Markus brauchte ihn, um das Problem zu lösen, das für ihn darin bestand, daß die Mächtigen alle gegen Jesus waren, während seine Anhänger sämtlich machtlos waren. Sie hatten keine Macht. Keine Macht zu handeln, keine Macht zu fordern, keine Macht zu bitten, nicht einmal die Macht, Gunst durch Bestechung zu erkaufen. Es mußte also jemand gefunden werden, der zugleich irgendwie auf seiten der Macht stand und irgendwie auch auf seiten Jesu. Josef ist dem Zeugnis des Markus nach «ein vornehmer Ratsherr», ein Angehöriger des Sanhedrin oder Hohen Rats, der dem gleichen Evangelisten zufolge (Markus 14, 64) Jesus einstimmig zum Tode verurteilt hatte. Er ist jedoch überdies ein vornehmer Ratsherr, der auf das Reich Gottes wartete. Ist er nun ein Jünger Jesu oder nicht? Brown meint, daß dem nicht so sei: «Es ist möglich und sogar wahrscheinlich, daß Markus Josef nicht als Jünger Jesu beschreibt.» (S. 1216) Ich glaube, der Evangelist wollte seinerseits diesen Punkt im unklaren lassen. Ihm war die Zweideutigkeit seiner Beschreibung lieb, und so will auch ich mir sie gefallen lassen. Markus versucht, Josef als einen Jünger Jesu hinzustellen, ohne ihn ausdrücklich als solchen ausgeben zu müssen. Ihm ist bewußt, daß er dem guten Glauben seiner Leser hier einen ziemlich unwahrscheinlichen Helden zumutet, einen der Zugang zur Macht hat, aber dennoch auf seiten Jesu steht. Deshalb weist er auch darauf hin, daß es selbst für den vornehmen Ratsherrn, der vielleicht ein Jünger Jesu war, ein *Wagnis* war, um Jesu Leiche zu bitten.

Brown hält Josef für einen frommen Angehörigen des Hohen Rats, der den Gekreuzigten nicht als Jünger Jesu begräbt, sondern in Befolgung des mosaischen Gesetzes Deuteronomium 21, 22–23. Im Markusbericht wird ausdrücklich aber nur erwähnt, daß der nächste Tag ein Sabbat war. Demnach hätte verhindert werden müssen, daß der Leichnam am Sabbat noch am Kreuz hing. Man könnte allerdings auch behaupten, daß Joseph sich von einer allgemeinen Pietät, die Achtung vor den Toten verlangt, habe leiten lassen. Er gliche dann dem Helden des (im 4. oder 3. Jahrhundert v. Chr. verfaßten) Buches Tobit, der aus der Zeit seiner Gefangenschaft in Ninive, der Hauptstadt der Assyrer, berichtet:

«Schon zur Zeit Salmanassars hatte ich den Brüdern meines Stammes aus Barmherzigkeit viel geholfen: Ich gab den Hungernden mein Brot und den Nackten meine Kleider; wenn ich sah, daß einer aus meinem Volk gestorben war und daß man seinen Leichnam hinter die Stadtmauer von Ninive geworfen hatte, begrub ich ihn. Ich begrub heimlich auch alle, die der König Sanherib hinrichten ließ, nachdem er wie ein Flüchtling aus Judäa heimgekehrt war. Denn viele ließ er in seiner Wut hinrichten. Wenn aber der König die Leichen suchen ließ, waren sie nicht mehr zu finden.»
(Tobit 1,16 – 18)

Als ihm zu Ehren einmal ein Festmahl veranstaltet wurde, sagte Tobit zu seinem Sohn Tobias:

«Geh zu unseren Brüdern, und wenn du einen Armen findest, der dem Herrn treu geblieben ist, bring ihn her; ich warte auf dich. Er kam zurück und sagte: Auf dem Marktplatz liegt einer von unserem Volk, den man erdrosselt hat. Ich sprang auf, noch ehe ich etwas gegessen hatte, und verbarg den Toten bis zum Sonnenuntergang in einer Hütte. Nach meiner Rückkehr wusch ich mich und aß voll Trauer mein Mahl. Ich erinnerte mich an das Wort des Propheten Amos: Eure Feste sollen sich in Trauer verwandeln und alle eure Freudenlieder in Totenklage. Und ich begann zu weinen. Nach Sonnenuntergang ging ich hinaus, um ein Grab zu schaufeln, und begrub den Toten.»
(Tobit 2, 2–7)

Einwenden läßt sich aber gegen diese Interpretation, *daß Josef nur Jesus begrub, nicht die beiden anderen Gekreuzigten*. Als frommer Ratsherr hätte er, dem Gesetz aus dem Buch Deuteronomium folgend oder aus allgemeiner

Pietät, alle drei Leichen bestatten sollen. Das hätte Markus die Schwierigkeit erspart, den Ratsherrn als einen verkappten Jünger Jesu hinstellen zu müssen. Es hätte ihn aber andererseits in die Schwierigkeit gebracht, daß in dem Fall die drei Leichen wohl am gleichen Ort begraben worden wären und hätten verwechselt werden können. Markus erfand also einen Mann, der zugleich auf seiten der Mächtigen und der Ohnmächtigen, Ratsherr und fast Jünger Jesu war. Brown beschreibt das lange spätere Leben dieses Josef von Arimathäa in den Erfindungen christlicher Erzähltradition (S. 1233–1234). In Wirklichkeit trat Josef schon als Fiktion ins Leben und ist als solche unsterblich geworden.

Die anderen Lösungen

In meiner Deutung der Erzählung des Markus finde ich mich bestätigt durch den Gebrauch, den die drei anderen Evangelisten, die ersten und strengsten Kritiker des Markus, von dessen Geschichte über Joseph von Arimathäa machten. Die Unwahrscheinlichkeit der Erfindung eines auch nur insgeheim zu Jesus neigenden Ratsherrn war ihnen schmerzlich bewußt, und dementsprechend bearbeiteten sie die Erzählung des Markus. (Die Hinzufügungen des Matthäus habe ich hervorgehoben):

«Gegen Abend kam ein *reicher Mann* aus Arimathäa namens Josef; auch er war *ein Jünger* Jesu. Er ging zu Pilatus und bat um den Leichnam Jesu. Da befahl Pilatus, ihm den Leichnam zu überlassen. Josef nahm ihn und hüllte ihn in ein *reines* Leinentuch. Dann legte er ihn in ein *neues* Grab, das er *für sich selbst* in einen Felsen hatte hauen lassen. Er wälzte einen *großen* Stein vor den Eingang und ging weg.»
(Matthäus 27, 57–60)

Matthäus nimmt Markus nicht ab, daß Josef dem Sanhedrin angehörte. Bei ihm ist Josef mächtig nur, insofern er «ein reicher Mann» ist, als welcher er leichter als ein Ratsherr zugleich «ein Jünger Jesu» sein kann. Er verbesserte seine Vorlage auch, insofern er ausdrücklich auf die Reinheit des Leinentuchs hinweist, in das Josef Jesus hüllte, und angibt, daß Josef das Grab für sich selbst hatte aushauen lassen und es zuletzt mit einem «großen Stein» verschloß; mit diesen zusätzlichen Angaben sollte wohl die Identität, Integrität und Sicherheit der Leiche und des Grabes Jesu behauptet werden.

Lukas erkannte die Schwierigkeiten, in welche einen die Darstellung des Markus brachte, nicht weniger deutlich als Matthäus, er versuchte aber, diese auf andere Weise, nämlich in entgegengesetzter Richtung von Markus abweichend, zu lösen.

«Damals gehörte zu den Mitgliedern des Hohen Rates ein Mann namens Josef, der aus der jüdischen Stadt Arimathäa stammte. Er wartete auf das Reich Gottes und *hatte dem, was die anderen beschlossen und taten, nicht zugestimmt,* weil er gut und gerecht war. Er ging zu Pilatus und bat um den Leichnam Jesu. Und er nahm ihn vom Kreuz, hüllte ihn in ein Leinentuch und legte ihn in ein Felsengrab, *in dem noch niemand bestattet worden war.* Das war am Rüsttag, kurz bevor der Sabbat anbrach.» (Lukas 23, 50–54, Hervorhebungen von mir)

Lukas hält sich ziemlich eng an Markus, teilt aber mir, daß Josef im Hohen Rat gegen die Verurteilung und Kreuzigung Jesu gestimmt habe. Auch Lukas hebt die Neuigkeit des Grabes hervor. Matthäus, Lukas und Johannes sagen übereinstimmend, daß es sich bei dem Grab, in das Jesus gelegt wurde, um ein nie zuvor benütztes Grab handelte, worauf es bei Markus, ihrer Quelle, keinen Hinweis gibt. Die von ihnen neu eingeführte Erklärung beugte lästigen Fragen vor: Wie hätte man, wenn Jesus in einem bereits mit anderen Toten belegten Grab bestattet worden wäre, die Gewißheit haben können, daß sein Leichnam daraus verschwunden sei? Er hätte auch verwechselt werden können. Denn solche Fragen hätten sich die Christen selbst gestellt, noch ehe sie von ihren Gegnern, die an die Auferstehung Jesu nicht glauben wollten, eingewandt worden wären.

Keiner der Evangelisten wußte derartige Probleme so umfassend und restlos zu lösen wie Johannes. Bei ihm lenkt Jesus selbst den Gang der Ereignisse seiner Passion, von der zu Boden stürzenden Kohorte bei seiner Verhaftung bis zu seinen letzten Worten am Kreuz. So auch hier. Wie es bei Johannes keine Todesangst im Garten Gethsemane gibt, keinen Verzweiflungsschrei am Kreuz, lassen auch die von Josef und Nikodemus zu Jesu Begräbnis getroffenen Anstalten nichts zu wünschen übrig.

«Josef aus Arimathäa war ein Jünger Jesu, *aber aus Furcht vor den Juden nur heimlich.* Er bat Pilatus, den Leichnam Jesu abnehmen zu dürfen, und Pilatus erlaubte es. Also kam er und nahm den Leichnam ab. *Es kam auch Nikodemus,* der früher einmal Jesus bei Nacht aufgesucht hatte. Er brachte eine Mischung aus Myrrhe und Aloe, etwa hundert Pfund. Sie nahmen den Leichnam Jesu und umwickelten ihn mit Leinenbinden, zusammen mit den wohlriechenden Salben, wie es beim jüdischen Begräbnis Sitte ist. An dem Ort, wo man ihn gekreuzigt hatte, war ein Garten, und in dem Garten war ein neues Grab, in dem noch niemand bestattet worden war. Wegen des Rüsttages der Juden und weil das Grab in der Nähe lag, setzten sie Jesus dort bei.» (Johannes 19, 38–42; Hervorhebungen von mir)

Damit wird die Schwierigkeit, die sich aus der Darstellung des Markus ergab, auf eine für Johannes bezeichnende Weise gelöst. Johannes läßt dem Josef von Arimathäa die Würde eines Ratsherrn, da es nach seiner Ansicht nicht wenige geheime Jünger Jesu selbst auf seiten der Obrigkeit gab.

«Dennoch kamen sogar von den führenden Männern viele zum Glauben an ihn; aber wegen der Pharisäer bekannten sie es nicht offen, um nicht

aus der Synagoge ausgestoßen zu werden. Denn sie liebten das Ansehen
bei den Menschen mehr als das Ansehen bei Gott.»
(Johannes 12, 42–43)

Josef ist aus Furcht vor den Juden nur im geheimen Jünger Jesu gewesen,
doch nun, nach dessen Tod, hat er den Mut gefunden, sich zu erkennen
zu geben. Und Johannes gibt ihm Nikodemus zur Seite. Auch Nikodemus
fürchtete sich vor den Juden, unter denen er ein führender Mann war, und
hatte deshalb (Johannes 3, 2) Jesus bei Nacht aufgesucht. Später aber, nach
Jesu Selbstoffenbarung beim Laubhüttenfest in Jerusalem, war es fast
schon auch zu einer Selbstoffenbarung des Nikodemus als eines Jüngers
Jesu gekommen:

> «Als die Gerichtsdiener zu den Hohenpriestern und den Pharisäern zu-
> rückkamen, fragten diese: Warum habt ihr ihn nicht hergebracht? Die
> Gerichtsdiener antworteten: Noch nie hat ein Mensch so gesprochen. Da
> entgegnet ihnen die Pharisäer: Habt auch ihr euch in die Irre führen
> lassen? Ist etwa einer vom Hohen Rat oder von den Pharisäern zum
> Glauben an ihn gekommen? Dieses Volk jedoch, das vom Gesetz nichts
> versteht, verflucht ist es. Nikodemus aber, einer aus ihren eigenen Rei-
> hen, der früher einmal Jesus aufgesucht hatte, sagte zu ihnen: Verurteilt
> etwa unser Gesetz einen Menschen, bevor man ihn verhört und festge-
> stellt hat, was er tut? Sie erwiderten ihm: Bist du vielleicht auch aus
> Galiläa? Lies doch nach: Der Prophet kommt nicht aus Galiläa.»
> (Johannes 7, 45–52)

Für Johannes waren wahrscheinlich Josef und Nikodemus zwei jener führenden Männer, die aus Furcht vor den Juden nur heimlich Jünger Jesu
waren, nur daß diese beiden sich zuletzt insofern offen zu ihm bekannten,
als sie dafür sorgten, daß er ein anständiges Begräbnis erhielt.

Wie die ganze Kohorte von sechshundert Soldaten, die kommen, Jesus
zu verhaften, und ihm dann, Johannes 18, 6, zu Füßen fallen, ist auch die
Menge der Mischung aus Myrrhe und Aloe, die Nikodemus zur Bestattung
Jesu mitbringt («etwa hundert Pfund»), wohl als absichtliche, wenn auch
der wahren Situation angemessene Übertreibung zu verstehen. Wie Brown
bemerkt, würde eine solche Menge Gewürze pulverisiert oder gerebelt einen großen Teil des Grabes füllen und den Leichnam überhäufen; und daß
Johannes 19, 39 nicht von Öl oder Salbe spricht, sondern von trockenen
Gewürzen, hält Brown für wahrscheinlich (S. 1260, 1263). Johannes will ein
nicht nur königliches oder kaiserliches Begräbnis beschreiben, sondern ein
transzendentales oder göttliches. Im Johannesevangelium stirbt Jesus und
wird begraben als der Gottkönig, den Johannes in ihm sieht.

Brown bemerkt, daß «das Szenario des Johannes, wonach es in dem
Gebiet nördlich von Jerusalem, wo Jesus gekreuzigt wurde, einen Garten
gab, und daß Jesus in einem Grab in diesem Garten begraben wurde,

nichts Unglaubwürdiges» habe (S. 1270). Das ist vollkommen richtig. Nichts Unglaubwürdiges. Aber auch nichts Historisches.

Namen für die Namenlosen

Der Einwand liegt auf der Hand. Wir haben Josefs Namen und dazu den seines Heimatortes, obwohl wir bisher nicht wissen, wo dieser lag. Wie kann man behaupten, daß Markus einen mit Namen und Adresse versehenen Mann frei erfand und daß dieser dann weiter in die Evangelien des Matthäus, des Lukas und Johannes sowie in die kanonische Schicht des Petrusevangeliums gelangte und sich bis auf den heutigen Tag in der christlichen Geschichte behauptet? Dazu fällt mir eine Bemerkung ein, die Jorge Luis Borges, der Verfasser der phantastischen Erzählung *El Aleph*, anläßlich der Frage eines Journalisten machte. Das *Aleph* der Erzählung, eine mythische Sphäre, die alle Orte der Erde in sich faßt, befand sich nach der Angabe des Erzählers in einem Haus an der Calle Garay in Buenos Aires. Einst in Madrid, erzählt Borges, habe ein Journalist ihn gefragt, ob es dieses Aleph in Buenos Aires wirklich gebe. Er sei versucht gewesen, die Frage zu bejahen, aber ein Freund sei ihm ins Wort gefallen und habe darauf hingewiesen, daß ein solches Ding, wenn es wirklich existierte, nicht nur das berühmteste Ding der Welt wäre, sondern auch alle unsere Begriffe von Zeit, Astronomie, Mathematik und Raum in ein völlig neues Licht setzen würde. «Ah», sagte der Journalist (so Borges), «also ist die ganze Sache Ihre eigene Erfindung. Ich dachte, sie wäre wahr, weil Sie den Namen der Straße angeben.» Borges fügt diesem Bericht die Bemerkung hinzu, die mir hier relevant zu sein scheint: «Ich wagte nicht, ihm zu sagen, daß das Nennen von Straßennamen keine große Sache ist.»

Das Nennen von Straßennamen ist keine große Sache. Das von Personennamen auch nicht. Personen des öffentlichen Lebens wie Pilatus und Kajaphas sind wirkliche Menschen, gleichviel ob nun die ihnen zugeschriebenen Worte und Toten historisch sind oder nicht. Aber kann durch das Nennen von Namen wie «Barabbas» bei Markus 15, 7 oder von «Simon von Zyrene, Vater des Alexander und des Rufus» bei Markus 15, 21 oder von «Josef von Arimathäa» bei Markus 15, 43 ausgeschlossen werden, daß diese selbst wie die mit ihnen in Verbindung gebrachten Handlungen und Erlebnisse frei erfunden sind?

Die allgemeine frühchristliche Überlieferung versah auch jene bedeutsamen Personen, die in den Passionsberichten nicht beim Namen genannt werden, mit Eigennamen: «Die Frau des Pilatus, den Hauptmann am Kreuz, die beiden zu seiten Jesu gekreuzigten Schächer, den Hauptmann der Soldaten, die das Grab bewachten» (Metzger, S. 79). Doch der Anfang dieses Prozesses ist schon innerhalb der Schriften des Neuen Testaments nachzuweisen. Markus 14, 47, Matthäus 26, 47 und Lukas 22, 50 nennen weder den Mann, der bei der Verhaftung Jesu im Garten Gethsemane zum

Schwert griff, noch die Person, der er ein Ohr abschlägt, beim Namen. Aber Johannes 18, 10 identifiziert die beiden als Petrus und Malchus. Meines Erachtens hat der Evangelist da von dichterischer Freiheit Gebrauch gemacht.

Im Fortgang der Überlieferung fallen natürlich mitunter Namen auch unter den Tisch. Bei Matthäus 27, 32 und Lukas 23, 26 ist von Alexander und Rufus, den Söhnen Simons von Zyrene, die Markus 15, 21 nennt, nicht mehr die Rede. Und der bei Petrus 8, 31 genannte Name des Hauptmanns der Grabwache, Petronius, findet bei Markus 15, 39, Matthäus 27, 54 und Lukas 23, 47 keine Erwähnung mehr. Doch im allgemeinen ist die Tendenz zu beobachten, daß im Laufe der Zeit auch anfänglich anonyme Personen namentlich bekannt werden. Und wenn so mit der Zeit Namen für anfänglich ungenannte handelnde Personen einer Erzählung gefunden werden, könnte der Erzähler nicht genausogut die Namen zugleich mit den dazugehörigen Begebenheiten erfunden haben? Es ist natürlich möglich, daß Markus die Handlungen und die Namen der handelnden Personen aus historischer Erinnerung schöpfte oder daß er von den Ereignissen auf diese Weise Kenntnis hatte und nur die Namen der daran Beteiligten erfand. Doch die Ereignisse, bei denen Barabbas, Simon und Josef ihre Rollen spielen, passen alle so unverkennbar zur Gedankenwelt des Markus, daß meine eigene Arbeitshypothese sich mit der Annahme begnügt, Markus selbst habe sowohl Namen wie auch Ereignisse erfunden, denn wer Ereignisse erfinden, kann auch Namen erfinden.

Die Wachen am Grab

Eine weitere nützliche Probe aufs Exempel für Browns und meine unterschiedlichen Deutungen der Passionsüberlieferung gestattet der Bericht der Evangelisten über die Wachen am Grab. Wie oben im Abschnitt «Verantwortlichkeit für unschuldiges Blut» dargelegt, ist Brown der Meinung, daß Matthäus und Petrus «lebendige Volkserzählungen von der Passion» (S. 1118) benützten, von denen Matthäus in den achtziger oder neunziger Jahren des 1. Jahrhunderts minder entwickelte und dann Petrus in der ersten Hälfte des 2. Jahrhunderts weiter ausgeführte Fassungen aufgenommen hätten (S. 1335, 1345). Er erklärt die Geschichte von den Wachen am Grabe Jesu in diesem Zusammenhang, merkt dazu aber an:

> «Eine fortlaufende Geschichte über die Wache am Grab entnahm Matthäus der gleichen Sammlung populärer Traditionen, die er schon für frühere Zusätze zu Markus' PN (Passions-Narration) anzapfte ... Ich werde die Meinung verfechten, daß der Verfasser des Petrusevangeliums nicht nur aus Matthäus schöpfte, sondern überdies aus einer unabhängigen Form der Wache-am-Grab-Geschichte.» (S. 1287)

«Der Verfasser des Petrusevangeliums mag den Bericht des Matthäus über die Wache gekannt haben (ein Urteil, das auf dessen Benutzung des matthäischen Vokabulars beruht), doch es ist ein plausibles Szenario, daß er auch eine fortlaufende Form der Geschichte kannte und diese vorzog.» (S. 1301, Anm. 35)

«Der Verfasser des Petrusevangeliums hatte zwei Formen der Wache-am-Grab-Geschichte zur Verfügung, die des Matthäus und eine andere.» (S. 1307)

Ich gebe in Tabelle 9 die auf diese Wache bezüglichen Texte aus dem Petrus- und dem Matthäusevangelium in parallelen Spalten und hebe alle Worte und Wendungen hervor, die, wenn nicht in der Übersetzung, so doch im griechischen Original gleich sind. Man lese jede Spalte zuerst von oben nach unten, um der Logik der Geschichte willen, und dann von links nach rechts die parallelen Elemente, wobei die Ähnlichkeiten und Unterschiede der beiden Fassungen ins Auge fallen werden.

Als erstes muß gesagt werden, daß zum Beweis der Abhängigkeit eines der beiden Texte vom anderen das Vokabular nicht viel hergibt. Im *Jünger*-Element sind sieben oder acht Worte gleich, aber damit ist die Abhängigkeit weder in der einen noch in der anderen Richtung zu beweisen. Das Element verweist wahrscheinlich auf die Erwiderung jüdischer Gegner, die, sobald Jesu Nachfolger dessen Auferstehung behaupteten, den Vorwurf der Grabräuberei dagegen erhoben. Es ist das unvermeidliche Gegenargument: *Die Jünger kamen und stahlen die Leiche.* Aber diese wörtliche Entsprechung verweist auf den polemischen Zusammenhang der Geschichte. *Wir* sagen Auferstehung, *ihr* sagt Grabräuberei; *wir* sagen Wachen, die lügen, *ihr* seid am Zug! Und die plötzliche und unerwartete Erwähnung der Pharisäer am Anfang beider Texte (doch dann nicht mehr) verweist wahrscheinlich auf die Gegner, die der ursprüngliche Erfinder der Geschichte von der Wache am Grab im Auge hatte.

Weiter fällt auf, daß die Folge der Elemente in beiden Fällen die gleiche ist. Sie ist zu ähnlich, als daß sie durch mündliche Überlieferung oder die Erinnerung einer gemeinsamen Quelle erklärt werden könnte. Aber auch das beweist in keiner Richtung ein Abhängigkeitsverhältnis zwischen Petrus und Matthäus im Unterschied etwa zu einer Abhängigkeit beider von einer gemeinsamen (schriftlichen?) Quelle.

Endlich ist der Inhalt beider Erzählungen zu würdigen, und da gibt es ein mögliches Indiz für eine Abhängigkeit des Matthäus von Petrus (und nicht für die von Brown postulierte Abhängigkeit des letzteren vom ersteren). Bei Petrus weiß die *Obrigkeit*, daß das *Volk* seine Beteiligung an der Kreuzigung Jesu schon bereut; siehe dazu das «Hintergrund»-Element. Nun fasse man das «Drei Tage»-Element ins Auge. Bei Petrus wollen sie sein Grab «drei Tage lang» bewachen. Warum? Ich bin hier gleicher Meinung wie Brown: «Der Wunsch, die Grabstätte drei Tage lang zu bewachen

Tabelle 9

Elemente	Petrus 8, 28–33	Matthäus 27, 62–66
Zeit		Am nächsten Tage ... es war der Tag nach dem Rüsttag
Hintergrund	Als sich aber die Schriftgelehr-ten und Pharisäer und Ältesten *miteinander versammelten* und hörten, daß das ganze Volk murre und sich an die Brust schlage und sage: «Wenn bei seinem Tod diese überaus großen Zeichen geschehen sind, so sehet, wie gerecht er war!»	
Forderung	da fürchteten sie sich und kamen zu Pilatus, baten ihn und sprachen:	gingen die Hohenpriester und die Pharisäer *gemeinsam* zu Pila-tus ... Sie sagten: Herr, es fiel uns ein, daß dieser Betrüger, als er noch lebte, behauptet hat:
Drei Tage	«Gib uns Soldaten, damit wir sein *Grab* drei Tage lang bewachen,	Ich werde nach drei Tagen auf-erstehen. Gib also den Befehl, daß das *Grab* bis zum dritten Tag sicher bewacht wird.
Jünger	*damit nicht seine Jünger kommen und ihn stehlen*	Sonst könnten seine Jünger kom-men, ihn stehlen und dem *Volk* sagen: Er ist *von den Toten* auf-erstanden.
Volk	und das Volk glaube, er sei *von den Toten* auferstanden,	
Resultat	und uns Böses antue.»	Und dieser letzte Betrug wäre noch schlimmer als alles zuvor.
Erwiderung	Pilatus aber gab ihnen den Hauptmann mit Soldaten, um das *Grab* zu bewachen.	Pilatus antwortete ihnen: Ihr sollt eine Wache haben. Geht und sichert das Grab, so gut ihr könnt.
Jüdische Obrigkeit	Und mit diesen kamen Älteste und Schriftgelehrte zum Grabe,	
Stein, Siegel und Wachen	und alle, die dort waren, wälz-ten zusammen mit dem Haupt-mann und den Soldaten einen großen Stein herbei und legten ihn vor den Eingang des Grabes und legten sieben Siegel an, schlugen ein Zelt auf und hielten Wache.	Darauf gingen sie, um *das Grab* zu sichern. Sie versiegelten den Eingang und ließen eine Wache dort.

in der Erzählung des Petrusevangeliums (8, 30) könnte lediglich bedeuten, daß mit dem Ablauf dieser Zeitperiode der Betrüger gewiß tot sein würde.» (S. 1309, Anm. 55) Man erinnere sich zum Beispiel der Geschichte von der Auferweckung des Lazarus:

«Als er hörte, daß Lazarus krank war, blieb er noch zwei Tage an dem Ort, wo er sich aufhielt ... Als Jesus ankam, fand er Lazarus schon vier Tage im Grab liegen.»
(Johannes 11, 6 und 17)

Die Angabe stellt sicher, daß Lazarus bei Jesu Ankunft definitiv und absolut tot ist und nicht irgendwie noch in seiner Grabkammer überlebte, so daß er erweckt und weggeschafft werden könnte. Ähnlich sind die «drei Tage» bei Petrus zu verstehen. Nach Ablauf dieser Frist wird Jesus zuverlässig tot sein. Die Logik ihrer Forderung ist sehr wichtig. Wenn sie nur Grabräuberei befürchtet hätten, ein leeres Grab und die *Behauptung der Jünger*, daß der Verschwundene von den Toten auferstanden sei, hätten sie das Grab viel länger bewachen müssen. Denn diese Behauptung hätte auch nach viel längerer Zeit noch erhoben werden können. Die verlangte dreitägige Frist hätte ihnen aber die Gewißheit gegeben, daß der Beigesetzte wirklich und unwiderruflich tot wäre und nicht mehr von den Jüngern erweckt und in Sicherheit gebracht werden könnte, in welchem Fall das Volk, das schon angesichts der «überaus großen Zeichen» bei seiner Kreuzigung Jesu Verurteilung bereute, nun angesichts des leeren Grabes *von sich aus, ohne apostolische Nachhilfe*, auf die Idee kommen mochte, der Verschwundene sei von den Toten auferstanden. Die Ältesten und Schriftgelehrten wollen also verhindern, daß die mögliche Erweckung eines Scheintoten durch die Jünger vom Volk als Auferstehung gedeutet würde.

Matthäus aber erzählt eine ganz andere Geschichte. Bei ihm kennt die Obrigkeit Jesu eigene Prophezeiung, er werde nach drei Tagen von den Toten auferstehen. Diese Prophezeiung wurde Markus und Matthäus zufolge *den Jüngern* dreimal gemacht (Markus 8, 31 = Matthäus 16, 21; Markus 9, 31 = Matthäus 17, 22–23; Markus 10, 33–34 = Matthäus 20, 18–19). Doch nur bei Matthäus liest man, daß Jesus seine Auferstehung auch den Schriftgelehrten und Pharisäern prophezeite.

«Zu dieser Zeit sagten einige Schriftgelehrte und Pharisäer zu ihm: Meister, wir möchten von dir ein Zeichen sehen. Er antwortete ihnen: Diese böse und treulose Generation fordert ein Zeichen, aber es wird ihr kein anderes gegeben werden als das Zeichen des Propheten Jona. Denn wie Jona drei Tage und drei Nächte im Bauch des Fisches war, so wird auch der Menschensohn drei Tage und drei Nächte im Innern der Erde sein.»
(Matthäus 12, 38–40)

Die Obrigkeit glaubt diese Prophezeiung vielleicht nicht, befürchtet aber, die Jünger könnten eine Auferstehung vortäuschen. Wenn sie jetzt die Bewachung des Grabes für drei Tage verlangen, dann deshalb, weil sich Jesus diese Frist selbst gesetzt hat. Danach wird es ihres Erachtens weiterer Bewachung der Leiche nicht bedürfen, weil jedenfalls nach drei Tagen Jesu Prophezeiung Lügen gestraft sein wird. Ich finde die Darstellung des Sachverhalts bei Matthäus weiter entwickelt als bei Petrus und nicht umgekehrt. Jedenfalls ist diese Annahme plausibler als Browns entgegengesetzte, derzufolge Petrus sich von einer früheren Lektüre des Matthäusevangeliums an die drei Tage erinnerte, aber an den Bezug dieser Frist auf Jesu eigene Prophezeiung nicht. Schließlich findet sich bei Matthäus keinerlei Hinweis mehr auf die Reue des jüdischen Volkes und die Angst der jüdischen Obrigkeit nach dem Tode Jesu. Matthäus ist viel antijüdischer (gegen das Volk *und* gegen die Obrigkeit) eingestellt als Petrus. Alles in allem ist deshalb – nicht auf Grund des Vokabulars oder der Handlungsfolge, sondern auf Grund des Inhalts – Petrus 8, 28–33 als eine frühere und weniger entwickelte Fassung der Geschichte von den Wachen am Grab einzuschätzen als die von Matthäus 27, 62–66 erzählte. Aber hinter Petrus steht in diesem Fall ebensowenig wie hinter Matthäus erinnerte Geschichte, ja nicht einmal historisierte Prophezeiung. Hinter den Wachen am Grab, wie früher hinter der Unschuld des Pilatus und der Schuld des Herodes, liegen von Petrus bis zu Matthäus apologetische und polemische Interessen. *Die Christen*: Jesus ist von den Toten auferstanden. *Die Gegner*: Ist er nicht, ihr habt die Leiche gestohlen. *Die Christen*: Nein, das haben wir nicht. Ihr hattet Wachen am Grab, aber denen habt ihr befohlen zu lügen.

Die Frauen am Grab

Ich stelle die Frauen am Grab absichtlich in Parallele mit den Wachen am Grab, denn beide stehen in ganz verschiedenen und in gewissem Maße auch widersprüchlichen Zusammenhängen. Die Erzählung von den Wachen geht nur aus der *ursprünglichen Schicht* des Petrusevangeliums (dem Kreuzevangelium) ins Matthäusevangelium. Die von den Frauen am Grabe, die im Markusevangelium anfängt, geht dann weiter bei Matthäus, Lukas, Johannes und in der spätesten oder *kanonischen* Schicht des Petrusevangeliums.

Die Frauen bei Markus

Die Frauen am Grabe sind sogar noch wichtiger als die Wachen, weil zur Begründung der Historizität der Erzählung von ihnen oft gesagt wird: Diese Geschichte muß wahr sein, denn kein Christ hätte sie so erfunden, da doch in der patriarchalischen Welt dem Zeugnis von Frauen bekanntlich keinerlei Wert beigemessen wurde. Aber wie die Verleugnungen des Petrus müssen auch die wohlriechenden Öle der Frauen bei Markus einer sorgfältigen Prüfung unterzogen werden, ehe sie ihre ganze Bedeutung preisgeben. Hier die drei diesbezüglichen Texte:

1. *[Nach dem Tod]* «Auch einige Frauen sahen von weitem zu, darunter Maria aus Magdala, Maria, die Mutter von Jakobus dem Kleinen und Joses, sowie Salome: sie waren Jesus schon in Galiläa nachgefolgt und hatten ihm gedient. Noch viele andere Frauen waren dabei, die mit ihm nach Jerusalem hinaufgezogen waren.» (Markus, 15, 40–41)

2. *[Nach dem Begräbnis]* «Maria aus Magdala aber und Maria, die Mutter des Joses, beobachteten, wohin der Leichnam gelegt wurde.» (Markus 15, 47)

3. *[Nach dem Sabbat]* «Als der Sabbat vorüber war, kauften Maria aus Magdala, Maria, die Mutter des Jakobus, und Salome wohlriechende Öle, um damit zum Grab zu gehen und Jesus zu salben. Am ersten Tag der Woche kamen sie in aller Frühe zum Grab, als eben die Sonne aufging. Sie sagten zueinander: Wer könnte uns den Stein vom Eingang des Grabes wegwälzen? Doch als sie hinblickten, sahen sie, daß der Stein schon weggewälzt war; er war sehr groß. Sie gingen in das Grab hinein und sahen auf der rechten Seite einen jungen Mann sitzen, der mit einem weißen Gewand bekleidet war; da erschraken sie sehr. Er sagte aber zu ihnen: Erschreckt nicht! Ihr sucht Jesus von Nazaret, den Gekreuzigten. Er ist auferstanden; er ist nicht hier. Seht, da ist die Stelle, wo man ihn hingelegt hatte. Nun aber geht und sagt seinen Jüngern, vor allem Petrus: Er geht euch voraus nach Galiläa; dort werdet ihr ihn sehen, wie er es euch gesagt hat. Da verließen sie das Grab und flohen; denn Schrecken und Entsetzen hatte sie gepackt. Und sie sagten niemand etwas davon; denn sie fürchteten sich.» (Markus 16, 1–8)

Ich habe es aufgegeben, mir den Kopf zu zerbrechen über die Gründe, die den Evangelisten bewogen haben mögen, die Frauen jedesmal bei anderen Namen zu nennen, und würde, statt dieser Frage weiter nachzusinnen, hier nur fragen, weshalb er überhaupt von ihnen spricht.

Die *drei* Frauen, die nach Markus 16, 1–8 zum Grabe gehen, wollen Jesu Leichnam mit wohlriechenden Ölen salben. Dieser Zweck wirft Fragen an den Erzähler auf, Markus muß also Gründe gehabt haben, ihn einzuführen, die ihm wichtig genug waren, ihn die Schwierigkeiten nicht scheuen zu lassen, in die ihn Fragen wie die folgenden bringen würden: Warum haben sie den Leichnam nicht bei der Grablegung gesalbt? Wie konnten sie hoffen, in das Grab zu gelangen? Lukas suchte der ersten Frage mit der Versicherung zu begegnen, daß die Frauen bei der Grablegung nicht genug Zeit gehabt hätten.

«Die Frauen, die mit Jesus aus Galiläa gekommen waren, gaben ihm das Geleit und sahen zu, wie der Leichnam in das Grab gelegt wurde. Dann

kehrten sie heim und bereiteten wohlriechende Öle und Salben zu. Am
Sabbat aber hielten sie die vom Gesetz vorgeschriebene Ruhe ein.»
(Lukas 23, 55–56)

Matthäus wich beiden Fragen aus, indem er einfach sagte (28, 1), daß *zwei*
Frauen «kamen ... um nach dem Grab zu sehen». Von deren Absicht, den
Leichnam zu salben, ist bei ihm nicht die Rede. Johannes 20, 1 ist noch
lakonischer. Demnach kam nur *eine* Frau zum Grab (obwohl diese dann
bei ihrem Bericht von der dort gemachten Entdeckung, 20, 2, erklärt: «*Wir*
wissen nicht ...» usw.). Die Frauen scheinen eine nach der anderen zu
verschwinden, wenn erst von dreien, dann von zweien und schließlich nur
noch von einer die Rede ist. Wenn also Markus die Geschichte von den
Frauen am Grab selbst erfand, erfand er eine Geschichte, die kaum glaub-
haft zu machen war. Weshalb war also die Salbung so wichtig für Markus?

Wie man sich erinnert, spricht Markus überall tadelnd über die drei
wichtigsten beim Namen genannten Jünger Jesu, Petrus, Jakobus und Johannes. Es ist dies ein Grundthema seines Evangeliums, daß die Jesus am
nächsten Stehenden ihn am tiefsten enttäuscht haben. Man hat diese Tendenz als gegen andere Christengemeinden gerichtet gedeutet, wo weniger
nachdrücklich als in derjenigen, für die Markus sprach, die Erinnerung der
Passion Jesu gepflegt wurde, wo man weniger eifrig als in seinem Umkreis
die Heidenmission betrieb und theologisch mehr als er und die Seinen an
Traditionen von Petrus, den Dreien und den Zwölfen orientiert war. Man
hat diese Tendenz andererseits auch als Tröstung derjenigen Mitglieder
seiner eigenen Gemeinde gedeutet, die bei den Prüfungen, die ihnen während der Christenverfolgungen im Zusammenhang mit dem ersten römisch-jüdischen Krieg auferlegt wurden, ihrerseits versagt hatten – weshalb es tröstlich für sie sein mußte zu erfahren, daß auch Petrus, die Drei
und die Zwölf nicht alle Prüfungen bestanden hatten, daß aber ein Versagen nicht endgültig sein muß, daß Flucht und Verleugnung nicht unwiderruflich den Bruch mit dem Herrn zur Folge haben. Und nun lesen wir
am Ende der Passionsgeschichte von einem weiteren Versagen, diesmal
aber vom Versagen dreier beim Namen genannter Frauen, nämlich der
Maria aus Magdala am See von Galiläa, der Maria, Mutter Jakobs des
Jüngeren und Joses, sowie der Salome.

Markus schließt eine Reihe von Kompositionsrahmen durch die Geschichte vom leeren Grab 16, 1–8. Ich resümiere die drei hauptsächlichen
in der schematischen Abbildung 6, ehe ich auf Einzelheiten eingehe.

Die innersten Rahmen sind zwischen der Todesangst 14, 32–42 und dem
Grab 16, 1–8. Drei beim Namen genannte männliche Jünger zu Beginn der
Passionsgeschichte und drei beim Namen genannte weibliche Jünger an
deren Ende versagen ziemlich schwer vor dem Anspruch der Nachfolge
Jesu. Die äußersten Rahmen sind zwischen 10, 32–34 und sowohl 15, 40–
41 (wo in den zitierten Texten zuerst von den Frauen die Rede ist) als auch

Abbildung 6

10, 32–34 (Jesus führt männliche Jünger aus Galiläa nach Jerusalem: Staunen und Furcht)	→	16, 1–8 (Jesus führt männliche Jünger aus Jerusalem nach Galiläa, Zittern und Staunen)
14, 3–9 (Es gelingt einer Frau, Jesus für sein Begräbnis zu salben)	→	16, 1–8 (Der Versuch von Frauen, Jesus für sein Begräbnis zu salben, mißlingt)
14, 32–42 (Versagen und Flucht der drei Jesus am nächsten stehenden männlichen Jünger im Garten Gethsemane)	→	16, 1–8 (Versagen und Flucht der drei Jesus am nächsten stehenden weiblichen Jünger am leeren Grab)

16, 1–8. Man rufe sich diesen Text ins Gedächtnis, den wir schon oben in Betracht zu ziehen Gelegenheit gehabt hatten:

«Während sie auf dem Weg hinauf nach Jerusalem waren, *ging Jesus voraus*. Die Leute *wunderten* sich über ihn, die Jünger aber hatten *Angst*. Da versammelte er die Zwölf wieder um sich und kündigte ihnen an, was ihm bevorstand. Er sagte: Wir gehen jetzt nach Jerusalem hinauf; dort wird der Menschensohn den Hohenpriestern und den Schriftgelehrten ausgeliefert; sie werden ihn zum Tod verurteilen und den Heiden übergeben; sie werden ihn verspotten, anspucken, geißeln und töten. Aber nach drei Tagen wird er auferstehen.»
(Markus 10, 32–34; Hervorhebungen von mir)

Jesus *führte* seine Jünger nach Jerusalem hinauf, und sie *wunderten sich über ihn* und *hatten Angst*. Die Ursache dieses Wunderns und dieser Angst wird aus den darauf folgenden Versen deutlich, die die letzte und detaillierteste der drei von Markus verzeichneten Leidensverkündigungen enthalten. Aber nun, 15, 40–41, erfahren wir, daß es auch Nachfolgerinnen gab, die Jesus wie die Zwölf von Galiläa nach Jerusalem folgten. Und wie unter den Zwölfen Petrus, Jakobus und Johannes bei Markus besondere Rollen spielen und in besonderem Maße dabei scheitern müssen, so werden auch unter den Frauen, die Jesus nachfolgten, Maria von Magdala, Maria, die Mutter des Jakobus und Joses, sowie Salome für eine besondere Rolle und ein besonderes Scheitern ausgewählt. Im Grabe *erschraken sie sehr* (16, 5), und sie sollen den Jüngern und Petrus sagen: «Er geht euch voraus nach Galiläa.»

Wie Jesus auf dem Weg nach Jerusalem den Jüngern «vorausging», wird er ihnen jetzt auf dem Rückweg nach Galiläa wieder «vorausgehen». Wie die Männer bei Markus 10, 32, so nehmen 16, 8 auch die Frauen Jesu Handlungen und Worte mit Furcht und Zittern auf. Nach der Darstellung des Markus endet also für die Jünger und Nachfolgerinnen Jesu, insbeson-

dere für die drei ihm an nächsten stehenden Angehörigen jeder dieser
Gruppen, die Passionsgeschichte mit Flucht, Furcht und Schweigen. Sie
fürchten sich vor Jerusalem, dem Ort des Leidens. Sie fürchten sich vor
Galiläa, dem Ort der Heidenmission. Und, sagt Markus, die Aufforderung,
Jerusalem (die Judenmission) zu verlassen und sich nach Galiläa (an den
Ort der Heidenmission) zu begeben, wurde von denen, die behaupteten,
Petrus und den Jüngern zu folgen, niemals angenommen und verkündet.

Daß sowohl Frauen wie Männer Jesus folgten, war wichtig für Markus,
und je drei Männer und Frauen aus der Menge der Jünger und Nachfolgerinnen waren ihm besonders wichtig. Sie waren ihm aber wichtig als Muster
des Scheiterns, nicht des hoffnungslosen Scheiterns zwar, aber doch des
Scheiterns. Das erklärt die Erfindung der Geschichte vom leeren Grab, wie
es die Geschichte der im Garten von Gethsemane schlafenden Jünger erklärt. Aber was hat es dann auf sich mit den «wohlriechenden Ölen und
Salben»? Weshalb hat Markus mit der Erfindung des Zwecks des Besuches
der Frauen am Grab die Fragen herausgefordert, denen die anderen kanonischen Evangelisten auswichen, obwohl sie seiner Erzählung von deren
Besuch am Grabe folgten, dabei aber dessen von Markus genannten Zweck
verschwiegen? Diese Fragen verweisen uns auf jene mittleren Rahmen 14,
3–9 und 16, 1–8. An der ersten der genannten Stellen heißt es:

> «Als Jesus in Betanien im Haus Simons, des Aussätzigen, bei Tisch war,
> kam eine Frau mit einem Alabastergefäß voll echtem, kostbarem Narden-
> öl, zerbrach es und goß das Öl über sein Haar. Einige aber wurden
> unwillig und sagten zueinander: Wozu diese Verschwendung? Man hät-
> te das Öl um mehr als dreihundert Denare verkaufen und das Geld den
> Armen geben können. Und sie machten der Frau heftige Vorwürfe. Jesus
> aber sagte: Hört auf! Warum laßt ihr sie nicht in Ruhe? Sie hat ein gutes
> Werk an mir getan. Denn die Armen habt ihr immer bei euch, und ihr
> könnte ihnen Gutes tun, so oft ihr wollt; mich aber habt ihr nicht immer.
> Sie hat getan, was sie konnte. Sie hat im voraus meinen Leib für das
> Begräbnis gesalbt. Amen, ich sage euch: Überall auf der Welt, wo das
> Evangelium verkündet wird, wird man sich an sie erinnern und erzäh-
> len, was sie getan hat.»
> (Markus 14, 3–9)

An dieser Stelle gibt sich der tiefere Sinn der Erzählungen des Evangelisten
von Frauen und wohlriechenden Ölen zu erkennen. Markus zufolge hatte
Jesus seinen Jüngern dreimal ganz unmißverständlich verkündigt, daß er
in Jerusalem hingerichtet werden, doch nach drei Tagen auferstehen werde. Wenn man diesen Prophezeiungen glaubte, bewies man, indem man
mit wohlriechenden Ölen und Salben zum Grab kam, zwar sicherlich Liebe, aber nicht eben unerschütterlichen Glauben. Für Markus ist der Gang
der drei Frauen mit wohlriechenden Ölen und Salben zum Grab Jesu Ausdruck eines Scheiterns im Glauben – doch ehe er von diesem Scheitern der

drei beim Namen genannten Frauen 16, 1–8 erzählt, erzählt er die oben
zitierte Geschichte vom triumphierenden Glauben einer ungenannten
Frau. Diese Frau glaubt Jesus und weiß, daß wenn sie ihn nicht jetzt für
sein Begräbnis salbt, sie später keine Gelegenheit dazu mehr erhalten wird.
Deshalb wird sie so hoch gepriesen wie bis dahin noch niemand. «Überall
auf der Welt, wo das Evangelium verkündet wird, wird man sich an sie
erinnern und erzählen, was sie getan hat.» Dies aber, weil die Frau mit
ihrem Handeln vollkommenen Glauben beweist, die Erwartung von Jesu
Passion und Auferstehung. Es ist der einzige so unzweideutige und unan-
zweifelbare Glaubensbeweis, den Markus verzeichnet vor dem Ausruf des
ebenfalls ungenannten römischen Hauptmanns unter dem Kreuz, 14, 39 b:
«Wahrhaftig, dieser Mensch ist Gottes Sohn.»

Dieser literarischen und theologischen Bezüge wegen waren Markus die
mit wohlriechenden Ölen und Salben zum Grabe gehenden Frauen so
wichtig, und deshalb ist die Geschichte vom leeren Grab eine so höchst
eigene Erfindung dieses Evangelisten. Die Geschichte ist nirgends nachzuweisen, wo sie nicht auf ihn zurückzuführen ist, weshalb ich nicht zögere,
sie für eine Schöpfung des Markus zu halten, der mit ihr an das Ende
seines Evangeliums ein Bild des Scheiterns von Männern und Frauen, die
Jesus nachfolgten, stellen wollte, ohne den Scheiternden die Hoffnung zu
verweigern. Die Hoffnung aber verkörpern jene namenlose Frau und der
gleichfalls namenlose römische Hauptmann und insbesondere das Evangelium, dessen ebenfalls nicht unter seinem wahren Namen bekannter Verfasser von ihnen spricht.

Die Frauen nach Markus

Meine Arbeitshypothese setzt voraus, daß in der ursprünglichen Schicht
des Petrusevangeliums, im Kreuzevangelium also, zwar ein Bericht von
den Wachen am Grabe, nicht aber von den Frauen am Grabe war. Markus
selbst erfand die Geschichte vom leeren Grab und von dem gescheiterten
Versuch der Frauen, den Leichnam Jesu zu salben, als das Schlußbild, zu
dem die literarischen und theologischen Leitmotive seines Evangeliums
ihn führten. Die drei Frauen sind jedoch so wirklich wie die drei Männer,
von denen er spricht, und die Tatsache, daß Markus die Kleingläubigkeit
der Männer als auch die der Frauen tadelt, beweist nur die Wichtigkeit der
Frauen in den Christengemeinden, die zu ermahnen und zu ermutigen
Markus mit seinem Evangelium beabsichtigte. Ich schließe mit zwei Beispielen für die Behandlung seiner Erzählung von den Frauen durch Autoren, die sie ihm nacherzählten.

Johannes hat, wie gewöhnlich, auch in diesem Fall seine Vorlage am
kreativsten umgearbeitet. Die Erörterung seiner Bearbeitung der Geschichte vom leeren Grab, bei der nach Wachen und Frauen Apostel zu Zeugen
der Auferstehung werden, verschiebe ich auf das nächste Kapitel, um vor-

erst zu betrachten, wie er seinerseits die Frauen einführt, die uns zum ersten Mal bei Markus 15, 40–41 begegnen.

«Bei dem Kreuz Jesu standen seine Mutter und die Schwester seiner Mutter, Maria, die Frau des Klopas, und Maria von Magdala. Als Jesus seine Mutter sah und bei ihr den Jünger, den er liebte, sagte er zu seiner Mutter: Frau, siehe, dein Sohn! Dann sagte er zu dem Jünger: Siehe, deine Mutter! Und von jener Stunde an nahm sie der Jünger zu sich.» (Johannes 19, 25 b–27)

Auch hier wieder sind es drei (oder vier?) Frauen, aber hier sehen diese nicht wie bei Markus 15, 40 «von weitem» zu, sondern stehen «bei dem Kreuz Jesu». Und Maria von Magdala wird hier nicht an erster, sondern an letzter Stelle genannt. Wichtiger ist aber, daß bei Johannes auch der Jünger, «den er liebte», am Kreuz steht. Diesem sind wir zuletzt bei Johannes 18, 16 als dem «anderen Jünger» neben Petrus begegnet. Wie aber Petrus an jener Stelle durch seine Verleugnungen versagte, bekennt der Jünger, den Jesus liebte, nun durch seine Anwesenheit beim Kreuz seine unverbrüchliche Treue. Die Szene ist zutiefst symbolisch, und es geht dabei nicht um Haushaltsfragen. Wenn auch für Johannes Jesus seine Passion vollkommen im Griff hatte und nie das geringste Anzeichen des Leidens erkennen läßt, ist eine Diskussion von in wörtlichem Sinne häuslichen Angelegenheiten unter den gegebenen Umständen doch höchst unwahrscheinlich. Jesus bestimmt hier seine Gemeinde und den Jünger, «den er liebte», füreinander. Brown liest daraus, daß damit die biologische Familie und die Gemeinschaft der Gläubigen vereinigt werden. Die Rede Jesu bringt, sagt er, «die natürliche Familie (Jesu Mutter) in das Verhältnis der Jüngerschaft, indem damit seine Mutter zur Mutter des geliebten Jüngers gemacht wird, der sie in seinen Bereich der Jüngerschaft hineinnimmt» (S. 1025). Vielleicht. Aber es ist der «Jünger, den Jesus liebte», der damit zum Führer der Gemeinschaft beim Tode Jesu ernannt wird, nicht Petrus oder Jakobus, der Bruder Jesu. Die Szene hat eine polemische Seite, die nicht außer acht gelassen werden sollte. Brown erklärt sich des weiteren für unfähig, «die Frage zu lösen, ob das Bild der Mutter und des Jüngers unter dem Kreuz älter als die Evangelien sei und wie alt es überhaupt sei» (S. 1018). Er hat, wie gewöhnlich, absolut gesehen recht, aber in der relativen Welt, in der man gefordert ist, historische Sachverhalte nach bestem Wissen und Gewissen zu rekonstruieren, zögere ich nicht, die ganze Szene als eine Schöpfung des Johannes anzusehen.

Mein zweites und letztes Beispiel schöpferischer Umgestaltung eines Themas aus dem Markusevangelium entnehme ich der kanonischen Schicht des Petrusevangeliums. Wie schon gesagt, wurde meines Erachtens im letzten Stadium der Abfassung des Petrusevangeliums versucht, dem ursprünglichen Kreuzevangelium gewisse Überlieferungen aus den kanonischen Evangelien hinzuzufügen. So wurde zu dem ursprünglichen Bericht von den Wachen am Grab ein Abschnitt über die Frauen am Grab hinzugefügt.

«In der Frühe des Herrntages nahm Maria Magdalena, die Jüngerin des Herrn – *aus Furcht wegen der Juden, da (diese) vor Zorn brannten, hatte sie am Grabe des Herrn nicht getan, was die Frauen an den von ihnen geliebten Sterbenden zu tun pflegten* – mit sich ihre Freundinnen und kam zum Grabe, wo er hingelegt war. *Und sie fürchteten, die Juden würden sie sehen, und sprachen: Wenn wir auch an jenem Tage, da er gekreuzigt wurde, nicht weinen und klagen konnten, so wollen wir solches wenigstens jetzt an seinem Grabe tun.* Wer aber wird uns auch den Stein, der an den Eingang des Grabes gelegt ist, wegwälzen, damit wir hineingelangen, uns neben ihn setzen und tun, was sich gehört? – denn der Stein war groß – und wir fürchten, daß uns jemand sieht. *Und wenn wir es nicht können, so wollen wir wenigstens am Eingang niederlegen, was wir zu seinem Gedächtnis mitbringen, wollen weinen und klagen, bis wir wieder heimgehen.* Und als sie hingingen, fanden sie das Grab geöffnet. Und sie traten herzu, bückten sich nieder und sahen dort einen Jüngling sitzen mitten im Grabe, anmutig und bekleidet mit einem hell leuchtenden Gewande, welcher zu ihnen sprach: Wozu seid ihr gekommen? Wen sucht ihr? Doch nicht jenen Gekreuzigten? Er ist auferstanden und weggegangen. Wenn ihr aber nicht glaubt, so bückt euch hierher, und seht den Ort, wo er gelegen hat, denn er ist nicht da. Denn er ist auferstanden und dorthin gegangen, von wo er gesandt worden ist. Da flohen die Frauen voller Entsetzen.» (Petrusevangelium 11, 50–14, 57; Hervorhebungen von mir)

Die Darstellung ist aus zwei Quellen geschöpft. Einerseits liest man da (in Normalschrift gesetzt) die Geschichte aus Markus 16, 1–8. Man beachte insbesondere den «jungen Mann», der seine Herkunft aus der Erfindung dieses Evangelisten nicht verleugnen kann. Die (kursiv gesetzten) Motive der Furcht vor den Juden und des Weinens und Klagens am Grabe dagegen sind augenscheinlich Johannes 19, 38 und 20, 9 sowie 20, 11, 13 und 15 entnommen. Die Hinzuziehung der zweiten Quelle gibt dem Redakteur eine Erklärung dafür, daß am Morgen des Herrntages für die Frauen noch etwas zu tun war, das sie zuvor zu tun versäumt hatten.

Neue oder unabhängige Angaben enthält, soweit ich erkennen kann, diese Redaktion der Geschichte nicht. Sie dient hauptsächlich als apologetische Erklärung des Versäumnisses derjenigen, die Jesus liebten, ihm die letzten Ehren zu erweisen. Inzwischen ist freilich die Geschichte schon so weit gediehen, daß die jüdische und römische Obrigkeit – ebenso wie alle Leser oder Hörer dieses Evangelisten – die Auferstehung mit eigenen Augen gesehen haben, weshalb der Bericht vom Besuch der Frauen am Grab und ihrer Entdeckung dort, gelinde gesagt, überflüssig und eine Antiklimax ist.

Und so sei denn abschließend nach der Historizität der Grablegungsberichte überhaupt gefragt. Aus römischer Sicht wäre es normal gewesen,

die Leichen Jesu und der anderen mit ihm Gekreuzigten als Aas für die
Krähen und streunenden Hunde hängen zu lassen. Aber hätte nicht aus
jüdischer Sicht das Gesetz Deuteronomium 21, 22–23 befolgt werden
sollen? Vielleicht ist das geschehen, aber allzuviel spricht nicht dafür.
Josephus behauptet zwar, das Gesetz sei wenigstens theoretisch gültig gewesen, doch die Tempelrolle scheint mir anzudeuten, daß es im hasmonäischen und herodianischen Jerusalem nicht befolgt wurde. Und ich be-
zweifle, daß es während des ersprießlichen Zusammenwirkens von Pilatus
und Kajaphas in Jerusalem befolgt wurde. Doch selbst wenn das geschehen wäre, hätten wohl die Soldaten, die Jesus gekreuzigt hatten, ihn nicht
in ein Felsengrab gelegt, sondern nur in aller Eile irgendwo verscharrt.
Bestenfalls der Kalk, schlimmstenfalls die Hunde hätten also wohl auch in
diesem Fall die Leiche verzehrt. Unser Empfinden für Humanität und Anstand empört sich gegen diese Lösung, aber Anstand und humanitäres
Empfinden können nicht die Tatsachen, nur die Ergebnisse der Geschichte
ändern. Die vielen Tausende anderer Juden, die in jenem schrecklichen
1. Jahrhundert der christlichen Ära rings um Jerusalem gekreuzigt wurden,
gehen mir nicht aus dem Sinn, von deren Überresten wir bisher nur ein
Skelett und einen Nagel gefunden haben. Ich glaube zu wissen, was aus
deren sterblichen Überresten geworden ist, und habe keinen Grund zu
bezweifeln, daß Jesu Leichnam deren Schicksal teilte. Bei der Lektüre der
christlichen Texte über Jesu Grablegung, vom Kreuzevangelium im Petrusevangelium über Markus, Matthäus, Lukas bis zu Johannes finde ich eine
vollkommen verständliche Bewegung von der Äußerung einer Hoffnung
bis hin zur Annahme der Erfüllung der kühnsten Hoffnungen als eine
Tatsache, von der hoffnungsvollen Vermutung, der Gekreuzigte sei Deuteronomium 21, 23–24 entsprechend von seinen Feinden begraben worden
im Kreuzevangelium, zu der Behauptung, er sei von einem namentlich
bekannten Ratsherrn und heimlichen Jünger begraben worden bei Markus,
und dann weiter über die von Matthäus und Lukas beschriebenen hastigen
und unvollständigen Bestattungen des Leichnams durch die Jünger bis zu
dem von Johannes berichteten großartigen und transzendenten Begräbnis
des Gottessohns durch seine Jünger. Die Grablegungsgeschichten sind
nicht erinnerte Geschichte, sie sind aber auch nicht historische Prophetie.
Denn welche Prophezeiungen gab es hierzu, die in Geschichte hätten um-
gesetzt werden können? Bei den Grablegungsgeschichten handelt es sich
vielmehr um die Erfüllung von Wunschträumen mit apologetischer und
polemischer Tendenz. Aber die Tatsachen der Geschichte sind selten geneigt, Wunschträume zu erfüllen. In diesem Fall wie in so vielen früheren
und späteren ist das Grauenhafte das Geschichtliche.

7. KAPITEL

Auferstehung

Gemäß der Schrift

Browns Buch endet mit dem Begräbnis Jesu und der Bewachung des Grabes. Die Entdeckung des leeren Grabes und die Erscheinungen des Auferstandenen hat Brown also unerörtert gelassen. Er erklärt, daß er auf die Frage, ob er einen Kommentar auch über die Auferstehung des Messias zu schreiben plane, stets «emphatisch» erwidere, das sei nicht der Fall. «Ich möchte diesen Bereich lieber ‹von Angesicht zu Angesicht› erforschen.» (I., XII) Auf der wichtigsten Ebene hat er damit zutiefst recht, insofern die Auferstehung eine Angelegenheit des christlichen Glaubens ist und das Oster- oder Passahmysterium nicht den gleichen historischen Prozessen unterliegt wie alles andere, vom Verbrechen und der Verhaftung bis zur Hinrichtung und Grablegung. Dennoch konnte ich aus drei Gründen meine historische Rekonstruktion nicht beenden, ohne mich der *historischen* Herausforderung der Auferstehungs*geschichten* zu stellen.

Verfolgung und Rechtfertigung

Mein erster Grund ist persönlich und autobiographisch bedingt. Seit der Veröffentlichung meiner Bücher *The Historical Jesus. The Life of a Mediterranean Jewish Peasant* Ende 1991 (deutsch: *Der historische Jesus*, München 1994) und der Popularisierung der Ergebnisse dieses Werks unter dem Titel *Jesus. A Revolutionary Biography*, Ende 1993 (deutsch: *Jesus. Ein revolutionäres Leben*, München 1996) bin ich häufig von Zeitungen und Zeitschriften, von Radio und Fernsehen interviewt worden. Fast jedesmal waren die Fragen, die mir dabei gestellt wurden, nicht nur historisch, sondern auch theologisch. Sie betrafen nicht nur das Leben und Sterben, sondern auch die Auferstehung Jesu. Ich glaube, daß jene Frager recht hatten, die Geschichte nicht mit einem versiegelten Stein und einer stehenden Wache enden lassen zu wollen.

Der nächste Grund hat mit den Evangelientexten selbst zu tun. Kein Evangelium hält am verschlossenen Grab inne und sagt praktisch, der Rest sei unbeschreibliches Geheimnis und gemeinsamer Glauben. Die Geschichte geht weiter, die Erzählung verharrt, und es gibt nicht den mindesten offenen Hinweis, der uns warnte zu bedenken, daß wir nun das normale Raum-Zeit-Kontinuum verließen. Im Petrusevangelium sind die

Feinde Jesu Zeugen der Auferstehung selbst, doch in all den anderen Evangelien sieht die Auferstehung niemand, und Jesus erscheint nur seinen Jüngern. Dennoch scheint sich alles in Raum und Zeit, wie wir sie kennen, abzuspielen, in Jerusalem und Galiläa, in einem Obergeschoß oder auf einer Bergeshöhe. Das erfordert eine Erklärung.

Und damit kommen wir zum wichtigsten Grund. Alle oben erwähnten und angeführten historisierten Prophezeiungen sind Texten entnommen, die sowohl von Verfolgung als auch von Rechtfertigung reden. Stets gab es da einen Dualismus von Leiden und Triumph. Es wird genügen, die Schlüsselverse dreier Beispiele dieses Dualismus zu zitieren.

[Verfolgung] «Warum toben die Völker, / warum machen die Nationen vergebliche Pläne? Die Könige der Erde stehen auf, / die Großen haben sich verbündet gegen den Herrn und seinen Gesalbten ...»

[Rechtfertigung] «Den Beschluß des Herrn will ich kundtun. / Er sprach zu mir: Mein Sohn bist du. Heute habe ich dich gezeugt. Fordere von mir, und ich gebe dir die Völker zum Erbe, / die Enden der Erde zum Eigentum. Du wirst sie zerschlagen mit eiserner Keule, / wie Krüge aus Ton wirst du sie zertrümmern.»
(Psalm 2, 1–2, 7–9)

[Verfolgung] «Mein Gott, mein Gott, warum hast du mich verlassen / bist fern meinem Schreien, den Worten meiner Klage? ... Ich aber bin ein Wurm und kein Mensch, / der Leute Spott, vom Volk verachtet. Alle, die mich sehen, verlachen mich, / verziehen die Lippen, schütteln den Kopf: Er wälze die Last auf den Herrn, / der soll ihn befreien. Der reiße ihn heraus, / wenn er an ihm Gefallen hat.»

[Rechtfertigung] «Ich will deinen Namen meinen Brüdern verkünden, / inmitten der Gemeinde dich preisen. Die ihr den Herrn fürchtet, preist ihn, / ihr alle vom Stamm Jakobs, rühmt ihn; / erschauert alle vor ihm, ihr Nachkommen Israels! Denn er hat nicht verachtet, / nicht verabscheut das Elend des Armen. Er verbirgt sein Gesicht nicht vor ihm; / er hat auf sein Schreien gehört.»
(Psalm 22, 2–8, 23–25)

[Verfolgung] «Die Schande bricht mir das Herz, / ganz krank bin ich vor Schmach; umsonst habe ich auf Mitleid gewartet, / auf einen Tröster, doch ich habe keinen gefunden. Sie gaben mir Gift zu essen, / für den Durst reichten sie mir Essig.»

[Rechtfertigung] «Ich will den Namen Gottes rühmen im Lied, / in meinem Danklied ihn preisen. Das gefällt dem Herrn mehr als ein Opferstier, / mehr als Rinder mit Hörnern und Klauen. Schaut her, ihr Gebeugten, und freut euch; / ihr, die ihr Gott sucht: euer Herz lebe auf! Denn der Herr hört auf die Armen, / er verachtet die Gefangenen nicht.»
(Psalm 69, 21–22, 31–34)

Die *Texte* der Passionsprophezeiung weisen nicht nur auf die Verfolgung, sondern auch auf die Rechtfertigung des Verfolgten voraus. So auch die *Typen*, in denen man Jesu Vorläufer erkannte. David auf dem Ölberg als Muster für die Verhaftung war nicht nur der verratene, sondern auch der letztlich siegreiche König. Und der verspottete Sündenbock war nur einer der beiden Böcke des Versöhnungsfests, deren einer die Vertreibung (Verfolgung) Jesu darstellte, der andere seine Wiederkehr (Rechtfertigung). Passionsprophezeiung war immer dyadisch, kündigte nach der Verfolgung die Rechtfertigung an. Wenn man das bedenkt, versteht man besser, wie Paulus die von ihm empfangene Überlieferung charakterisiert.

«Christus ist für unsere Sünden gestorben, / gemäß der Schrift, / und ist begraben worden. / Er ist am dritten Tag auferweckt worden, / gemäß der Schrift.»
(1. Korinther 14, 3–4)

Es fällt nicht schwer, viele Schriftstellen nachzuweisen, die die erste Feststellung bestätigen, aber wie verhält es sich mit der zweiten? Gewöhnlich wird angeführt:

«Kommt, wir kehren zum Herrn zurück! / Denn er hat (Wunden) gerissen, er wird uns auch heilen; / er hat verwundet, er wird auch verbinden. Nach zwei Tagen gibt er uns das Leben zurück, / am dritten Tag richtet er uns wieder auf, / und wir leben vor seinem Angesicht.»
(Hosea 6, 1–2)

Möglicherweise war jener Zwei-Tage/drei-Tage-Parallelismus wie der Zweimal-, Dreimal-Parallelismus der Hahnenschreie und der Verleugnungen des Petrus nur ein formelhafter Ausdruck hebräischer Poesie, der nicht mehr besagte als *sehr bald* und allein kaum hinreichte, die vielen Prophezeiungen der Verfolgung aufzuwiegen. Dachte Paulus nur an diese eine Rechtfertigungsprophezeiung? Ich halte es für viel wahrscheinlicher, daß jede Verfolgungsprophezeiung auch eine Rechtfertigungsprophezeiung nach sich zog. Die Texte aus den Büchern der Propheten oder den Psalmen, in denen die ersten Christen Jesu Passion vorgezeichnet fanden, enthielten gewöhnlich beide Elemente. Auferstehung und Parusie sind Sonderfälle der Rechtfertigung, aber im Kern der Passionsprophetie findet man die Vorstellung von der Rechtfertigung der Unschuld. Das nötigt uns mehr als jeder andere Grund, die Diskussion über die Verfolgung bis zur Rechtfertigung fortzusetzen. Wir können, selbst vom historischen Gesichtspunkt aus, vor dem verschlossenen Grab nicht haltmachen. Josephus ließ es nicht damit bewenden, er sprach von einer andauernden Liebe. Tacitus ließ gleichfalls die Sache damit nicht auf sich beruhen, er sprach von einer sich ausbreitenden Seuche. Weder die Passionsprophetie noch die Passionserzählung hörten an dieser Stelle auf. In Wirklichkeit hört an dieser Stelle nur Browns Buch *The Death of the Messiah* auf. Ich gedenke fortzufahren.

Ein Modell für die gerechtfertigte Unschuld

Die Texte der prophetischen Passion waren oft sehr ausführlich und ins einzelne gehend bezüglich der zu erduldenden Leiden und Verfolgungen, doch hinsichtlich der auf diese folgenden Befreiung und Rechtfertigung nur sehr unbestimmt und allgemein formuliert. Wie mußte die Geschichte beschaffen sein, welche Art der Erzählung empfahl sich als Muster, wenn es galt, die Passionsprophezeiung folgerichtig so zu historisieren, daß die Verfolgung auf die Rechtfertigung hinauslief? Für mich ist diese Frage gleichbedeutend mit der nach dem Verfahren des Petrus. Wie hat Petrus in den vierziger Jahren des 1. Jahrhunderts die zahlreichen unterschiedlichen Passionsprophezeiungen in eine einzige Erzählung von gerechtfertigter Unschuld verwandelt?

In der Einleitung habe ich das Q-Evangelium und das Thomasevangelium als zwei Quellen erwähnt, die uns hauptsächlich die Weisheitssprüche Jesu hier auf Erden überliefern. Das Q-Evangelium wurde in den fünfziger Jahren gesammelt. Das Thomasevangelium wird zwischen 50 und 80 datiert. Die beiden Texte unterscheiden sich in vieler Hinsicht, beiden gemeinsam ist jedoch das aus ihnen sprechende geringe Interesse der Verfasser an den Taten Jesu, während eine Anzahl von seinen Worten von beiden überliefert wird. Diese Überlieferung der Weisheit Jesu geht mithin mindestens bis in die vierziger Jahre des 1. Jahrhunderts zurück, es handelt sich dabei also um einen sehr früh einsetzenden Überlieferungsstrom. Das aus diesen Sammlungen offenbare Interesse an Jesu Weisheit, aber nicht an seinen Taten, läßt darauf schließen, daß in diesen Anfängen der christlichen Überlieferung die Passion (da Leiden ja Taten sind) kaum sonderlich gewürdigt wurde. Ich bin jedoch der Meinung, daß die Weisheitstradition des Alten Testament sowohl den Spruchsammlungen als auch den Passionserzählungen zugrunde liegt.

Eine der im alten Orient am weitesten verbreiteten und bestbekannten Geschichten war eine Erzählung von den Erlebnissen Ahiqars, eines weisen Ratgebers des assyrischen Königs Asarhaddon, der zu Beginn des 7. Jahrhunderts v. Chr. tatsächlich gelebt hat (Lindenberger, S. 479–484). Wir haben diese Erzählung oben schon erwähnt, als wir den Tod des Verräters Judas nach dem Muster desjenigen des Verräters Nadin erzählt fanden. Die überlieferte Erzählung besteht aus zwei Teilen, einerseits der Geschichte der gerechtfertigten Unschuld, andererseits einer Sammlung von Weisheitssprüchen, die in den verschiedenen Handschriften auf unterschiedliche Weise mit der Erzählung verwoben ist. Man erkennt jedoch, daß dies nachträglich geschah. Erzählung und Sammlung sind offenbar unabhängig voneinander verfaßt, es sei denn, die Erzählung wäre als Einleitung zu der Sammlung der Weisheitssprüche entstanden. Denn in der ältesten erhaltenen Handschrift des aramäischen Texts, die ins späte 5. Jahrhundert v. Chr. datiert wird und 1907 auf der Nilinsel Elephantine unterhalb des 1. Katarakts von Aswan, wo im 6. und 5. Jahrhundert v. Chr. eine jüdische Militärkolonie bestand, gefunden wurde, folgt die Spruchsammlung der Erzählung. Doch war höchstwahrscheinlich diese Verbindung von Erzählung und Spruchsammlung, als sie Ende des 5. Jahrhunderts in Ägypten abgeschrieben wurde, schon an die hundert Jahre alt. Da liest man, wie der alternde Gelehrte und königliche Minister Ahiqar den König Asarhaddon bewegt, seinen Neffen und Adoptivsohn Nadin als seinen Amtsnachfolger anzunehmen. Später beschuldigt aber der undankbare Jüngling den Onkel der Verschwörung gegen den König, der daraufhin Ahiqar zum Tode verurteilt. Ahiqar entgeht dem ihm zugedachten Schicksal nur, weil der Scharf- richter ihm eine Gefälligkeit schuldet und statt seiner einen Sklaven hinrichtet und ihn in Erwartung einer besseren Zukunft versteckt. Der älteste aramäische Text erzählt die Geschichte nicht weiter, aber in späteren Fassungen liest man, daß der Pharao den assyrischen König bittet, ihm einen Weisen zur Lösung eines unlösbaren Problems zu schicken, und wie dann Ahiqar aus seinem Versteck geholt wird, das Problem löst und in seine Ämter beim assyrischen König wiedereingesetzt wird. Die Unschuld wird gerechtfertigt, aber hier auf Erden und in Gegenwart ihrer gedemütigten Feinde.

Die etwa hundert Weisheitssprüche, die in dem in Elephantine gefundenen Papyrus dieser Geschichte folgen, haben viele Parallelen mit der späteren alttestamentlichen jüdischen Weisheitsliteratur. Ein frappantes Beispiel hat man in dieser Hymne an die Weisheit selbst:

«Vom Himmel wird Gunst den Menschen zuteil;
Die Weisheit ist der Götter.
In der Tat ist sie den Göttern teuer;
ihr Reich ist ew[i]g.
Sie ist eingesetzt von Shamyn,
Ja, der Heilige Herr hat sie erhöht.»
(*Ahiqar*, Spruch 13; Lindenberger, S. 499)

Die Erwähnung der «Götter» und des syrischen Gottes Baal Shamyn, des Himmelsherrn, erinnern uns, daß es sich hier um heidnische Weisheit handelt oder vielmehr um Weisheit aus der Quelle, aus welcher Polytheisten und Monotheisten gemeinsam schöpften. Der Verfasser des uns vorliegenden zusammengesetzten Texts hat der Sammlung auch einige Sprüche hinzugefügt, die unmittelbar und ausdrücklich auf Ahiqars *Geschichte* Bezug nehmen, wie den folgenden:

«Mein Elend ist meine eigene Schuld,
Vor wem werde ich unschuldig erfunden werden?
Mein eigner Sohn spionierte aus meinem Hause,
[w]as soll ich von Fremden sagen?
Er legte falsches Zeugnis ab gegen mich;
wer, also, wird mich unschuldig erklären?»
(*Ahiqar*, Sprüche 50–52; Lindenberger, S. 504)

Wie kommen wir aber von einer heidnischen Überlieferung des 7. bis 6. Jahrhunderts v. Chr. zum Petrusevangelium, das mitten im 1. Jahrhundert n. Chr. verfaßt wurde? Man erinnere sich, daß der älteste uns bekannte Text der Geschichte von Ahiqar unter der Hinterlassenschaft einer jüdischen Kolonie in Ägypten entdeckt wurde. Und es wurde nicht nur Ahiqars Weisheit von den Juden geschätzt, Ahiqar selbst wurde in das Judentum aufgenommen. Ich erinnere an den frommen Tobit, der es sich angelegen sein ließ, die von Sanherib, dem Vorgänger Asarhaddons auf dem Thron von Assyrien, hingerichteten und ohne Begräbnis gelassenen Juden zu bestatten.

«Ich begrub heimlich auch alle, die der König Sanherib hinrichten ließ, nachdem er wie ein Flüchtling aus Judäa heimgekehrt war. Denn viele ließ er in seiner Wut hinrichten. Wenn aber der König die Leichen suchen ließ, waren sie nicht mehr zu finden. Ein Einwohner von Ninive ging jedoch zum König und erstattete Anzeige; er sagte, ich sei es, der sie begrabe. Deshalb mußte ich mich verstecken. Als ich erfuhr, daß man mich suchte, um mich zu töten, bekam ich Angst und floh ... Doch es dauerte nicht einmal fünfzig Tage, da wurde Sanherib von seinen beiden Söhnen ermordet. Sie mußten in das Gebirge Ararat fliehen, aber dann wurde sein Sohn Asarhaddon an seiner Stelle König. Er machte Achikar, den Sohn meines Bruders Hanaël, zum Herrn über das ganze Rechnungswesen und die ganze Verwaltung seines Reiches. Weil Achikar ein gutes Wort für mich einlegte, durfte ich nach Ninive zurückkehren. Achikar war Mundschenk und Siegelbewahrer sowie Bevollmächtigter für die Verwaltung des Reiches und das Rechnungswesen. Asarhaddon hatte ihm, meinem Neffen, die zweithöchste Stelle in seinem Reich verliehen.» (Tobit 1, 18–22)

Ahiqar gilt also hier als Jude und wird als solcher nicht nur zu Beginn des Buches Tobit, sondern auch an dessen Schluß erwähnt.

«Mein Sohn, denk daran, wie Nadab [der Nadin des Papyrus von Elephantine] an Achikar gehandelt hat, der ihn aufgezogen hatte; er hat ihn aus dem Licht in die Finsternis gestoßen und ihm seine Fürsorge übel vergolten. Achikar wurde gerettet; dem Nadab aber wurde sein übles Verhalten vergolten, und er stürzte selbst in die Finsternis. Achikar war barmherzig und wurde aus der tödlichen Falle gerettet, die Nadab ihm gestellt hatte. Nadab aber geriet selber in die Falle und ging zugrunde.» (Tobit 14, 10)

Tobits Verbindung mit Ahiqar (oder Achikar) ist nicht historisch, vielmehr findet man hier eine Volkssage mit einer anderen verquickt. Achikars Aufnahme in die Geschichte und Verwandtschaft des frommen Juden Tobit (Tobias) beweist aber, daß Juden und Christen des 1. Jahrhunderts den assyrischen und heidnischen Minister leicht als einen der Ihren einschätzen konnten. Diese Einbürgerung Ahiqars und seines Buchs schuf auch die Voraussetzung dafür, daß frühe Christen, die hinreichend gelehrt waren, Jesu Sprüche im Zusammenhang der alttestamentarischen Weisheitsliteratur zu würdigen, auch seine Passion in diesem Zusammenhang verstehen konnten. Ahiqar hinterließ eine Sammlung weiser Sprüche und zugleich eine Geschichte verleumdeter, aber schließlich erwiesener und gerechtfertigter Unschuld.

Die Geschichte Ahiqars mit ihren Hauptmotiven der Situation, Anklage, Verurteilung, Errettung und Wiederherstellung diente als Muster für eine ganze Reihe von Geschichten über fromme Juden, die fälschlich beschuldigt, aber schließlich gerechtfertigt wurden, besonders in der Diaspora und an den Höfen fremder Könige. Diese Herrscher werden meist als wohlwollend oder wenigstens unparteiisch dargestellt und sind deshalb letztlich bereit, die erwiesene Unschuld der bei ihnen verleumderisch Beschuldigten anzuerkennen.

Erzählungen dieses Typs sind:
- Josefs Errettung von der Beschuldigung durch Potiphars Weib (Genesis 37–50, datiert 650–425 v. Chr.)
- Die Errettung von Schadrach, Meschach und Abed-Nego aus dem Feuerofen und Daniels Errettung aus der Löwengrube (Daniel 3 und 5, datiert zwischen dem Ende des 3. und dem frühen 2. Jahrhundert v. Chr.)
- Die Errettung Esthers, Mordechais und anderer Juden vor den Nachstellungen Hamans (Esther, datiert 150–100 v. Chr.)
- Die Errettung Susannas vor den bösen Richtern (Susanna, datiert 95–80 v. Chr.)
- Errettung von Juden vor der Entweihung des Tempels und Verfolgung in Ägypten (3. Makkabäer, datiert 38–41 n. Chr.)

In jedem dieser Fälle erfolgte die Rechtfertigung und Errettung nicht nach dem Tode, sondern noch zu Lebzeiten des ungerecht Beschuldigten, nicht im Himmel, sondern auf Erden. Die frommen und meist auch weisen Protagonisten der Erzählungen werden alle durch unmittelbares oder mittelbares Eingreifen Gottes errettet. Wie Ahiqar brauchen sie nicht zu sterben. Ihre Wiederherstellung erfolgt auf Erden in Gegenwart ihrer beschämten und gedemütigten Feinde.

Das Kreuz, das sprach

Es ist nicht überraschend, daß, während etliche in der frühchristlichen Weisheitstradition Jesu weise Sprüche zu sammeln sich anschickten, andere es unternahmen, seine Passions- und Auferstehungsgeschichte zu erzählen nach dem Muster jener höfischen Geschichten von gerechtfertigter Unschuld. Den ersteren verdanken wir das Q-Evangelium und das Thomasevangelium, den letzteren das Kreuzevangelium, die ursprüngliche Schicht des Petrusevangeliums. Beide entstammen ein und derselben Weisheitstradition. Ebensowenig kann es überraschen, daß, wie in den vierziger Jahren ein unbekannter Jude das als 3. Makkabäer bekannte Buch voller antiägyptischer und projüdischer Obertöne verfaßte, zu eben der Zeit ein unbekannter Christ das (jetzt im Petrusevangelium enthaltene) Kreuzevangelium verfaßte, das gegen die jüdische und für die römische Obrigkeit Stellung nimmt. Die historischen Umstände, die beiden Erzählungen nach gleichem Muster vorauszusetzen sind, sind einerseits das Entsetzen der Juden angesichts der Absicht des Kaisers Caligula, sein Standbild im Tempel von Jerusalem aufstellen zu lassen, andererseits ihre Erleichterung bei der Nachricht von der Ermordung dieses Kaisers. Doch natürlich war, wie wir schon oben sahen, Herodes Agrippa I. den Juden im allgemeinen willkommener als speziell den Christen.

Niedergefahren zur Hölle

Wie bei allen Beispielen des Erzählgenres von gerechtfertigter Unschuld, die wir bisher in Betracht zogen, findet auch im Kreuzevangelium die Wiederherstellung Jesu auf Erden und in Gegenwart der Feinde, die ihn verurteilten, statt. Das Kreuzevangelium hatte drei Akte (siehe Anhang):
1. Akt: Verhandlung, Verspottung und Kreuzigung (1, 1–2; 2, 5 b–6, 22)
2. Akt: Furcht, Wachen und Grab (7, 25; 8, 28–9,34)
3. Akt: Auferstehung, Bekenntnis und Täuschung (9, 35–10, 42; 11, 45–49)
    Den 1. Akt und den Teil des 2. Akts, wo es um die Aufstellung der Wache am Grabe geht, haben wir bereits betrachtet. Wenn wir nun zu dem versiegelten Grab zurückkehren, wollen wir uns in Erinnerung rufen, daß vor dem Grab neben den römischen Soldaten die jüdische Obrigkeit wacht.

«In der Nacht aber, in welcher der Herrntag aufleuchtete, als die Soldaten, jede Ablösung zu zweit, Wache standen, erscholl eine laute Stimme im Himmel, und sie sahen die Himmel geöffnet und zwei Männer in einem großen Lichtglanz von dort herniedersteigen und sich dem Grabe nähern. Jener Stein, der vor den Eingang des Grabes gelegt war, geriet von selbst ins Rollen und wich zur Seite, und das Grab öffnete sich, und beide Jünglinge traten ein. Als nun jene Soldaten dies sahen, *weckten sie den Hauptmann und die Ältesten – auch diese waren nämlich bei der Wache zugegen.* Und während sie erzählten, was sie gesehen hatten, sahen sie wiederum drei Männer aus dem Grabe herauskommen und die zwei den einen stützen und ein Kreuz ihnen folgen und das Haupt der zwei bis zum Himmel reichen, dasjenige des von ihnen an der Hand Geführten aber die Himmel überragen. Und sie hörten eine Stimme aus den Himmeln rufen: ‹Hast du den Entschlafenen gepredigt?›, und es wurde vom Kreuz her die Antwort laut: ‹Ja›.»
(Petrusevangelium 9, 35–10,42, Hervorhebung von mir)

Diesem Bericht zufolge weckten die römischen Soldaten die jüdischen Ältesten, damit auch sie die Auferstehung bezeugen konnten. Das ist wichtig
zur Erfüllung des Musters der Geschichte. Der Triumph Jesu muß im Angesicht seiner Feinde hier auf Erden geschehen, nicht erst dereinst im Himmel oder bei der Parusie erfolgen. Doch damit Jesu Feinde dessen Auferstehung sehen können, muß der Evangelist diese beschreiben. Er tut dies
in zwei Schritten. Zunächst sieht man in seiner Beschreibung Jesus als eine
überirdische Gestalt, die sogar die beiden Engel überragt, die ihn begleiten.
Sie «stützen» ihn entsprechend einem feierlichen Brauch des orientalischen
Hofzeremoniells, bei dem hohe Beamte den König begleiten und dessen
Arme auf den ihren ruhen lassen. Im 2. Buch der Könige 5, 18 sagt Naaman
der Aramäer: «Wenn mein Herr zur Anbetung in den Tempel Rimmons
geht, stützt er sich dort auf meinen Arm.» (Danke, Kathleen Corley!). Aber
das Kreuz, das sprach, ist interessanter.

Es bestätigt einen unbesorgt mythologischen, doch theologisch tiefen
Glauben, der seit der frühen Christenheit Jesu Niederfahrt zur Hölle an-
nahm. Jesus starb diesem Glauben zufolge und fuhr hinab in das Scheol,
den dunklen und elenden Aufenthalt der Toten. Doch konnte dieses Gefängnis sein göttliches Wesen nicht festhalten, und so brach er denn, an
der Spitze aller Gerechten, die vor ihm gestorben waren, aus dessen Grenzen aus. Der Glauben ist nur an wenigen Stellen des Neuen Testaments
angedeutet, doch noch immer Gegenstand des apostolischen Glaubensbe-
kenntnisses: «hinabgestiegen zur Hölle ...» Den schönsten Ausdruck hat
dieser Glauben vielleicht in den syrischen *Oden Salomos* gegen Ende des
1. oder zu Beginn des 2. Jahrhunderts n. Chr. gefunden.

«Scheol sah mich an und wurde zerschmettert,
    und der Tod warf mich aus und viele mit mir ...
Und diejenigen, die gestorben waren, liefen auf mich zu;
    und riefen laut und sagten: Sohn Gottes, erbarme dich unser ...
Und öffne uns die Tür,
    durch welche wir mit dir fortgehen könnten,
    denn wir bemerken, daß unser Tod dir nicht nahekommt,
    mögen wir auch mit dir gerettet werden,
    weil du unser Retter bist.
Dann hörte ich ihre Stimme
    und setzte ihren Glauben in mein Herz.
Und ich setzte meinen Namen auf ihr Haupt,
    weil sie frei sind und mein sind.»
(*Odes of Solomon* 42, 11–20; Charlesworth Bd. 2, S. 771)

Im Kreuzevangelium geht die übernatürliche Gestalt Jesu aus dem Scheol
hervor an der Spitze jener, die der Tod eingekerkert hatte. Sie folgen ihm in
einer gigantischen kreuzförmigen Prozession. Das, so stelle ich mir vor,
wollte der Autor beschreiben, nicht etwa ein hölzernes Kreuz, das laufen

und sprechen konnte. Gott spricht zu Jesus und fragt: «Hast du den Entschlafenen gepredigt?» Und die große kreuzförmige Prozession erwidert: «Ja.»

Ich halte diese theologische Vision nicht für spät, sondern für früh und für ebenso tief religiös und geistlich schön wie unbekümmert mythologisch. (Übrigens mußte diese Geschichte ja bei Menschen aufkommen, die einige, viele oder alle verstorbenen Juden gemeinsam mit Jesus auferstehen sehen wollten!) Sie brachte jedoch eine ganze Reihe von Problemen mit sich und wurde deswegen, glaube ich, schon bald an die Peripherie der christlichen Theologie verdrängt. Denn sollten alle befreit werden oder nur die Frommen und Gerechten? Oder waren nur die Frommen und Gerechten in jener Unterwelt? Waren da Heiden ebenso wie Juden? Mußten sie sich vorher alle zum Christentum bekehren? Wenn Jesus sie hinausführte, mußte ihre Auferstehung und Himmelfahrt sofort stattgefunden haben. Aber in dem Fall hätte Jesus ja keine Zeit und Gelegenheit gehabt, seinen Jüngern zu erscheinen und apostolische Aufträge zu erteilen. Wenn er aber, wie berichtet wird, seinen Jüngern erschien, wo hielten sich unterdessen die von ihm aus der Unterwelt Herausgeführten auf? Die Fragen mögen albern scheinen, man sehe aber, wie sich Matthäus bei der fragmentarischen Nacherzählung der von Petrus ausführlich berichteten Szene in Schwierigkeiten bringt.

> «Da riß der Vorhang im Tempel von oben bis unten entzwei. Die Erde bebte, und die Felsen spalteten sich. Die Gräber öffneten sich, und die Leiber vieler Heiliger, die entschlafen waren, wurden auferweckt. Nach der Auferstehung Jesu verließen sie ihre Gräber, kamen in die Heilige Stadt und erschienen vielen.»
> (Matthäus 27, 51–53)

Bei Matthäus erheben sich die Entschlafenen also am Freitag vor Jesus, erscheinen aber erst am Sonntag nach Jesus. Unglücklicherweise heißt die Auferstehung an der Spitze der entschlafenen Heiligen aber, daß von der Auferstehung bis zur Himmelfahrt Jesu keine Pause eintreten darf und damit die Gelegenheit zu Erscheinungen des Auferstandenen, bei denen apostolische Weisungen erteilt werden könnten, entfallen muß. Dies war wohl der Hauptgrund, warum sich das Kreuzevangelium nicht durchsetzen konnte.

Der Bericht der Wachen

Diese großartige Auferstehungsszene ist im Kreuzevangelium aber nicht das Ende der Geschichte. Da sowohl die römischen Soldaten als auch die jüdischen Ältesten Zeugen der Szene werden, kehren sie gemeinsam zu Pilatus zurück.

> «Als die Leute um den Hauptmann dies sahen, eilten sie in der Nacht zu Pilatus und verließen das Grab, das sie bewachten, und erzählten

alles, was sie gesehen hatten, voller Unruhe und sprachen: Wahrhaftig, er war Gottes Sohn. Pilatus antwortete und sprach: Ich bin rein am Blute des Sohnes Gottes, ihr habt solches beschlossen. Da traten alle zu ihm, baten und ersuchten ihn dringend, dem Hauptmann und den Soldaten zu befehlen, niemandem zu sagen, was sie gesehen hatten.»
(Petrusevangelium 11, 45–47)

Die jüdischen Ältesten geben nun zu, daß Jesus der Sohn Gottes ist, und Pilatus desgleichen. Aber die ersteren verschlimmern ihr Verbrechen, indem sie leugnen, was sie nun wissen, und Pilatus dazu veranlassen, es auch seinerseits geheimzuhalten. Er beteuert seine Unschuld an Jesu Tod, versteht sich aber dazu, dessen Auferstehung zu verheimlichen. Die jüdischen Ältesten bestehen darauf, weil sie, wie sie selbst eingestehen, fürchten müssen, vom jüdischen Volk gesteinigt zu werden, wenn diesem die Wahrheit bekannt würde. Dieses Bekenntnis enthält die Stellungnahme des Evangelisten zum Judentum: wenn doch nur die jüdische Obrigkeit dem jüdischen Volk die Wahrheit gesagt hätte!

In diesem Bericht wird der Verdacht, daß die Jünger Jesu versuchen könnten, dessen Leichnam zu stehlen, nicht geäußert, das geschieht aber in der einzigen kanonischen Parallelstelle zu der zitierten des Petrusevangeliums:

«Noch während die Frauen unterwegs waren, kamen einige von den Wächtern in die Stadt und berichteten den Hohenpriestern alles, was geschehen war. Diese faßten gemeinsam mit den Ältesten den Beschluß, die Soldaten zu bestechen. Sie gaben ihnen viel Geld und sagten: Erzählt den Leuten: Seine Jünger sind bei Nacht gekommen und haben ihn gestohlen, während wir schliefen. Falls der Statthalter davon hört, werden wir ihn beschwichtigen und dafür sorgen, daß ihr nichts zu befürchten habt. Die Soldaten nahmen das Geld und machten alles so, wie man es ihnen gesagt hatte. So kommt es, daß dieses Gerücht bei den Juden bis heute verbreitet ist.»
(Matthäus 28, 11–15)

Im Kreuzevangelium ist die jüdische Obrigkeit weit schuldiger, das jüdische Volk aber ist es in viel geringerem Maße, denn es ist ja von seiner Obrigkeit getäuscht worden. Für Matthäus aber sind Obrigkeit und Volk gleichermaßen schuldig. Das erklärt jede Änderung der Geschichte. Er zögert nicht, von der Schuld der Hohenpriester zu sprechen, denkt aber nicht daran anzudeuten, daß das Volk fast unschuldig ist. Von Vertretern der jüdischen Obrigkeit am Grabe will er nichts wissen, auch davon nicht, daß solche die Auferstehung mit eigenen Auge gesehen hätten. So fürchtet bei Matthäus die Obrigkeit auch das Volk nicht, wie im Kreuzevangelium. Da Pilatus nicht anwesend ist, um den Soldaten Schweigen zu gebieten, beschließen die Obersten der Juden, die Soldaten zu bestechen. Jedes Abweichen des Matthäus vom Kreuzevangelium ist erklärlich aus dem Wunsch des Evangelisten, das von seinen Oberen getäuschte Volk der Juden nicht von der Schuld an Jesu Tod freizusprechen, wie es das Kreuzevangelium tat.

Dereinst gerechtfertigte Unschuld

Die Muster des Erzählgenres von gerechtfertigter Unschuld sprachen von Ahiqar bis zum 3. Buch der Makkabäer stets von einer Wiederherstellung auf Erden, von einer Errettung nicht nach dem Tod und trotz des Todes, sondern *vor* dem Tod. Die bösen Ankläger mußten dem Freispruch des von ihnen Beschuldigten durch eine königliche oder kaiserliche Autorität beiwohnen, so auch in dem Kreuzevangelium, in der Grundschicht des Petrusevangeliums.

Solche Erzählungen brachten Trost in Situationen sozialer Zurücksetzung und Diskriminierung von Minderheiten, wenn es aber den Benachteiligten ans Leben ging, konnten solche Vorstellungen als gefährliche Illusionen erscheinen. Die Erzählung wurde deshalb für die Umstände lebensbedrohender Verfolgung passend abgewandelt. Die Geschichten bei Daniel 1–6 zum Beispiel dienen als Einleitung zu den Offenbarungen, die dem Propheten bei der Judenverfolgung durch den syrischen König Antiochus IV. Epiphanes während der Jahre 167 bis 164 v. Chr. zuteil wurden. Aber sie wurden zweifellos nicht in diesen Jahren erfunden, als glaubenstreue jüdische Märtyrer nicht wie David und seine drei Gefährten auf wunderbare Weise vom Tode errettet wurden, sondern tapfer in den Tod gingen. Diese Blutzeugen konnten allenfalls nach dem Tod gerettet werden, *dereinst* in einem *Jenseits*. Genau so sieht man also die typische Geschichte abgewandelt im 2. Buch der Makkabäer, das von der syrischen Verfolgung handelt und zwischen den Jahren 100 und 75 v. Chr. verfaßt wurde. Da werden eine Mutter und ihre sieben Söhne getötet, weil sie sich weigern, gegen Gottes Gebot zu verstoßen. Sie werden nicht *vor* dem Tode errettet, aber erklären wiederholt, daß Gott sie *nach* dem Tode erretten wird. Sie werden *dereinst* gerechtfertigt, der König wird *dereinst* bestraft werden. Und so sagen sie:

«Du Unmensch! Du nimmst uns dieses Leben; aber der König der Welt wird uns zu einem neuen, ewigen Leben auferwecken, weil wir für seine Gesetze gestorben sind ... Gott hat uns die Hoffnung gegeben, daß er uns wieder auferweckt. Darauf warten wir gern, wenn wir von Menschenhand sterben. Für dich aber gibt es keine Auferstehung zum Leben ... Du bist ein vergänglicher Mensch, und doch hast du die Macht unter den Menschen zu tun, was du willst. Aber glaub nicht, unser Volk sei von Gott verlassen. Mach nur so weiter! Du wirst seine gewaltige Kraft spüren, wenn er dich und deine Nachkommen züchtigt.»
(2. Makkabäer 7, 9, 13, 16–17)

In Situationen sozialer Diskriminierung überzeugt das *Vor-dem-Tod-Modell*, in Situationen lebensbedrohender Verfolgung taugt nur das *Nach-dem-Tod-*

Modell. Soweit möglich, hatte sich der Verfasser des Kreuzevangeliums an das *Vor*-dem-Tod-Muster oder wenigstens das Muster der Errettung auf *Erden* gehalten. Jesus starb, doch nur zu dem Zweck, Eingang in den Scheol oder Hades zu finden und die dort Gefangenen zu befreien. Danach wurde er am Ausgang des Grabes im Angesicht seiner Ankläger gerechtfertigt.

Markus und seine Gemeinde haben, wie wir schon so oft bestätigt fanden, die Erfahrung tödlicher Verfolgung gemacht, so daß das Kreuzevangelium für sie unannehmbar ist. Deshalb vermeidet Markus, obwohl er die Erzählung des Kreuzevangeliums kennt, entschieden jede Andeutung einer Errettung Jesu schon vor dem Tode oder hienieden auf Erden. Diese wurde Jesus nicht zuteil, denn sie wurde den Verfolgten, wie Markus und seine Gemeinde aus eigener jüngster Erfahrung wußten, nicht zuteil. Erst bei der Parusie oder Wiederkehr wird Jesus nach der Erwartung des Markus vor seinen Feinden gerechtfertigt werden. Und das erklärt in seinem Evangelium Jesus bei seinem Verhör durch die Hohenpriester der jüdischen Obrigkeit:

«Und ihr werdet den Menschensohn zur Rechten der Macht sitzen und mit den Wolken des Himmels kommen sehen.»
(Markus 14, 62)

Markus will nichts wissen von Erscheinungen des Auferstandenen hienieden und von etwa dadurch verursachten Glaubensbekenntnissen. Der Gemeinde des Markus ist Jesus gegenwärtig nur im Schmerz und Leiden der Abwesenheit und natürlich in der Erwartung der nahe bevorstehenden Parusie. Irdische Erscheinungen und Erlösungen bei der Auferstehung kamen für Jesus nicht in Frage, weil sie für die verfolgte Gemeinde, der Markus selbst angehörte, nicht in Frage kamen. Zwischen der Auferstehung und der Parusie war nur im Leiden und Sterben seiner Nachfolger in der schrecklichen Situation während des ersten römisch-jüdischen Krieges der Jahre 66–74 n. Chr. der leidende und sterbende Jesus gegenwärtig. Ich werde an nur zwei Beispielen demonstrieren, wie Markus von einer Rechtfertigung hienieden, wie das Kreuzevangelium sie versucht, abgeht, um von einer dereinstigen Rechtfertigung zu sprechen, und so das klassische Erzählmuster von der gerechtfertigten Unschuld abwandelt, um es dem Ernst der Lage anzupassen. Bei alledem folgen wir, vom Kreuzevangelium bis zu Markus, eingeführten jüdischen Erzählmustern, im ersteren Fall etwa aus dem 3. Buch der Makkabäer, im letzteren aus dem 2. Buch der Makkabäer.

Das erste Beispiel betrifft die Erklärung des römischen Hauptmanns am Kreuz.

«Als der Hauptmann, der Jesus gegenüberstand, ihn auf diese Weise sterben sah, sagte er: Wahrhaftig, dieser Mensch war Gottes Sohn.»
(Markus 15, 39)

Bei Markus ist es Jesu Tod, der dem Hauptmann ein christliches Glaubens-
bekenntnis abnötigt. Das ist natürlich nicht historisch, sondern symbolisch
zu verstehen. Nach Meinung des Evangelisten ist der Märtyrertod, den die
Christen sterben, das Argument, das selbst ihre Henker überzeugt. Matthäus und Lukas aber waren von der Argumentation des Markus wohl
nicht ganz überzeugt, jedenfalls änderten sie seinen Text:

> «Als der Hauptmann und die Männer, die mit ihm zusammen Jesus
> bewachten, das Erdbeben bemerkten und sahen, was geschah, erschra-
> ken sie sehr und sagten: Wahrhaftig, das war Gottes Sohn.»
> (Matthäus 27, 54)

> «Als der Hauptmann sah, was geschehen war, pries er Gott und sagte:
> Das war wirklich ein gerechter Mensch.»
> (Lukas 23, 47)

Bei Matthäus überzeugt den Hauptmann nicht so sehr das Sterben Jesu als
vielmehr das wunderbare Ereignis, das damit einhergeht. Bei Lukas überzeugt das Sterben Jesu den Hauptmann nur von dessen Unschuld und
Gerechtigkeit. Doch Markus meint genau, was er sagt: Was zählt, ist der
Märtyrertod. Das Blutzeugnis ist es, was die Heiden zum Glauben führt.

Das zweite Beispiel ist sogar noch wichtiger. Das Evangelium des Markus endet mit dem 8. Vers des 16. Kapitels, ehe sich noch der Auferstandene seinen hinterbliebenen Jüngern gezeigt hat. Das unterscheidet dieses
Evangelium von allen anderen, und während des 2. Jahrhunderts wurden
auch dem Markusevangelium verschiedene neue Abschlußkapitel ange-
hängt, die diesen Mangel behoben. Für Markus war das Fehlen jeder Erscheinung des Auferstandenen aber kein Mangel, sondern Notwendigkeit.
Jesus war nicht erschienen, um die Gemeinde, der Markus angehörte, vor
Verfolgungen zu beschützen, und Markus glaubte, daß solche Eingriffe
zwischen der Auferstehung und der Parusie schlechterdings nicht zu erwarten waren. Deshalb hielt er es für gefährlich irreführend, von solchem
direkten Eingreifen Gottes in den Gang der irdischen Dinge auch nur zu
sprechen. So wurde die transzendentale großartige Erscheinung aus dem
Kreuzevangelium von Markus in das frühere Leben Jesu zurückversetzt
und zur Verklärung Jesu historisiert.

> «Sechs Tage danach nahm Jesus Petrus, Jakobus und Johannes beiseite
> und führte sie auf einen hohen Berg, aber nur sie allein. Und er wurde
> vor ihren Augen verwandelt; seine Kleider wurden strahlend weiß, so
> weiß, wie sie auf Erden kein Bleicher machen kann. Da erschien vor
> ihren Augen Elija und mit ihm Mose, und sie redeten mit Jesus. Petrus
> sagte zu Jesus: Rabbi, es ist gut, daß wir hier sind. Wir wollen drei
> Hütten bauen, eine für dich, eine für Mose und eine für Elija. Er wußte
> nämlich nicht, was er sagen sollte; denn sie waren vor Furcht ganz be-
> nommen. Da kam eine Wolke und warf ihren Schatten auf sie, und aus

der Wolke rief eine Stimme: Das ist mein geliebter Sohn; auf ihn sollt
ihr hören. Als sie dann um sich blickten, sahen sie auf einmal niemand
mehr bei sich außer Jesus.»
(Markus 9, 2–8)

Vier Hauptelemente der ursprünglichen Erscheinung im Kreuzevangelium
sind noch in dieser von Markus beschriebenen Verklärung aufzuspüren,
wenn man willens ist, der Annahme zuzustimmen, daß Markus die im
Kreuzevangelium gefundene Szene bei der Umsetzung auch umgestaltet
hat. Zunächst findet man die «beiden Männer», die im Kreuzevangelium
als dessen Begleiter Jesus ehren, bei Markus als Moses und Elija identifiziert. Erhalten ist auch das Motiv der Höhe aus Petrus 10, 40, wo man «das
Haupt der zwei bis zum Himmel reichen, dasjenige des von ihnen an der
Hand Geführten aber die Himmel überragen» sieht, wenngleich Markus
nur davon spricht, daß Jesus seine drei nächsten Jünger «auf einen hohen
Berg» führte. Das Lichtmotiv, den «großen Lichtglanz» aus Petrus 9, 36,
nimmt Markus auf mit der Feststellung, «seine Kleider wurden strahlend
weiß, so weiß, wie sie auf Erden kein Bleicher machen kann». Und schließlich hört man auch die bei Petrus 10, 41 aus den Himmeln rufende Stimme
bei Markus aus einer Wolke. So verwendet Markus die Beschreibung einer
Erscheinung des Auferstandenen in einem Vorschein der Parusie, nur daß
er diesen während des irdischen Lebens Jesu, nicht nach seiner Auferstehung stattfinden läßt. Für Markus kann es keine Erscheinung des Auferstandenen geben vor der einzigen, großen und in nächster Zukunft erwarteten bei der Parusie.

Erscheinung und Autorität

Im Kreuzevangelium, dem ursprünglichen Kern des Petrusevangeliums,
erscheint der auferstandene Jesus nur der feindlichen jüdischen Obrigkeit
und den relativ neutralen römischen Soldaten. Diese Geschichte folgt dem
narrativen Modell des weisen, frommen und unschuldigen Juden, der von
bösen Anklägern beschuldigt, letztlich aber hier auf Erden in Gegenwart
einer relativ wohlwollenden imperialen Autorität gerechtfertigt wird.
Nichts von alledem ist natürlich historisch in dem strengen Sinne, der
dafür nur das gelten läßt, was tatsächlich irgendwann und irgendwo geschah. Doch repräsentiert die Erzählung in komprimierter Form die Erwartungen der Christen in einer spezifischen historischen Situation, die zu
großen Hoffnungen auf eine Verständigung mit der römischen Staatsver-
waltung zu berechtigen und in der die Gegnerschaft des jüdischen Volkes
den Christen überwindlich schien, wenn dieses nur erführe, daß es, was
Jesus betrifft, von der eigenen Obrigkeit irregeführt worden war. Eine solche
Situation bestand in den vierziger Jahren, ehe das Scheitern der christli-

chen Missionsanstrengungen die Christen sowohl gegen die jüdische Obrigkeit als auch gegen das jüdische Volk eingenommen hatte (Matthäus) oder einfach und undifferenziert gegen die Juden (Johannes). Wenn aber die Erscheinung des Auferstandenen im Kreuzevangelium dessen *Rechtfertigung* außerhalb der Christengemeinde zum Gegenstand hat, so handeln fast alle Geschichten von solchen Erscheinungen in den kanonischen Evangelien von der *Autorität* innerhalb der Gemeinde.

Als letztem von allem ... auch mir

Während des Winters 53 oder 54 n. Chr., also zwanzig bis vierzig Jahre ehe die letzten Kapitel der Evangelien des Neuen Testaments geschrieben wurden, schrieb Paulus an die Christengemeinde in Korinth:

«Denn vor allem habe ich euch überliefert, was auch ich empfangen habe:

Christus ist für unsere Sünden gestorben, / gemäß der Schrift, und ist begraben worden. / Er ist am dritten Tag auferweckt worden, / gemäß der Schrift,

und *erschien* dem Kephas, dann den Zwölf.

Danach *erschien* er mehr als fünfhundert Brüdern zugleich; die meisten von ihnen sind noch am Leben, einige sind entschlafen. Danach *erschien* er dem Jakobus, dann allen Aposteln. Als letztem von allen *erschien* er auch mir, dem Unerwarteten, der ‹Mißgeburt›. Denn ich bin der geringste von den Aposteln; ich bin nicht wert, Apostel genannt zu werden, weil ich die Kirche Gottes verfolgt habe. Doch durch Gottes Gnade bin ich, was ich bin, und sein gnädiges Handeln an mir ist nicht ohne Wirkung geblieben. Mehr als sie alle habe ich mich abgemüht – nicht ich, sondern die Gnade Gottes zusammen mit mir. Ob nun ich verkündige oder die anderen: das ist unsere Botschaft, und das ist der Glaube, den ihr angenommen habt.»

(1. Korinther 15, 3–11; Hervorhebungen von mir)

Bei diesem Text und den anderen, die ich in diesem Abschnitt zitieren werde, betone ich ihre zutiefst politischen Aspekte. Die Texte sind nicht in erster Linie an Trancen, Ekstasen, Erscheinungen oder Offenbarungen interessiert, sondern an Autorität, Macht, Führerschaft und Priorität.

Die oben zitierte Briefstelle insistiert nicht eigentlich auf den Erscheinungen des Auferstandenen als solchen, sondern darauf, daß er zuletzt auch dergestalt den Schreiber, Paulus selbst, zum *Apostel* bestimmt, zu einer Führerrolle in der Kirche berufen hat. Drei Elemente sind bezeichnend.

Zunächst die Gegenüberstellung von Kephas und den Zwölfen mit Jakobus und den Aposteln. Man denkt gewöhnlich an die zwölf Apostel, unter denen Petrus stets an erster Stelle genannt wird. Für gewisse christliche Gruppen repräsentierten die zwölf Apostel das Neue Testament wie die zwölf Patriarchen das Alte. Hier bei Paulus scheinen jedoch die Zwölf von den Aposteln unterschieden zu werden. Sie müssen so unterschieden werden, da anders Paulus kein Apostel sein könnte, denn einer der Zwölf werden kann er schlechterdings nicht mehr. Deshalb sagt er, daß Christus «allen Aposteln» erschien, ehe er sich zuletzt auch ihm selbst zeigte. Er kann nicht behaupten, einer der Zwölf zu sein, aber er kann behaupten, ein Apostel, ein «Sendbote» (nichts anderes bedeutet nämlich der griechische Ausdruck) Gottes und Jesu, zu sein, und das tut er. Und obwohl er sich als letzten und geringsten unter diesen einordnet und einräumt, nur durch die Gnade Gottes unter ihnen zu sein, läßt er zuletzt keinen Zweifel daran, daß er *ebenso* berufen ist wie alle anderen: «Ob nun ich verkündige oder die anderen: das ist unsere Botschaft ...»

Und ein zweites Element ist da, von diesem ersten abhängig. Es ist Paulus sehr wichtig, seine eigene Begegnung mit dem auferstandenen Jesus denjenigen aller anderen vor ihm gleichzusetzen. Deshalb bedient er sich in jedem von ihm erwähnten Fall des gleichen Ausdrucks: Er *erschien* oder wurde *enthüllt* (was eine wörtlichere und bessere Übersetzung des griechischen Ausdrucks ist). Es ist kaum zu bezweifeln, daß Paulus der Auferstandene in einem Trancezustand offenbart wurde, einem jener veränderten Bewußtseinszustände, die in allen Religionen der Welt eine Rolle spielen. Lukas gibt drei Berichte über des Paulus erste Offenbarungserfahrung, die jedoch alle darin übereinstimmen, deren ekstatischen Charakter zu betonen.

«Unterwegs aber, als er sich bereits Damaskus näherte, geschah es, daß ihn plötzlich ein Licht vom Himmel umstrahlte. Er stürzte zu Boden und hörte, wie eine Stimme zu ihm sagte: Saul, Saul, warum verfolgst du mich?»
(Apostelgeschichte 9, 3–4 = 22, 6–7 = 26, 13–14)

Bei seiner eigenen Beschreibung in dem Brief an die Galater 1, 16 nennt Paulus selbst diese Erfahrung nur eine «Offenbarung», möglicherweise bezieht er sich jedoch darauf auch in der folgenden Stelle seines 2. Briefes an die Korinther:

«Ich kenne jemand, einen Diener Christi, der vor vierzehn Jahren bis in den dritten Himmel entrückt wurde; ich weiß allerdings nicht, ob es mit dem Leib oder ohne den Leib geschah, nur Gott weiß es. Und ich weiß, daß dieser Mensch in das Paradies entrückt wurde; ob es mit dem Leib oder ohne den Leib geschah, weiß ich nicht, nur Gott weiß es. Er hörte unsagbare Worte, die ein Mensch nicht aussprechen kann.»
(2. Korinther 12, 2–3)

Paulus war ein Verfolger des Christentums, ehe er berufen wurde, dessen Apostel bei den Heiden zu werden. Er wußte genug über diese neue Sekte, um sie aus tiefster Seele abzulehnen, und das Ergebnis seiner Entrückung war dann nicht nur, daß er aufhörte, das Christentum zu verfolgen, nicht nur, daß er sich selbst zu ihm bekehrte, nicht nur, daß er dessen Missionar wurde, sondern daß er es hinfort den Heiden predigte. Ich nehme an, daß die Bereitschaft der Christen, auch Heiden in ihre Gemeinschaft aufzunehmen und sich über rituelle Traditionen hinwegzusetzen, die dem im Wege standen, dem Saulus zutiefst anstößig und eine der wichtigsten Ursachen seiner Ablehnung und Verfolgung der Christen war, daß er aber nach seiner Wandlung zum Paulus die Beförderung gerade dieser Öffnung des Judentums als seine eigene vornehmste Aufgabe erkannte. Paulus hat an der oben zitierten Stelle, 1. Korinther 15, 3–11, das Bedürfnis, seine eigene Erfahrung den Erfahrungen seiner Vorgänger im apostolischen Amt gleichzusetzen. Gleich an Gültigkeit und Legitimität heißt das, aber nicht notwendigerweise gleich nach der Art und Weise, in welcher er sie gemacht hatte, sollte sie denen der anderen sein. Jesus war ihnen allen *enthüllt* und *offenbart* worden, doch die verzückte Betrachtung, die Paulus zuteil wurde, sollte nicht als Muster für jegliche Offenbarung Jesu gelten. Worauf es ankommt, meint er, ist, daß wir, einer wie der andere, Apostel sind.

Wenn Paulus von diesen Offenbarungen oder Erscheinungen spricht, gibt er zu verstehen, daß sie drei Typen von Empfängern zuteil werden. Es gibt eine allgemeine Gemeinschaft, jene fünfhundert Brüder. Es gibt zwei verschiedene Führungsgruppen, die Zwölf und die Apostel. Es gibt drei hervorgehobene Führer: Petrus, Jakobus und Paulus selbst. Ich benütze diese Begriffe der allgemeinen Gemeinschaft, Führungsgruppe und der spezifischen Führer, um die Erscheinungen des Auferstandenen in den letzten Kapiteln der kanonischen Evangelien zu erklären. Bei den folgenden Darlegungen achte man auf die Bewegung von der allgemeinen Gemeinschaft zur Führungsgruppe und weiter zu hervorgehobenen spezifischen Führern.

Von der allgemeinen Gemeinschaft zur Führungsgruppe

Man erinnere sich, daß, wie oben bereits erwähnt, das Lukasevangelium und die Apostelgeschichte unseres Neuen Testaments eigentlich nur zwei Bände eines und desselben Evangeliums sind. Die Erscheinungen des auferstandenen Jesus, von denen am Ende des ersten und am Anfang des zweiten Bandes berichtet wird, stellen einen Parallelismus des Endes der Geschichte von Jesus und des Anfangs der Geschichte seiner Jünger her. Es ist auch anzunehmen, daß die Apostelgeschichte später geschrieben wurde, denn man beobachtet bedeutende Unterschiede zwischen beiden. Bei der Erörterung dieser Unterschiede wird sich zeigen, wie sich das Interesse des Verfassers von der allgemeinen Gemeinschaft auf eine Führungsgruppe hin verlagert.

Zuerst lese man, mit Blick auf die allgemeine Gemeinschaft, was zwei Christen geschah, die Jerusalem am Ostersonntag verließen. Sie sind wegen der Hinrichtung Jesu und des Scheiterns ihrer Hoffnungen traurig und niedergeschlagen.

«Am gleichen Tag waren zwei von den Jüngern auf dem Weg in ein Dorf namens Emmaus, das sechzig Stadien von Jerusalem entfernt ist. Sie sprachen miteinander über all das, was sich ereignet hatte. Während sie redeten und ihre Gedanken austauschten, kam Jesus hinzu und ging mit ihnen. Doch sie waren wie mit Blindheit geschlagen, so daß sie ihn nicht erkannten ... Und er legte ihnen dar, ausgehend von Mose und allen Propheten, was in der gesamten Schrift über ihn geschrieben steht. So erreichten sie das Dorf, zu dem sie unterwegs waren. Jesus tat, als wolle er weitergehen, aber sie drängten ihn und sagten: Bleib doch bei uns; denn es wird bald Abend, der Tag hat sich schon geneigt. Da ging er mit hinein, um bei ihnen zu bleiben. Und als er mit ihnen bei Tisch war, nahm er das Brot, sprach den Lobpreis, brach das Brot und gab es ihnen. Da gingen ihnen die Augen auf, und sie erkannten ihn; dann sahen sie ihn nicht mehr. Und sie sagten zueinander: Brannte uns nicht das Herz in der Brust, als er unterwegs mit uns redete und uns den Sinn der Schrift erschloß? Noch in derselben Stunde brachen sie auf und kehrten nach Jerusalem zurück, und sie fanden die Elf und die anderen Jünger versammelt. ... Während sie noch darüber [das Erlebnis in Emmaus] redeten, trat er selbst in ihre Mitte und sagte zu ihnen: Friede sei mit euch!»
(Lukas 24, 13–16, 27–33, 36)

Wir haben es in diesem Fall mit einer *allgemeinen Gemeinschaft* zu tun. Die beiden Jünger (ein Mann und eine Frau?) verlassen Jerusalem in Traurigkeit und Niedergeschlagenheit und kehren freudig und fröhlich dorthin zurück. Die Gegenwart und Bevollmächtigung Jesu bleiben bei der Gemeinde, während sie in der Schrift *nach* ihm forscht und eine Mahlzeit *mit* ihm teilt. Hier findet keine Trance, sondern Exegese statt, keine Ekstase, sondern Eucharistie. Die beiden «Missionare» kehren zu den «Elf und den anderen Jüngern» zurück. Als Jesus gleich darauf von neuem erscheint, geschieht das für diese Gemeinschaft, nicht bloß für den inneren Kreis der Elf (Judas ist noch nicht ersetzt). Und alles, was sonst noch bei Lukas 24 geschieht, bis zur und einschließlich der Himmelfahrt Jesu, geschieht der *allgemeinen Gemeinschaft*. Der allgemeine apostolische Auftrag wird der ganzen Gemeinde erteilt, und alle beobachten die Himmelfahrt. Und obwohl die Elf gesondert erwähnt werden, wird ihnen doch keine exklusive Autorität verliehen, auch wird ihnen nicht allein Gelegenheit gegeben, die Himmelfahrt zu sehen.

Dann lese man, die Führungsgruppe betreffend, wie Lukas am Anfang der Apostelgeschichte die gleiche Geschichte noch einmal erzählt.

«Im ersten Buch, lieber Theophilus, habe ich über alles berichtet, was Jesus getan und gelehrt hat, bis zu dem Tag, an dem er (in den Himmel) aufgenommen wurde. Vorher hat er durch den Heiligen Geist *den Aposteln, die er sich erwählt hatte,* Anweisungen gegeben. *Ihnen* hat er nach seinem Leiden durch viele Beweise gezeigt, daß er lebt; vierzig Tage hindurch ist er *ihnen* erschienen und hat vom Reich Gottes gesprochen. Beim gemeinsamen Mahl gebot er *ihnen:* Geht nicht weg von Jerusalem, sondern wartet auf die Verheißung des Vaters, die ihr von mir vernommen habt ... ihr werdet die Kraft des Heiligen Geistes empfangen, der auf euch herabkommen wird; und ihr werdet meine Zeugen sein in Jerusalem und in ganz Judäa und Samarien und bis an die Grenzen der Erde ... Dann kehrten *sie* vom Ölberg, der nur einen Sabbatweg von Jerusalem entfernt ist, nach Jerusalem zurück. Als *sie* in die Stadt kamen, gingen sie in das Obergemach hinauf, wo sie nun ständig blieben: Petrus und Johannes, Jakobus und Andreas, Philippus und Thomas, Bartholomäus und Matthäus, Jakobus, der Sohn des Alphäus, und Simon, der Zelot, sowie Judas, der Sohn des Jakobus. *Sie alle* verharrten dort einmütig im Gebet, *zusammen* mit den Frauen und mit Maria, der Mutter Jesu, und mit seinen Brüdern.»
(Apostelgeschichte 1, 1–4, 8, 12–14; Hervorhebungen von mir)

Nun redet der auferstandene Jesus *nur* mit den Aposteln. Sie und nur sie werden mit apostolischer Autorität ausgestattet und beobachten Jesu Himmelfahrt. Die Elf sind deutlich von allen anderen unterschieden, auch von den Frauen. Schließlich wird nach dem Bericht der Apostelgeschichte 1, 21 die Zwölfzahl der Apostel wiederhergestellt durch eine Wahl unter den *Männern,* die von Anbeginn seines öffentlichen Wirkens bei Jesus gewesen waren.

So finden wir schon bei Lukas vom ersten zum zweiten Buch seines Evangeliums eine Akzentverschiebung von der anfänglichen gemeinschaftlichen Autorität der gesamten Christengemeinde – wenn auch in dieser die Elf bereits deutlich gegenwärtig sind – auf die Elf und dann wieder Zwölf als besondere Führungsgruppe. Die Erscheinungen des Auferstandenen gelten jetzt dieser. Sie verleihen jetzt dieser Führungsgruppe Autorität.

Von der Führungsgruppe zur Führungspersönlichkeit

Bei Lukas 24 stand gewöhnlich die Gemeinde im Vordergrund, wenn auch die Elf gesondert erwähnt wurden. Doch eine besondere Führerpersönlichkeit, Simon Petrus, trat auch bereits an zwei Stellen in Erscheinung. So liest man bei Lukas, was nach der Rückkehr der Frauen und ihrem Bericht über das leere Grab geschah:

«Petrus aber stand auf und lief zum Grab. Er beugte sich vor, sah aber nur die Leinenbinden (dort liegen). Dann ging er nach Hause, voll Verwunderung über das, was geschehen war.»
(Lukas 24, 12)

Als die beiden Jünger aus Emmaus zurückkehren, um von Jesu dortiger Erscheinung zu berichten, finden sie, nach dem schon oben zitierten Bericht des Evangelisten, dort «die Elf und die anderen Jünger versammelt». Weiter liest man:

«Diese sagten: Der Herr ist wirklich auferstanden und ist dem Simon erschienen. Da erzählten auch sie, was sie unterwegs erlebt und wie sie ihn erkannt hatten, als er das Brot brach.»
(Lukas 24, 33–35)

Ehe die Rückkehrer selbst zu Worte kommen, wird ihnen erst einmal mitgeteilt, daß auch dem Petrus der Auferstandene bereits erschienen ist. Die Führerpersönlichkeit, die Lukas vorzüglich herausstellen wird, ist allerdings Petrus. Wie verfuhr aber einer, der wußte, welches besondere Ansehen Petrus bei manchen seiner Glaubensbrüder genoß, der aber, weil er einer anderen christlichen Gemeinde angehörte, einer anderen Führerpersönlichkeit den Vorrang sichern wollte? Man sehe, wie Johannes verfuhr, und zwar ganz erwartungsgemäß zugunsten des ungenannten «Jüngers, den Jesus liebte». Nachdem Maria Magdalena berichtet hatte, wie sie das Grab leer gefunden hatte, sagt nämlich dieser Evangelist:

«Da gingen Petrus und der andere Jünger hinaus und kamen zum Grab; sie liefen beide zusammen dorthin, aber weil der andere Jünger schneller war als Petrus, *kam* er als erster ans Grab. Er beugte sich vor und *sah* die Leinenbinden liegen, ging aber nicht hinein. Da kam auch Simon Petrus, der ihm gefolgt war, und *ging* in das Grab hinein. Er sah die Leinenbinden liegen und das Schweißtuch, das auf dem Kopf Jesu gelegen hatte; es lag aber nicht bei den Leinenbinden, sondern zusammengebunden daneben an einer besonderen Stelle. Da ging auch der andere Jünger, der zuerst an das Grab gekommen war, hinein; er sah und *glaubte.*»
(Johannes 20, 3–8; Hervorhebungen von mir)

Das Wettrennen zum Grab wird zum Wettstreit um Autorität. Der Jünger, den Jesus liebte, kam zuerst dort an und sah als erster. Simon Petrus erhält zwar Gelegenheit, als erster in das Grab hineinzugehen (weil sich dafür Lukas 24, 12 verbürgte), doch der Jünger, den Jesus liebte, glaubt. Johannes sagt nicht, daß Petrus nicht glaubte, er sagt aber auch nicht ausdrücklich, daß er glaubte. Ausdrücklich sagt er nur, daß der andere Jünger glaubte.

Wie konnten die Anhänger des Petrus sich gegen diese Darstellung zur Wehr setzen? Die Forschung hält Johannes 21 für einen dem bereits vollendeten Evangelium später hinzugefügten Anhang. Dieser Anhang erhebt aber auch Petrus wieder über den «Jünger, den Jesus liebte».

«Als sie an Land gingen, sahen sie am Boden ein Kohlenfeuer und darauf Fisch und Brot. Jesus sagte zu ihnen: Bringt von den Fischen, die ihr gerade gefangen habt. Da ging Simon Petrus und zog das Netz an Land. Es war mit hundertdreiundfünfzig großen Fischen gefüllt, und obwohl es so viele waren, zerriß das Netz nicht ... Als sie gegessen hatten, sagte Jesus zu Simon Petrus: Simon, Sohn des Johannes, liebst du mich mehr als diese? Er antwortete ihm: Ja, Herr, du weißt, daß ich dich liebe. Jesus sagte zu ihm: Weide meine Lämmer! Zum zweitenmal fragte er ihn: Simon, Sohn des Johannes, liebst du mich? Er antwortete ihm: Ja, Herr, du weißt, daß ich dich liebe. Jesus sagte zu ihm: Weide meine Schafe! Zum drittenmal fragte er ihn: Simon, Sohn des Johannes, liebst du mich? Da wurde Petrus traurig, weil Jesus ihn zum drittenmal gefragt hatte: Hast du mich lieb? Er gab ihm zur Antwort: Herr, du weißt alles; du weißt, daß ich dich liebhabe. Jesus sagte zu ihm: Weide meine Schafe!» (Johannes 21, 9–11, 15–17)

Früher, ebenfalls an einem Kohlenfeuer, hatte Petrus Jesus dreimal verleugnet. Hier nun bekennt er dreimal seine Liebe zu ihm. Die dreifache Beteuerung ist augenscheinlich künstlich, da der Obhut des Jüngers nur zwei Kategorien von Wesen anvertraut werden (Lämmer und Schafe). Aber Petrus wird ausdrücklich und unzweideutig über die anderen Apostel erhoben und zum Leiter sowohl der Gemeinde (der Lämmer) als auch der Führungsgruppe (der Schafe) berufen.

Das Ostergeheimnis

Die oben zitierten Schilderungen von Erscheinungen des Auferstandenen aus den Evangelien des Lukas und Johannes sind nicht die einzigen überlieferten, aber sie demonstrieren hinreichend, was mir das Wesentliche daran zu sein scheint, daß nämlich der Gegenstand solcher Schilderungen und Berichte keineswegs ekstatische Erfahrungen oder Offenbarungen sind, welche den Betroffenen in einem veränderten Bewußtseinszustand zuteil wurden. Solche Erfahrungen spielen in allen Religionen der Welt eine gewisse Rolle, und sie mögen in der frühen Christenheit tatsächlich häufig gemacht worden sein, aber nicht darum handelt es sich bei den Erscheinungen des Auferstandenen, die in den letzten Kapiteln der Evangelien beschrieben werden. Vielmehr werden Fragen der Autorität behandelt. Gibt es eine Führungsgruppe in der Gemeinde? Leitet jemand die Gemeinde und Führungsgruppe? Welcher Art sollte diese Person sein? Wer ist zur Führung berufen? Die Antwort auf diese Fragen ist den Worten des Auferstandenen zu entnehmen, und berufen ist, an wen er das Wort richtet.

Aber, fragt man mich nach solchen Erläuterungen immer wieder, wie sind dann die Ereignisse des Ostertages zu erklären? Waren es nicht die Erscheinungen des Auferstandenen am Ostertage, die den Glauben der Jünger wiederherstellten? Wäre ohne diese Erscheinungen nicht alles aus, mit Jesus die christliche Zukunft tot und begraben gewesen? Ich zitiere noch einmal und ausführlicher als das erste Mal die Erwähnungen Jesu und der Christen bei Josephus und Tacitus:

«Um diese Zeit lebte Jesus, ein weiser Mensch ... Er war nämlich der
Vollbringer ganz unglaublicher Taten und Lehrer aller Menschen, die
mit Freuden die Wahrheit aufnahmen. So zog er viele Juden und auch
viele Heiden an sich ... Und obgleich ihn Pilatus auf Betreiben der Vornehmsten unseres Volkes zum Kreuzestod verurteilte, wurden doch seine früheren Anhänger ihm nicht untreu ... Und noch bis auf den heutigen Tag besteht das Volk der Christen, die sich nach ihm nennen, fort.»
(Josephus, *Jüdische Altertümer*, 18, 3, 3 = 18, 63)

«Der, von welchem dieser Name ausgegangen ist, Christus, war unter
der Regierung des Tiberius vom Prokurator Pontius Pilatus hingerichtet
worden, und der für den Augenblick unterdrückte verderbliche Aberglaube brach nicht nur in Judäa, dem Vaterlande dieses Unwesens, sondern auch in Rom, wo von allen Seiten alle nur denkbaren Greuel und
Abscheulichkeiten zusammenfließen und Anhang finden, wieder aus.»
(Tacitus, *Annalen*, 15, 44; deutsch von W. Bötticher)

Drei Tatsachen werden aus diesen Berichten deutlich. Es gab eine Bewegung. Die Behörden ließen deren Stifter hinrichten. Aber die Bewegung
setzte sich fort und breitete sich aus. Diese drei Tatsachen sind Geschichte.
In der Entdeckung des leeren Grabes, die aller Wahrscheinlichkeit nach
von Markus selbst erfunden wurde – denn wo immer davon die Rede ist,
wird Markus nacherzählt –, kann ich nichts Historisches finden. Die Erscheinungen des Auferstandenen sind nicht einmal als ekstatische Visionen historisch außer im Falle des Paulus. Wenn Josephus feststellt, daß
Jesu frühere Anhänger ihm nicht untreu wurden, oder Tacitus erklärt, daß
der verderbliche Aberglaube Anhang in Rom fand, weil ebendort alle nur
denkbaren Greuel Anhang finden, bleibt dabei ungesagt und ungeklärt,
weshalb gerade diese Treue Bestand hatte und diese Abscheulichkeit so
viel Anhang fand. Mir scheint, daß noch ein weiterer historischer Umstand
in Betracht gezogen werden muß.
  Die Königreichbewegung war ermächtigend, nicht beherrschend. Der
historische Jesus sandte nicht andere aus, um von ihm zu sprechen oder
um andere zu ihm zu bringen. Er sagte ihnen, sie könnten tun, was er
selbst tat. Sie könnten einander heilen, ihre Essen miteinander teilen und
damit das Königreich für sich herbeiführen. Der Gott dieses Reichs war
einer, der die Menschen ermächtigte, nicht, wie Caesar, beherrschte. Die
Königreichbewegung war also keine Jesus-Bewegung, und mit der Beseitigung Jesu war das Königreich nicht zu beseitigen. Als er hingerichtet
wurde, verloren seine Anhänger den Mut und flohen. Sie verloren nicht
den Glauben und trennten sich nicht von der Bewegung. Sie entdeckten
dann, daß selbst nach seiner Hinrichtung jenes ermächtigende Königreich
noch fortbestand, noch funktionierte. Überdies und gleichviel, wie man
diesen Sachverhalt nun ausdrückte, fand man, daß Jesu Gegenwart noch
immer ermächtigend wirkte, und das wurde nicht nur von denen, die ihn

noch persönlich gekannt hatten, empfunden, sondern auch von denen, die jetzt zum ersten Mal von ihm hörten. Der Osterglaube ist nicht mehr oder weniger ein Rätsel als jeder andere Glaube auch, aber er begann nicht am Ostersonntag. Er begann unter jenen ersten Nachfolgern Jesu in Galiläa lange vor seinem Tod, und gerade weil es Glaube als Ermächtigung und nicht als Beherrschung war, konnte dieser Glaube überleben und faktisch schließlich sogar die Hinrichtung Jesu negieren. Die Vorstellung, daß dieser Glaube am Ostersonntag entweder erst begann angesichts der Erscheinung des Auferstandenen oder nach vorübergehendem Verlust an eben dem Sonntag durch ekstatische Tranceerlebnisse wiederhergestellt wurde, ist absolut beleidigend für jene ersten Christen. Ein leeres Grab oder ein auferstandener Leib, der Nahrung aufnehmen und mit Händen gegriffen werden konnte, waren Bilder, die diesem Glauben dramatisch Ausdruck verliehen. Die Erscheinungen des Auferstandenen, von denen die letzten Kapitel der Evangelien berichten, dramatisierten die Organisation und Lenkung dieses Glaubens. Aber der christliche Glaube selbst war die Erfahrung der andauernden ermächtigenden Gegenwart Jesu, gleichviel wie man diese Erfahrung ausdrückte, wie immer man sie erklärte und im öffentlichen Diskurs verteidigte. Er war die andauernde Gegenwart des absolut gleichen Jesus in einer absolut verschiedenen Seinsweise.

Geschichte und Glauben

Autobiographische Voraussetzungen

Die Fragen oder Einwände, mit denen ich nach öffentlichen Vorträgen oder Radiosendungen konfrontiert werde, sind gewöhnlich weniger historisch als theologisch, weniger methodologisch und theoretisch als vielmehr persönlich und Biographisches betreffend, weniger an Fakten als am Glauben interessiert. In diesem Epilog gehe ich auf einige dieser grundsätzlichen Fragen ein, so daß der Leser für sich selbst erwägen kann, inwieweit meine eigenen Voraussetzungen und Vorannahmen, meine eigene Lebenserfahrung und Situation sich in meiner historischen Rekonstruktion spiegeln. Wenn ich von meinen Voraussetzungen spreche, meine ich damit nicht, daß ich alle diese Ideen schon hatte, als ich mich an die Arbeit machte. Sie haben sich jedoch im Fortgang der Arbeit und in einer Wechselwirkung mit dieser so entwickelt, daß ich nicht mehr feststellen kann, welche Richtung jeweils der Einfluß nahm, von meinen vorgefaßten Ideen auf die Gegenstände meiner Forschung oder umgekehrt.

Eine sehr grundlegende Voraussetzung, die ich mache, ist, daß die Aussagen meiner früheren Bücher über Jesus wohlbegründet und stichhaltig sind. Ich werde eine kurze Zusammenfassung der Ergebnisse meiner Forschungen versuchen, die ich in den Jahren 1991–1994 veröffentlichte.

Die Königreichbewegung war Jesu Ermächtigungsprogramm für die bäuerliche Bevölkerung des jüdischen Landes, die zu seiner Zeit durch scharfe Besteuerung, damit einhergehende Verschuldung und schließlich Enteignung immer härter bedrückt wurde bei gleichzeitiger Kommerzialisierung des Ackerbaus im Rahmen der expandierenden Kolonialwirtschaft des römischen Reichs unter den Bedingungen des Augusteischen Friedens und der in Niedergaliläa von den Herodianern durchgeführten Urbanisierung. Jesus *lebte* gegen die systemimmanente Ungerechtigkeit und das strukturgebundene Übel dieser Situation eine Alternative, die allen offenstand, die sie annehmen wollten: ein Leben offenen Heilens und geteilten Essens, ein Leben radikaler Wanderschaft und eines fundamentalen Egalitarismus, ein Leben menschlichen Kontakts ohne Diskriminierung und göttlichen Kontakts ohne Hierarchie. So, sagte er, würde Gott die Welt regieren, wenn Gott, nicht Caesar, auf dem kaiserlichen Thron säße. So sollte Gottes Willen geschehen auf Erden wie im Himmel. Aber im Himmel lief alles bestens. Das Problem lag auf Erden. Er starb auch für

diese Vision und dieses Programm. Ich betone, daß für Jesus das Reich
Gottes genau das war, eine religiöse Vision und ein religiöses Programm,
aber nicht getrennt von der Realität, sondern verkörpert in den sozialen,
politischen und wirtschaftlichen Realitäten des Alltagslebens. Diese Beto-
nung ist nötig wegen eines wahrhaft billigen Scherzes, den sich Brown in
seinem Buch leistet, wenn er davon spricht, es sei

«ein Mythos, daß Jesus ein politischer Revolutionär war, entweder vom
Typus Che Guevaras mit einer Schar bewaffneter Anhänger oder mehr
wie Gandhi einer, der den gewaltlosen Widerstand praktizierte und
empfahl. Dieser Eindruck ist auf der populären Ebene gefördert worden
durch etwas, das man ‹Medienrummel› nennen könnte, denn das Bild
Jesu als Befürworter der Befreiung der Juden oder der Bauern läßt sich
voller Enthusiasmus präsentieren und nötigt die Radio-, Zeitungs- oder
Fernsehprogrammgestalter nicht, zu Jesu religiösen Ansprüchen Stellung zu beziehen, die dem Publikum vielleicht mißfallen.» (S. 677–678)

Mein Verständnis Jesu als eines bäuerlichen Revolutionärs, doch als eines
radikal sozialen, nicht aggressiv militärischen, der eine Vision und zugleich ein Programm für das Gottesreich hatte, hat meine Analyse der
Passionsgeschichten zweifellos beeinflußt. Jesus hätte wegen seiner Aktivitäten auch im herodianischen Galiläa jederzeit hingerichtet werden können. Und in gewisser Hinsicht bedurfte es zu seiner Verurteilung keines
besonderen Vergehens; sein bloßes Programm genügte. Doch wurde er
dann in Jerusalem hingerichtet, wobei die höchste jüdische und die römische Obrigkeit zusammenwirkten. Die Beseitigung eines gefährlichen bäuerlichen Störers wie Jesus erforderte keine ordentliche Gerichtsverhandlung und keine besondere Abstimmung zwischen den Tempelbehörden
und der römischen Verwaltung. Sie entsprach meines Erachtens den allgemeinen Prozeduren zur Aufrechterhaltung der öffentlichen Ordnung am
Passahfest. Wenn jemand im Tempel Unruhe stiftete, war er als Warnung
für das Volk unverzüglich zu kreuzigen, wird die auch in Jesu Fall befolgte
Regel gewesen sein. Bei der historischen Rekonstruktion entscheide ich
mich stets für das Minimum, das nötig ist, nicht für das mögliche Maxi-
mum. Aber der Tod ist unerklärlich ohne das Leben, und meine allgemeine
Sicht dieses Lebens hat auch meine allgemeine Sicht der Tatsachen und
Details von Jesu Tod und Begräbnis zutiefst beeinflußt. Nach zweitausend
Jahren Christentum fällt es uns schwer, uns vorzustellen, wie weniger Umstände es in Jerusalem zu Zeiten des Kajaphas und des Pilatus bedurfte,
einen gefährlichen bäuerlichen Niemand wie Jesus mit brutaler Beiläufig-
keit zu beseitigen.

Aber projiziere ich nicht mit der Schilderung Jesu als eines bäuerlichen
Revolutionärs nur meinen eigenen irischen Hintergrund auf das Leben
Jesu? Bin ich nicht dazu erzogen worden, den englischen Imperialismus
zu verabscheuen, und projiziere ich also nun nicht diesen Abscheu auf den

Imperialismus der Römer? Hat mich also nicht die Erfahrung meiner frühen Jahre mit bleibenden Vorurteilen ausgestattet?

Bin ich selber bäuerlicher Herkunft? Meine Großeltern väterlicherseits waren Kleinbauern, meine Großeltern mütterlicherseits gehörten als Besitzer eines Ladengeschäfts in der Stadt der Mittelschicht an. Als ich zu Beginn der vierziger Jahre (ich bin 1934 geboren) deren Haushalte kennenlernte, lebten die Eltern meines Vaters noch in einiger Entfernung von der nächsten Kleinstadt, Letterkenny, in der Grafschaft Donegal, in einer weißgetünchten, strohgedeckten Kate (wirklich, nicht als Touristenattraktion so hergerichtet), wo am offenen Kamin gekocht wurde und fließendes Wasser noch nicht installiert war. Sie hielten Hühner und eine Ziege, und als Zugtier hatten sie einen Esel. Die Eltern meiner Mutter wohnten in Ballymote, einem Marktflecken in der Grafschaft Sligo, neben ihrem Laden in einem Haus, dessen Installationen sogar heutigen Anforderungen genügt hätte. Erklärt also die frühe Erfahrung mit meinen Großeltern väterlicherseits meine Entscheidung, Jesus als Bauern darzustellen? Warum habe ich mich in dem Fall aber nicht entschieden, ihn nach dem Muster meiner Großeltern mütterlicherseits zum Besitzer einer Tischlerei in Nazaret zu machen? Vielleicht war ja aber Jesus ein Bauer, und meine eigenen Erfahrungen haben mich nur sensibilisiert für das, was darin impliziert war.

Imperien? Ich wuchs auf mit der ersten Generation postkolonialer Iren im Windschatten des sinkenden britischen Imperiums. Unter diesen Umständen begegneten mir in der Schule seltsame Widersprüche. Das Gymnasium besuchte ich in Donegal, einer Grafschaft, die der Republik nur durch einen schmalen Korridor verbunden und ansonsten im Hinterland der Küste allseitig von Nordirland umgeben war, das damals wie heute zu Großbritannien gehörte und gehört. Es handelte sich dabei um ein Internat, dessen Besuch jedoch nicht ein soziales Privileg, sondern durch die geographischen Verhältnisse geboten war, denn die kleinen Städtchen der Grafschaft Donegal bedurften einer zentral gelegenen Bildungsanstalt. Dennoch, und obwohl in gälischer Sprache unterrichtet wurde, glich der Lehrplan, dem man an dieser Schule folgte, aufs Haar dem an den privaten Eliteschulen Englands. Der Unterricht in irischer Geschichte machte mich mit den schrecklichen Sachen bekannt, die Großbritannien in Irland gemacht hatte. Das könnte mich allerdings prinzipiell gegen Imperien eingenommen haben. Doch lernte ich andererseits im Latein- und Griechischunterricht, an Texten, die britische Erzieher zur Vorbereitung der ihnen anvertrauten Jugend auf die ihr in der imperialen Verwaltung bevorstehenden Aufgaben ausgewählt hatten, etwa an Caesars *De bello gallico*, die Syntax bewundern und von der Schlächterei abzusehen – selbst derjenigen unter unseren eigenen keltischen Ahnen. Hätte ich da nicht lernen können, Imperien zu bewundern? An Festtagen, wenn die Internatsschüler, ihre ortsansässigen Verwandten besuchen durften, hielt ich mich meist bei einem auf väterlicher Seite angeheirateten Onkel auf, der, wenn er etwas

betrunken war (nämlich bei allen festlichen Gelegenheiten), eine gut ein-
gefettet und in ein Putztuch gewickelt unter seinem Bett aufbewahrte Lu-
ger vorführte, die er nicht im Kampf um die Unabhängigkeit Irlands benützt hatte, sondern im irischen Bürgerkrieg, der unmittelbar auf den teil-
weisen Gewinn der Unabhängigkeit folgte. Aus all dieser pädagogischen
Konfusion gingen für mich zwei unerschütterliche Überzeugungen hervor.
Erstens, daß die Briten den Iren Schreckliches zugefügt haben, und zweitens, daß die Iren, hätten sie die Macht gehabt, den Briten genauso schreckliche Dinge angetan hätten. Und die Überzeugung von der prinzipiellen
Austauschbarkeit der Gegner in diesem konkreten Fall erstreckt sich bei
mir weiter auf alle denkbaren Paare von Gegnern. Die Schwierigkeit besteht natürlich darin, die beiden Wahrheiten stets mit gleicher Intensität
zu verfechten, nie die eine durch die andere verdunkeln zu lassen, und zu
wissen, wann es, ohne dabei die andere zu vergessen, eine der beiden in
den Vordergrund zu rücken gilt. Wir verlieren und gewinnen unsere
Menschlichkeit wahrscheinlich in der notwendigen Spannung zwischen
beiden. Ich hoffe übrigens, daß man mich nicht für antibritisch hält. Es ist
unmöglich, ein Volk nicht zu bewundern, das Indien freigegeben hat, aber
an Nordirland festhält, denn das beweist doch einen wahrhaft keltischen
Sinn für Humor.

Nach meinem Schulabschluß in Irland trat ich in einen römisch-katholischen religiösen Orden ein, den der Serviten, und kam so 1951 in die
Vereinigten Staaten. 1957 wurde ich zum Priester geweiht, doch habe ich
mein ganzes priesterliches Leben als Studierender und Lehrer an einem
Priesterseminar zugebracht. 1969 verließ ich den Orden und das Priester-
amt, und es gelang mir, wie ich gehofft hatte, mich als Wissenschaftler von
den Zwängen des Priesteramts freizumachen. Ich werde deshalb oft gefragt, ob ich mich mit meinen Büchern etwa rächen will? Ob ich abrechnen
will mit der katholischen Kirche und dem Christentum im allgemeinen
und der Bibel im besonderen? Tatsächlich verspüre ich in meinem Herzen
nicht den geringsten Wunsch oder das mindeste Bedürfnis, die Kirche, das
Christentum oder die Bibel schlechtzumachen.

Eine antidogmatische historische Rekonstruktion wäre noch lächerlicher
als eine prodogmatische. In beiden Fällen ließe sich der Forscher für andere Interessen als die der Forschung einspannen. Ich habe mich während
der letzten fünfundzwanzig Jahre bewußt auf Distanz zur katholischen
Hierarchie gehalten, um unfruchtbaren Streitigkeiten vorzubeugen, kann
mich selbst aber nicht als außerhalb der römisch-katholischen oder christlichen *Tradition* stehend begreifen. Andere freilich können mich so sehen,
aber das ist deren Problem, nicht meines. Der Angriff, selbst in einem Buch
wie diesem, das erklärtermaßen die Thesen eines anderen bestreitet, ist mir
nicht so wichtig wie Verstehen, Bildung, Optionen und Alternativen.

Die fast zwanzig Jahre, die ich in einem religiösen Orden aus dem Mit-
telalter verlebte, haben mir eine Grundüberzeugung hinterlassen, die ich

schon am Ende der Einleitung zu diesem Buch ausgesprochen habe, nämlich die, daß *Vernunft* und *Offenbarung* oder Geschichte und Glauben oder historische Rekonstruktion und Bekenntnisartikulation einander nicht widersprechen können, außer wenn wir entweder die eine oder die andere oder beide mißverstehen. Ich versuche, beide stets in einer gespannten Dialektik zu halten, denn obgleich in der Theorie die Offenbarung höher ist als alle Vernunft, spricht doch in der Praxis gewöhnlich die Vernunft das letzte Wort. Sonst haben wir kein Verfahren, Situationen wie in Jonestown oder Waco richtig einzuschätzen, ehe es zu spät ist. Ich gehe nicht von der rationalistischen Voraussetzung aus, daß die Vernunft immer recht hätte und die Offenbarung immer unrecht. Umgekehrt lasse ich den Satz aber auch nicht gelten. Als Mensch muß man in der gespannten Dialektik von Vernunft und Offenbarung leben, und wir gefährden unsere Menschlichkeit gleichermaßen, wenn wir der einen oder der anderen zu blindlings uns ergeben. Die Vernunft jedoch wird von den Natur- und Sozialwissenschaften diszipliniert. Diese sind keineswegs unfehlbar; sie sind nur alles, was wir in der fraglichen Dialektik auf der Seite der Vernunft ins Feld führen können. So können wir, wenn wir uns von den Naturwissenschaften über die Evolution haben belehren lassen, einsehen und begreifen, daß das 1. Kapitel des Buches Genesis nicht beschreibt, wie Gott die Welt schuf, daß Gott aber selbst bei der Schöpfung der Welt das Gebot des Sabbats hielt, der Sabbat also sozusagen größer als die Schöpfung selbst ist. Vielleicht hätte mich zu dieser Einsicht auch die Untersuchung der literarischen Struktur, der theologischen Anliegen oder des mutmaßlichen Verfassers dieses Schöpfungsberichts geleitet, was mich aber tatsächlich auf den richtigen Weg brachte, war die Überzeugung, daß die Vernunft (die Evolutionstheorie) der Offenbarung (Genesis I.) nicht widersprechen konnte. Diese Überzeugung gab mir die Gewißheit, daß der Schöpfungsbericht des Buches Genesis nicht wörtlich genommen werden dürfe, sondern metaphorisch oder symbolisch verstanden werden müsse. Dieser Schluß wird heutzutage natürlich im christlichen Denken weithin anerkannt, aber das Prinzip wird oft außer acht gelassen, wenn die Aufmerksamkeit sich vom Anfang (Genesis I) und dem Ende (Apokalypse des Johannes) der Welt dem Anfang (der Empfängnis) und dem Ende (der Auferstehung) des Lebens Jesu zuwendet. Aber Anfang und Ende sind immer von Metaphern, Mythen und Symbolen umdrängt, denn zu Anfang müssen diese unsere Hoffnungen tragen und am Ende unsere Ängste begraben. Ich führe also die Dialektik von Vernunft und Offenbarung überall durch, vom Anfang bis zum Ende der Bibel, vom Anfang bis zum Ende des Lebens Jesu. In dieser Dialektik zwischen Vernunft und Offenbarung kommt überall nur die göttliche Folgerichtigkeit zum Ausdruck. Es geht uns nichts an, was Gott tun *kann*, sondern was Gott *tut*, im 1. oder im 20. oder sonst einem Jahrhundert.

Theologische Voraussetzungen

Alle Religionen, die mir bekannt geworden sind oder die ich mir vorstellen kann, sind trinitarischer Struktur. Und ich bediene mich des Ausdrucks in voller Absicht, denn so verstehe ich die christliche Dreifaltigkeit. Da ist zuerst die *letzte Bezugsgröße*, die metaphorisch als Kraft, Person, Zustand oder Ordnung, als Natur, Göttin oder Gott, Nirwana oder Weg angesprochen wird. Da ist zweitens irgendeine *materielle Manifestation*, irgendeine Person, irgendein Ort oder König, irgendein Individuum oder Kollektiv, irgendeine Höhle oder irgendein Schrein oder Tempel, irgendeine Lichtung im Urwald, irgendein Baum in der Wüste, wo die letzte Bezugsgröße gefunden und erfahren wird. Schließlich ist da drittens zu Anfang mindestens ein frommer Gläubiger und, endlich, mehrere fromme Gläubige. Da es jedoch immer auch Ungläubige gibt, muß zwischen dem Gläubigen, der Bezugsgröße und ihrer Manifestation irgendeine vorgegebene Affinität vorhanden sein. Der Geist der Bezugsgröße und ihrer Manifestation muß dem Gläubigen von vornherein gegenwärtig sein, denn anders ist nicht zu erklären, daß der eine den Glauben annimmt, der andere ihn ablehnt. Es gibt also in jedem Fall eine trinitarische Schlinge. Für mich ist deshalb jeder Glauben und jede Religion, nicht nur meine eigene christliche, trinitarisch strukturiert.

Wenn ich bekenne, daß Jesus göttlich ist, Christus, unser Herr, Lamm Gottes, Gottes Wort, der Menschensohn, Sohn Davids oder Gottes Sohn, begreife ich diese Ausdrücke nicht als essentielle oder substantielle, sondern als interaktive Relationsbegriffe. (Eigentlich, denke ich, sind «essentiell» und «substantiell» dasselbe wie «relational» und «interaktiv».) Wenn ich zum Beispiel sage, daß Jesus göttlich ist, will ich sagen, *ich sehe Jesus* als Manifestation *Gottes*. Ähnlich muß ich als Historiker der Anfänge des Christentums erklären können, weshalb in jenem 1. Jahrhundert manche Leute Jesus sahen und sich sagten: «Ignorieren wir ihn!», während andere sagten: «Richten wir ihn hin!» und wieder andere: «Verehren wir ihn göttlich!» Wenn die Medien und das Publikum insistieren: «Ja, schon gut, aber war er *wirklich* göttlich?» kann ich nur erwidern, daß für das 1. oder das 20. Jahrhundert Jesus göttlich war und ist für alle, die in ihm *die* Manifestation Gottes erfahren. Ich habe im letzten Satz den bestimmten Artikel hervorgehoben. Als Menschen sind wir alle, jeder von uns, absolut besonders, das heißt absolut relativ oder relativ absolut. In allem, was für uns von höchster Wichtigkeit ist, Ehegatte oder Familie, Hobby oder Leidenschaft, Job oder Beruf, Sprache oder Land findet unvermeidlich dieser Übergang vom unbestimmten zum bestimmten Artikel statt. Es gilt als höchst unklug, beim Erwachen neben einer geliebten Gattin oder einem geliebten Gatten, die oder den man für die schönste Person auf Erden hält, etwa zu sagen (auch wenn es der Wahrheit entsprechen mag): «Wenn ich dich nicht getroffen hätte, hätte ich wahrscheinlich jemand anderen getroffen.» Wird einem ein neugeborenes Kind gezeigt mit der Frage: «Ist das nicht das schönste Baby der Welt?», ist es zweifellos das Weiseste, mit Ja zu antworten. Aber bei alledem ist uns doch bewußt, unterschwellig jedenfalls, daß irgend etwas, irgendeiner oder irgendeine so *das Eine*, *die Eine*, *der* Eine geworden ist; und wir wissen, daß das vollkommen menschlich und nicht weiter problematisch ist, *außer* wenn es wörtlich genommen wird und die gleichermaßen relativen Verabsolutierungen von anderen damit bestritten werden. Ebenso oder in besonderem Maße verhält es sich mit dem Glauben, der Religion der Menschen. Sie muß als *die* Manifestation des Heiligen erfahren werden, aber wir dürfen nie vergessen oder leugnen, daß es sich dabei tatsächlich um eine Manifestation für *mich* und für *uns* handelt. Es ist menschlich, in *einem* als in *dem* zu leben; unmenschlich ist es, diese notwendige Verwechslung zu leugnen.

Mein eigener Hintergrund ist irisch und katholisch, was weniger eine Sache des Personalausweises und des Taufscheins ist als vielmehr die Bedingung, auf eine bestimmte Art zu empfinden, deren man sich nicht so leicht entledigen kann wie seiner Papiere. Wenn ich an Jesus als an eine Manifestation Gottes denke, denke ich nicht nur an seine Worte oder allein an seine Taten, sondern an beides als Facetten eines gelebten Lebens und eines gewissermaßen unvermeidlichen Todes. Ich setze nicht abgetrennt und hervorgehoben die Worte über die Taten oder den Tod über das Leben. Das *Ganze* zählt, damals, heute, immer. Die Auferstehung Jesu bedeutet für mich, daß die menschliche Ermächtigung, die einige Menschen zu Beginn des 1. Jahrhunderts in Niedergaliläa erlebten – in und durch Jesus –, jetzt jedem Menschen jederzeit und überall zugänglich ist, der Gott in und durch eben denselben Jesus findet. Leere-Grab-Geschichten und körperliche Erscheinungsgeschichten sind vollkommen gültige Gleichnisse zum Ausdruck dieses Glaubens ähnlich wie die Geschichte vom guten Samariter. Sie sind, für mich, Gleichnisse der Auferstehung, nicht die Auferstehung selbst. Auferstehung als die fortgesetzte Erfahrung der Gegenwart Gottes in und durch Jesus ist das Herz des christlichen Glaubens.

Aber dieses Herz ist mehr Struktur als Inhalt, und die Struktur ist fast wie in einem Atom synthetisiert in den Namen Jesus Christus, das heißt Jesus *als* Christus. Das erste Wort, Jesus, ist eine *Tatsache*, deren Existenz prinzipiell überprüfbar ist (er hat oder er hat nicht gelebt); das zweite Wort, Christus (oder Herr, Weisheit oder Gottessohn usw.), ist eine *Deutung*, die prinzipiell nicht überprüfbar ist (sie ist der Frage, ob er wirklich all das ist oder war, unzugänglich). Die Verbindung der beiden Namen ist ein Glaubensakt, der als solcher Deutung ist, fundamentale Deutung, keine historische Tatsache. Deshalb ist für mich die Leben-Jesu-Forschung wichtig für den christlichen Glauben. Diese Wichtigkeit wurde von der Christenheit schon sehr früh erkannt. Schon in den fünfziger Jahren des 1. Jahrhunderts hatte die Gemeinde des Q-Evangeliums die von ihr rekonstruierte *Lebens-*

weise Jesu als für den eigenen Glauben lebenswichtig erkannt. Paulus hatte den für seinen eigenen Glauben lebenswichtigen Modus des Sterbens Jesu rekonstruiert. Jedes der vier kanonischen Evangelien rekonstruierte eine Anschauung des historischen Jesus und stellte diese als eine Manifestation Gottes für die Gemeinde hin, an die das betreffende Evangelium sich im besonderen richtete. Für das Christentum konnten die Rekonstruktionen voneinander abweichen, und selbst die daraus deutlich werdenden Manifestationen Gottes mochten voneinander verschieden sein, doch die Struktur hielt. Das Christentum ist eine historische Rekonstruktion, gedeutet als göttliche Manifestation. Es ist (in der heutigen postmodernen Welt) nicht ein für allemal zu entdecken, wie der historische Jesus seinerzeit war. Vielmehr müssen jede Generation und jedes Jahrhundert die historische Arbeit wiederholen und die eigene Rekonstruktion leisten, eine Rekonstruktion, die mit den jeweils besonderen Bedürfnissen, Visionen und Programmen der jeweils Lebenden in eine kreative Wechselwirkung treten wird und muß. Und eine derartige historische Rekonstruktion steht im Prinzip jedem Forscher frei, der imstande und willens ist, sich ihren disziplinierten Zwängen zu stellen. Es ist der in den Dialogen, Debatten, Kontroversen und Schlüssen der zeitgenössischen Wissenschaft rekonstruierte Jesus, welcher heute den Glauben herausfordert, zu sehen und zu sagen, daß er für jetzt der Christus, der Herr, der Gottessohn ist. Meinungsverschiedenheiten unter Wissenschaftlern disqualifizieren die Geschichtswissenschaft ebensowenig, wie das Bestehen unterschiedlicher christologischer Lehren den Glauben entwertet oder die Unterschiedlichkeit der Evangelien das Neue Testament. Die Evangelien sind für mich als Zeugnisse ihres Herstellungsprozesses in höherem Maße normativ denn als fertige Produkte. Jedes Evangelium verschmilzt den Jesus der dreißiger Jahre des 1. Jahrhunderts n. Chr. mit Deutungen Jesu aus den siebziger, achtziger und neunziger Jahren des gleichen Jahrhunderts. Jedes verschmilzt fast untrennbar Geschichte und Glauben miteinander. Unsere Aufgabe ist es, das gleiche zu leisten, wieder und wieder und wieder. Die Evangelien sind unsere normativen Muster für diesen Prozeß, und wir können uns der Aufgabe nicht entziehen, indem wir versuchen, einfach ihre Geschichte oder ihren Glauben zu wiederholen und als eigene auszugeben.

Das Argument, der christliche Glauben selbst sage uns, was wir über den historischen Jesus wissen müßten, erkenne ich nicht an. Der christliche Glaube sagt uns, wie der historische Jesus (Tatsache) die Manifestation Gottes ist, für uns, hier und jetzt (Deutung). An eine Tatsache kann man nicht glauben, nur an eine Deutung. Und der stärkste Glaube kann eine Deutung nicht in eine Tatsache verwandeln. Hier kommt es zu der tödlichen Täuschung, die das Herz des Christentums so oft wild und grausam hat werden lassen. Wir behaupten, daß wir Tatsachen, nicht Deutungen haben, Geschichte, nicht Mythos, daß *wir* die Wahrheit haben und *ihr* Lügen habt. Das wird so nicht länger zu machen sein, weder für uns noch für sonst jemanden. Wir müssen unsere Mythen und Gleichnisse miteinander vergleichen, um zu erkennen, wie vollmenschlich das Leben ist, das sie erzeugen, aber wir können nicht leugnen, daß *jeder* fest auf solchen unvermeidlichen Grundlagen baut. Christen leben wie alle anderen Menschen aus den Tiefen des Mythos und des Gleichnisses, doch besteht weiterhin und jetzt mit besonderer Dringlichkeit die Anforderung an uns, unseren eigenen Gründungsmythos ohne Scham oder Verleugnung und denjenigen anderer ohne Haß und Geringschätzung zu akzeptieren.

Historische Voraussetzungen

Die historische Rekonstruktion ist innerhalb jenes ersten Jahrhunderts unserer Zeitrechnung besonders heikel, weil aus jener gemeinsamen geistlichen Matrix zwei große Weltreligionen hervorgingen, das früheste Christentum und der rabbinische Judaismus. Ich nenne hier drei von mir dabei gemachte Voraussetzungen, die man, je nach dem eigenen Standpunkt, historisch oder theologisch finden kann und die wahrscheinlich weder alle Christen noch alle Juden akzeptabel finden werden.

Erstens nehme ich an, daß jede dieser beiden Religionen als vollkommen legitimer Zweig des gemeinsamen Stammes, der sie beide hervorgebracht hat, anzusprechen ist. Zweitens, daß jede dieser beiden Religionen sich als einzige legitime Erbin der gemeinsamen Vergangenheit hinstellte und die Gültigkeit des Anspruchs der je anderen bestritt. Drittens, daß das Christentum, weil es schließlich die politische und militärische Unterstützung des römischen Reichs gewann, seinen Anspruch durchsetzen und seinen Gegner sogar auf eine Weise verfolgen konnte, in welcher das Judentum dazu nicht imstande war.

Weiter ins einzelne gehend: Der rekonstruierte historische Jesus muß im Rahmen seines zeitgenössischen hellenistischen Judentums verstanden werden, eines Judentums, das mit all seinem Alter und seiner langen Tradition auf die von Waffengewalt und imperialer Ambition getragene griechisch-römische Kultur einging. Doch dieses Judentum der Zeit Jesu war, wie die moderne Forschung immer stärker hervorhebt, ein höchst schöpferisches und vielfältiges Judentum. Gegen Ende des 2. Jahrhunderts unserer Zeitrechnung, zweihundert Jahre nach Jesus, waren das *katholische* Christentum und das *rabbinische* Judentum jeweils emsig damit beschäftigt, ihre Vorherrschaft auch in der Vergangenheit durchzusetzen, so daß es später beim Judentum nicht leichter sein sollte als beim Christentum, die einstige Vielfalt der Religion noch in ihrer letztlichen Ausprägung aufzuspüren. In jener Zeit waren diese beiden großen Religionen schon erwachsene und selbständige Töchter der gemeinsamen Mutter. Jede behauptete, deren einzige legitime Erbin zu sein, und konnte zum Beweis ihres Anspruchs Texte und Traditionen vorlegen. Dabei war jede eine gleichermaßen legitime, gleichermaßen gültige, gleichermaßen überraschende und gleichermaßen großartige Fortsetzung des Judentums aus der Vergangenheit in die Zukunft. Es wäre wahrscheinlich schwer zu sagen, welche der beiden Ausprägungen seiner Religion Moses mehr überrascht hätte, wenn er um das Jahr 200 n. Chr. aus seinem Schlummer erwacht wäre. Doch ist zu betonen, daß es soweit erst zweihundert Jahre *nach* Jesus war.

Ich habe mich in diesem Buch der Bezeichnungen *Christen* und *Christentum* genau so bedient, wie ich von *Essäern, Pharisäern, Sadduzäern* und *Zeloten* gesprochen habe. Zwischen allen diesen Gruppen wurden in jener Zeit des Anfangs Kämpfe um die Seele des Judentums und dessen zukünftige Führung ausgefochten. Jede Gruppe kann jede andere beschimpfen und verleumden. Jede Gruppe kann sich sogar einbilden, die leitende Vision und das geeignete Programm zu deren Umsetzung in die Welt der Tatsachen allein zu besitzen und daß alle anderen Führungsgruppen das Judentum in die Irre zu führen drohen. Langsam, aber sicher und mit je nach Ort und Zeit unterschiedlicher Geschwindigkeit trennten sich dann die Christen vom Judentum und wurden von ihm getrennt. Langsam, aber sicher und mit je nach Ort und Zeit unterschiedlicher Geschwindigkeit lehnten mehr und mehr Juden für die eigene Zukunft die christliche Alternative ab, um die rabbinische anzunehmen. Man kann die Erbitterung der aus der jüdischen Gemeinschaft ausgegrenzten Christen in deren Schimpfen auf die jüdische Obrigkeit oder das jüdische Volk oder beides zusammen oder schlicht auf «die Juden» ermessen. Doch nur wenn Heiden von «den Juden» sprechen, ist klar, was gemeint ist, nämlich «die anderen», nicht sie selbst. Wenn Judenchristen so sprechen, sind mit dem Wort «Juden» doch stets nur diejenigen gemeint, die gegen sie waren, oder schlimmstenfalls «alle anderen Juden, weil sie gegen uns sind». Ähnlich können in Amerika Individuen oder Gruppen auf «die Amerikaner» schimpfen und zum Beispiel sagen, «die Amerikaner sind zu gewalttätig», wobei gemeint und ohne Mühe zu verstehen ist: «Alle Amerikaner außer mir oder uns». Aber selbst nachdem die Judenchristen aufgehört hatten, sich selbst als Juden zu verstehen, und anfingen, von «den Juden» zu sprechen, wie es die Heiden taten, war das größte Unheil noch nicht angerichtet. Nicht die harten Worte der Gegnerschaft oder des Leugnens der ursprünglichen Gemeinschaft erwiesen sich als tödlich, sondern die Macht. Als aber das römische Reich christlich wurde, waren alle anderen in Gefahr – Juden natürlich, aber auch Heiden und christliche Dissidenten.

Ich beschließe diesen Epilog, wo ich den Prolog begann, bei der Sonnenfinsternis am Mittag. Es sind im Anwachsen der Passionsüberlieferung vier Stadien auszumachen.

Das erste Stadium ist die *historische Passion*, und ein Bericht darüber hätte ursprünglich jede Einzelheit enthalten, die den an ihr Beteiligten bekannt gewesen wäre. Er wäre ein Bericht über das tatsächlich Geschehene gewesen. Doch weil diejenigen, die die Tatsachen kannten, sich nicht darum kümmerten und diejenigen, die sich kümmerten, die Tatsachen nicht kannten, wissen wir von der historischen Passion nur das nackteste Minimum: gekreuzigt auf Anordnung der jüdischen und römischen Obrigkeit unter Pontius Pilatus am Passahfest in Jerusalem. Mit anderen Worten, die beste knappe Antwort auf die Frage, die der Titel dieses Buches stellt, *Wer tötete Jesus?* (und warum), gibt uns Josephus in seinem Abriß des Lebens und Sterbens Jesu, der die Gründe der Kreuzigung und die Täter nennt, wenn er sagt, daß ihn «Pilatus auf Betreiben der Vornehmsten unseres Volkes zum Kreuzestod verurteilte».

Das zweite Stadium ist die *prophetische Passion.* Sie ist das Werk gelehrter Jünger Jesu, die nicht der Bauernklasse, sondern der Gefolgsklasse angehörten, nicht analphabetische Arbeiter, sondern gebildete Schriftgelehrte waren. Sie suchten in ihren heiligen Schriften nach einem Verständnis dessen, was Jesus und ihnen selbst geschehen war. Entsprach alles dem Plan und Willen Gottes? Konnten sie in der Schrift gewisse Texte, Themen und Typen finden, die alles erklärten, insbesondere alles, was Jesus zugestoßen war und noch zustoßen sollte? Und dieser Prozeß setzte sich auf der einmal eingeschlagenen Bahn noch fort, auch nachdem schon die Entwicklung in das nächste Stadium eingetreten war.

Das dritte Stadium ist die *narrative Passion.* Deren Verfasser übersetzten die eher esoterisch gelehrte Exegese in eine populäre Erzählung. Das früheste erhaltene Ergebnis dieses Verfahrens hat man in dem bei Petrus teilweise überlieferten Kreuzevangelium.

Das vierte Stadium ist die *polemische Passion.* Diese besteht in dem schrecklich unglücklichen, ethisch unhaltbaren und letztlich mörderischen Argument, das die *narrative Passion* der *historischen Passion* gleichsetzt und behauptet, die darin spezifizierte Erfüllung der *prophetischen Passion* mache den christlichen Glauben zwingend und den jüdischen Glauben unhaltbar. Das alles wirkte zusammen und anfeindbar.

In der *historischen Passion* gab es bei Jesu Hinrichtung (ebensowenig wie bei der Ermordung Caesars) keine Sonnenfinsternis. In der *prophetischen Passion* gab es die Prophezeiung Amos 8, 9, derzufolge der rächende Gott ihrer sozialen Ungerechtigkeit wegen in der Welt das Unterste zuoberst kehren und am Mittag die Sonne untergehen lassen würde. In der *narrativen Passion* herrscht während des Sterbens Jesu am Kreuz von Mittag an drei Stunden lang Finsternis. Jesus stirbt also nun in Erfüllung der Heiligen Schrift seines Volkes, so, wie diese von seinen Nachfolgern gelesen wurde. Schließlich folgte darauf die *polemische Passion.* Ein Beispiel mag uns genügen.

«Allein du möchtest ganz genau wissen, in welcher Stunde sich die Sonne verfinsterte, ob in der fünften oder achten oder zehnten? Sag, o Prophet, den tauben Juden ganz genau, wann die Sonne untergeht. Der Prophet Amos sagt also: ‹Und es wird geschehen an jenem Tage, spricht

Gott, der Herr, da wird die Sonne am Mittag untergehen – denn von der sechsten Stunde an entstand eine Finsternis –, und am hellen Tag wird das Licht verdunkelt werden auf Erden.›»
(*Des heiligen Cyrillus, Erzbischofs von Jerusalem und Kirchenvaters Katechesen XIII, 25*)

Ort und Zeit sind hier wichtig. Cyrillus war Bischof von Jerusalem und hielt die Predigt, der das Zitat entnommen ist, dort während der Fastenzeit des Jahres 349, lange nachdem Konstantin der erste christliche Herrscher des römischen Reichs geworden war. Man bedenke den Inhalt und die Angriffsrichtung des Zitats. Ich stelle weder Cyrillus' Ehrlichkeit noch seine Aufrichtigkeit in Frage, aber die Ungerechtigkeit und Unbegründetheit solcher antijüdischen Polemik nachzuweisen ist nichtsdestoweniger das Hauptanliegen dieses Buches. Natürlich wurde die narrative Passion durch die prophetische Passion bestätigt, denn sie war aus der letzteren ja geschöpft. Eine Sonnenfinsternis, allerdings.

Anhang

Das Petrusevangelium

Schichten im Petrusevangelium

Hintergrundinformationen über das Petrusevangelium findet man in dem Abschnitt
«Abhängige und unabhängige Passionsgeschichten» in der Einleitung zu diesem Buch.
Meine Arbeitshypothese ist, daß sich in dem uns vorliegenden Text drei Schichten un-
terscheiden lassen (Crossan 1988).

Die erste Schicht ist die *ursprüngliche* (nachfolgend in Normalschrift gesetzt). Ich nenne
sie das Kreuzevangelium und datiere sie in die vierziger Jahre des 1. Jahrhunderts. Die
prorömische Haltung, die aus ihr spricht, macht es wahrscheinlich, daß diese älteste
Schicht des Petrusevangeliums an einem Ort wie etwa Sepphoris entstand. Sie enthält
diese drei Einheiten:

  1a Verhandlung, Verspottung und Kreuzigung (1, 1–2; 2, 5b–6, 22)
  1b Furcht, Wachen und Grab (7, 25; 8, 28–9, 34)
  1c Auferstehung, Bekenntnis, Täuschung (9, 35–10, 42; 11, 45–49)

Die Verhandlung, Verspottung und Kreuzigung werden natürlich von Jesu Feinden veranstaltet, doch sind dann auch sie es, die den Gekreuzigten begraben, sein Grab bewachen und so Zeugen seiner Auferstehung werden. Das Bemerkenswerteste an der Darstellung ist die zwischen der jüdischen Obrigkeit und dem jüdischen Volk getroffene
Unterscheidung. Beide sind anfänglich vereit gegen Jesus, gelangen aber am Ende zu
unterschiedlichen Einstellungen. Die Obrigkeit muß die Wahrheit verheimlichen, um
nicht für das, was sie zu verantworten hat, vom Volk gesteinigt zu werden.

Die zweite Schicht ist die *kanonische* (hier kursiv gesetzt). Sie ist den kanonischen
Evangelien entnommen, behandelt das Begräbnis Jesu nicht durch Feinde, sondern durch
Freunde, die Anwesenheit am Grab nicht von Feinden (den Wachen), sondern von Freunden (den Frauen) und schließlich die Erscheinung Jesu vor den Augen nicht von Feinden,
sondern von Freunden (die verstümmelte Handschrift bricht in der Mitte dieses Berichts
ab). Die Schicht besteht aus drei Einheiten.

  2a Joseph und Begräbnis (6, 23–24)
  2b Frauen und Jüngling (12, 50–13, 57)
  2c Jünger und Erscheinung (14, 60)

In dieser Schicht findet eine Verschiebung der Perspektive statt, die nun statt der Feinde
die Freunde Jesu in Kontrolle wenigstens einiger Ereignisse zeigt. Die Schicht wurde dem
Kreuzevangelium eingefügt, als nach der Mitte des 2. Jahrhunderts die Autorität der
kanonischen Fassungen so angewachsen war, daß eine Übereinstimmung mit diesen
gesucht werden mußte.

Das dritte Stratum des Textes bezeichne ich als die Redaktionsschicht (hier durch Un-
terstreichung hervorgehoben). Sie enthält die folgenden drei Einheiten.

  3a Bitte um Erlaubnis zum Begräbnis (2, 3–5a)
  3b Ankunft des Jünglings (12, 50–13, 57)
  3c Tun der Jünger (7, 26–27; 14, 58–59)

Jede Einheit dieser Schicht wurde zunächst in das originale oder Kreuzevangelium eingefügt, um die Einfügung der späteren kanonischen Schicht vorzubereiten und zu vermitteln.

Die Abschnitte des Textes werden mit zwei separaten Systemen bezeichnet, so als würden die Verse eines Buchs der Bibel von Anfang bis Ende durchgezählt und nicht bei jedem Kapitel neu. Mithin folgt auf den Vers 4, 14 nicht 5, 1, sondern 5, 15. Die Kapitel und die Verse werden unabhängig voneinander nebeneinander her gezählt. Ich zitiere nach dieser gebräuchlichen doppelten Einteilung.

Ich habe an der folgenden Standardübersetzung des Petrusevangeliums von Christian Maurer, NTApo⁶, Bd. 1, S. 185 ff., nur zwei Veränderungen vorgenommen. Der griechische Text sagt bei 6, 21 nicht «die Juden», sondern «sie», und bei 8, 29 nicht «da fürchteten sie sich», sondern «die Ältesten fürchteten sich».

Übersetzung des Petrusevangeliums

1) 1. Von den Juden aber wusch sich keiner die Hände, weder Herodes noch einer seiner Richter. Und als sie sich nicht waschen wollten, stand Pilatus auf. 2. Und da befiehlt der König Herodes, den Herrn abzuführen, indem er ihnen sagt: «Was ich euch befohlen habe, an ihm zu tun, das tut.»

2) 3. Es stand aber daselbst Joseph, der Freund des Pilatus und des Herrn, und als er sah, daß sie ihn kreuzigen würden, kam er zu Pilatus und bat um den Leib des Herrn zum Begräbnis. 4. Und Pilatus sandte zu Herodes und bat um seinen Leib. 5. Und Herodes sprach: «Bruder Pilatus, auch wenn niemand um ihn gebeten hätte, würden wir ihn begraben, da ja auch der Sabbat aufleuchtet. Denn es steht im Gesetz geschrieben, die Sonne dürfe nicht über einem Getöteten untergehen.»
Und er übergab ihn dem Volke am Tag vor den ungesäuerten Broten, ihrem Feste.

3) 6. Sie aber nahmen den Herrn und stießen ihn eilends und sprachen: «Lasset uns den Sohn Gottes schleifen, da wir Gewalt über ihn bekommen haben.» 7. Und sie legten ihm ein Purpurgewand um und setzten ihn auf den Richtstuhl und sprachen: «Richte gerecht, o König Israels?» 8. Und einer von ihnen brachte einen Dornenkranz und setzte ihn auf das Haupt des Herrn. 9. Und andere, die dabei standen, spien ihm ins Angesicht, und andere schlugen ihm auf die Wangen, andere stießen ihn mit einem Rohr, und etliche geißelten ihn und sprachen: «Mit solcher Ehre wollen wir den Sohn Gottes ehren.»

4) 10. Und sie brachten zwei Übeltäter und kreuzigten den Herrn mitten zwischen ihnen. Er aber schwieg, wie wenn er keinen Schmerz empfände. 11. Und als sie das Kreuz aufgerichtet hatten, schrieben sie darauf: Dies ist der König Israels. 12. Und sie legten die Kleider vor ihm nieder und teilten sie unter sich und warfen das Los über sie. 13. Einer aber von den Übeltätern schalt sie und sprach: «Wir sind ins Leiden geraten um der Freveltaten willen, die wir begangen haben. Dieser aber, der der Heiland der Menschen geworden ist, was hat er euch zuleide getan?» 14. Und sie wurden zornig über ihn und befahlen, daß ihm die Schenkel nicht gebrochen würden, damit er unter Qualen sterbe.

5) 15. Es war aber Mittag, und eine Finsternis bedeckte ganz Judäa. Und sie gerieten in Angst und Unruhe darüber, daß die Sonne schon untergegangen sei, da er ja noch am Leben war. (Denn) es steht ihnen geschrieben, die Sonne dürfe nicht über einem Getöteten untergehen. 16. Und einer unter ihnen sprach: «Gebet ihm Galle mit Essig zu trinken.» Und sie mischten es und gaben ihm zu trinken. 17. Und sie erfüllten alles und machten das Maß der Sünden über ihr Haupt voll. 18. Viele aber gingen mit Lichtern umher, da sie meinten, es sei Nacht, (und) fielen hin. 19. Und der Herr schrie auf und rief: «Meine Kraft, o Kraft, du hast mich verlassen!» Und indem er dies sagte, wurde er aufgenommen. 20. Und zu derselben Stunde riß der Vorhang des Tempels zu Jerusalem entzwei.

6) 21. Und da zogen die Juden die Nägel aus den Händen des Herrn und legten ihn auf die Erde. Und die ganze Erde erbebte und große Furcht entstand. 22. Da leuchtete die Sonne (wieder), und es fand sich, daß es die neunte Stunde war. 23. *Die Juden aber freuten*

sich und gaben seinen Leib dem Joseph, damit er ihn beerdige, da er ja all das Gute geschaut hatte, das er (= Jesus) getan hatte. 24. Er nahm aber den Herrn, wusch ihn, hüllte ihn in eine Leinwand und brachte ihn in sein eigenes Grab, genannt Josephs Garten.
7) 25. Da erkannten die Juden und die Ältesten und die Priester, welch großes Übel sie sich selbst zugefügt hatten, und begannen zu klagen und zu sagen: «Wehe über unsere Sünden, das Gericht und das Ende Jerusalems ist nahe herbeigekommen.» 26. *Ich aber trauerte mit meinen Genossen, und verwundeten Sinnes verbargen wir uns, denn wir wurden von ihnen gesucht als Übeltäter und solche, die den Tempel anzünden wollten. 27. Wegen all dieser Dinge fasteten wir und saßen trauernd und weinend da Nacht und Tag bis zum Schatten.*
8) 28. Als sich aber die Schriftgelehrten und Pharisäer und Ältesten miteinander versammelten und hörten, daß das ganze Volk murre und sich an die Brust schlage und sage: «Wenn bei seinem Tode diese überaus großen Zeichen geschehen sind, so sehet, wie gerecht er war!», 29. da fürchteten sie sich und kamen zu Pilatus, baten ihn und sprachen: 30. «Gib uns Soldaten, damit wir sein Grab drei Tage lang bewachen, damit nicht seine Jünger kommen und ihn stehlen und das Volk glaube, er sei von den Toten auferstanden, und uns Böses antue.» 31. Pilatus aber gab ihnen den Hauptmann Petronius mit Soldaten, um das Grab zu bewachen. Und mit diesen kamen Älteste und Schriftgelehrte zum Grabe. 32. Und alle, die dort waren, wälzten zusammen mit dem Hauptmann und den Soldaten einen großen Stein herbei und legten ihn vor den Eingang des Grabes 33. und legten sieben Siegel an, schlugen ein Zelt auf und hielten Wache.
9) 34. Frühmorgens, als der Sabbat anbrach, kam ein Volkshaufe aus Jerusalem und der Umgebung, um das versiegelte Grab zu sehen. 35. In der Nacht aber, in welcher der Herrntag aufleuchtete, als die Soldaten, jede Ablösung zu zweit, Wache standen, erscholl eine laute Stimme im Himmel, 63. und sie sahen die Himmel geöffnet und zwei Männer in einem großen Lichtglanz von dort herniedersteigen und sich dem Grabe nähern. 37. Jener Stein, der vor den Eingang des Grabes gelegt war, geriet von selbst ins Rollen und wich zur Seite, und das Grab öffnete sich, und beide Jünglinge traten ein.
10) 38. Als nun jene Soldaten dies sahen, weckten sie den Hauptmann und die Ältesten – auch diese waren nämlich bei der Wache zugegen. 39. Und während sie erzählten, was sie gesehen hatten, sahen sie wiederum drei Männer aus dem Grabe herauskommen und die zwei den einen stützen und ein Kreuz ihnen folgen 40. und das Haupt der zwei bis zum Himmel reichen, dasjenige des von ihnen an der Hand Geführten aber die Himmel überragen. 41. Und sie hörten eine Stimme aus den Himmeln rufen: «Hast du den Entschlafenen gepredigt?», 42. und es wurde vom Kreuze her die Antwort laut: «Ja.»
11) 43. Jene erwogen nun miteinander, hinzugehen und dies dem Pilatus zu melden. 44. Und während sie noch beratschlagten, sieht man wieder, wie die Himmel sich öffnen und ein Mensch heruntersteigt und ins Grab hineingeht. 45. Als die Leute um den Hauptmann dies sahen, eilten sie in der Nacht zu Pilatus und verließen das Grab, das sie bewachten, und erzählten alles, was sie gesehen hatten, voller Unruhe und sprachen: «Wahrhaftig, er war Gottes Sohn.» 46. Pilatus antwortete und sprach: «Ich bin rein am Blute des Sohnes Gottes, ihr habt solches beschlossen.» 47. Da traten alle zu ihm, baten und ersuchten ihn dringend, dem Hauptmann und den Soldaten zu befehlen, niemandem zu sagen, was sie gesehen hatten. 48. «Denn es ist besser für uns», sagten sie, «uns der größten Sünde vor Gott schuldig zu machen, als in die Hände des Judenvolkes zu fallen und gesteinigt zu werden.» 49. Pilatus befahl nun dem Hauptmann und den Soldaten, nichts zu sagen.
12) 50. *In der Frühe des Herrntages nahm Maria Magdalena, die Jüngerin des Herrn – aus Furcht wegen der Juden, da (diese) vor Zorn brannten, hatte sie am Grabe des Herrn nicht getan, was die Frauen an den von ihnen geliebten Sterbenden zu tun pflegten – 51. mit sich ihre Freundinnen und kam zum Grabe, wo er hingelegt war. 52. Und sie fürchteten, die Juden würden sie sehen, und sprachen: «Wenn wir auch an jenem Tage, da er gekreuzigt wurde, nicht weinen*

und klagen konnten, so wollen wir solches wenigstens jetzt an seinem Grabe tun. 53. Wer aber wird uns auch den Stein, der an den Eingang des Grabes gelegt ist, wegwälzen, damit wir hineingelangen, uns neben ihn setzen und tun, was sich gehört? – 54. denn der Stein war groß – und wir fürchten, daß uns jemand sieht. Und wenn wir es nicht können, so wollen wir wenigstens am Eingang niederlegen, was wir zu seinem Gedächtnis mitbringen, wollen weinen und klagen, bis wir wieder heimgehen.»

13) *55. Und als sie hingingen, fanden sie das Grab geöffnet. Und sie traten herzu, bückten sich nieder und sahen dort einen Jüngling sitzen mitten im Grabe, anmutig und bekleidet mit einem hell leuchtenden Gewande, welcher zu ihnen sprach: 56. «Wozu seid ihr gekommen? Wen sucht ihr? Doch nicht jenen Gekreuzigten? Er ist auferstanden und weggegangen. Wenn ihr aber nicht glaubt, so bückt euch hierher und sehet den Ort, wo er gelegen hat, denn er ist nicht da. Denn er ist auferstanden und dorthin gegangen, von wo er gesandt worden ist.» 57. Da flohen die Frauen voller Entsetzen.*

14) 58. Es war aber der letzte Tag der ungesäuerten Brote, und viele gingen weg und wandten sich nach Hause, da das Fest zu Ende war. 59. Wir aber, die zwölf Jünger des Herrn, weinten und trauerten, und ein jeder, voller Trauer über das Geschehene, ging nach Hause. *60. Ich aber, Simon Petrus, und mein Bruder Andreas nahmen unsere Netze und gingen ans Meer. Und es war bei uns Levi, der Sohn des Alphäus, welchen der Herr –*

Quellen und Literatur

Weitere Literaturangaben bietet die Bibliographie in Crossan, *The Cross That Spoke*, S. 414–425, und *Der Historische Jesus*, S. 598–615.

Die Bibel, Einheitsübersetzung der Heiligen Schrift, Gesamtausgabe, Psalmen und Neues Testament, Ökumenischer Text, hrsg. von der Katholischen Bibelanstalt, der deutschen Bibelgesellschaft und dem österreichischen katholischen Bibelwerk, Stuttgart-Klosterneuburg 1993 (zitierte Ausgabe)

Raymond E. Brown, *The Gospel of Peter and Canonical Gospel Priority*, in: New Testament Studies 33, S. 321–343, 1987

Raymond E. Brown, *The Death of the Messiah: From Gethsemane to the Grave. A Commentary on the Passion Narratives in the Four Gospels*, 2. Bde., New York 1994

J. H. Charlesworth (Hrsg.), *The Old Testament Pseudoepigrapha*, 2. Bde., Garden City 1983–1985

F. H. Colson et al. (Hrsg.), *Philo*, 12 Bde., LCL, Cambridge Mass. 1929–1962

J. D. Crossan, *Four Other Gospels: Shadows on the Contours of the Canon*, Minneapolis 1985, Sonoma CA 1992

J. D. Crossan, *The Cross That Spoke: The Origins of the Passion Narrative*, San Francisco 1988

J. D. Crossan, *The Historical Jesus: The Life of a Mediterranean Jewish Peasant*, San Francisco 1993; deutsch: *Der historische Jesus*, München 1994

J. D. Crossan, *The Essential Jesus: Original Sayings and Earliest Images*, San Francisco 1994; deutsch: *Was Jesus wirklich lehrte. Die authentischen Worte des historischen Jesus*, München 1997

J. D. Crossan, *Jesus: A Revolutionary Biography*, San Francisco 1994; deutsch: *Jesus. Ein revolutionäres Leben*, München 1996

Cyrillus, *Des heiligen Cyrillus, Erzbischofs von Jerusalem und Kirchenvaters Katechesen*, deutsch von J. Nirschl, Kempten 1871

H. Danby, *The Mischnah*, London 1967

J. R. Donahue, *Are You the Christ? The Trial Narrative in the Gospel of Mark*, Cambridge Mass. 1973

J. R. Edwards, *Markan Sandwiches: The Significance of Interpolations in Markan Narrative*, in: Novum Testamentum 31, S. 193–216, 1989

H. R. Fairclaugh, *Horace: Satires, Epistles, Ars Poetica*, LCL, Cambridge Mass. 1926

J. A. Fitzmyer, *Crucifixion in Ancient Palestine, Qumran Literature, and the New Testament*, CBQ 40, S. 493–513, 1978

J. R. Harris et al., *The Story of Ahikar*, in: The Apocrypha and Pseudoepigrapha of the Old Testament, hrsg. von R. H. Charles, 2 Bde., Oxford 1913

M. Hengel, *Crucifixion in the Ancient World and the Folly of the Message of the Cross*, Philadelphia 1977

E. Hennecke und W. Schneemelcher (Hrsg.), *Neutestamentliche Apokryphen in deutscher Übersetzung*, 2 Bde., 6. Aufl., Tübingen 1989–1990

Horaz, *Sämtliche Werke*, übers. von J. H. Voß, Leipzig o. J. (zitierte Ausgabe)

Flavius Josephus, *Geschichte des jüdischen Krieges*, übers. von H. Clementz, hrsg. von H. Kreißig, Leipzig 1978, 5. Aufl. 1990 (zitierte Ausgabe)

Flavius Josephus, *Jüdische Altertümer*, übers. von H. Clementz, 11. Aufl., Wiesbaden 1993 (zitierte Ausgabe)

Flavius Josephus, *Kleinere Schriften, Selbstbiographie, Gegen Apion, Über die Makkabäer,* übers. von H. Clementz, Wiesbaden 1993 (zitierte Ausgabe)

Helmut Köster, *Apocryphal and Canonical Gospels,* in: HTR 73, S. 105–130, 1980

Helmut Köster, *Ancient Christian Gospels: Their History and Development,* London und Philadelphia 1990

J. M. Lindenberger (Übers.), *Ahiqar,* in: The Old Testament Pseudoepigrapha, hrsg. von J. H. Charlesworth, Bd. 2, S. 479–507, Garden City 1985

D. R. MacDonald (Übers. und Hrsg.), *The Acts of Andrew and the Acts of Andrew and Matthias in the City of the Cannibals,* Atlanta 1990

J. M. Marique (Übers. und Hrsg.), *The Fragments of Papias,* in: The Fathers of the Church, Bd. 1, S. 373–389, Washington 1947

Ch. Maurer (Übers.), *Petrusevangelium, Übersetzung des Fragments von Akhmim,* in: Hennecke und Schneemelcher, Neutestamentliche Apokryphen, Bd. 1, S. 185–188, Tübingen 1990

B. M. Metzger, *Names für the Nameless in the New Testament: A Study in the Growth of Christian Tradition,* in: Kyriakon, Festschrift Johannes Quasten, hrsg. von P. Granfield und J. A. Jungmann, Bd. 1, S. 79–99, Münster 1970; wiederabgedruckt in B. M. Metzger, New Testament Studies: Philological, Versional and Patristic, Leiden 1980

G. W. E. Nickelsburg, *The Genre and Function of the Markan Passion Narrative,* HTR 73, S. 153–184, 1980

Titus Petronius Arbiter, *Satyrgeschichten,* übers. von V. Ebersbach, Leipzig 1986

Philo von Alexandria, *Werke in deutscher Übersetzung,* hrsg. von L. Cohn, I. Heinemann, M. Alder und W. Theiler, 7 Bde., Berlin 1962–1964

A. Roberts, J. Donaldson und A. C. Coxe, *The Ante-Nicene Fathers,* New York 1926

K. Schäferdiek (Übers. und Hrsg.), *Johannesakten,* in: Hennecke und Schneemelcher, Neutestamentliche Apokryphen, Bd. 2, S. 138–190, 1989

L. Annaeus Seneca, *Briefe an Lucilius,* übers. und hrsg. von E. Glaser-Gerhard, 2 Bde., o. O. 1965

Gaius Suetonius Tranquillus, *Leben der Caesaren,* übers. und hrsg. von A. Lambert, o. O. 1960

Cornelius Tacitus, *Die Annalen,* übers. von W. Bötticher, Berlin 1831, neue Ausgabe hrsg. von E. Otto, Leipzig o. J.

G. Theissen, *The Gospels in Context: Social and Political History in the Synoptic Tradition,* Minneapolis 1991

G. Theissen, *Studien zur Soziologie des Urchristentums* (1979), 2. erweiterte Aufl., Tübingen 1983

G. Theissen, *Social Reality and the Early Christians: Theology, Ethics and the World of the New Testament,* übers. von M. Kohl, Minneapolis 1992

Y. Yadin, *The Temple Scroll,* 3 Bde., Jerusalem 1977–1983

Y. Yadin, *The Temple Scroll: The Longest and Most Recently Discovered Dead Sea Scroll,* in: Biblical Archaeology Review 10, S. 32–49, 1984

Y. Yadin, *The Temple Scroll: The Hidden Law of the Dead Sea Sect,* New York 1985

J. Zias und E. Sekeles, *The Crucified Man from Giv'at ha Mivtar: A Reappraisal,* in: Israel Exploration Journal 35, S. 22–27, 1985

Register

Personen und Sachen

Texte

Buchanzeigen

Geschichte des Christentums

John Dominic Crossan
Der historische Jesus
Wer Jesus war, was er tat, was er sagte
Aus dem Englischen von Peter Hahlbrock
2. Auflage. 1995. 630 Seiten. Leinen

John Dominic Crossan
Jesus
Ein revolutionäres Leben
Aus dem Englischen von Peter Hahlbrock
1996. 265 Seiten mit 1 Abbildung. Paperback
(Beck'sche Reihe Band 1144)

John Dominic Crossan
Was Jesus wirklich lehrte
Die authentischen Worte des historischen Jesus
Aus dem Englischen von Peter Hahlbrock
1997. 242 Seiten mit 26 Abbildungen. Broschiert

Manfred Heim
Kleines Lexikon der Kirchengeschichte
1998. 486 Seiten. Leinen

Bernhard Lang
Heiliges Spiel
Eine Geschichte des christlichen Gottesdienstes
1998. 575 Seiten mit 60 Abbildungen. Leinen

Alister E. McGrath
Der Weg der christlichen Theologie
Eine Einführung
Aus dem Englischen von Christian Wiese
1997. 617 Seiten mit 2 Abbildungen, 3 Karten
und 3 Tafeln. Leinen

Verlag C. H. Beck München

Religion und Theologie

Axel Michaels (Hrsg.)
Klassiker der Religionswissenschaft
Von Friedrich Schleiermacher bis Mircea Eliade
1997. 427 Seiten mit 23 Abbildungen. Broschiert

Peter Antes (Hrsg.)
Die Religionen der Gegenwart
Geschichte und Glauben
1996. 336 Seiten mit 2 Karten. Leinen

Heinrich Fries/Georg Kretschmar (Hrsg.)
Klassiker der Theologie
Band 1: Von Irenäus bis Martin Luther
Band 2: Von Richard Simon bis Dietrich Bonhoeffer
Sonderausgabe
1988. Zusammen 948 Seiten mit 43 Portätabbildungen. Broschiert

Friedrich Niewöhner (Hrsg.)
Klassiker der Religionsphilosophie
Von Platon bis Kierkegaard
1995. 397 Seiten mit 18 Abbildungen. Leinen

Kurt Nowak
Geschichte des Christentums in Deutschland
Religion, Politik und Gesellschaft vom Ende der Aufklärung
bis zur Mitte des 20. Jahrhunderts
1995. 389 Seiten mit 11 Tabellen. Leinen

Albert Schweitzer
Reich Gottes und Christentum
1995. 508 Seiten. Leinen
Werke aus dem Nachlaß im Verlag C. H. Beck
1995. 508 Seiten. Leinen

Verlag C. H. Beck München